不作為犯論の再展開
Neue Entwicklung der
Lehre vom Unterlassungsdelikt

不作为犯研究的新展开

不作為犯論の再展開

Neue Entwicklung der Lehre vom Unterlassungsdelikt

黎宏 / 等著

图书在版编目(CIP)数据

不作为犯研究的新展开 / 黎宏等著. —北京：北京大学出版社，2022.12
ISBN 978-7-301-33671-7

Ⅰ.①不… Ⅱ.①黎… Ⅲ.①犯罪学—研究 Ⅳ.①D917

中国版本图书馆 CIP 数据核字(2022)第 253968 号

书　　　名	不作为犯研究的新展开 BUZUOWEIFAN YANJIU DE XIN ZHANKAI
著作责任者	黎　宏　等著
责任编辑	靳振国
标准书号	ISBN 978-7-301-33671-7
出版发行	北京大学出版社
地　　　址	北京市海淀区成府路 205 号　100871
网　　　址	http://www.pup.cn　http://www.yandayuanzhao.com
电子信箱	yandayuanzhao@163.com
新浪微博	@北京大学出版社　@北大出版社燕大元照法律图书
电　　　话	邮购部 010-62752015　发行部 010-62750672 编辑部 010-62117788
印　刷　者	涿州市星河印刷有限公司
经　销　者	新华书店
	650 毫米×980 毫米　16 开本　22 印张　401 千字 2022 年 12 月第 1 版　2022 年 12 月第 1 次印刷
定　　　价	89.00 元

未经许可，不得以任何方式复制或抄袭本书之部分或全部内容。
版权所有，侵权必究
举报电话：010-62752024　电子信箱：fd@pup.pku.edu.cn
图书如有印装质量问题，请与出版部联系，电话：010-62756370

作者简介

黎 宏　清华大学法学院教授、博士生导师,武汉大学法学博士、日本同志社大学法学博士。代表作有《不作为犯研究》《单位刑事责任论》《刑法总论问题思考》《刑法学总论》《刑法学各论》。

姚 诗　湖南大学法学院教授,法学博士。

周啸天　山东大学法学院教授,法学博士。

邓毅丞　华南师范大学法学院副教授,法学博士。

何 龙　中国政法大学刑事司法学院讲师,刑法学博士、博士后。

吕翰岳　澳门大学助理教授,法学博士。

常康爽　北京金杜律师事务所律师,法学硕士。

南俏俏　浙江省乐清市人民检察院检察官,法学硕士。

目　录

序言 ··· 001

作为与不作为的区分

第一章　作为与不作为之区分的目的理性思考
　　——以德国判例与学说为借镜／吕翰岳 ························· 003
　一、问题的提出 ·· 003
　二、区分意义 ·· 007
　三、区分标准 ·· 016
　四、结　语 ·· 030

第二章　作为与不作为的区分及其应用／南俏俏 ················· 032
　一、问题意识 ·· 032
　二、作为与不作为的区分学说 ·· 042
　三、规范危险创设说的提倡 ·· 049
　四、学说的具体应用 ·· 063
　五、结　语 ·· 083

作为义务的基本理论

第三章　排他支配设定论：不真正不作为犯论的困境与出路／黎　宏 ···
··· 089
　一、问题意识 ·· 089
　二、不作为犯因果关系的诸见解及其缺陷 ································ 092
　三、作为义务论的实体及其不足 ·· 097
　四、本文的观点——"排他支配设定说"及其展开 ················ 105
　五、结　语 ·· 114

第四章　保证人地位事实论的重构与应用 / 周啸天 ……… 116
　　引言　对三种理论路径的分析 ……………………… 116
　　一、德国的规范论与日本的事实论 ………………… 118
　　二、规范论批判与我国既有事实论的困境 ………… 120
　　三、保证人地位事实论的再构建 …………………… 123
　　四、"事前现实支配说"的应用 …………………… 129
　　五、结　语 …………………………………………… 138

第五章　不真正不作为犯中的事实支配原理 / 邓毅丞 …… 140
　　一、事实支配的必要性辨析 ………………………… 141
　　二、事实支配的层级性检讨 ………………………… 145
　　三、事实支配的排他性追问 ………………………… 152
　　四、本文立场的展开：以特定关系人对自杀者的救助义务为示例 …
　　……………………………………………………………… 156

不作为与共同犯罪

第六章　不阻止他人犯罪的刑事责任 / 黎　宏 …………… 163
　　一、问题意识 ………………………………………… 163
　　二、不阻止他人犯罪与作为共犯 …………………… 165
　　三、不阻止他人犯罪与不作为共犯 ………………… 174
　　四、结　语 …………………………………………… 187

第七章　不阻止他人故意犯罪的行为性质认定 / 何　龙 ……… 189
　　一、问题意识 ………………………………………… 189
　　二、义务犯模式的反思及批判 ……………………… 192
　　三、因果关系模式的肯定及发展 …………………… 204
　　四、己说的展开及运用 ……………………………… 215
　　五、结　语 …………………………………………… 223

第八章　先前行为与实行过限下知情共犯人的刑事责任 / 姚　诗 …
　　……………………………………………………………… 224
　　一、现有学说的疑问及启示 ………………………… 225
　　二、先前行为的理论展开 …………………………… 229
　　三、共犯人作为义务的确定 ………………………… 238

四、我国司法实践中的具体应用 ………………………… 243

不作为与缺陷产品不召回

第九章　缺陷产品不召回的刑事责任 / 黎　宏　常康爽 ………… 249
　　一、问题的提出 …………………………………………… 249
　　二、缺陷产品刑事责任的现有处理模式 ………………… 251
　　三、关于产品召回义务的现有学说 ……………………… 258
　　四、排他支配设定说的选择 ……………………………… 265
　　五、结　语 ………………………………………………… 273

第十章　经营者对缺陷产品的召回义务探研
　　　　——以不真正不作为犯的认定为视角 / 邓毅丞 ………… 275
　　引　言 ……………………………………………………… 275
　　一、形式说和机能说之批判 ……………………………… 277
　　二、事实支配说视角下的召回义务 ……………………… 281
　　三、危险前行为与召回义务 ……………………………… 285
　　四、事实承担与召回义务 ………………………………… 288
　　五、必要的说明 …………………………………………… 291

不作为与见危不救

第十一章　"见死不救"行为定性分析
　　　　——兼论不真正不作为犯的作为义务的判断 / 黎　宏 …
　　……………………………………………………………… 297
　　一、问题的提出 …………………………………………… 297
　　二、相关学说及其评价 …………………………………… 298
　　三、实质作为义务论的展开 ……………………………… 306

第十二章　见危不救入刑研究 / 黎　宏 ……………………… 314
　　一、何谓"见危不救" ……………………………………… 316
　　二、"见危不救"可以入刑 ………………………………… 319
　　三、"见危不救"如何入刑？ ……………………………… 330
　　四、结　语 ………………………………………………… 337

序　言

以"见危不救""不阻止他人犯罪"以及"缺陷产品不召回"等为代表的不作为行为是否值得刑罚处罚？若值得处罚的话,应当如何处罚？这些问题长期以来一直是我国刑法理论界和司法实务中备受关注,但众说纷纭、悬而未决的话题。

之所以出现这种情况,恐怕是基于两方面的原因：一是受什么都不做的不作为不能构成犯罪的传统观念的影响。近代社会的一个基本观念是,不作为就是什么都不做,就是"无","无"中不能生"有",因此,在以侵害或者冒犯他人利益或者权利作为刑罚处罚底线的近代社会,不作为不可能构成犯罪,至少不能按照作为犯条款处罚。虽说在理论上,大家已经充分地认识到了这种见解的局限性和落后性,但在实务中,这种见解仍然具有不小的影响力。这一点在见危不救、不阻止他人犯罪以及缺陷产品不召回行为通常难以构成犯罪的现实中,便能窥豹一斑。二是刑法上没有相关规定,学说上又弄得过于复杂。由于不真正不作为犯是以不作为的方式实施刑法中作为犯条款的内容,并且按照作为犯的法定刑加以处罚的犯罪类型,因此,在我国,有关不真正不作为犯的研究从一开始便采取了德、日刑法学的研究思路,将作为义务作为研究重心,或者采取从不作为和作为等价性的立场出发,将一定条件下的不作为等同于作为的研究方式,或者采取从引起结果原因相同的立场出发,将消除作为犯和不作为犯之间存在的结构性差别——作为是引起或者创设面向结果的因果流向,而不作为是对先前已经现实存在的因果流向不制止——作为研究的核心内容,并由此衍生出各种理论学说,如保证人说、等价性说、实质的作为义务说等。特别是实质的作为义务说,其认为只有通过对行为人与被害人、行为人与被害结果之间的法律以及事实关系进行具体分析,在得出行为人处于防止被害结果发生的保障人地位的结论时,才可以说行为人的不作为能够和作为等价,可以依照刑法中相关作为犯条款处罚。这种见解已经成为解决不真正不作为犯问题的基本思路。但是,和德国不同,我国刑法中并没有将不真正不作为犯论以作为犯的明文规定,同时,将作为义务作为认定不真正不作为犯的关键,与刑法整体上将侵害法益作为犯罪认定核心的观念之间是不是吻合,也存在问题。特别是,作为义务并不是一个刑法概念,其内容非常宽泛,将其作为不作为犯特别是不真正不作为犯处理的核心,是不是会导致不真正不作为犯的处理处罚范围上的随意性?这些问题都在理论上存在巨大争议。

由于上述情形的存在,笔者以"不真正不作为犯之重构问题"为题申请了2015年度的国家社科基金资助,并组织团队,对本课题展开研究。本课题的研究基本上按照两个思路进行:一是基础理论研究。主要是根据一手资料,考察德、日关于本课题的研究现状,特别是作为与不作为的区分标准、保证人地位、排他性支配等理论见解。二是实际应用研究。由于我国刑法中并没有不真正不作为犯的规定,实务中也没有形成不真正不作为犯的处罚规则,因此难以对其进行体系性研究,只能从问题导向出发,就实务中所关注的问题进行类型化的研究。

尽管本书在出版时,本着百花齐放、百家争鸣的态度将不同观点的论文收入本书,但笔者主持的社科基金课题有一个基本思路,即从我国现行刑法中规定了罪刑法定原则,却没有规定不真正不作为犯的现实出发,避开传统学说将作为义务作为核心的研究思路,从刑法中有规定的作为犯的角度展开对不真正不作为犯的研究。具体做法是,一方面,降低犯罪实行行为的成立标准,将作为理解为"创设"风险或者"支配"风险的行为;另一方面,从现实中被认定为不真正不作为犯的案例中,寻找作为即"创设"或者"支配"风险的要素,并据此将历来的学说认定为不作为犯的行为认定为作为犯,试图由此克服传统的不作为犯研究中存在的法律依据不足、认定标准模糊等弊端。这一研究成果现在已经通过国家社科基金委组织的专家鉴定,并给出了"优秀"的结论。

本次结集出版的书稿,就是在上述社科基金项目结项成果的基础上,加入其他几位作者不同时期的相关论文组成的。本书的作者,除笔者本人(撰写第三章、第六章、第九章、第十一章、第十二章)以外,其他几位都有过在我的门下做硕士研究生、博士研究生或者博士后研究的经历,并且就不作为犯问题从事过专门研究。他们是山东大学教授周啸天博士(撰写第四章),湖南大学教授姚诗博士(撰写第八章),华南师范大学副教授邓毅丞博士(撰写第五章、第十章),中国政法大学讲师何龙博士后(撰写第七章),澳门大学助理教授吕翰岳博士(撰写第一章),北京金杜律师事务所律师常康爽硕士(撰写第九章),浙江省乐清市人民检察院检察官南俏俏硕士(撰写第二章)。

不作为犯研究,于笔者而言,具有特殊意义。1992年10月,笔者到日本同志社大学留学，曾以本课题撰写硕士毕业论文；之后，在该硕士毕业论文的基础上，撰写了向母校武汉大学提交的博士学位论文。在获得博士学位之后，笔者就没有再继续本课题的研究，而是接受日方导师的建议，转向了其他研究。但是，有关不作为犯研究过程中的一些未解之难一直萦绕于心，以致在回国工作之后的很长一段时间内不能释怀。这次收集在本书中的几篇文稿，算是对这些让笔者久久不能释怀的问题进行思考之后的一些心得，也是为笔者学术生涯中的某一个阶段画上一个句号，尽管画得并不完美。

　　本书在出版过程中，得到了清华大学文科自主科研基金的大力支持；各位作者也不遗余力，贡献出自己珍贵的文稿；特别是周啸天教授除撰稿之外，还不辞辛劳，对全部文稿协调汇总、增删修订。在纯粹的学术著作出版并不景气的情况下，北京大学出版社的蒋浩副总编慷慨答应出版本书，并先后安排杨玉洁、靳振国、赵臣臣三位编辑进行具体的联络、对接以及编辑工作。对于上述各位的支持和帮助，一并致以衷心的谢忱！

黎　宏

2022 年 3 月 18 日

记于大雪纷飞中的清华园

作为与不作为的区分

不作為犯論 の 再展開

Neue Entwicklung der
Lehre vom Unterlassungsdelikt

第一章　作为与不作为之区分的目的理性思考

——以德国判例与学说为借镜

吕翰岳

内容摘要：不作为犯在本体结构和规范标准上有其特殊性，而在多义举止方式及"通过作为的不作为"等场合，作为与不作为的区分存在问题。在德国，不真正不作为犯有其独特的法定要件和法律后果。对我国司法实践而言，区分作为与不作为的意义在于是否通过保证人地位限缩处罚范围。根据这一目的指引，停止能量投入的能量投入应被合目的地理解为能量不投入即不作为，其他特定方向上的能量投入皆为作为。该标准适用于真正的多义举止方式和中断救助，而"逆形态参与"、原因自由不作为以及作为与不作为的竞合都不是真正的行为形态区分问题。

一、问题的提出

为了化解不真正不作为犯的处罚必要性与罪刑法定原则之间的张力，我国学者近年来开始主张"排他支配设定说"，试图将不真正不作为犯的研究重心从义务来源转移到因果关系，进而将之消解于作为犯中。[①] 这一观点立足于我国刑事立法、司法实务与社会观念，体现出从本土法文化中发掘地方性法理的理论自信，但无可讳言的是，在部分情况下该观点存在难以完全贯彻的问题。这种观点之所以会出现，是因为一些在域外判例中被视作不作为犯的案件具有明显的作为契机[②]，而我国司法实务则倾向于在类似情况下尽量将其当作作为犯处理，从而对不作为犯的认定表现出消极保守的态度。

---

① 参见黎宏：《排他支配设定：不真正不作为犯论的困境与出路》，载《中外法学》2014年第6期，第1587—1594页。

② 比较典型的是神龛事件，参见日本大审院1938年3月11日判决，载《大审院刑事判例集》（第17卷），第237页。大致案情是：被告人点燃自家神龛前的蜡烛时意识到未放稳而径直外出，后引起火灾。

如在被媒体称作"冷漠的哥案"的李文凯强奸案中①,检察官称:"李文凯明知李文臣在其驾驶的出租车上欲强行奸淫被害人,仍驾车绕路以让李文臣顺利完成奸淫行为,系对李文臣强奸行为的帮助,因此已构成强奸共犯。"②这显然是以绕路这一作为契机来论证李文凯的可罚性的。然而义务犯论者可能存在异议:李文凯作为司机对乘客具有保证人地位,因此其不作为已足以成立强奸罪正犯,而不能仅仅从作为的角度认定成立帮助犯。无论不作为的强奸罪正犯是否存在,我们的确可以想象的是,在父母一方杀害畸形婴儿时,另一方提供帮助或默不作声这两种情形,若前者仅成立作为的帮助犯而后者却成立不作为的正犯,将导致明显的处罚不均衡,至少应考虑将前者认定为作为帮助犯和不作为正犯的竞合。这表明在上述案例的背后,隐藏着作为与不作为相区分的问题,甚至可以说,在能够找到某种作为契机并将之视作"排他支配设定"的案件中,首先面临的也正是作为与不作为的区分问题。

在大多数犯罪中,行为人实施犯罪的举止方式不存在作他种理解的可能性,且其行为的本体特征,亦即运动还是静止或能量投入与否,与其规范评价并无二致。如某甲用刀将某乙劈砍致死是作为的杀人,母亲丙不予授乳将婴儿丁饿死是不作为的杀人,在这样一些犯罪中,其行为形态的判断从来不是问题。真正成问题的是在多义举止方式(mehrdeutige Verhaltensweise),即某一举止既有作为意义又有不作为意义的场合。在此我们可以用德国著名的"山羊毛案"(Ziegenhaar-Fall)③和"自行车灯案"(Radleuchten-Fall)④为例加以说明。在"山羊毛案"中,到底是伴随着未消毒的羊毛发放行为这一积极作为,还是单纯的未消毒这一不作为决定了行为人的行为形态?在"自行车灯案"中,到底是伴随着不开灯的驾驶行为这一积极作为,还是单纯的不开灯这一不作为是刑法评价的重心所在?通说毫不怀疑地将"作为"的结论视作正确⑤,然而我们也绝不能忽视的是,使行为逾越法所允许的风险范围的,往往是多义举止方式中不作为的部分。特别是在"山羊毛案"中,只能从消毒

---

① 参见孟焕良、高欢:《坐视车内少女被强暴,"冷漠的哥"获刑两年》,载《人民法院报》2011年5月21日,第3版。大致案情是:出租车司机李文凯在李文臣于其车内强奸乘客少女时未予制止并绕路行驶,导致强奸行为得逞。另外,后来查明,李文凯本人利用其出租车已多次实施强奸行为,其被追究漏罪后被判处无期徒刑。
② 鹿轩:《出租司机构成强奸共犯》,载《检察日报》2011年5月25日,第7版。
③ Vgl. RGSt 63, 211. 大致案情是:厂长未按规定对进口山羊毛消毒即发放给女工,后女工感染炭疽杆菌而死。
④ Vgl. RGSt 63, 392. 大致案情是:三个未按规定打开车灯的骑车人中两人相撞,任何一人开灯即可避免。
⑤ Vgl. *Georg Freund*, in: Münchener Kommentar zum StGB, Bd. 1: §§ 1-37, 4. Aufl., 2020, § 13 Rn. 11.

本能杀灭的病菌中是否包含实际致病的病菌这一点,判断义务违反关联的存在与否。①

更为突出的问题则是本体结构与规范评价不一致的情况,或称"通过作为的不作为"(Unterlassen durch Tun)。典型案例如"肯普滕安乐死案"(Kemptener Sterbehilfe fall)②,在该案的判决中,德国联邦最高法院确认了医生终止器械加护治疗属于对继续抢救努力的不作为,即使关闭维持生命体征的医疗器械需要一个积极的身体动作以及能量投入。根据该判决的论证,当医生凭借其专业判断认定抢救不再具有医疗上的意义时,其与患者间的合同关系便终止了,在结论上医生便可因不具有保证人地位的不作为而获得刑罚豁免。德国联邦最高法院第二刑事审判庭在2010年6月25日的"普茨案"(Fall Putz)③中作出了与判例一贯立场相反的判决,该判决将关闭生命维持设备的行为一律以作为论,虽然在结论上仍然认定了一个刑罚豁免,却是依据更加令人怀疑的"病人的同意发挥正当化作用"。在立法者对"安乐死""尊严死"等问题表态之前,通过设立超法规正当化事由得出与一直以来"生命法益不能经由同意放弃"的信条相违背的结论,与"通过作为的不作为"相比更不值得赞同。除此之外,"逆形态参与",即通过不作为参与积极犯行或相反地通过作为参与不作为犯罪,以及原因自由不作为、作为与不作为的竞合等问题,都使两者的区分愈发复杂。

我国学者早已注意到所谓"双重行为"的现象④,较早的研究也对相关学说进行了详尽的平面化罗列,不过这些研究往往并非从明确的问题意识出发,更多的是从体系完整性的角度探讨两种行为形态的区分问题。⑤ 而2014年9月,由我国台湾地区成功大学法律系承办的第五届两岸刑法论坛则以"不作为犯的现况与难题"为主题,并将作为与不作为的区别设为第一项议

---

① 我国也有学者从因果关系和结果归属理论的角度探讨这一问题。参见劳东燕:《风险社会中的刑法:社会转型与刑法理论的变迁》,北京大学出版社2015年版,第118页以下。在先期发表的版本中这一部分论述被删减,参见劳东燕:《事实因果与刑法中的结果归责》,载《中国法学》2015年第2期,第154页。
② Vgl. BGHSt 40, 257.
③ Vgl. BGHSt 55, 191. 对该判例的深入评析,参见王钢:《德国刑法中的安乐死——围绕联邦最高法院第二刑事审判庭2010年判决的展开》,载《比较法研究》2015年第5期,第101—102页。
④ 最早见于熊选国:《论作为与不作为的区别》,载《法学评论》1991年第5期,第12页。
⑤ 最早见于黎宏:《不作为犯研究》,武汉大学出版社1997年版,第17页以下。其他的如李金明:《不真正不作为犯研究》,中国人民公安大学出版社2008年版,第25页以下;刘士心:《不纯正不作为犯研究》,人民出版社2008年版,第12页以下;许成磊:《不纯正不作为犯理论》,人民出版社2009年版,第44页以下;陈荣飞:《不纯正不作为犯的基本问题研究》,法律出版社2010年版,第57页以下;孙春雨:《我国刑法中不作为犯罪理论与实务》,中国人民公安大学出版社2012年版,第25页以下。

题,借由此次论坛,海峡两岸学者在此问题上充分总结了既往的研究并提出了全新的见解,大大推进了对此问题的理解。在该次论坛中,大陆学者主张借鉴客观归责学说,"以行为人是否创设了侵犯法益的危险来区分作为与不作为"①;而我国台湾地区学者则以人际关系为视角区分消极义务与积极义务,并提出:"所谓作为,即是个人在行使权利的时候,从自己的法权领域输出风险到他人的法权领域之中……所谓不作为,即是个人未扑灭他人因行使权利而落入他人法权领域内的、非个人所输出的风险。"②二者都采用了风险或危险这一术语,因而也面临相同的问题,即必须创设"安乐死"或"尊严死"等新的正当化事由,才能使医生"拔管子"这种在日常医疗活动中大量存在的行为免于刑责,这便忽视了作为与不作为区分的功能性意义。从本文所立足的目的理性视角,能否对"通过作为的不作为"作出合理解释,已经成为各种作为与不作为区分理论的试金石。

如上所述,本文试图对作为与不作为的区分进行目的理性思考。"目的理性"(Zwecknationalität)一语来自韦伯(Max Weber)的社会行为理论,意指"为了理性地作为结果所追求及所权衡的自我目的,而对外界对象或他人的举止加以期待,并将该期待作为条件或手段加以利用"③。在刑法的语境下,这一概念首先与刑法和刑罚的目的相关,即"在何种程度上刑法制度能被理解为为了实现社会目的而理性规划的手段"④,与之相近的理论进路也被部分学者称作"刑法功能主义"(strafrechtlicher Funktionalismus)⑤。根据该理论进路,我们完全可以并且应当认为每一个刑法概念都有其目的和功能,有必要从其目的和功能出发检验概念构造本身的妥当性。本文所谓的目的理性,就是指立足于作为与不作为相区分的意义,合目的地划定两种行为形态之间的界限。沿着这一理论进路,笔者在下文中将首先阐明两种行为形态区分的意义所在,继而从中寻求目的理性的区分标准,最后检验各种疑难情况是否对这一标准的妥当性构成挑战,力求为诸疑难情况寻找到妥善的解决方案。

---

① 李立众:《作为与不作为的区别》,载公益信托东吴法学基金会主编:《不作为犯的现况与难题》,元照出版有限公司2015年版,第34页。
② 周漾沂:《刑法上作为与不作为之区分》,载公益信托东吴法学基金会主编:《不作为犯的现况与难题》,元照出版有限公司2015年版,第67页。
③ Max Weber, Wirtschaft und Gesellschaft: Grundriss der verstehenden Soziologie, 1922, S. 12.
④ Michael Baurmann, Zweckrationalität und Strafrecht: Argumente für ein tatbezogenes Maßnahmerecht, 1987, S. 3.
⑤ Vgl. Günther Jakobs, Das Strafrecht zwischen Funktionalismus und „alteuropäischem" Prinzipiendenken-Oder: Verabschiedung des „alteuropäischen" Strafrechts?, ZStW 107 (1995), S. 843.

二、区分意义

只有从不作为犯的特殊性中,才能发现区分作为与不作为的意义。因为,如果除了外在表现形式,不作为犯在各个方面与作为犯均无差异,那么对二者的区分便不具有任何实践价值。以下笔者将首先对不作为犯的特殊性作出一般性说明,继而在重视其特殊性的实践意义这一前提下,分别说明不作为犯在成立要件和法律后果上的独特之处,并以此为根据寻找区分两者的真正目的所在。

(一)不作为犯的特殊性

我国传统上将不作为视作与作为并列的一种危害行为表现形式,将之置于犯罪客观方面中的危害行为项下予以探讨[①],这是我国经由学习苏联和日本,间接学习"二战"前的德国早期刑法理论所形成的历史惯性[②],然而这一体系性安排恰恰忽略了不作为犯的特殊性。在目前的德国主流刑法教科书中,不作为犯获得了独立成章的重要地位,学者认为有两点理由可为这种体系编排的重大变化作出解释[③]:第一,从作为犯中发展出的一般犯罪论的很多基本概念,不能直接被转用在不作为犯中;第二,"必须担保要件"(Einstehenmüssen)和"相当于条款"(Entsprechensklausel)是大多数"不真正"不作为犯的特殊前提要件。

上述两项理由中的第一条主要是指,不作为犯在因果关系、故意、正犯性、未遂等重要问题上与作为犯都存在差异。在因果关系领域,条件公式的"消去法"(Hinwegdenken)被修正为"添加法"(Hinzudenken),因此不作为的因果关系常被称作"准因果关系"(Quasi-Kausalität)。[④] 在故意领域,目的行

---

① 参见高铭暄、马克昌主编:《刑法学》(第十版),北京大学出版社、高等教育出版社2021年版,第63页以下。
② 苏联的情况参见〔苏〕A. H. 特拉伊宁:《犯罪构成的一般学说》,王作富等译,中国人民大学出版社1958年版,第110页以下,特别是114页;日本的情况参见〔日〕大塚仁:《刑法概说(总论)》(第三版),冯军译,中国人民大学出版社2003年版,第152页以下;德国"二战"前的情况参见〔德〕李斯特著、施密特修订:《德国刑法教科书》(修订译本),徐久生译,何秉松校订,法律出版社2006年版,第176页以下,特别是第193页以下。
③ Claus Roxin, Strafrecht Allgemeiner Teil, Bd. 2: Besondere Erscheinungsformen der Straftat, 2003, § 31 Rn. 1, 4.
④ Vgl. Walter Gropp/Arndt Sinn, Strafrecht Allgemeiner Teil, 5. Aufl., 2020, § 11 Rn. 161 ff. 一般认为,若无社会期待根本无法设想何谓不作为,因而在不作为犯中不存在脱离规范评价的纯事实因果性,但前述排他支配设定说正是产生于对这种理解的批判,参见黎宏:《排他支配设定——不真正不作为犯论的困境与出路》,载《中外法学》2014年第6期,第1579—1580页。

为论者指出不作为缺乏"下定决心做"意义上的决意(Entschluss),故不能使用故意概念①,而德国联邦最高法院判例则认为不作为的故意是"在保持不动与可能的作为之间的抉择(Entscheidung)"②。在正犯性领域,由于缺乏一个事实层面的因果驱动力,至少在部分犯罪中义务犯理论更具解释力,对其无法继续贯彻事实性的犯行支配(Tatherrschaft)原理。③ 在未遂犯领域,由于决意和明确的行为开始时点一并缺失而无法运用主客观混合的"着手公式"(Ansatzformel)④,"因而(未遂犯可罚)时点必须通过被保护的行为客体陷于直接危险来予以设定"⑤。虽然不作为犯与作为犯之间确实存在诸多不同,但是只有根据物本逻辑,才会认为添加或消去、抉择或决意、规范支配或事实支配、直接着手或直接危险这些文字游戏式的区别是实质性的,而在目的理性的视野下,这些本体论上的差异无法作为区分标准的目的依归。

上述两项理由中的第二项意味着,不作为犯有着与作为犯不同的犯罪构造:一个不具有保证人地位的行为人,即使对一个社会期待行为选择"保持不动",从而与构成要件符合结果具有(准)因果关系,也并不能满足相应犯罪的构成要件。此外,在刑法分则构成要件对行为模式有特别要求的犯罪中,即使行为人具有保证人地位且违背社会期待地"保持不动"从而导致结

---

① Vgl. *Armin Kaufmann*, Die Dogmatik der Unterlassungsdelikte, 1959, S. 66 ff.; *Hans Welzel*, Das deutsche Strafrecht: Eine systematische Darstellung, 11. Aufl., 1969, S. 205.

② BGHSt 19, 295, 299. 这便为建立在抉择自由(Entscheidungsfreiheit)上的罪责谴责奠定了基础。(Vgl. *Rolf Dietrich Herzberg*, Willensunfreiheit und Schuldvorwurf, 2010, S. 83 ff.)

③ 罗克辛原则上将不作为犯一律当成义务犯来把握,故完全没有适用犯行支配原理的余地,仅在亲手犯、取得罪等少数场合承认通过不作为的帮助。(Vgl. *Claus Roxin*, Täterschaft und Tatherrschaft, 10. Aufl., 2019, S. 512 ff., 532 ff.)雅各布斯则认为:"在义务犯的场合并非在作为与不作为之间规则的区分。所有依据制度管辖获得保证人义务的不纯正不作为都是义务犯,而依据制度管辖同时亦为保证人的个人(通过作为)实施的犯罪同样是义务犯。"(*Günther Jakobs*, Strafrecht Allgemeiner Teil: Die Grundlagen und die Zurechnungslehre, 2. Aufl., 1991, § 7 Rn. 70.)

④ 准确地说是"就位公式"。德国旧刑法将未遂的可罚起点设置为"实行的开始"(日本学者译作"实行的着手"),文字上较为接近形式客观理论。然而由于形式客观理论要求构成要件行为的一部分被实施,以至于未遂的处罚时点被过于推迟,故弗兰克(*Reinhard von Frank*)作出了如下修正:"实行的开始可在如下全部动作中找到,即由于其与构成要件行为必然的同属性,对于自然观念而言表现为后者的组成部分。"(*Reinhard von Frank*, Das Strafgesetzbuch für das Deutsche Reich nebst dem Einführungsgesetze, 18. Aufl., 1931, § 43 II 2 b.)韦尔策尔(*Hans Welzel*)部分地采纳了该观点,提出:"实行的开始(!)并非从内部(构成要件行为)出发,而是从外部出发被确定为对构成要件行为的直接就位。"(*Hans Welzel*, Das deutsche Strafrecht: Eine systematische Darstellung, 11. Aufl., 1969, § 24 III.)在1969年通过、1975年生效的《德国刑法典》总则中,德国立法者完全采纳了韦尔策尔的措辞,将"实行的开始"改为"直接就位于构成要件之实现",如果仍称其为"着手",似乎就忽略了近一个世纪的学说发展和立法用语的变迁。为方便理解,这里暂且从俗。

⑤ *Hans-Heinrich Jescheck/Thomas Weigend*, Lehrbuch des Strafrechts Allgemeiner Teil, 5. Aufl., 1996, § 60 II 2.

果产生,却可能由于该不作为无法"相当于"作为的行为模式,从而不具有正犯的可罚性。对此我们可以结合《德国刑法典》第13条"通过不作为的实施(作为)"(Begehen durch Unterlassen)来理解,该条规定:"(1)对属于某一刑法法规构成要件的结果,就其防止不予作为的人,根据法律仅在以下情况下可罚:当该人在法上必须担保该结果不被造成,且该不作为相当于通过作为实现法定构成要件。(2)刑罚可根据第49条第1款减轻。"①

在以上规定中,无论是"必须担保要件"还是"相当于条款",在实定法中都只有短短一个分句,因此饱受缺乏"明确性"的质疑②,即便如此,两者还是和刑罚减轻条款一起说明了区分作为与不作为的实践意义,亦即不作为犯在成立要件和法律后果上都与作为犯有所不同。下文将逐一评估不作为犯的这三项特殊性,并在我国语境中进行目的性思考,指出作为与不作为的区分对我国刑事司法实践的真正意义。

1. 保证人地位

《德国刑法典》第13条中的所谓"必须担保",实际上就是对刑法释义学中发展出的保证人地位(Garantenstellung)理论的立法确认。在学说史上,作为义务学说肇始于18世纪初期的形式法源理论(formelle Rechtsquellentheorie)③,此后该学说经历了数次小幅修正。④ 纳粹时期,基尔学派(Kieler Schule)以实质之名,试图从"一般正义原则""健全的国民情感"等极其模糊的概念中导出作为义务。⑤ 德国学者纳格勒(Johannes Nagler)则于1938年提出保证人概念,他将不作为者标示为"针对结果不发生的保证人,其有义务使法敌对能量不生损害"⑥。目前的保证人学说以阿明·考夫曼(Armin Kaufmann)的"功能理论"(Funktionstheorie)为基石,将保证人划分为保护保证人(Beschützergaranten)和监督保证人(Überwachergaranten)两类。⑦ 该学说

---

① § 13 des Strafgesetzbuchs in der Fassung der Bekanntmachung vom 13. November 1998 (BGBl. I S. 3322), das zuletzt durch Artikel 2 des Gesetzes vom 22. November 2021 geändert worden ist.
② Vgl. *Walter Stree/Nikolaus Bosch*, in: *Adolf Schönke/Horst Schröder*, Strafgesetzbuch, Kommentar, 30. Aufl., 2019, § 13 Rn. 5/6.
③ Vgl. *Paul Johann Anselm von Feuerbach*, Lehrbuch des gemeinen in Deutschland gültigen Peinlichen Rechts, 11. Aufl., 1832, S. 22 f.
④ 学说史的梳理参见黎宏:《不作为犯研究》,武汉大学出版社1997年版,第122页以下。一个简明的概括参见王世洲:《现代刑法学(总论)》(第二版),北京大学出版社2018年版,第118页以下。
⑤ 参见许玉秀:《论西德刑法上保证人地位之实质化运动》,载许玉秀:《当代刑法思潮》,中国民主法制出版社2005年版,第617页以下,特别是第633页以下。
⑥ *Johannes Nagler*, Die Problematik der Begehung durch Unterlassung, GS 111 (1938), 1, 59.
⑦ Vgl. *Armin Kaufmann*, Die Dogmatik der Unterlassungsdelikte, 1959, S. 283.

面临的批判是,"事实上对保证人可能功能的描述无法不言自明地回答,保证人出自哪一(法)基础的问题。通过对'保护'和'监督'保证人的划分,究竟能否推导出任何法上的结论,是十分可疑的"①。为了回应这一批判,雅各布斯(Günther Jakobs)和许乃曼(Bernd Schünemann)分别从纯粹规范论和重视本体论的调和论角度建构了不同的理论模型,前者便是"组织管辖"(Organisationszuständigkeit)与"制度性管辖"(institutionelle Zuständigkeit)的二分法②,而后者则将作为义务的发生根据完全追溯至"对结果原因的支配"③。

实质化的功能理论一方面具有扩张形式法义务的趋势,如通说承认的"生活或危险共同体"(Leben- oder Gefahrengemeinschaft)④实际上很难追溯到某一实定法源,另一方面却也将可能的保证人类型限定在脆弱法益保护和危险源监督两种类型之下,从而起到遏制司法擅断的作用。就本文关心的问题而言,正是保证人概念对不作为犯处罚范围的限定,使作为和不作为的区分具有了重要意义。在这里,特别恰当的例子是雅各布斯的"毒蘑菇案"(Giftpilz-Fall)⑤,如果将雅各布斯口中的"符合社会角色期待的行为"转换成通说的语言来表述,那么或许可以认为对打工的生物学专业大学生的行为的谴责重心不在于端菜的积极行为,而在于未告知厨师或顾客的不作为,由于其对顾客的生命安全不具有保证人义务,故仅能依照《德国刑法典》第323条c使之承担见危不救罪的刑事责任。反之,如果认为对该名大学生的谴责重心在于其不加告知的端菜行为,由于该行为积极地导致了顾客的死亡,故不再有保证人学说的适用余地,这里不言自明地存在

---

① Vgl. *Thomas Weigend*, in: Gabriele Cirener u. a. (Hrsg.), Strafgesetzbuch, Leipziger Kommentar, Bd. 1: Einleitung, §§ 1-18, 13. Aufl., 2020, § 13 Rn. 22.

② *Günther Jakobs*, Strafrecht Allgemeiner Teil: Die Grundlagen und die Zurechnungslehre, 2. Aufl., 1991, § 7 Rn. 56 ff., 70.

③ 参见〔德〕许迺曼:《德国不作为法理的现况》,载许玉秀、陈志辉合编:《不移不惑献身法与正义——许迺曼教授刑事法论文选辑》,新学林出版股份有限公司2006年版,第629页以下,特别是第656页以下。另,本书中Schünemann一般译作"许内曼",但引文文献中译为"许乃曼"或"许迺曼"的,保持原貌。——作者注

④ Vgl. *Johannes Wessels/Werner Beulke/Helmut Satzger*, Strafrecht Allgemeiner Teil: Die Straftat und ihr Aufbau, 51. Aufl., 2021, Rn. 1181.

⑤ 虽然雅各布斯在教科书中所举的"毒蘑菇案"是一个相当内行的生物学研究者试图继承叔叔遗产的例子(Vgl. *Günther Jakobs*, Strafrecht Allgemeiner Teil: Die Grundlagen und die Zurechnungslehre, 2. Aufl., 1991, § 7 Rn. 49),而在餐厅当帮工服务员的生物学专业大学生为客人端的是一盘含有有毒植物的异域沙拉(Vgl. *Günther Jakobs*, Norm, Person, Gesellschaft: Vorüberlegungen zu einer Rechtsphilosophie, 3. Aufl., 2008, S. 98),但由于雅各布斯的中国代言人冯军教授数度以"毒蘑菇案"指称后者(参见冯军:《刑法的规范化诠释》,载《法商研究》2005年第6期,第64页;冯军:《刑法教义学的立场和方法》,载《中外法学》2014年第1期,第183页),这里笔者也将忽略蔬菜(植物)和蘑菇(真菌)在本体结构上的差异,对两者作出相同的规范评价。

《德国刑法典》第212条杀人罪的可罚性。见危不救罪和杀人罪在法律后果上具有难以忽略的巨大差异(前者为1年以下自由刑或罚金,后者为5年以上自由刑),因此作为和不作为的区分在这里便具有了决定性的实践价值。

如果将上述案例置于我国刑法语境下,由于我国尚未将见危不救行为入刑,那么法律后果上的级差便是不罚与可能的死刑,因此,作为义务或保证人地位的处罚限制功能在作为与不作为的区分问题上具有更加关键性的价值。我国传统理论因袭作为义务来源的形式四分说,认可法律明文规定、职务业务要求、法律行为引起、先行行为引起等四种作为义务来源①,这本身已是对不作为处罚范围的限制,也指明区分两种行为形态在认定犯罪方面的意义所在。不过这种形式法源理论在出罪与入罪两个方向上都存在缺陷:前者最典型的是《消防法》第5条与第44条规定了一般公民的火警报告义务;后者的著例是非法律行为的自愿承担,如保姆甲已满14周岁不满16周岁,故其与雇主间的劳务合同无效,然而这并不意味着她对雇主家的婴儿乙没有保证人义务,以至于她在雇主出差期间放任婴儿活活饿死可以不承担故意杀人罪的刑事责任。由于形式法源理论存在上述缺陷,尽管还存在种种争议,学界仍不可逆转地转向了实质化的保证人学说。② 利用保证人地位对不作为犯的处罚范围进行更加合理的限定,是作为与不作为区分的主要意义所在,因而区分标准应当反映精确限定处罚范围的目的理性要求。

2. 相当于条款

针对相当于条款,我国台湾地区学者曾引述许乃曼1971年的博士论文,称刑法学说"打从1975年立法之前就不断批评这个等价条款是个'空话'"③。这一表述包含着对相当于条款最常见的几个误解,以下通过对这些误解的澄清来发现相当于条款的真意。第一,相当于条款并非表明等价性。虽然相当于条款在早期的立法讨论中以"等价性"(Gleichwertigkeit)面貌登场,亦即德国学者加拉斯(*Wilhelm Gallas*)以诈骗罪为例提出的,"针对此类

---

① 参见高铭暄、马克昌主编:《刑法学》(第十版),北京大学出版社、高等教育出版社2021年版,第63页以下。

② 从"因果关系的排他性支配"角度提倡实质作为义务的国内论述,最早见于黎宏:《不作为犯研究》,武汉大学出版社1997年版,第167页以下。另有学者更多地从功能理论的角度采纳"对结果原因的支配"一说,参见王世洲:《现代刑法学(总论)》(第二版),北京大学出版社2011年版,第120页以下;张明楷:《刑法学》(第六版),法律出版社2021年版,第197页以下。

③ 许玉秀:《保证人地位的法理依据——危险前行为是构成保证人地位的惟一理由?》,载许玉秀:《当代刑法思潮》,中国民主法制出版社2005年版,第735页。林钰雄教授对此表示赞同,参见林钰雄:《新刑法总则》,中国人民大学出版社2009年版,第410页,特别是注释14。

案件我们需要第二个限缩观点,即与构成要件设定的行为模式相关的,不作为行为与积极实施(作为)的等价性"①。但立法者却明确地使用了"相当于"这一用语,排除了减轻处罚规定与等价的矛盾。第二,相当于条款并非空话。许乃曼的原话是:"当'法上的必须担保要件'在形式法义务理论的意义上被领会时,那些著名的异议同样有效;当其被理解为刑法上的必须担保时,这整个公式便是同义反复(Tautologie)。"②因此许乃曼的批判直指必须担保要件空洞无物,而无关相当于条款。③ 第三,相当于条款适用于举止关联犯(verhaltensgebundenes Delikt),即构成要件所描述的举止方式对不法内涵亦具有决定作用的那些犯罪。针对相当于条款,目前学界的主流见解是"模式等值"理论(Lehre von der Modalitätenäquivalenz)④,即该条款在纯粹结果犯(schlichtes Erfolgsdelikt)中并不扮演独立角色,而如上所述,举止关联犯的不法内涵不仅在于单纯的结果招致,还在于特殊的举止方式,不作为能否与作为的行为模式等值便成为问题。

模式等值理论意味着并非所有的不作为犯都是纯粹义务犯。罗克辛(Claus Roxin)早期曾认为"特别行为模式的不法质量,在单纯不为中发现不了相当性"⑤,不过后来为了维护由其提出的义务犯概念而走向了这种观点的反面。根据义务犯的正犯原理,"如果一个父亲看到自己的女儿在被强奸时而不管……他应该是强奸罪的正犯而不是从犯,因为他有一种特别的义务"⑥。但模式等值理论更符合一般人的法感:性强制罪或强奸罪(《德国刑法典》第177条)并非纯粹结果犯,视而不见无论如何不可能相当于刑法分则

---

① *Wilhelm Gallas* in: Niederschriften über die Sitzungen der Großen Strafrechtskommission, 12. Band: Zweite Lesung des Entwurfs, 1959, S. 80.

② *Bernd Schünemann*, Grund und Grenzen der unechten Unterlassungsdelikte: zugleich ein Beitrag zur strafrechtlichen Methodenlehre, 1971, S. 380. 其中同义反复一词便是我国台湾地区学者口中的"空话",也有学者将其音译作"套套逻辑"。

③ 其后来的文章也能与之相互印证,参见[德]许迺曼:《在莱比锡和维也纳刑法注释书中所呈现出刑法修正后的德语区刑法学》,陈志辉等译,载许玉秀、陈志辉合编:《不移不惑献身法与正义——许迺曼教授刑事法论文选辑》,新学林出版股份有限公司2006年版,第342页。

④ Vgl. *Karsten Gaede*, in: Urs Kindhäuser/Ulfrid Neumann/Hans - Ullrich Paeffgen (Hrsg.), Strafgesetzbuch (Nomos Kommentar), 5. Aufl., 2017, § 13 Rn. 19. 许乃曼的观点也被乃师罗克辛归类为此种学说。(Vgl. *Claus Roxin*, Strafrecht Allgemeiner Teil, Bd. 2: Besondere Erscheinungsformen der Straftat, 2003, S. 786 Anm. 367.)

⑤ *Claus Roxin*, Unterlassung, Vorsatz und Fahrlässigkeit, JuS 1973, S. 197, 199.

⑥ 来自冯军教授的发言,见于《刑法方法论坛实录》,载梁根林主编:《刑法方法论》,北京大学出版社2006年版,第305页。罗克辛也举过类似的例子。(Vgl. *Claus Roxin*, Strafrecht Allgemeiner Teil, Bd. 2: Besondere Erscheinungsformen der Straftat, 2003, § 32 Rn. 234.)

所规定的性行为这一举止方式①,故父亲不成立正犯,仅能考虑其行为构成秘密帮助犯(heimliche Beihilfe)。因此,相当于条款对行为形态区分的首要意义就在于,在不作为不可能相当于作为的举止关联犯中,从一开始便排除其正犯性,上述普通型强奸便是其适例。至于的确可能通过不作为满足相当于条款的举止关联犯,如加拉斯所举的诈骗罪,一言不发则无疑属于不作为②,成问题的仅仅是在陈述中部分地隐瞒真相这种多义举止方式的情况,即便其不作为的部分满足刑法分则对举止模式的特别要求,也无法忽视其依附于作为的部分这一事实。

迄今为止,我国学者对相当于条款的探讨都是在"等价性"的名义下展开的,这集中反映在对"宋福祥故意杀人案"③的讨论中。宋福祥因琐事与其妻李霞发生争吵撕打。李霞欲自杀。宋见状,喊来邻居叶宛生对李霞进行规劝。叶走后,宋李两人又发生争吵撕打。李霞再次寻死,宋不再劝阻和救助。李霞最终自杀身亡。④ 关于此案,有学者肯定了被告人对上吊自杀的妻子具有作为义务,认为该义务是基于夫妻关系或紧密生活共同体而产生,但这一义务程度较弱,具有构成遗弃罪的可能性。⑤ 另有学者从刑法法理结合刑事政策的角度提出,宋妻之死的主因是其自杀行为,宋福祥的不救助行为与故意杀人罪中杀人的作为行为之间不具有等价性,这是由见危不救的立法阙如引起的。⑥ 此外,也有学者认为只有基于行为人自己故意或过失的先前行为导致法益面临危险的不作为,才可能与作为具有相等的价值,宋妻在完全意志自由的状态下设定了侵害生命法益的危险,其死亡结果的直接原因在

---

① 一个小小的"例外"是所谓"对发生在自己身体上的危险行为的阻止义务"[参见张明楷:《刑法学》(第六版),法律出版社2021年版,第204页以下],当男子任由幼女与自己发生性行为而不加阻止时,似乎属于"不作为的性行为",但"性行为"这一概念原本便不要求双方均以积极的身体举止参与,因而奸淫幼女型强奸罪在相当罕见的场合也属于下述"分则条文对行为模式有所要求,却的确可以通过不作为满足'相当于作为'之要求的犯罪"。

② 民法上沉默(Schweigen)既有可能意味着同意,又有可能意味着放弃表示。在前者的情况下,不作为的诈骗并非完全不可想象。Vgl. Werner Flume, Allgemeiner Teil des Bürgerlichen Rechts, Bd. 2: Das Rechtsgeschäft, 4. Aufl., 1992, S. 64 ff.

③ 参见张海燕、陈元舵:《宋福祥故意杀人案》,载中国高级法官培训中心、中国人民大学法学院编:《中国审判案例要览》(1996年刑事审判卷),中国人民大学出版社1997年版,第34页以下。

④ 参见河南省南阳市中级人民法院(1994)南刑初字第264号刑事判决书;河南省南阳市中级人民法院(1995)南刑终字第002号刑事裁定书。

⑤ 参见张明楷:《论不作为的杀人罪——兼论遗弃罪的本质》,载陈兴良主编:《刑事法评论》(第3卷),中国政法大学出版社1998年版,第221页以下。

⑥ 参见谢望原、季理华:《见危不救入罪的期待可能性问题研究》,载《河南省政法管理干部学院学报》2009年第2期,第80页。

于其本人的行为,宋福祥的行为属于遗弃。① 以上各种观点所忽略的是,故意杀人罪是典型的纯粹结果犯,肯定作为义务后又否定所谓"等价性"是难以自圆其说,这些观点成立的唯一前提是否定夫妻间具有相互救助义务,这便回到了上述保证人地位问题。这里限于篇幅无法就该案展开详尽探讨,但就结论而言,宋福祥并非单纯基于夫妻关系,而是主要基于空间领域支配而具有保护保证人地位,因为故意杀人罪属于纯粹结果犯,故无需讨论相当于条款的问题便可直接认定其构成不作为的故意杀人罪。虽然在我国,有关模式等值理论的研究还有待展开,但这对本文关心的问题影响有限,如上所述,真正疑难的是以多义举止方式触犯某一可由不作为构成的举止关联犯的情况,对此相当于条款未能提供任何目的性指引。

3. 刑罚的减轻

根据德国联邦最高法院的意见,刑法分则已经将不作为与作为等同规定的犯罪不再适用刑罚减轻,并且刑罚减轻还要取决于具体情形中的事实基础②,这意味着刑罚减轻条款的适用范围应当被限定。对此可以区分以下三种情况:第一,只有当某一犯罪的作为形态是基于"组织管辖"的支配犯,而行为人以"制度管辖"的保证人地位不作为地实现其构成要件时,才有理由对行为人减轻处罚。如会游泳的甲放任自己未成年的女儿乙溺水而死,由于作为的杀人罪要求犯行支配亦即"组织"活动,而本例中甲完全是因为"对积极建造一个共同的世界负有义务"③,其不法与罪责内涵便不会与他将乙摁入水中致其溺死完全等价。第二,当具体案件中的不作为也在事实上支配了构成要件的实现时,则该不作为具有与作为同等的质量。如母亲丙不予授乳将婴儿丁饿死,在此丙便"在存在的意义上支配着无助法益"④。第三,当构成要件所预定的作为本身即为基于"制度管辖"的义务犯时,便"使作为与不作为存在结构的区分很大程度上不重要了"⑤。如工程监理人员

---

① 参见何荣功:《不真正不作为犯的构造与等价值的判断》,载《法学评论》2010 年第 1 期,第 111—112 页。

② Vgl. BGHSt 36, 227, 228 f.

③ *Javier Sánchez-Vera*, Pflichtdelikt und Beteiligung: zugleich ein Beitrag zur Einheitlichkeit der Zurechnung bei Tun und Unterlassen, 1999, S. 98 f.

④ *Bernd Schünemann/Luís Greco*, in: *Gabriele Cirener* u. a. (Hrsg.), Strafgesetzbuch, Leipziger Kommentar, Bd. 2: §§ 19-31, 13. Aufl., 2021, § 25 Rn. 54. 虽然雅各布斯原则上认为父母对未成年子女所负担的是基于制度要求的团结义务(vgl. *Günther Jakobs*, Strafrecht Allgemeiner Teil: Die Grundlagen und die Zurechnungslehre, § 29 Rn. 59 ff.),但人作为一种哺乳动物,毋宁说母亲为婴儿授乳是一种"自然事件",阻断这种自然事件便在事实上支配了婴儿的死亡。

⑤ *Claus Roxin*, Strafrecht Allgemeiner Teil, Bd. 2: Besondere Erscheinungsformen der Straftat, 2003, § 31 Rn. 71.

戊,无论他是违反强制性标准实施监理行为还是全然不作为以致未能发现工程质量问题,最终导致楼宇垮塌的重大伤亡事故发生,他都不过是违反了制度性义务,而非支配了整个因果流程。在后两种情况下由于不作为与作为之间完全等价,刑罚减轻便毫无必要乃至是错误的了。

我国刑法并未对不作为犯作出一般性规定,更不存在不作为减轻条款,那么能否对不作为犯从宽处理便成为问题。在上述宋福祥案中,法官似乎给出了肯定的回答:宋福祥虽然被认定为故意杀人罪,但因情节较轻,仅被判处有期徒刑4年①。单从判决书的措辞中,我们无法获知宋福祥被认定为情节较轻与其行为形态到底有多大的关联性,但在本案中更关键的应该是被害人自杀身亡这一事实,因为宋福祥的保证人地位绝不仅仅源自夫妻关系或生活共同体,一审判决书正确地指出:"在家中只有夫妻二人这样的特定环境中,被告人宋福祥负有特定义务"②,亦即存在学理上所称的空间场所支配。据此,在被害人完成上吊动作并丧失自救可能后,宋福祥在自己支配的领域中掌控了其后的因果流程,若无被害人自杀这一情节,宋福祥未必能获得从宽处理。可以设想如下情况:被害人瘫痪在床,行为人吸烟时不慎引燃家具,却既不灭火也不救助被害人便径直离去,被害人葬身火海。此时似乎便没有了被评价为情节较轻的余地。因此,是否从宽处理还是应回到笔者在上文提出的标准,即在以"制度管辖"的保证人地位不作为地实现一个支配犯的构成要件时才具有从宽的实质根据。

在作为与不作为的区分中,刑罚减轻条款无法发挥目的性指引作用。如上所述,对于部分不作为犯予以刑罚减轻的实质根据是,就同一犯罪而言,义务犯相较于支配犯具有更轻的不法内涵,然而在作为犯与不作为犯、支配犯与义务犯("组织管辖"与"制度管辖")之间,并不存在严格的对应关系③,假设将刑罚减轻设定为作为与不作为区分的根本目的,则只有部分(而非全部)义务犯能够被划入不作为的范畴,这便混淆了存在结构和规范评价。即便是从目的理性的视角出发,我们探寻的也仍然是对作为和不作为存在结构差异的功能界分,而非追问支配犯与义务犯在规范评价上的区别何在。

(二)区分标准的目的设定

根据以上讨论,我们可以得出如下三点结论:第一,不作为犯能够以保证

---

① 河南省南阳市中级人民法院(1995)南刑终字第002号刑事裁定书。
② 河南省南阳市人民法院(1994)南刑初字第264号刑事判决书。
③ 对此问题的深入探讨参见何庆仁:《义务犯研究》,中国人民大学出版社2010年版,第32页以下。

人地位限制处罚范围,因此正确地区分作为与不作为对可罚性有无的判断具有关键意义;第二,相当于条款排除了部分举止关联犯以不作为方式构成的可能性,但在另一些举止关联犯中,模式等值理论无助于多义举止方式的行为形态确定;第三,在作为时即属义务犯以及在不作为时仍属支配犯的犯罪中,没有刑罚减轻的余地。因此,区分作为与不作为最重要的意义和目的便是通过保证人地位限制处罚范围。对于该目的,必须结合"辅助性法益保护"(subsidiärer Rechtsgüterschutz)①的刑法任务来考虑,这里的"辅助性"是指刑法是法益保护的最后手段(ultima ratio)。详言之,当一个举止中含有积极作为因素,然而处罚不具有保证人地位的行为人却并非实现法益保护目的之适当手段时,宜将该举止视作不作为,从而达到通过保证人地位精确限制处罚范围的效果。

三、区分标准

如前文所言,我国现有的研究已经对行为形态区分标准的学说进行了详尽的梳理,但这些基础性工作仍然存在一个缺憾,即未对各种学说进行历史性考察与归类,并通过这种考察与归类发现不同学说背后的联系与差异。在两岸刑法论坛上,我国大陆与我国台湾地区学者都使用了存在论、描述性视角与价值论、评价性视角二分的范式②,使汉语刑法学界对此问题的认识上升到新的层次。在此,笔者除同样使用类似的经验性标准与规范性标准相区分的论述范式外,还进一步尝试从学说史的视角,借由一手文献还原历史中先后出现的经验性标准和规范性标准之原貌,以此对现有的各种区分理论进行重整,分别分析其合理之处与主要缺陷,特别是在功能性上的不足,并在此基础上,回到上文所提出的,以辅助性法益保护的刑法任务为指导,通过保证人地位精确限制处罚范围这一目的的设定,探寻目的理性的区分标准。

(一)经验性区分标准

1.早期自然主义标准

本体论意义上的作为与不作为的区分,可以追溯到19世纪与20世纪之

---

① *Claus Roxin/Luís Greco*, Strafrecht Allgemeiner Teil, Bd. 1: Grundlage, der Aufbau der Verbrechenslehre, 5. Aufl., 2020, § 2 Rn. 1.
② 参见李立众:《作为与不作为的区别》,载公益信托东吴法学基金会主编:《不作为犯的现况与难题》,元照出版有限公司2015年版,第20页以下;周漾沂:《刑法上作为与不作为之区分》,载公益信托东吴法学基金会主编:《不作为犯的现况与难题》,元照出版有限公司2015年版,第34页。

交由贝林(*Ernst von Beling*)与李斯特(*Franz von Liszt*)所代表的"自然主义的因果行为概念"(naturalistisch-kausale Handlungsbegriff)。贝林将行为定义为"意愿的举止或意志动作"①,其中包括了作为与不作为,"不作为是对运动神经的抑制;意志在此支配着神经,正如身体运动时一样:它致力于神经控制和肌肉收缩"②。李斯特进一步提出:"不作为概念的前提是,通过行为人可能的且被我们期待的、却未被其实施的作为,本能够避免已发生的结果;在此概念中存在着一个作为因果性的类似要素,而非因果性本身。"③据此可知,贝林和李斯特使用了身体动作和因果关系这类自然主义概念对作为和不作为进行区分。然而,贝林和李斯特的理论都并非从解决疑难案例的问题意识出发,一旦面对(并非那么疑难的)实际问题,便显得捉襟见肘。例如,不具有保证人地位的甲眼见乙陷入危难,却快速逃跑不予救助。这里当然存在一个意志控制的肌肉运动,却不可能成立作为的杀人罪,原因在于,对于死亡结果而言,甲的逃跑行为完全可以被消去,即使他未逃跑而是伫立原地,具体的死亡结果依旧会发生。又例如,丙在丁同意的前提下将丁关入密室,后丁要求开门内却不予理会,丁活活饿死。由于室门紧闭的状态是关门动作的效果保持,我们承认关门动作与死亡结果间的因果性,便无法否认作为因果链中间环节的保持室门紧闭与结果的因果性,但丙却并非通过作为保持了这一状态。因此,这种早期的自然主义区分标准在今天的讨论中已经鲜有直接意义,但不可否认的是,这两种学说为今天仍被提及的经验性标准奠定了基础。

2. 能量投入标准

目前仍然被反复提及的"能量投入"(Energieeinsatz)标准是由恩吉施(*Karl Engisch*)首倡。早在1933年,他便提出作为是"在特定方向上的能量花费",不作为是"在特定方向上的能量不花费"④,这一标准也被其本人承认为"自然的前法概念"⑤,不过后来恩吉施提出了新的表述,将"花费"(Aufwand)替换为"投入"(Einsatz),并宣称:"我所说的'能量'并非意指物理意义上的,而是日常意义上的任意人类力量投入,也就是人们经常说的'成效'

---

① *Ernst Beling*, Die Lehre vom Verbrechen, 1906, S. 9.
② *Ernst Beling*, Die Lehre vom Verbrechen, 1906, S. 15.
③ *Franz von Liszt*, Lehrbuch des deutschen Strafrechts, 21./22. Aufl., 1919, S. 126.
④ *Karl Engisch*, Besprechung von Gehart Husserl, Negatives Sollen im Bürgerlichen Recht. Studien zur Theorie der Unterlassung, zur Theorie und Dogmengeschichte des Schuldverhältnisses, Breslau 1931, MschKrimPsych 24 (1933/34), S. 237, 239.
⑤ *Karl Engisch*, Tun und Unterlassen, in: *Karl Lackner* u. a. (Hrsg.), Festschrift für Wilhelm Gallas zum 70. Geburtstag am 22. Juli 1973, 1973, S. 163, 167.

'努力'。"①这一修正,似乎使"能量投入"标准具有了规范意义,然而由于所谓的"日常意义"实际上存在于语言的深层逻辑结构当中,这样一种"能量"概念仍然是描述的而非评价的,多数学者也都正确地将该标准归类为自然主义的或经验性的区分标准。② 公允地讲,能量投入标准在多数场合下是适用的,对上述早期自然主义标准无法妥善解决的问题也能给出令人信服的答案:甲虽然具有逃走的身体活动,却缺少一个救助方向的能量投入,因此成立不作为;丙并不需要一个能量投入来保持室门紧闭,同时他缺少一个打开室门的能量投入,故同样成立不作为。但该标准仍然不够充分,概念的确定不仅要考虑其意义的核心部分,同样要考虑边缘部分,能量投入标准仍然无法解决"通过作为的不作为"问题,因为我们总能够在关闭生命维持装置的动作中发现一个在确定方向上的能量投入。在过度医疗成为社会问题的今天,我们无法对既浪费医疗资源又剥夺临终患者尊严的过度抢救视而不见,也毫无必要为医生中断针对临终患者的抢救这种常见行为设置新的正当化事由,因此无法对"通过作为的不作为"作出合理解释的标准明显存在功能性缺陷。

3. 因果关系标准及其与能量投入标准的综合

新的因果关系标准乃是由阿明·考夫曼提出,他针对能量投入标准指出:"我不认为,不作为可被视为原因性的特定能量投入标识的缺失。"③进而认为:"在不作为中原因性的仅仅是不作为要素:不行为以及对现实的不改变。对于行为的缺失不作为者的存在并非条件,对于不作为的因果性不作为者并非原因。"④因此,阿明·考夫曼的因果关系标准和前人殊为不同,他并非一概否定不作为与结果的因果关联,而是否定不作为者与不作为本身的因果性,这必须与其目的行为论相联系才能够被理解,因为不作为者并非以一个特定目的"驱动"自己无所作为。这一观点获得了他的老师兼同事韦尔策尔(Hans Welzel)的赞同,他进一步宣示,"不作为本身既无因果性也无(现实的)目的性"⑤。由此,前述闭门不开的案件也可以通过新的因果关系标准

---

① Karl Engisch, Tun und Unterlassen, in: Karl Lackner u. a. (Hrsg.), Festschrift für Wilhelm Gallas zum 70. Geburtstag am 22. Juli 1973, 1973, S. 163, 171.

② Vgl. Johannes Wessels/Werner Beulke/Helmut Satzger, Strafrecht Allgemeiner Teil: Die Straftat und ihr Aufbau, 51. Aufl., 2021, Rn. 1159; Volker Krey/Robert Esser, Deutsches Strafrecht Allgemeiner Teil, 6. Aufl., 2016, Rn. 1107; Harro Otto, Grundkurs Strafrecht Allgemeine: Strafrechtslehre, 7. Aufl., 2004, S. 156.

③ Armin Kaufmann, Die Dogmatik der Unterlassungsdelikte, 1959, S. 60.

④ Armin Kaufmann, Die Dogmatik der Unterlassungsdelikte, 1959, S. 62.

⑤ Vgl. Hans Welzel, Das deutsche Strafrecht: Eine systematische Darstellung, 11. Aufl., 1969, S. 201.

得到解决,即虽然保持室门紧闭的不作为可能被视作死亡结果的合法则条件,但不作为者却由于缺乏目的性身体活动,而不被承认为该因果流程的肇始者。

阿明·考夫曼的学生萨姆松(Erich Samson)对上述标准作出了修正,在他的理论中"法益状况"(Rechtsgutslage)占据重要地位,因此也被一些未考察该理论来龙去脉的学者径直视作独立的"法益状态说"。事实上,萨姆松极力为因果关系标准辩护,他坚称通过因果关系标准对作为与不作为进行区别并非自然主义的或价值无涉的,进而提出:"如果行为人对最终导致的法益状况是合法则的条件,他便实施了行为。如果与不存在行为人时可能导致的(状况)相比,(目前的)法益状况更加不利,那么他便通过实施(作为)恶化了法益状况,并违反了禁止规范。与此相对的是,行为人并非最终导致的法益状况的合法则条件,那么只要他能够改善法益状况,并且对于改善行为具有承担义务的保证人地位,他便侵害了一个命令规范。采取一个恶化(法益状况的)进犯的人侵害禁止规范,而不为法益带来改善成效的人则侵犯命令规范。"① 从这段论述中我们可以发现,萨姆松的理论其实是一个大杂烩,他既考虑到目的行为论所坚持的行为人与行为的因果性,也从法益状况的角度考虑禁止规范与命令规范,还使用了"成效"这样一个能量投入标准的用语,但由于其根基上的目的行为概念,多数学者仍然将之归类为本体论的或经验性的区分标准。②

后来的发展放弃了目的行为概念,却类似地综合了能量投入标准与因果关系标准,如齐白(Ulrich Sieber)认为:"只有当一个由行为人采取的能量或力量投入,对符合构成要件的或法益侵害的结果是原因时,才被承认是作为。"③ 更新的说法则是由布拉姆森(Jörg Brammsen)博士用极其精确的语言提出的:"只有当一个个人通过一个能量投入,引导、促进或加强了一个发生过程,且该过程事实上或根据其预想在具体情况下适合于妨害一个构成要件指称的攻击客体时,该能量投入才是刑法上重要的积极作为。"④ 然而无论如何措辞,都无法掩盖这一标准在处理"通过作为的不作为"这一疑难情况时

---

① *Erich Samson*, Begehung und Unterlassung, in: *Günter Stratenwerth* u. a. (Hrsg.), Festschrift für Hans Welzel zum 70. Geburtstag am 25. März 1974, 1974, S. 579, 595.
② Vgl. *Johannes Wessels/Werner Beulke/Helmut Satzger*, Strafrecht Allgemeiner Teil: Die Straftat und ihr Aufbau, 51. Aufl., 2021, S. 430 Anm. 8; *Harro Otto*, Grundkurs Strafrecht Allgemeine: Strafrechtslehre, 7. Aufl., 2004, S. 156 Anm. 3.
③ *Ulrich Sieber*, Die Abgrenzung von Tun und Unterlassen bei der „passiven" Gesprächsteilnahme: Zugleich eine Besprechung der Entscheidung BGH 3 StR 398/81 vom 10. 2. 1982, JZ 1983, S. 431, 436.
④ *Joerg Brammsen*, Tun oder Unterlassen? Die Bestimmung der strafrechtlichen Verhaltensformen, GA 2002, S. 193, 206.

的窘迫,关闭医疗设备当然适合于"妨害"生命法益,否则任何人都可以不经专业判断关闭危重病人的呼吸机而不受惩罚,这当然也是无法想象的。罗克辛原则上同意上述布拉姆森的观点和表述,并取巧地将"通过作为的不作为"称作"例外",并声称这些例外"不改变这一原则"①,这种回避问题的做法是不令人满意的,也揭示了该标准在功能性上仍然存在不足。

(二)规范性区分标准

1. 早期社会意义标准

早期的社会意义标准可以追溯到施密特(*Eberhard Schmidt*)在修订李斯特的刑法教科书时对民法学者提出的社会行为概念的支持:"行为使我们感兴趣的并非自然科学观点下的心理现象,而是在其'针对社会现实的作用方向上'作为一种社会现象。"②但在不作为到底多大程度地关乎评价的问题上,施密特态度暧昧地写道,"作为'结果的不避免'的举止的观念,相反仍然绝不意味着评价,而仅仅是获得了评价的连结点"③。在其本人的著作中,这样的社会意义标准得到了进一步发展,作为这样一个意志动作是结果之条件,它在构成要件性"事物本质"中体现其"社会意义",而不作为根据相同的视角则应被理解为"构成要件结果的不避免",例如在一例失败的医疗手术中不避免病人的死亡。④ 这样的理解便放弃了前构成要件的行为概念,在不预设立场的前提下当然不能立即视这种观点为错误,但至少可以毫无顾虑地批评这种观点不具有实际意义。例如,在"自行车灯案"中,既然符合构成要件的被害人伤亡结果已经出现,那么到底该如何通过"社会意义"来区分"引

---

① Claus Roxin, Strafrecht Allgemeiner Teil, Bd. 2: Besondere Erscheinungsformen der Straftat, 2003, § 31 Rn. 78.

② Franz von Liszt/Eberhard Schmidt, Lehrbuch des deutschen Strafrechts, Bd. 1: Einleitung und Allgemeiner Teil, 26. Aufl., 1932, S. 153 Fußnote. 耶赛克与魏根特在引用该句时提出社会行为概念是由埃伯哈德·施密特"顺便发展出的"(*Jescheck/Weigend*, Lehrbuch des Strafrechts Allgemeiner Teil, 5. Aufl., 1996, § 22 III 2 a),而罗克辛则称该句是"由李斯特在清晰的界限下写道"(*Roxin/Greco*, Strafrecht Allgemeiner Teil, Bd. 1: Grundlage, der Aufbau der Verbrechenslehre, 5. Aufl., 2020, § 8 Rn. 27),然而查阅原文可以发现,这一观点出自现象学大师埃德蒙德·胡塞尔(*Edmund Husserl*)之子,民法学家格哈德·胡塞尔(*Gerhard Husserl*)于1931年出版的专著《民法中的消极应为——不作为理论、债务关系理论及学说史研究》。恩吉施早期提出的"能量花费"一说正是出现在对该书的书评中。[Vgl. *Karl Engisch*, Besprechung von Gehart Husserl, Negatives Sollen im Bürgerlichen Recht. Studien zur Theorie der Unterlassung, zur Theorie und Dogmengeschichte des Schuldverhältnisses, Breslau 1931, MschKrimPsych 24(1933/34), S. 237.]

③ Franz von Liszt/Eberhard Schmidt, Lehrbuch des deutschen Strafrechts, Bd. 1: Einleitung und Allgemeiner Teil, 26. Aufl., 1932, S. 169 f. Anm. 1.

④ Vgl. *Eberhard Schmidt*, Der Arzt im Strafrecht, 1939, S. 77 ff.

起"和"不避免"呢?

2. 作为通说的重心标准

目前,德国判例与通说都以"可谴责性的重心"(Schwerpunkt der Vorwerfbarkeit)作为区分作为和不作为的标准,这一标准源自梅茨格尔(Edmund Mezger)对社会意义标准的发展。他首先根据一种评价的方法,将"山羊毛案"和"药剂师案"(Apotheker-Fall)①都认定为不作为②,其后又提出完整的表述:"作为犯罪与不作为犯罪的区分不能从纯粹外在的依据获得,它不是一个事实问题,而是一个评价问题。它取决于,法谴责的方向指向何处。"③至于"可谴责性的重心"这一术语,则是由德国联邦最高法院首先提出。④借助这一说辞,当然可以"解决"所有问题,因为我们可以根据法感随时调整"可谴责性的重心",但这恰恰是问题所在,因为何谓"可谴责性的重心"根本无法探明,这一说辞空洞无物以至于根据这一"标准"我们得不出任何在法律上有意义的结论,最终决定具体案件行为形态的不过是法官的个人感觉罢了,且不说法安定性无法保障,恐怕距离司法擅断亦不远矣。虽然迄今为止仍有多如牛毛的判例、学说支持这一"理论"⑤,使其长期占据通说地位,但其模糊性注定了其与刑法严密精细的特性不相吻合。

3. 作为优先标准

在规范性标准的脉络中,还可以论及一种作为优先(Vorrang des Tuns)标准,该标准最早由阿图尔·考夫曼(Arthur Kaufmann)提出,其核心内容是:"一个既包括行动要素又包括不作为要素的整体性举止,存疑时应被视作积极作为。"⑥之所以将该种标准归入规范性标准的脉络,首先是因为其并非以身体动作、因果关系、能量投入这样一些本体性或经验性要素判断行为形态,其次则是因为这种判断标准反映了这样一种价值取向,即刑法的评价是以作为为核心的,正如施特拉腾韦特(Günter Stratenwerth)所指出的那样,该

---

① Vgl. RGSt 15, 151. 大致案情是:药剂师第二次交付药物时未查验处方,导致病人药物中毒死亡。

② Vgl. Edmund Mezger, Strafrecht: Ein Lehrbuch, 3. Aufl., 1949, S. 116 Anm. 21.

③ Edmund Mezger, Anmerkung zu BGH, Beschluß v. 25. 9. 1957, 4 StR 354/57 (OLG Hamm), JZ, S. 281. Edmund Mezger/Hermann Blei, Strafrecht: Ein Studienbuch, Bd. 1: Allgemeiner Teil, 18. Aufl., 1983, S. 310 f.

④ BGHSt 6, 46, 59.

⑤ Vgl. BGHSt 40, 257, 266; 51, 165, 173; Johannes Wessels/Werner Beulke/Helmut Satzger, Strafrecht Allgemeiner Teil: Die Straftat und ihr Aufbau, 51. Aufl., 2021, Rn. 1159; Volker Krey/Robert Esser, Deutsches Strafrecht Allgemeiner Teil, 6. Aufl., 2016, Rn. 1107; Georg Freund, in: Münchener Kommentar zum StGB, Bd. 1: §§ 1-37, 4. Aufl., 2020, § 13 Rn. 5.

⑥ Arthur Kaufmann, Die Bedeutung hypothetischer Erfolgsursachen im Strafrecht, FS - Schmidt, 1961, S. 200, 212.

种方案"根据辅助性原则"①处理区分问题,不作为在刑法评价中总是处于辅助性地位。对于这种作为始终优先于不作为的观点,魏根特(Thomas Weigend)曾表达完全的赞同,他解释道:"在同等情况下(ceteris paribus),与不作为相比,在积极的作为中,存在着法益侵害或危险所要求的更强烈更巨大的压倒性。"②但他现在将"在同等情况下"的表述更改为"在通常情况下"(in der Regel),并指出,"完全可以想象这样的情况,在规范的、从有关的保护客体出发的视角下,一个外观上的积极作为仅仅具有不作为的重量……当行为人的活动是在其自身法领域内时,总是可以肯定不作为"。③ 与通说的重心标准相比,作为优先标准的优势在于其无懈可击的明确性,并且施特拉腾韦特与魏根特的说理也极具说服力,但遗憾的是,这一标准还是未能从功能性上顾及"通过作为的不作为"这一特殊情况,因而现在魏根特又开始承认例外情况的存在。然而一旦承认作为优先标准存在例外,就使之丧失了明确性,而列举式的例外情况又无法补全其完备性,使这种观点陷入尴尬境地,那么进一步的理论发展便势在必行了。

(三) 目的理性的新思考

通过对学说史的梳理我们了解到,无论是经验性进路还是规范性进路,都尚未发展出既具有明确性又能够包容"通过作为的不作为"的功能性标准,从而为目的理性的新思考提供了契机和空间。笔者在前文中已经指出,区分作为与不作为的根本目的在于,以辅助性法益保护的刑法任务为指导,通过保证人地位精确限制处罚范围,那么以此目的为依归,我们需要重新思考作为与不作为的区分究竟意味着什么。首先,无能量投入的静止不动无论如何不可能被认定为作为,因为不管是社会评价还是法律评价都要以一定的事实为基础,无能量投入的静止意味着缺乏任何可能被评价为作为的积极事实,显然缺乏被评价为作为的契机。其次,虽然有身体运动却缺乏引起结果方向上的能量投入时,也不可能被认定为作为,如前面提到的具有保证人地位的甲眼见乙陷入危难,却快速逃跑不予救助,这说明引起结果方向上的能量投入,亦即作为一种有力学说的因果关系和能量投入的结合标准,同样

---

① Günter Stratenwerth/Lothar Kuhlen, Strafrecht Allgemeiner Teil: Die Straftat, 6. Aufl., 2011, § 13 Rn. 2.
② Thomas Weigend, in: Heinrich Wilhelm Laufhütte/Ruth Rissing-van Saan/Klaus Tiedemann (Hrsg.), Strafgesetzbuch, Leipziger Kommentar, Bd. 1: Einleitung, §§ 1-31, 12. Aufl., 2007, § 13 Rn. 7.
③ Thomas Weigend, in: Gabriele Cirener u. a. (Hrsg.), Strafgesetzbuch, Leipziger Kommentar, Bd. 1: Einleitung, §§ 1-18, 13. Aufl., 2020, S. 891 Anm. 24.

是作为不可或缺的事实基础。最后,并非所有引起结果方向上的能量投入都是作为,在一些案件中,我们需要利用保证人地位限定处罚范围,故作为优先标准并不合用,而社会意义和"可谴责性重心"的说法不具有可操作性,因此我们的任务在于提出一个明确的判断标准,使之适合于挑选出那些自然意义上属于作为却应被评价为不作为的情况。简言之,作为与不作为的区分,实际上就是以限定处罚为目的,把那些外观上像是作为的不作为挑选出来。

以下将首先考察多义举止方式和"通过作为的不作为"所涉及的中断治疗,以及与后者类似的中断救助等情况,继而提出合目的且普遍适用的区分标准。至于"逆形态参与"、原因自由不作为、作为与不作为的竞合,则作为疑难情况,留待下一部分逐一检验。

1. 多义举止方式

多义举止方式是指包含作为与不作为两方面意义的举止类型。"山羊毛案""自行车灯案"和"药剂师案",都是这一类别下引用率最高的案例。然而需要注意的是,应当区分真正多义举止和不真正多义举止两种情况。前者是指同一时空下的同一举止中既有作为成分又有不作为成分,其中不作为因素依附于作为因素而存在,亦即只有和作为因素一起才具有法上的重要意义。"山羊毛案"和"药剂师案"皆为其适例,交付未消毒的羊毛和未查验处方的药物,如果不存在羊毛和药物的交付,也就无所谓"未"消毒和"未"查验处方。后者是指在密接的时空中先后存在一个作为与一个不作为,并且先在行为的效果持续到后行为之中。比较典型的情况是不作为在前、作为在后,如在"自行车灯案"中,不开车灯本身就具有法上的独立意义,而撞人是嗣后发生的;又如"汽车司机在十字路口遇到红灯时,仍然向前行驶,导致行人死亡"[1]。在闯红灯的刹那,不踩刹车的不作为与闯红灯的作为组成了真正多义举止,加上撞人的部分则又构成复合的不真正多义举止。这样区分的意义在于,对于不真正多义举止,有可能辅助性地考虑一项不作为犯罪,特别是在行为人不作为时有责任能力,实施作为部分时却陷入无责任能力状态的时候,而对于真正多义举止,不作为所引起的直接危险是依附于作为的,不可能单独考虑一项不作为犯罪,罗克辛已经正确地指出这一点。[2] 至于作为在前、不作为在后的不真正多义举止,学说上也被称作"举止形式的承继"(Sukzession von Verhaltensformen)[3],如"工人挖开坑道或打开井盖,因为没有

---

[1] 参见张明楷:《刑法学》(第六版),法律出版社2021年版,第192页。
[2] Vgl. *Claus Roxin*, Strafrecht Allgemeiner Teil, Bd. 2: Besondere Erscheinungsformen der Straftat, 2003, § 31 Rn. 86 f.
[3] *Jürgen Welp*, Vorangegangenes Tun als Grundlage einer Handlungsäquivalenz der Unterlassung, 1968, S. 116.

立起围栏作为附带措施,或完工后未盖回井盖,从而引起事故"①。在这种情况下,如果先在的作为缺乏正当化根据,则不作为的部分仍然根据辅助性原则退到作为之后,但是当作为被正当化时便只剩一个不作为的可罚性了。

前文提到,多义举止方式中往往是不作为的部分使行为逾越了法所允许风险的范围,不过由于不作为因素总是与作为因素相结合地发挥作用,即使风险关联以不作为的义务违反为根基,在不存在作为因素时不作为因素也并不具有法律意义(真正多义举止),或仅具有有限的法律意义(不真正多义举止)。换言之,仅仅消去多义举止方式中的作为部分,便足以排除具体结果的发生。在不包含下述"通过作为的不作为"的意义上,无论是真正多义举止还是不真正多义举止,都存在着辅助性原则的考虑,亦即优先检验作为部分的可罚性,这可以根据精确限定处罚范围的目的设定加以说明:多义举止方式中的不作为因素所违反的都是一般注意义务,而非特别义务,因此没有以保证人地位限定处罚范围的余地。并且,出于辅助性法益保护的考虑,对于总是伴随着作为因素发生效果的注意义务违反而言,对于行为的整体加以禁止并非过度的,而是恰当的法益保护手段。当然,不真正多义举止与真正多义举止并不完全相同,它总是遵循竞合原理。

2. 中断救助与中断治疗

在学说中普遍存在的现象是将中断救助与中断治疗视为两种情况,这是不符合现实的,因为中断治疗只不过是中断救助中人们更倾向得出无罪结论的特殊情况,只有将两者结合考虑才有可能得出有意义的行为形态区分标准。目前的通说认为,在救助手段到达受害人之前中断救助的是不作为,但在救助手段到达受害人后再中断便是作为了②,这便与中断治疗总是构成不作为③产生了矛盾。针对这一矛盾,如本文开头所述,德国联邦最高法院第二刑事审判庭在"普茨案"中不值得赞赏地倒向了彻底的自然主义,得出了生命法益亦可经由同意放弃的结论。当然,这一判决实际上扩大了所谓"消极安乐死"(passive Sterbehilfe)的生存空间,因为同意的对象不仅可以是医生,甚至可以是任意第三人。但取消医生"通过作为的不作为"之"特权",完全以同意取代医生的专业判断仍是极为可疑的,因为即使不去质疑"针对生

---

① Jürgen Welp, Vorangegangenes Tun als Grundlage einer Handlungsäquivalenz der Unterlassung, 1968, S. 116.
② Vgl. *Johannes Wessels/Werner Beulke/Helmut Satzger*, Strafrecht Allgemeiner Teil: Die Straftat und ihr Aufbau, 51. Aufl., 2021, Rn. 1162; *Walter Stree/Nikolaus Bosch*, in: *Adolf Schönke/Horst Schröder*, Strafgesetzbuch, Kommentar, 30. Aufl., 2019, vor § 13 Rn. 160.
③ Vgl. *Claus Roxin*, Strafrecht Allgemeiner Teil, Bd. 2: Besondere Erscheinungsformen der Straftat, 2003, § 31 Rn. 117 f.

命法益的同意",也必须认识到,病人在弥留之际是否还有清醒的意识以及同意所需的意志能力,在不同个案间差异巨大。从获得一般认可的医疗技术操作规程出发,即使没有病人现实的同意,医生在其法领域内依专业判断作出关闭设备的决定也是应该被允许的。

解决中断救助与中断治疗间的矛盾,必须通过另一种途径——承认中断救助是一种"通过作为的不作为",无论救援手段是否达到被害人。之所以这样考虑,是因为包括治疗在内的所有救助行为,都包含着一种持续的能量投入,这一投入对行为人而言未尝不是一种负担,如果其身体动作仅仅是为了使之停止继续投入能量,从而得以从这种事实性负担中解脱,而没有直接造成额外后果,那么将其行为视作不作为便不无道理。当然,行为人随时可以从投入能量的事实性负担中解脱,却不意味着行为人随时可以从作为义务与刑事责任中解脱。当救援手段到达被害人后,被害人法益状况的维持甚至改善便完全系于行为人持续的能量投入,此时如果能量投入仍然具有实际意义,制度便赋予行为人一个基于自愿承担的保证人地位[①],一旦他选择从负担中解脱,就将面对刑法的制裁,刑法的保护范围并没有因之缩小。并且,由于行为人是基于"制度管辖"的保证人地位而构成不作为犯罪,可以考虑对其从宽处理,在德国语境下即为适用《德国刑法典》第13条第2款,在我国语境下则是将其行为评价为"情节较轻"。

上述解决方案完全适合于实现精确限定处罚范围的目的,亦即在处罚不具有保证人地位的行为人并非保护法益的适当手段时,将其行为评价为不作为从而使之不被置于刑罚威慑之下。具体而言,持续的能量投入本身并不产生保证人义务,对于非保证人的解脱负担应予允许,而对于保证人的停止投入论以不作为即已足够,无论这种解脱负担、停止投入在现象上是否显现出与作为类似的外观。申言之,将能量持续投入者停止投入能量的行为一律视作作为,事实上禁止了非保证人从事实性负担中解脱,是一种超出辅助性法益保护任务的过度要求。除医生关闭生命维持装置的例子外,还可以想象的是危险共同体的解散。如甲乙一同登山,途遇暴风雪,乙坠入山崖奄奄一息,但腰间的安全绳仍然与甲相连,甲通过该绳向乙递送食物,一段时间后甲体力耗尽,食物也已不多,此时既无法将乙救起,也不能困守原地坐以待

[①] 虽然雅各布斯认为,"针对承担的责任根据与在先行行为的场合相同,行为人必须担保对自己组织领域进行塑造的后果,在此即通过承担举止的塑造。"(*Günther Jakobs*, Strafrecht Allgemeiner Teil: Die Grundlagen und die Zurechnungslehre, 2. Aufl., 1991, § 29 Rn. 46.)但无论是在狭义的先行行为还是在自愿承担的场合,行为人的不作为对后续损害流程都缺乏可与作为等视的支配。毋宁说,要求风险输出者和自愿承担者负责到底,是基于社会一般观念和习惯法的制度性安排。

毙,在继续等待必死无疑的情况下,可以认为危险共同体赋予的作为义务已经到达极限,危险共同体由此解散,此时甲停止递送食物并斩断安全绳并未直接造成损害,应当认为其行为属于不作为,并且由于保证人地位已不复存在,不再追究其不作为杀人的刑事责任。这与"卡尔涅阿德斯的木板"(Brett des Karneades)案件并不相同,因为将对方推入水中的行为直接地导致了死亡,康德(Immanuel Kant)认为将对手推入水中后幸存下来的人能够获得一个"主观的豁免"(subjektive Straflosigkeit)①,德国学者赫鲁施卡(Joachim Hruschka)正确地指出,"'不可罚'在康德那里就是对一项免责事由的认可"②。与之相反,在上例中甲斩断安全绳并没有直接导致任何后果,就像医生关闭设备的动作本身不直接导致死亡,而是要经过人体器官失去器械支持后自行衰竭的一定因果流程(自然死亡)。当我们认定该能量投入所指向的是停止持续的能量投入时,便不再考虑将一个间接导致的结果向积极的身体动作归属,仅仅从不作为的角度,以不具有保证人地位为由否定其构成要件符合性。③

3. 目的理性标准的提出

上面对行为形态区分问题中最典型的两种情况进行了说明。就多义举止方式而言,其不作为因素所违反的是一般注意义务而非特别义务,由于其总是依附于作为因素发生作用,禁止整个行为是法益保护的适当手段。就中断救助与中断治疗而言,持续投入能量者停止能量投入的身体动作如果没有直接导致后果,将其行为认定为不作为便可将处罚范围限制在行为人具有保证人地位的场合,而不处罚不具有保证人地位的行为人。根据上述两点,笔者在此提出以下目的理性标准:停止能量投入的能量投入具有单纯解脱事实性负担的性质,应被合目的地理解为能量不投入即不作为,其他特定方向上的能量投入皆为作为。换言之,这里仍然大体维持了能量投入标准,仅对特定方向作出了限制,将停止能量投入这一方向排除在外,而不作为除能量不投入外还可进一步被理解为事实性负担的不予承担或不继续承担。

对于这一标准还需要进行几点说明:第一,在多义举止方式中,总存在

---

① Immanuel Kant, Die Metaphysik der Sitten, Tl. 1: Metaphysische Anfangsgründe der Rechtslehre, 1797, S. XLI-XLII. 和现代刑法用语不同,康德所区分的"无辜"(unsträflich, inculpabile)与"不可罚"(unstrafbar, impunibile)对应着"客观的豁免"即"符合法律性"(Gesetzmäßigkeit)与"主观的豁免"。

② Joachim Hruschka, Rechtfertigungs- und Entschuldigungsgründe: Das Brett des Karneades bei Gentz und bei Kant, GA 1991, S. 1, 8 f.

③ 另外还存在一个思路是否定甲作为的可要求性(Zumutbarkeit,期待可能性),但这也以认可其行为属于不作为为前提,并且不作为犯中作为可要求性的地位存在争议。(Vgl. Johannes Wessels/Werner Beulke/Helmut Satzger, Strafrecht Allgemeiner Teil: Die Straftat und ihr Aufbau, 51. Aufl., 2021, Rn. 1218.)如果能够直接否定保证人地位,则无需后续检验。

一个引起结果方向上的能量投入,因此原则上即应认定为作为。对于这样一种注意义务违反的作为中存在不作为因素的情况,普珀(Ingeborg Puppe)正确地指出:"当一个作为是直接的原因时,一个多少是附带地给定的结果引起不作为便在任何情况下都退到了作为之后。对于可谴责性重心的司法确定因此不再具有空间。"①第二,"通过作为的不作为"与多义举止方式的最大区别在于,行为中的作为因素是否以停止能量投入并解脱事实性负担为方向。这里所谓的"方向"并非行为人个人的主观意图,而需要在结果解释(Erfolgserklärung)的意义上理解②,详言之,在从能量投入到损害发生的因果流程中,如果必须首先以该能量投入解释对持续能量投入的停止,再通过对持续能量投入的停止间接解释结果发生,那么该能量投入就是以停止能量投入并解脱事实性负担为方向的,反之如果仅仅以该能量投入便能够独立、直接地解释结果发生时,该能量投入便是以结果引起为方向的。第三,必须在事实性负担和法上的义务间作出区分,单纯解脱事实性负担可能因不具有特别义务而不成立犯罪。本文所谓的事实性负担是一种使行为人持续投入能量的事实情况,能量投入者只有在自愿承担的情况下才具有保证人地位,如果不自愿则自始不具有保证人地位,如果负担超过"制度管辖"所能要求的限度,则中途解消保证人地位。第四,能量投入者以外的其他人中断事实性负担的属于阻碍救助,可能构成作为犯罪。对于能量投入者以外的人而言,由于其并非事实性负担的承受者,其中断他人事实性负担的行为便不包含被评价为不作为的契机,因而结果只能归属于中断负担的作为,只要不存在特别的正当化或免责的事由,便可认定其行为构成作为犯罪。

因此,本文用以区分作为与不作为的一系列概念都具有经验性特征,如能量投入、因果解释、事实性负担,但组织这些概念的根据则是规范的合目的性。这样一种偏重本体论的调合论进路并非笔者个人的立场选择,而是由论题所决定的,亦即上文已经指出的:这里探讨的仍然是作为与不作为的存在结构差异,而非支配犯与义务犯的规范评价区别。需要说明的是,在纯粹的规范论者那里,有意义的仅仅是从管辖概念引导出的对积极义务和消极义务的区分,而作为和不作为的差异毋宁仅仅是"表型上的"(phänotypisch)。③

---

① *Ingeborg Puppe*, Strafrecht Allgemeiner Teil im Spiegel der Rechtsprechung, 4. Aufl., 2019, § 28 Rn. 8.

② Vgl. *Urs Kindhäuser/Till Zimmermann*, Strafrecht Allgemeiner Teil, 10. Aufl., 2022, S. 88 Anm. 16 m. w. N.

③ Vgl. *Günther Jakobs*, System der strafrechtlichen Zurechnung, 2012, S. 25. 在此意义上,我国台湾地区学者从人际关系角度区分消极义务和积极义务,进而区分作为与不作为的构想,在理论根基上或许存在疑问。参见周漾沂:《刑法上作为与不作为之区分》,载公益信托东吴法学基金会主编:《不作为犯的现况与难题》,元照出版有限公司2015年版,第63页以下。

(四) 其他疑难情况

在上文中我们处理了行为形态区分问题中最令人困惑的两种情况,即多义举止方式和中断救助这种"通过作为的不作为",并据此提出了目的理性的区分标准,但是这样一个因果性能量投入减去单纯解脱事实性负担的作为标准,在尚未处理的疑难情况中是否会面临挑战,则有待下文逐一检验。

1. 逆形态参与

"逆形态参与"可分为两种情况,即通过不作为的犯行促进和通过作为参与不作为犯罪。前者的典型情况是由罗克辛所设想的案例,可简单地概括为,邻居为已知的刺客留门,以使其经由自己的后院顺利杀死住在隔壁的为自己所憎恶的政治家,这里是否存在一个不作为的犯罪参与。[1] 后者的问题不在于对不真正不作为犯的参与,因为相应构成要件原本便未排除作为的参与行为,需要特别说明的是对真正不作为犯的参与,例如以积极的身体动作教唆或帮助他人犯《德国刑法典》第138条的知情不举罪或第323条 c 见危不救罪,这里是否存在一个以不作为罪名处罚的积极作为便引起争议。虽然我国并无这两项罪名,但我国《刑法》第311条拒绝提供间谍犯罪、恐怖主义犯罪、极端主义犯罪证据罪和第416条第1款不解救被拐卖、绑架妇女、儿童罪,实际上正是这两种犯罪的特殊形态,既然我国《刑法》分则设置了真正不作为犯,这一讨论在我国就同样具有意义。之所以会将这两种情况作为问题提出,是因为在前者中根据义务犯的观点,不作为者原则上都是正犯;在后者中,参与人以积极的作为导致他人死亡,可能构成更重的罪名,如杀人罪。这两种情况都不涉及真正的行为形态区分问题,因为毫无疑问,前者属于不作为,后者属于作为。在前者中,只需要破除不作为犯一律属于义务犯,且义务犯的正犯性由义务违反独立决定的观点即可。关于后者,萨姆松也早已正确地指出:"如果行为者并非通过针对不作为的威胁或欺骗实现其帮助意图,他便缺乏正犯质量……问题不再是实施(作为)与不作为的区分。毋宁是关于犯罪参与刑罚基础的从属性问题。"[2]据此,两种"逆形态参与"都不会对本文提出的判断标准构成挑战。

2. 原因自由不作为

原因自由不作为(omissio libera in causa)是原因自由行为(actio libera in causa)的一种变体,如扳道工使自己陷入无责任能力状态,而在需要扳道时

---

[1] Claus Roxin, Täterschaft und Tatherrschaft, 10. Aufl. , 2019, S. 541 f.
[2] Erich Samson, Begehung und Unterlassung, in: Günter Stratenwerth u. a. (Hrsg.), Festschrift für Hans Welzel zum 70. Geburtstag am 25. März 1974, 1974, S. 579, 582.

缺乏行为能力，并引起重大伤亡事故。处理这一问题的困难之处在于，先在的作为并非一个"构成要件符合举止"（tatbestandsmäßiges Verhalten），随后的不作为举止虽然符合构成要件，却缺乏责任能力而不可谴责。需要指出的是，作为通说的"构成要件模式"（Tatbestandsmodell）实际上是一种"归责模式"（Zurechnungsmodell）①，按照一种"行为归责"（Handlungszurechnung）的构想，我们需要检验后一举止的构成要件符合性和前一行为对后一举止的可操控性（Steuerbarkeit），进而使在具有责任能力的情况下实施的先在行为既符合构成要件，又可承受谴责。这样一来，原因自由不作为同样不是一个作为与不作为区分的问题，因为先在的自陷行为当然可以是作为的（这一点并非必然），但构成要件符合举止是一个不作为。在该场合下所谓"通过作为的不作为"与前述中断治疗与中断救助的情况并无关联，而完全是一个将不作为的构成要件符合举止向作为归属的问题。

3. 作为与不作为的竞合

这里将进一步处理的作为与不作为的竞合问题，并不包括真正的多义举止，因为在真正的多义举止中不作为因素完全依附于作为因素而存在，故不仅举止是单一的，法律评价也是单一的。但在不真正多义举止的情况下，则可能产生竞合问题，又可进一步分为不作为在前和作为在前两种情况。前者如"自行车灯案"，未开灯的注意义务违反之效果持续到与被害人发生撞击时，但如果行为人在骑行中突然陷入无责任能力状态，则仍然有可能考虑将伤害结果向先在的不作为归属，并使之承担罪责。后者如"母亲将苍蝇药放在地板上而她的孩子将其喝下"②。在该案中，若母亲在不作为阶段才产生故意，则应考虑一个不作为故意杀人的可罚性。这种多行为一结果的犯罪竞合问题是一个仍然有待充分探讨的难题，但仅就与本文相关的问题而言，现有的竞合理论是足以应付的，亦即根据辅助原则或吸收原则，将性质上较重的举止作为主犯行（Haupttat），而将较轻的作为共罚的前后犯行（mitbestrafte Vor- und Nachtat）处理。③ 那么根据法后果级差的大小，首先应考虑的是故

---

① 反对意见，vgl. *René Zenker*, Actio libera in causa: Ein Paradoxon als öffentlicher Strafanspruch in einem vom Schuldprinzip geprägten Rechtsstaat, 2003, S. 38 ff. 该作者将归责模式等同于例外模式；支持意见，vgl. *Martin Böse*, Wirtschaftsaufsicht und Strafverfolgung: die verfahrensübergreifende Verwendung von Informationen und die Grund- und Verfahrensrechte des Einzelnen, 2005, S. 491. 笔者所谓的"归责"是指将无责任能力下的构成要件符合举止向有责任能力阶段的先在行为进行归属，而非向无责任能力下的举止直接进行罪责归属。

② *Jürgen Welp*, Vorangegangenes Tun als Grundlage einer Handlungsäquivalenz der Unterlassung, 1968, S. 105.

③ 有关共罚犯行，又称共罚行为，参见柯耀程：《刑法竞合论》，中国人民大学出版社2008年版，第145页以下。

意与过失（故意犯与过失犯的刑罚存在明显级差），然后是正犯与参与（根据《刑法》第 27 条第 2 款，从犯应当从轻、减轻处罚或者免除处罚），最后才是作为与不作为（是否从宽无法律规定）。既然如此，作为与不作为的竞合仍然不是一个行为形态的区分问题，而只是根据竞合理论决定主犯行何在的问题，此种情况对笔者所提出的区分标准同样不造成威胁。

经过以上检验我们能够确认，"逆形态参与"、原因自由不作为和行为形态竞合都不是真正的行为形态区分问题，上述情况并不会减损本文所提出标准的普遍意义。

四、结　语

迄今为止，在我国学者关于作为与不作为区分的讨论中，虽然也有部分文献论及两者区分的意义，但仍然存在区分意义与区分标准脱节的弊端。本文以行为形态区分的实践性意义为立足点发展新的区分标准，正是为了克服这种意义与标准的脱节现象，使得作为与不作为的区分问题不再是理论体系中无足轻重的一个环节，而是被赋予独特的功能性。

出于上述理论企图，通过对不作为犯特殊性的考察我们发现，区分作为与不作为最重要的实践性意义是通过保证人地位精确限制处罚范围。结合辅助性法益保护的刑法任务，对于同时具有作为与不作为契机的行为，应考虑处罚不具有保证人地位的行为人是否属于实现法益保护目的之适当手段。从区分功能性的角度考察，现有的经验性标准和规范性标准都存在不足，特别是面对"通过作为的不作为"这一试金石时显得捉襟见肘，因而需要对行为形态的区分进行目的理性的重新思考。在此意义上，本文考察了真正多义举止、中断治疗及中断救助这两种情况，对于真正的多义举止，没有通过保证人地位限制处罚的余地，对行为整体予以禁止是保护法益的恰当手段，而对于不具有保证人地位的能量持续投入者，不应禁止其从事实性负担中解脱，否则便超越了辅助性法益保护的适当界限。据此，笔者提出了停止能量投入的能量投入应被合目的地理解为能量不投入即不作为，其他特定方向上的能量投入皆为作为这一标准。而其他通常也被置于作为与不作为的区分项下讨论的问题，诸如"逆形态参与"、原因自由不作为、作为与不作为的竞合，则分别涉及参与从属性、行为归属和竞合理论，而与行为形态区分无关，故对本文提出的区分标准并无影响。

根据上述观点，我们可以对文章开头提到的案例作出解答。在李文凯强奸案中，出租车司机李文凯基于客运合同和空间领域支配，对受害少女具有保护性保证人地位，因此其不予救助行为具有独立的刑法意义，与继续驾驶的积极帮助行为构成不真正多义举止,因此该案涉及的是作为与不作为的竞合而非作为与不作为的区分。强奸罪属于举止关联犯,对于未实施奸淫行为又未支配他人实施奸淫行为的保证人,因其不作为无论是在语义上还是在社会一般观念上都不相当于作为形式的奸淫,故不宜认定为正犯。因此无论是作为部分还是不作为部分,李文凯皆仅构成强奸罪的帮助,根据竞合理论中的辅助原则,不作为的可罚性退到作为之后,法院根据其继续驾驶的作为认定其刑事责任是正确的。与此不同的是,对于父母一方在另一方杀害畸形婴儿时提供帮助的行为,由于故意杀人罪为纯粹结果犯,保证人单纯的不救助已足以构成故意杀人罪正犯,那么同样根据竞合原理,其帮助行为退到不作为之后,应认定为不作为的故意杀人罪正犯。

第二章　作为与不作为的区分及其应用

南俏俏

内容摘要：由于不真正不作为犯结构的特殊性及我国立法的阙如，处罚不真正不作为犯面临着与罪刑法定原则之间的紧张关系。

作为与不作为的区分学说，传统上分为事实论与规范论两大阵营，晚近出现的综合说试图对传统学说进行超克，主张在事实论基础上，引入客观归责理论、危险升高理论、法权领域、目的理性思考等规范化视角。

作为和不作为的区分应以是否"创设规范性危险"为标准，从对结果原因的支配、危险创设以及对危险的限定三个方面进行规范化区分。按照这种理解，对司法实践中的典型案例可以分析如下：第一，遗弃类案例中应根据遗弃对象状态、环境等客观要素判断遗弃行为有无升高对法益的特定危险，从而寻找作为的契机。第二，中断救助类案例中，当行为人的救助效果已经进入被害人领域使得危险自发可控时，撤回救助效果的后行为属于另行创设危险的作为；当危险始终没有脱离行为人处于自发可控状态时，应将数个连续的行为举止作一体化评价。第三，阻碍他人救助的行为系作为，并应视行为人在犯罪中的地位分别成立作为的正犯或作为的共犯。第四，不阻止他人犯罪的同时，若以积极身体举动加功于他人的犯行时，可以评价为作为的共犯。第五，如果先行行为的犯罪构成能够实现对所放任危险、加重结果（不法）以及主观罪责（责任）的全面评价，仅需认定为作为的前罪。第六，网络服务主体怠于履行监管义务时并不必然构成不真正不作为犯，而应根据具体行为模式先行分析是否可能成立作为。

一、问题意识

传统刑法理论体系围绕着作为的故意犯而展开。受民主思想影响，传统刑法理论注重对个人权利及自由的人权保障机能，严格要求不得违反罪刑法定原则，故对不真正不作为犯持谨慎态度。然而，将不真正不作为犯纳入刑法评价视野进行处罚不仅符合法益保护的现实需要,同时也是实现社会团结互助的应有之义。一方面,站在法益保护立场,以不作为形式引起构成要件结果的情形,在可罚性及法益侵害性上与作为犯不存在实质差别,对其进行刑事处罚亦符合国民的期待可能性①;另一方面,随着现代社会分工的细化及风险的增多,为构建美好社会,在保障个人自由的同时,也要求社会成员在一定限度内承担社会责任。基于此,德国、奥地利、韩国等国以及我国台湾地区以立法形式对不真正不作为犯的处罚予以明确化。②

然而,刑法通常只处罚对他人积极造成损害的情形,为了防止随意对行为人设置国家强制,过度限制行为人的自由,便设置了诸多原则,其中最为重要的原则之一便是"侵害原则"③。另外,我国刑法并无处罚不真正不作为犯的总则性规定,其与罪刑法定原则之间的紧张关系始终存在。另由于不作为犯的结构特殊性,刑法理论围绕着不作为犯处罚根据及处罚范围展开了旷日持久的争论,先后对不作为的行为性、原因力、作为与不作为的区分、作为义务的发生根据等提出多方质疑。但司法实务对上述不真正不作为犯的理论困境似乎视而不见,具体体现在:一方面有随意认定作为义务来源,不当扩大不真正不作为犯处罚范围的倾向;另一方面忽视了案件中评价为作为的契机,直接跳过作为犯的认定步骤,使得部分本可按照作为犯定罪处罚的案件被评价为不真正不作为犯,导致不必要的理论混淆及司法实务的认定困境。

(一)刑法理论中的困境

处罚不真正不作为犯所面临的困境之一,便是如何破解与罪刑法定原则之间的关系问题。在不作为犯理论发展过程中,首先面临来自行为性的质疑,即不作为能否被评价为刑法中的行为。19世纪初期,受近代自然科学发展的影响,引发了"无中如何生有"的原因力的质疑,最初提出不作为因果关系问题的是鲁登(H. Luden)。④ 随着期待说站在规范主义立场,通过"如果当事人积极实施了法期待他采取的举措,那么结果就不会发生"这一假定因果关系论证逻辑,肯定了不作为对结果的原因力,争议焦点又逐步转移到作为和不作为的结构性差异之上。为了弥补两者间的结构性差异,刑法理论中开

---

① 参见黎宏:《刑法学》(第二版),法律出版社2016年版,第82页。
② 参见刘士心:《不纯正不作为犯研究》,人民出版社2008年版,第2—3页。
③ 参见〔美〕乔尔·范伯格:《刑法的道德界限(第二卷) 对他人的冒犯》,方泉译,商务印书馆2014年版,第4—5页。
④ 参见〔日〕日高义博:《不作为犯的理论》,王树平译,中国人民公安大学出版社1992年版,第12—15页。

始引入等价性、作为义务等概念。① 1938 年,刑法学者那格拉(Nagler)最先提倡的保证人说中引入保证人义务、保证人地位等概念,用于弥补上述结构性差异,随后成为德国理论中的主流,在世界范围内产生深远影响,并由此引发学界关于等价性要件和作为义务之间的关系的探讨。② 然而,即便引入了作为义务和等价性要件,处罚不真正不作为犯与罪刑法定原则的冲突依然悬而未决。该观点最早由奥斯卡·克劳斯(Oskar Kruns)于 19 世纪末期 20 世纪初期明确提出。③ 随后,赫尔穆特·迈耶(Hellrnuth Mayer)、阿明·考夫曼、韦尔策尔等人相继再次质疑并引发热议。质疑主要集中于违反禁止类推原则及明确性原则两方面。④ 一方面,质疑不真正不作为犯系直接适用刑法中规定为作为犯形式的条款,属于类推适用。另一方面,认为作为义务并没有明确规定在构成要件之中,属于构成要件的扩张,不能对国民指明行为基准,违反明确性原则。⑤

由于上述争议的存在,很多国家如德国就不得不在刑法中增设有关不真正不作为犯的处罚规定。相反地,尽管我国刑法理论和实务中均认可不真正不作为犯,但由于缺乏相关规定,上述争论在我国始终存在。上述争论实质上反映出刑法人权保障和法益保护两大机能之间的紧张关系。从保护法益的角度来看,处罚以不作为的方式实施刑法中通常以作为形式规定的犯罪,是完全有必要的。但这种处罚必须有一定的条件限制,且标准必须明确,毕竟现代刑法以处罚作为为原则,以处罚不作为为例外,否则会不当侵害

---

① 参见黎宏:《不作为犯研究》,武汉大学出版社 1997 年版,第 72 页。
② 关于作为义务和等价性要件之间的关系,存在不同理解:第一种观点认为不需要区分作为义务与等价性要件,而只需要在作为义务中考虑等价性。在对作为义务进行实质性判断的同时,已经满足等价性要件,等价性要件只是指导作为义务论实质化的指导原理。那格拉、福田平、松原芳博、张明楷教授等人持此观点。第二种观点将等价性视为独立于作为义务的要件,认为作为义务并不能弥补作为和不作为之间的结构性差异,因此需要另外寻找等价性的判断标准。阿明·考夫曼、内藤谦、日高义博教授等人持此观点。第三种观点认为作为和不作为不可能也不需要进行等价,而应当将不作为犯当作独立的犯罪类型,说清不作为犯对法益的侵害、应当入罪化的理由即可。参见〔日〕日高义博:《不作为犯的理论》,王树平译,中国人民公安大学出版社 1992 年版,第 101—105 页;〔日〕松原芳博:《刑法总论重要问题》,王昭武译,中国政法大学出版社 2014 年版,第 72—73 页;许玉秀:《当代刑法思潮》,中国民主法制出版社 2005 年版,第 730—737 页;陈兴良:《不作为犯论的生成》,载《中外法学》2012 年第 4 期,第 674—675 页。事实上,作为义务和等价性要件之间的关系如何,取决于作为义务和等价性的判断标准是否存在本质不同。换言之,是否存在完全脱离作为义务的等价性判断标准。如果两者采取的标准具有同质性,那就不需要重复评价,两种观点可谓殊途同归。
③ 参见〔日〕日高义博:《不作为犯的理论》,王树平译,中国人民公安大学出版社 1992 年版,第 34 页。
④ 参见黎宏:《刑法学》(第二版),法律出版社 2016 年版,第 87 页。
⑤ 参见〔日〕大谷实:《刑法总论(新版第 2 版)》,黎宏译,中国人民大学出版社 2008 年版,第 127—129 页;〔日〕西田典之:《日本刑法总论》,王昭武、刘明祥译,法律出版社 2013 年版,第 98 页。

公民预测自己行为后果的可能性。正因如此,刑法理论上有关不真正不作为犯的研究才蔚为大观。就刑法理论研究现状而言,对不真正不作为犯的成立要件,主要从作为义务发生根据、等价性、保证人地位等方面展开。关于作为义务的刑法理论研究先后经历形式义务论向实质义务论方向逐步演变,并逐步分化为规范论和事实论两大阵营。然而,刑法理论对作为和不作为的区分这一最为关键的基础性前置问题却着墨甚少,呈现相对清冷局面。

(二) 司法实务中的偏差

相较于理论界对不真正不作为犯的谨慎保守态度,我国司法实践却并未因此"畏手畏脚""裹足不前"。相反,不少案件在不真正不作为犯的理论指导之下,实实在在地对其予以处罚。不过,在这种处罚当中,存在以下两种不当倾向:

一是形式化地认定作为义务来源,滥用先行行为、法律规定类形式作为义务①。这突出表现在以下两方面:(1) 在被告人具有亲属、警察、医生、司机等特殊身份、职业时,直接根据其他法律规定肯定作为义务来源。例如,在"陈玉松叔侄强奸案"②中,侄子徐汉坤在陈玉松暂住处实施强奸。判决书中提及陈玉松系徐汉坤的长辈亲属,负有约束晚辈不当行为的责任,从而认定有作为义务。然而,姨父对晚辈的约束义务在民法上尚且没有明文依据,而仅为道德层面的期待,何以直接成为刑法上的作为义务来源。在"冷漠的哥案"③中,有观点仅根据出租车司机这一职业身份肯定作为义务来源。(2) 随意认定先行行为的成立。例如,在"詹桥故意杀人案""李家波故意杀人案"

---

① 参见姚诗:《不真正不作为犯的边界》,载《法学研究》2018年第4期,第104—105页。
② 参见上海市奉贤区人民法院(2011)奉刑初字第879号刑事判决书。案情简介:2011年6月2日23时许,被告人徐汉坤将被害人带至陈玉松暂住地,采用打耳光、按压等手段强行与被害人发生性关系。其间,被害人反抗并向在同一房间内的陈玉松求救,陈玉松放任不管。裁判意见:作为房间提供者,陈玉松负有相应的安全保障义务;作为徐汉坤的长辈亲属,陈玉松负有约束晚辈不当行为的责任。作为被害人当时唯一的求助对象,陈玉松并未积极履行上述义务与责任,该消极不作为行为与被害人的性自由权遭受侵害具有刑法上的因果关系。因此,陈玉松与徐汉坤构成强奸罪的共犯。判决陈玉松犯强奸罪,免予刑事处罚。
③ 参见浙江省温州市中级人民法院(2011)浙温刑初字第521号刑事判决书。案情简介:某日凌晨,李文凯驾驶出租车搭载同村人李文臣,招揽乘客小梅(化名)上车。其间李文臣对小梅实施强暴,小梅向李文凯求救并要求停车。李文凯出言劝阻,但受到李文臣威胁。之后,在快到目的地新城汽车站时,李文臣让其继续往前开,李文凯便按李文臣要求驾车绕道行驶。使得原本10分钟的车程开了30分钟,其间强奸行为得逞。裁判意见:一审判决认为出租车司机的"绕道行为"(作为)客观上为被告人的犯罪行为提供了便利,构成强奸罪的帮助犯,李文凯系胁从犯,应依法减轻处罚,最终判处有期徒刑2年。具体案情及分析参见孟焕良、高欢:《坐视车内少女被强暴 "冷漠的哥"获刑两年》,载《人民法院报》2011年5月21日第3版;鹿检:《出租司机构成强奸共犯》,载《检察日报》2011年5月25日,第7版。

"陈跃轩故意杀人案"①中,双方当事人均为恋人、情人关系,在被害人自杀的情况下,将自杀前的争执行为认定为先行行为。在"李宇生、刘国安故意杀人案"②中,被害人系自行跳水溺亡,判决将事前的推搡、言语威胁及追逐行为评价为先行行为。在"于某某故意杀人案"③中,因被害人在被告人家中发生性关系后心脏病发,将性行为评价为先行行为肯定作为义务。然而,上述争吵行为、性行为、追逐行为本身难以说创设了死亡的危险,且被害人的死亡系自杀、自行跳河、自身疾病所直接导致,与行为人的前行为缺乏风险关联,难以将死亡结果归责于行为人。

二是将部分本应以作为犯评价的行为认定为不作为犯,从而导致以下问题:(1)定性的偏差。例如,在"田秀池、刘洋玩忽职守案""谌太林玩忽职守案"中,民警将因病昏倒在路边身体虚弱的流浪汉遗弃在人烟稀少的小树林内,致使流浪汉因得不到救治病亡,判决仅认定构成玩忽职守罪④,但却忽略其中的遗弃行为可能被评价为作为的故意杀人罪的契机,从而导致定性的偏差。在"王茂春、张文平过失致人死亡案"⑤中,王茂春、张文平与被害人高某结伙实施盗窃时,高某不慎从五楼坠落摔伤。王、张二人未将高某送医救

---

① 参见湖北省黄冈市红安县人民法院(2015)鄂红安刑初字第30号刑事判决书;浙江省金华市中级人民法院(2000)金中刑终字第90号刑事附带民事裁定书;河南省濮阳市清丰县人民法院(2013)清少刑初字第43号刑事判决书。

② 参见浙江省杭州市中级人民法院(2013)浙杭刑初字第74号刑事附带民事判决书。案情简介:2011年12月2日晚7时50分许,被害人徐某丁因在李宇生非法开设的赌博游戏店内赌博输了钱,遂向公安机关举报并要求退钱,李宇生因气恼推搡被害人并言语威胁,后被害人趁机驾驶摩托车逃跑,被告人李宇生等人驾驶摩托车追赶。当被害人逃至东直河桥上时,见无法逃脱,翻下桥护栏并落入河中,被告人未施救离开现场。10分钟后,李宇生等人使用公用电话报警。12月15日,被害人的尸体在河中被发现,经鉴定系溺水死亡。裁判意见:被告人为报复而驾车追逐被害人,在被害人被迫落水并危及生命的情况下,由于先行行为产生救助义务,构成不作为的故意杀人罪。

③ 参见辽宁省庄河市人民法院(2017)辽0283刑初278号刑事判决书。案情简介:被告人于某某与被害人张某系长期情人关系。某日21时许,张某到于某某住处发生两性关系时心脏病发滑倒在地,于某某掐其人中,后将张某拖至水沟边再次进行人工呼吸,但张某并未苏醒,于某某便停止救助。4时50分许,邻居发现被害人并报案。经鉴定,张系因冠状动脉粥样硬化性心脏病急性发作,引起心肌缺血而死亡。裁判意见:被害人因发生两性关系时诱发心脏病发作,在于某某住处只有其与被害人的特定环境中,因先行行为而对被害人负有特定救助义务,构成故意杀人罪,但情节较轻,判处有期徒刑3年,缓刑3年。

④ 参见北京市通州区人民法院(2006)通刑初字第646号刑事判决书;陕西省商洛市柞水县人民法院(2007)柞刑初字第27号刑事判决书。

⑤ 参见山西省朔州市中级人民法院(2020)晋06刑终第29号刑事判决书。案情简介:2019年3月15日晚,被害人高某伙同被告人王茂春、张文平到一工地烂尾楼盗窃,高某失足从五楼坠落摔伤。王、张二人将高某抬到车内后座,由张文平驾车至野外将车丢弃,并将高某手机拿走、车门锁闭、车辆钥匙藏匿,王茂春全程在场并未阻止。3月18日高某被发现时已经死亡。裁判意见:一审认定两人构成故意杀人罪的共同犯罪,各判处有期徒刑十年。二审改判两人均构成过失致人死亡罪,各判处有期徒刑1年3个月。

治,而是将车开至野外抛弃,并将车门锁闭、钥匙藏匿。一审判决认为两人的行为均构成不作为的故意杀人罪,二审改判过失致人死亡罪。但却忽视了将被害人运往野外、拿走手机、关闭车门、隐藏车钥匙等系列积极身体举动可以评价为作为的故意杀人罪的可能。(2)处罚的失衡。例如,在"王冲故意杀人案"①中,行为人在交通肇事后将伤者搬到车内,故意绕道行驶拖延救治4个多小时后将被害人遗弃在医院大厅楼道门后。判决按照不作为犯路径认定为不作为的故意杀人罪,并判处相对较轻的刑罚。但却忽略了行为人所实施的将被害人搬进车内、绕道行驶、遗弃在医院楼道门后等系列行为可以整体性评价为作为的故意杀人罪的可能性,此时便不存在从轻处罚的理论依据。

(三) 作为与不作为的区分意义

正是由于上述刑法理论中的困境及司法实务中的偏差,引发笔者对作为和不作为进行区分的必要性及根本意义的思考。不考虑对两者进行区分的根本意义,即便学说纷呈,都会失去方向指引,文章的写作也会失去现实意义。②经梳理归纳,理论界认为对作为和不作为进行区分,在构成要件符合性的认定路径选择,正犯、共犯的区分,实行着手时点的判断以及刑罚后果等方面具有重要意义,具体如下:

第一,将影响构成要件符合性的认定方式。作为犯和不作为犯在构成要件符合性的认定方式上存在显著差异。如果行为样态属于作为,一般直接按照刑法条文中规定的构成要件要素进行相应的事实判断及规范判断即可。如果行为样态属于不作为,则需要按照行为人有无作为义务、作为可能性及结果回避可能性这一路径展开。如上文所述,上述认定方式的截然不同,实质根源在于如何协调和罪刑法定原则之间的平衡。如果行为可以评价为作为,就无需进一步去探讨作为义务的来源、作为可能性及结果回避可能性等后续问题,也不会面临上述理论上的重重质疑。在此意义上,作为和不作为的区分将直接影响构成要件符合性的认定路径,决定对行为的评价应当选择哪条路,是否需要以作为义务来限定处罚范围,因而

---

① 参见宁夏回族自治区高级人民法院(2018)宁刑再1号刑事裁定书。案情简介:某日18时30分许,被告人王冲驾车与被害人发生碰撞。事故发生后,王冲将被害人抱入车内,驾车先后经过多地于23时07分许将被害人抱入医院一楼大厅楼道门后遗弃,后驾车离开。23时20分许,被害人被发现后经检查已死亡。经鉴定,被害人系失血性休克死亡。裁判意见:被告人将被害人带离事故现场且未选择有效方式救治,主观有故意杀人的间接故意,构成故意杀人罪,判处有期徒刑10年。二审、再审均维持原判。

② 参见徐成:《论作为与不作为的区分》,载陈兴良主编:《刑事法评论》(第39卷),北京大学出版社2017年版,第473—474页。

具有重大意义。

第二,影响正犯、共犯的区分。在作为犯场合,支配理论在正犯的认定标准中占据重要地位。然而在不作为犯场合,正犯的认定标准具有一定特殊性,存在义务论和支配论两种观点的对立。前者立足于德国义务犯理论基础及目的行为论,倾向于在不作为参与场合采取原则正犯说。[1] 后者则仍以因果关系为基准,着眼于对因果进程、结果原因等的支配,倾向于在不作为参与场合采取原则共犯说。[2] 但若在作为犯和不作为犯场合均采取相同的支配论立场,那么行为样态对正犯、共犯的认定并不存在本质影响。

第三,影响实行着手时点的判断。有观点认为作为和不作为的区分可能会影响对实行着手、未遂的判断。作为犯场合所认定的着手时点一般要比不作为犯情形认定的更早,使得犯罪较早进入未遂阶段。陈洪兵教授以狱警通过不锁门方式私放在押人员为例,认为如果将开门行为评价为作为,那么开门行为就是实行行为,在开门当时就属于实行的着手,成立犯罪未遂。如果认为之后不阻止在押人员脱逃的行为属于不作为,那么着手的时间点则要延后到在押人员开始脱逃而狱警不阻止时。[3] 作为与不作为的区分是否会影响对着手、未遂时间节点的判断,关键在于不作为犯场合采取何种着手标准。关于不作为犯的着手标准,存在着义务违反说、第一救助机会说、最后救助机会说、危险说等不同观点。[4] 而在作为犯场合,同样存在主观说、客观说的分立。在不作为犯场合,由于难以从外部判断主观心态的外化,采取主观说、形式客观说则会面临困境。可见,如果在作为犯和不作为犯场合均采取实质客观说(危险说),那么行为样态并不必然会影响实行着手、未遂的时间判断,而是均以法益是否面临具体客观的危险为界。[5]

第四,影响刑罚后果。虽然作为犯和不真正不作为犯适用相同的刑法条文,但是普遍认可不作为犯的不法程度及非难可能性更低,相较于作为犯而言要减轻处罚。上述观点在立法及司法实践中均有所体现。《德国刑法典》第13条第2款明确规定对不作为犯减轻处罚。虽然我国刑法未对不作为犯作总则性规定,更无减轻处罚的细化规定,但上述观点在部分司法案例中得

---

[1] 参见何庆仁:《义务犯研究》,中国人民大学出版社2010年版,第284页。
[2] 参见何龙:《不阻止他人故意犯罪的行为性质认定》,载《中外法学》2017年第6期,第1478页。
[3] 参见陈洪兵:《作为犯与不作为犯的区分——以交通肇事逃逸为例》,载《法治研究》2017年第1期,第127—128页。
[4] 参见黄荣坚:《基础刑法学(下)》(第三版),中国人民大学出版社2009年版,第469—471页;刘士心:《不纯正不作为犯研究》,人民出版社2008年版,第249页。
[5] 参见钱叶六:《不作为犯的实行行为及其着手之认定》,载《法学评论》2009年第1期,第95页。

以体现。上文所述的"于某某故意杀人案",判决认定情节较轻,仅判处有期徒刑3年,适用缓刑。类似认定为"情节较轻"的不作为故意杀人罪的案件还有"詹桥故意杀人案""宋福祥故意杀人案""颜克于等人故意杀人案"等①。相较于作为的故意杀人罪,上述判例对不作为的故意杀人罪量刑明显较轻。但笔者认为这一结论并不具有必然性,而应考察个案的具体情形。首先,上文所述案例之所以判罚较轻,并不必然取决于行为样态系不作为。因为上述案例中另存在被害人自杀、自行跳河、自身病发等情节,而上述情节对量刑起关键作用。其次,在部分不作为的故意杀人案中,行为人同样被判处与作为犯相当的重刑。例如,在"乐燕故意杀人案"②中,行为人将年幼子女留在家中饿死,判决认定构成不作为的故意杀人罪,判处被告人无期徒刑。我国台湾地区学者蔡圣伟同样指出:"虽然就同一罪名而言,与作为的方式相比,不作为犯的行为非价有时较低,但这并非逻辑上必然如此。"其以"扳道工案"为例,认为扳道工究竟是积极接错轨道还是消极不换轨道引发事故,没有本质区别,也没有减轻处罚的根据。③ 吕翰岳博士也注意到上述问题,并提出:"只有在行为人以'制度管辖'的保证人地位不作为地实现支配犯的构成要件时,才得以从宽处罚。"④

当然,就本文而言,仅就上述第一项内容,即作为与不作为的区分对于构成要件符合性的认定方式的影响,重点进行探讨。作为和不作为的区分,决定了构成要件符合性的认定路径和评价体系,到底是按照作为犯的认定方式去开展构成要件要素的符合性判断,还是按照不作为犯的特殊认定路径去检视作为义务来源、作为可能性及结果回避可能性。

(四)本文的主要内容和结构

正是基于上述刑法理论的困境及司法实务的处理偏差,本文试图从上述问题意识出发,按照如下框架具体展开:首先,对现有作为与不作为的区分学说进行梳理、分类,尝试归纳出学说分立背后的根源所在,并在此基础上评述各类学说存在的问题及优势。其次,结合行为理论、不作为犯理论及司法实

---

① "詹桥故意杀人案",认定构成不作为的故意杀人罪,但情节较轻,判处有期徒刑3年;"宋福祥故意杀人案",认定构成不作为的故意杀人罪,但情节较轻,判处有期徒刑4年;"颜克于等人故意杀人案",认定构成不作为的故意杀人罪,但情节较轻,判处有期徒刑3年9个月。
② 具体案情详见中华人民共和国最高人民法院刑事审判第一、二、三、四、五庭主办:《刑事审判参考》(总第98集),第992号案例,法律出版社2014年版,第85页。
③ 参见蔡圣伟:《作为与不作为的区分(与谈稿)》,载公益信托东吴法学基金会主编:《不作为犯的现况与难题》,元照出版有限公司2015年版,第114—115页。
④ 参见吕翰岳:《作为与不作为之区分的目的理性思考——以德国判例与学说为借镜》,载《环球法律评论》2017年第4期,第95页。

践的需要,在现有区分标准中选择个人倾向性观点,并对其中存在的问题提出个人修正意见。最后,通过大量的案例搜集及梳理工作,筛选出具有典型意义的类案,并将个人的区分标准应用于上述典型案例,以期为司法实践提供一定的参考和指引。

一般情况下,作为和不作为的区分不存在过多争议,而仅在部分特殊场合存在问题,刑法理论将争议场合归纳为多义举止、作为和不作为的接续、不作为共犯、中断救助、技术性中断医疗、原因自由不作为等。本文尝试以案例为导向,对司法实践中的典型案例进行梳理,并在此基础上将具有共性的案例归为一类展开具体应用。经梳理,存在争议的典型案例有以下几类:第一,遗弃类案例。我国司法实务倾向于根据行为人的主体身份,将遗弃行为评价为遗弃罪、玩忽职守罪等处罚较轻的真正不作为犯。例如,在"田秀池、刘洋玩忽职守案"①中,将民警遗弃流浪汉的行为认定为玩忽职守罪。而在交通肇事后逃逸这一特殊的遗弃场合,多是以交通肇事罪的加重构成或是不作为的故意杀人罪认定,但却忽略了遗弃行为可能直接评价为作为的故意杀人罪的可能。第二,中断救助类案例。以"出租车司机遗弃案"为代表的中断救助类案件处在舆论的风口浪尖,救人到底是义务还是奖赏,不救人到底是情有可原还是违法。②刑法理论中老生常谈的"救生圈案"同样引发观点分立。此外,医生技术性中断医疗到底是作为还是不作为,至今尚未达成共识。第三,阻碍他人救助类案例。在"王钦春故意杀人案"③中,王钦春驾车搭载被害人发生交通事故坠入水库。王钦春对现场欲进行救助的路人谎称车内无人,延误对被害人的搜救。在"杨安定故意杀人案"④中,杨安定沿河追赶向某,向某跳河后体力不支在河中挣扎。杨安定拉住准备救人的张红霞,并向路人谎称向某会游泳,阻碍路人下河救助。上述两个案例,裁判观点都是从不真正不作为犯的路径进行认定,但却忽略了阻碍救助行为本身可能

---

① 参见北京市通州区人民法院(2006)通刑初字第00646号刑事判决书。
② 具体案情及理论分析参见郝晓敏:《肇事者逃逸,出租车司机将伤者弃至医院死亡如何定性》,载《检察日报》2011年12月11日,第3版;杨兴培、李芬芳:《见死不救旁观者是否构成犯罪及救助义务探析——以一起"出租车司机弃置伤者致其死亡案"为切入点》,载《东方法学》2013年第3期,第62—68页。
③ 参见山东省高级人民法院(2015)鲁刑一终字第38号刑事裁定书。案情简介:被告人王钦春与被害人王某已登记结婚。一日下午,王钦春驾车搭载王某驶入水库。事故发生后,王钦春未对被害人施救,多名路人发现并询问车里是否还有人欲行救助时,王钦春谎称车内无人,王某最终溺亡。裁判意见:一审判决认为王钦春未进行有效救助,并对其他救助人谎称车内无人,延误了救助时机,放任被害人死亡后果的发生,构成故意杀人罪,判处无期徒刑。二审法院认为王钦春作为机动车驾驶员,负有保障乘客人身安全的法定义务,而王钦春在他人欲行施救时,却以"车里没人"的回答排除了他人的救助行动,故维持原判。
④ 参见浙江省温州市中级人民法院(2014)浙温刑初字第12号刑事判决书。

被直接评价为作为的故意杀人罪。第四,不阻止他人犯罪类案例。近年来"冷漠的哥案"①"陈玉松叔侄强奸案"②"洛阳虐童案"③"唐群泽玩忽职守案"④等不阻止他人犯罪类案件备受关注。实务判例多是根据行为人所具有的出租车司机、母亲、姨父、警察等特殊职业、身份,直接认定具有作为义务,成立不作为犯,但却忽略了不阻止他人犯罪的行为可能评价为作为的共犯。第五,先行行为类案例。在先后实施一个积极的危险创设前行为和一个不救助的后行为时,行为模式到底属于作为还是不作为,最终应认定为作为犯还是先行行为类不作为犯,存在争议。司法实践倾向于选择不作为犯路径,例如在"张孟海故意杀人案"⑤中,张孟海将被害人拖到无人的河堤边,用木棍对其头部、身体等多处实施严重暴力,导致被害人头部受创后跌入水中溺亡。法院判决将之前的殴打行为视为先行行为,从而成立不作为的故意杀人罪。然而却忽视了本案中的殴打行为完全符合作为的杀人实行行为,无需另外考虑成立不作为犯。第六,以"快播案"为代表的网络主体怠于履行监管义务类案件中,司法判决倾向于从"未履行应当承担的网络安全管理义务"角度出发,认定不真正不作为犯,但却忽视了其中本可直接评价为作为犯的行为契机。

需要特别说明的是,尽管本文认为实务当中以不真正不作为犯处罚的判例,有很多情形本可按照作为犯进行处罚,但并非否定不真正不作为犯这种犯罪类型的存在及其正当性,亦非主张通过无限扩大作为的范畴,突破实行行为的界限,将所有不真正不作为犯按照作为犯路径解决,从而消解不真正不作为犯概念。笔者只是希望转变司法实务中存在的以下不当倾向:即忽视案件中认定作为的契机,在疑似不作为的案件中,跳过作为犯的认定步骤,直

---

① 参见浙江省温州市中级人民法院(2011)浙温刑初字第521号刑事判决书。
② 参见上海市奉贤区人民法院(2011)奉刑初字第879号刑事判决书。
③ 参见河南省洛阳市中级人民法院(2016)豫03刑初第70号刑事附带民事判决书。
④ 参见云南省昆明市中级人民法院(2009)昆刑终字第500号刑事判决书。案情简介:民警唐群泽带领七名警务站保安共同查找破坏警务站的人员,在途中发现被害人张孟贵形迹可疑。盘查过程中,七名保持钢管、木棍对张孟贵进行殴打,唐群泽在现场没有积极劝阻。唐群泽带领保安离开现场后又返回查看伤势。发现伤势较重后仍不救助再次离开现场。次日上午7时许,张孟贵被发现后经抢救无效死亡。裁判意见:一审以故意伤害罪(共犯)判处有期徒刑11年;二审改判,以玩忽职守罪判处有期徒刑3年。
⑤ 参见广东省高级人民法院(2014)粤高法刑四终字第74号刑事裁定书。案情简介:张孟海与被害人方某某具有事实婚姻关系。一天晚上21时许,张孟海拽着被害人头发将其拖到无人的河堤边,用木棍对方某某头部等多处实施殴打,导致被害人头部受创后跌入水中,在明知方某某不会游泳的情况下离开现场,并向方某某表弟谎称方某某跟他人跑了,方某某最终溺亡。裁判意见:一审判决认为张孟海明知被害人不会游泳,不及时将头部受创的被害人从水中救出,并对被害人的亲属撒谎延误救治时间。这种应当作为而不作为的过错行为导致被害人死亡,具有放任的间接故意,已构成故意杀人罪,判处无期徒刑。二审维持。

接形式化认定作为义务来源,将本就应当认定为作为犯的情形解释为不真正不作为犯。这不但造成司法实务认定的恣意、定性的偏差、罪刑的不相适应,也不当扩大了处罚范围。本文的观点是,在认定犯罪的过程中,正确的步骤应先行寻找作为的契机,从而判断是否成立作为犯。一般情况下,存在作为契机时,直接评价为作为犯即可。只有在作为犯的基本构成及加重构成均无法实现对不法及责任的全面评价时,才需进一步分析是否另外可能成立不作为犯。最后,以罪刑相适应、行为与责任同时存在原则为指导,分析作为犯和不作为犯之间的罪数关系,采取竞合路径实现对犯罪全面而不重复的评价。

二、作为与不作为的区分学说

作为和不作为的区分学说,大致可分为事实论与规范论两大阵营。前者侧重于自然主义视角,基于自然行为论、因果行为论立场,从有无积极身体举动、能量投入等事实性角度对作为和不作为进行区分;后者则侧重于从对行为的规范化评价视角进行区分。在规范论内部又可以细分为:根据法之前的社会评价进行区分的社会规范论阵营以及根据法律评价进行区分的法律规范论阵营。三类区分标准的评价重点及背后所持的行为理论立场,存在差异。

一般情况下,作为和不作为的区分并不存在过多争议,根据身体动静说、能量投入说等事实性评价标准所得出的结论与规范性评价标准的观点并无二异,但在部分特殊场合存在问题。下文将简要梳理传统代表性学说及晚近理论动态,并尝试归纳出不同学说之间的共性及实质性差异。

(一)事实论阵营

事实论学说对作为和不作为进行区分的体系阶段是先于构成要件符合性阶段的行为阶段,判断标准采取纯粹自然主义甚至物理性的标准。相应地,在行为理论立场持自然行为论、因果行为论观点。代表学说有身体动静说、能量投入说、事实因果关系说等。

1. 身体动静说

该说属于传统通说,认为存在物理性身体举动的属于作为,完全的身体静止属于不作为。德国学者贝林格(Berlinger)将不作为定义为"人的完全的运动停止""不使筋肉作相应运动"。① 日本学者泉二新雄、我国台湾地区学

---

① 参见〔日〕大阪市立大学《法学杂志》第 33 卷第 3 号(1987 年 1 月),第 85 页,转引自黎宏:《不作为犯研究》,武汉大学出版社 1997 年版,第 15 页。

者洪福增持类似观点。该说着眼于从行为本身出发,标准足够清晰明确,但其面临的最大质疑在于方法论上的问题,因为从辩证唯物主义角度而言,人的身体始终处于相对运动状态,不存在绝对的静止。例如,父母在拒不喂养婴儿致其饿死的过程中,同时存在做饭、踱步等活动,此时当然存在积极的身体举动,但却难以评价为作为的故意杀人。由此可见,纯粹以有无身体动静这一自然主义标准不可能实现作为和不作为的有效区分。

2. 能量投入说

能量投入说亦被称为能量注入说,该说最初属于事实论阵营,认为积极投入身体能量的属于作为,未投入积极能量的属于不作为。但由于该观点面临和身体动静说同样的质疑,于是学者逐步对其进行规范化修正。恩格希(Engisch)在传统能量投入说中加入社会规范视角,认为"作为是向一定的方向注入活力,不作为是不向一定的方向注入活力"。即对能量投入进行方向性限定。另外,其主张对"能量""活力"等概念作规范化的社会理解,修正后的能量投入说实质上属于规范论阵营。① 但是该说在解释原因自由不作为、中断救助、医生技术性中断医疗等场合时又束手束脚。例如,恩格希从结论的合理性及可接受性角度出发,将医生技术性中断医疗行为例外解释为不继续投入能量的不作为。然而不可否认的是,关闭医疗设备以及中断救助行为本身存在一定方向的能量投入。对此,能量投入说为了维持结论的可接受性,不得不创设大量例外,这也将打破理论的一贯性。②

3. 事实因果关系说

因果关系说内部存在不同表述,有观点认为作为是引起并支配一个直接、真实的因果关系的行为,而不作为中仅存在一个假定的、间接的因果流程(准因果关系)。另有观点直接否定不作为的原因力,认为对结果的发生具有因果关系的属于作为,不具有因果关系的属于不作为。德国学者阿明·考夫曼、韦尔策尔、耶赛克及日本学者山中敬一持此类观点。该说认识到需要结合行为与结果之间的因果关联对两者进行区分,这一点值得肯定。但该说站在纯粹事实性角度理解因果关系,甚至直接否定了不作为的原因力,但却忽略了因果关系本身系一个规范性概念,因果关系的判断包含归因和归责双层结构。

上述几种纯粹事实论的观点,将行为视为纯粹自然主义的概念,采取自然行为论、因果行为论立场。虽然区分标准相对清晰、明确,然而,作为和不

---

① 参见黎宏:《不作为犯研究》,武汉大学出版社1997年版,第17页。
② 参见徐成:《论作为与不作为的区分》,载陈兴良主编:《刑事法评论》(第39卷),北京大学出版社2017年版,第461页。

作为是刑法中的规范概念,必然带有规范和价值判断色彩。因此,纯粹事实论学说已基本不被人采纳。

(二) 规范论阵营

规范论学说认为刑法学本身属于规范学,作为和不作为属于刑法中的规范概念,对两者的区分不能仅从物理性、自然主义立场出发,而是应当引入规范性视角。在规范论内部,根据所采取的规范标准的不同,又可细分为根据法之前的社会评价进行区分的社会规范论阵营以及根据法律评价进行区分的法律规范论阵营。

1. 社会规范论

社会规范论对作为和不作为进行区分的体系阶段,是先于构成要件符合性阶段的行为阶段,认为行为具有先于构成要件符合性的独立地位,对应行为理论中的社会行为论,社会意义说就是其代表学说。该说基本上是从施密特的社会行为论发展而来,引入"社会性"规范视角,认为引起结果的具有社会意义的行为是作为,而不防止结果发生的是不作为。社会规范论跳出纯粹自然主义的框架引入规范视角,可以说有了实质性的进展。但是同样存在诸多问题:第一,该说对社会意义的具体内容语焉不详,从而导致区分标准的恣意、模糊。第二,可能会导致伦理与法律的混淆。作为和不作为的区分直接影响法律评价,而社会意义带有强烈的伦理道德色彩,以伦理道德判断作为法律评价的前提,有混淆伦理与法律之嫌。第三,部分场合的社会评价依赖于法律的相关规定。诚然,在自然犯场合,公众可以在法律评价之前作出较为统一的社会评价,但是对于日益增多的行政犯、法定犯,公众难以根据社会意义作出事前判断,而需要结合具体的法律规定进行评价。[①]

2. 法律规范论

法律规范论的判断阶段是在构成要件符合性阶段,采取的判断标准是对行为的法律评价,具体包括如下几种代表学说:

(1) 法规范说。该说从行为人违反的规范类型入手,认为作为违反的是禁止规范,不作为违反的是命令规范,陈兴良、许成磊等人持此观点。[②] 法律义务说与法规范说虽然在表述上存在差异,但就具体区分内容而言,具有实质的同一性。该说最大的问题在于如何确定行为人到底违反的是何种规范。

[①] 参见黎宏:《不作为犯研究》,武汉大学出版社1997年版,第17—23页。
[②] 参见陈兴良:《规范刑法学(上册)》(第四版),中国人民大学出版社2017年版,第125页;许成磊、高晓莹:《论刑法中不作为与作为的区分》,载《中国刑事法杂志》2006年第5期,第27页。

刑法条文具有复合规范性,且同一行为经不同的评价可能同时违反禁止规范和命令规范。以故意杀人罪的条文表述为例,其中包含了不得杀人的禁止规范,但同时也可以理解为包含了应当采取积极的救助行为防止他人死亡的命令规范。

(2)作为优先说。该说认为在作为和不作为存在争议时,优先按照作为犯处理,在不成立作为犯时,再进一步考虑是否成立不作为犯。该说混淆了行为性质判断与罪数判断两个不同层次的问题。作为和不作为的区分是罪数判断的前置性基础,只有先行确定了是否存在刑法意义上的作为和不作为,才能继续开展罪数判断。因此,该说只是说明了作为犯和不作为犯的罪数认定步骤,实质上没有提出明确的区分标准。

(3)刑法非难重点说。该说认为作为和不作为的区分关键在于刑法所非难的重点到底是在于行为人所实施的积极举动还是在于行为人未履行相应的义务。该说最早由德国判例提出,后被梅茨格尔等人发展,逐渐成为德国理论的通说。德国对作为和不作为的区分探讨,起始于若干争议案件,例如"山羊毛案""药剂师案""艾滋病案""货车案"等①。在上述案件中不仅存在作为和不作为的结合,还存在对同一行为的多义理解,从而导致区分困境。为了解决上述难题,德国学者提出不同的解决方法,大致可以分为两类:第一类即梅茨格尔所坚持的非难重点说,这一观点被德国联邦最高法院司法判决所采纳,认为对作为和不作为的区分关键不在于事实论层面的问题,而在于规范评价,应当根据刑法所非难的重点对两者进行区分。第二类是在刑法理论中逐渐形成的有力观点,认为对作为和不作为的区分应当取决于因果关系判断,即结合行为与结果之间的动态因果关联,侧重于从行为与结果之间的风险关联进行区分,罗克辛、陈璇持此类观点。② 刑法非难重点说面临的最大质疑在于如何确定非难的重点究竟何在。以"山羊毛案"为例,就存在对"重点"的不同解读,判例观点认为非难的重点在于将山羊毛交给工人这一作为,梅茨格尔则认为非难的重点在于未对羊毛进行消毒这一不作为。由此可见,该说标准过于抽象、主观,使得作为和不作为的区分成为因人而异、因事而殊的空谈。另外,有学者提出该说混淆了犯罪认定的先后顺序。作为和不作为属于对行为样态的区分,系在构成要件符合性阶段需要先行解决的

---

① "艾滋病案":患有艾滋病的行为人与其性伴侣发生性关系时,因放弃使用所要求的安全套,结果使得性伴侣感染艾滋病。"货车案":货车在没有保持所要求的超车距离的情况下超车,导致骑车人惨死在货车轮下。

② 参见〔德〕克劳斯·罗克辛:《德国刑法学总论(第2卷):犯罪行为的特别表现形式》,王世洲主译与校订,王锴、劳东燕、王莹等译,法律出版社2013年版,第491—497页;陈璇:《刑法归责原理的规范化展开》,法律出版社2019年版,第108—109页。

前置问题。而法律非难的重点往往要在经过不法、责任阶层判断之后才能最终明确。因此,该说存在循环论证、倒果为因之嫌。①

(4)危险说(风险说)。该说主张根据行为与危险之间的关联区分作为和不作为。简而言之,制造危险的属于作为,放任既有危险的属于不作为。我国台湾地区学者黄荣坚持这一观点,认为作为和不作为的区分不是人在肉体上的动静差别,而是一种价值判断,应以行为的风险关系为标准进行区分。② 我国台湾地区学者蔡圣伟同样赞成风险关系说,其认为"作为犯是法律禁止制造新风险,但是行为人却制造了原本不存在的新风险,而不作为犯则是法律期待行为人消灭既有风险,但是行为人却没有消灭"③。虽然黄荣坚、蔡圣伟在具体表述上存在差异,但从实质来看,二者均从危险的创设、危险现实化为结果的风险关联这一视角进行区分。该说面临的问题在于,何为制造危险,何为放任既有危险,并非不证自明。另外,对"危险"的理解和限定,同样缺乏明晰的标准。例如,在先行行为场合,行为人同样制造了一定程度的危险,但在行为人放任危险发展的过程中,最终现实化为结果的危险与先行行为所创设的危险并不必然具有同一性。

(5)法益状态说:该说由萨姆松提出,其从刑法目的在于保护法益出发,将法规范与法益保护这一目的相关联,认为促使原本平和稳定的法益状态变差的属于作为,在法益已经处于危险状态时没有阻止其进一步恶化的则是不作为。④ 松原芳博持类似观点,认为作为与不作为的区分,需要结合行为和外部所引发的法益损害结果以及危险之间的关联具体展开分析。具体而言,本来不至于引发法益损害结果出现,但却转变了事态发展的趋势,使得损害结果最终出现的,属于作为;已经存在引发法益损害结果的发展趋势时,却不逆转发展的进程,属于不作为。⑤ 另外,我国学者黎宏、聂立泽、肖鹏等人持类似观点,只是表述略有不同。⑥

---

① 参见陈璇:《刑法归责原理的规范化展开》,法律出版社 2019 年版,第 109 页。
② 参见黄荣坚:《基础刑法学(下)》(第三版),中国人民大学出版社 2009 年版,第 446—447 页。
③ 参见蔡圣伟:《作为与不作为的区分(与谈稿)》,载公益信托东吴法学基金会主编:《不作为犯的现况与难题》,元照出版有限公司 2015 年版,第 189—190 页。
④ 参见张明楷:《外国刑法纲要》(第三版),法律出版社 2020 年版,第 78 页;黎宏:《刑法学》(第二版),法律出版社 2016 年版,第 80 页。
⑤ 〔日〕松原芳博:《刑法总论重要问题》,王昭武译,中国政法大学出版社 2014 年版,第 69 页。
⑥ 参见聂立泽、肖鹏:《法益状态说——作为犯与不作为犯的区别标准新探》,载《学术研究》2003 年第 10 期,第 74 页。该文认为:"作为是行为人实施的能够直接引起一定危害结果发生的行为;不作为是在法益处于危险状态时,能够实施阻止危害结果发生的行为的情况下,行为人实施的对危害结果的发生没有原因力但对客观因素持续支配法益具有原因力并由支配法益的客观因素直接引起危害结果的行为。"

规范论阵营采取的是纯粹规范主义观点,此类学说完全忽视了行为的事实性基础,认为身体的"动"和"静"与作为和不作为的判断没有任何关联,强调以抽象的社会评价、刑法谴责重点以及违反的规范类型等作为区分标准。然而,此类学说存在的共性问题在于到底以何种规范标准进行区分,如何保障规范标准的明确性、统一性和合理性。该说的支持者反驳道,概念的模糊并不成问题,反而提供了操作的灵活性。而且,这种规范标准会通过司法实践及理论探讨逐渐明确化。但笔者认为,所谓的"操作灵活性"换个角度来说就是恣意性。而就司法及理论现状而言,也并未得出确定的标准。

(三) 综合论阵营

鉴于纯粹事实论、规范论的观点均存在各自的缺陷无法弥补,另有观点主张对不同标准进行融合,以弥补各自的弊端,从而形成综合说观点。例如,有学者认为"应当综合行为的外部形态、因果关系等因素,站在规范立场进行综合的价值判断"①。李金明博士采取规范说和法益状态说二元标准。其认为区分作为和不作为需要采取形式和实质相结合的标准,其中形式标准是判断违反了禁止规范还是命令规范;实质标准为:制造或升高法益危险使法益恶化的是作为,未使法益好转或恶化而是放任法益危险的是不作为。这实质上是规范违反说和危险说的综合。② 张明楷主张身体动静说、法益状态说和规范违反说综合的观点。③ 梁根林所主张的"规范的法益关系说"实质上属于法益状态说和规范违反说的综合。④

晚近以来,对作为和不作为的区分出现了不同视角的修正和新探索:吕翰岳博士选择功能主义路径,主张在能量投入说基础上添加目的理性思考来对两者进行区分,认为刑法中的任何概念均存在各自的目的和机能,在对概念进行界定时,需要考虑期望其所发挥的功能。于是主张通过考量对作为和不作为进行区分的根本意义所在,通过目的理性思考的方式划定两者的界限。⑤ 另有学者主张引入客观归责理论、风险升高理论,通过危险创设、危险现实化路径对两者进行区分,此类观点与纯粹危险说、法益状态说具有内在

---

① 参见许成磊、高晓莹:《论刑法中不作为与作为的区分》,载《中国刑事法杂志》2006年第5期,第30页。
② 参见李金明:《不真正不作为犯研究》,中国人民公安大学出版社2008年版,第24—25页。
③ 参见张明楷:《刑法学》(第六版),法律出版社2021年版,第191页。
④ 参见梁根林:《作为与不作为的区分——学说、标准与范式》,载公益信托东吴法学基金会主编:《不作为犯的现况与难题》,元照出版有限公司2015年版,第104—105页。
⑤ 参见吕翰岳:《作为与不作为之区分的目的理性思考——以德国判例与学说为借镜》,载《环球法律评论》2017年第4期,第101页。

一致性,但进行了进一步的修正和细化。① 另有观点引入人际关系视角,从法权领域进路对两者进行区分。我国台湾地区学者周漾沂认为"作为是从个人法权领域输出风险到他人法权领域中;不作为是个人未消灭他人法权领域中与个人无关的既有风险"②。陈荣飞主张引入控制行为理论对能量投入说进行修正,其认为"行为是行为人控制或应该控制的客观条件作用于特定对象存在状态的过程"。其将传统能量投入说中所主张的需要规范化解读的"方向"概念解释为"行为对象存在状态改变的方向"③。而存在状态的改变与法益状态说没有根本差异。上述理论上的新探索为作为和不作为的区分提供了新方向、新思考。

上文按照事实论、规范论、综合论三类,分别对现有代表性学说作了梳理、评述。虽然学说纷呈迭出,但深究背后的理论基础和论证逻辑,会发现纯粹事实性或规范性标准,都存在不可弥补的理论缺陷,并在实务应用中引发多重困境。因此,纯粹事实性或是纯粹规范性的标准皆不可取。综合论观点正是基于上述思考,试图在两者之间取得平衡,以弥补各自的缺陷。综合说基本是在事实论基础之上添加规范化视角,但路径各自不同,大致可以分为以下几类:

第一类,以因果关系为基准发展出的不同学说,包括法益状态说、危险说以及晚近尝试引入客观归责理论、风险升高理论的新探索。这类学说强调以因果关系为基准展开规范判断,认为因果关系不是纯粹事实性概念,而是包含归因、归责两个层次的规范判断,这在一定程度上兼顾了事实论和规范论标准。与传统因果关系说不同的是,此类学说不是从事实性条件关系的有无,而是从因果流程的开启及现实化经过入手。传统因果关系说站在纯粹自然主义立场,直接否定了不作为的原因力,且将因果关系理解为单纯的事实判断,但却忽略了因果关系本身系一个规范性概念。部分学者意识到上述不足,开始对因果关系说进行规范化修正。广义而言,法益状态说、危险说属于修正后的规范因果关系说范畴。也有观点认为,法益状态说、危险说、因果关系说的落脚点都在法益状态,因而将三种学说归为广义法益状态说一类。④

第二类,添加人际关系、法权领域、功能主义等规范化视角。即在传统的能量投入说、身体动静说基础上引入人际关系、法权领域、功能主义进行修

---

① 参见李立众:《作为与不作为的区别》,载公益信托东吴法学基金会主编:《不作为犯的现况与难题》,元照出版有限公司2015年版,第34页。
② 参见周漾沂:《刑法上作为与不作为之区分》,载公益信托东吴法学基金会主编:《不作为犯的现况与难题》,元照出版有限公司2015年版,第67页。
③ 参见陈荣飞:《不纯正不作为犯的基本问题研究》,法律出版社2010年版,第120页。
④ 参见赵金伟:《论作为与不作为的区分》,载《华北电力大学学报(社会科学版)》2017年第1期,第47页。

正,从而对部分事实说无法合理评价的场合进行规范化解释。例如,将医生技术性中断医疗的行为规范化解释为停止能量的持续投入,从而认定为不作为。

第三类,以"危险""风险"概念为中心发展出的不同学说。此类学说与上文所述的以因果关系为基准发展出的学说具有一定共性。因为,如果将客观归责理论引入因果关系的判断,那么因果关系的归因、归责判断就等价于风险的创设、现实化及风险关联判断。法益状态说、危险说与客观归责理论、风险升高理论具有内在的一致性。其中法益状态说以危险现实化的结果命名,而危险说则以引起法益状态恶化的起因"危险"命名。然而,积极创设、升高法益侵害的危险,就意味着使得平稳的法益状态恶化;而放任既有的法益危险,也等同于没有阻止法益状态的进一步恶化,两者相伴相生、互为因果。晚近出现的引入客观归责理论、风险升高理论对作为和不作为进行区分,实质上与法益状态说、危险说具有内在一致性,并在此基础上进行修正,均从危险创设、危险现实化角度进行区分,只是在表述的形式化、精细化上存在差异。①

三、规范危险创设说的提倡

作为和不作为的区分,实质上就是作为和不作为的成立要件问题。在对现有区分标准进行梳理的基础上,深究学说分立背后的实质原因,在于对以下几个基础性问题的立场不同:第一,作为和不作为的区分到底是属于纯粹事实性判断,还是带有规范化色彩,这是事实论与规范论对立的根本原因。如果认为属于纯粹事实性判断,则会选择从身体动静、能量投入、事实性因果关系等视角进行区分;如果认为对两者的区分离不开价值判断,则会倾向于引入社会意义、非难重点、客观归责、风险升高等规范化视角。第二,传统事实性标准是否真的一无是处。这决定了在确立区分标准时是要兼顾身体动静、能量投入等事实性要素,还是可以完全不顾事实性基础,纯粹站在规范论立场展开规范判断。综合论观点便认为需要兼顾事实性和规范性要素,于是尝试在两者之间取得平衡以弥补各自的缺陷。第三,倘若认可作为和不作为的区分带有规范色彩,应当选择何种规范标准以及规范标准的具体内涵为何。因此,有必要在确定区分标准之前,对上述作为与不作为区分的基础性问题先予明确。

---

① 参见刘斯凡:《论作为犯与不作为犯区分的两重性:以真正不作为犯与不真正不作为犯的不对应性为切入点》,载《复旦学报(社会科学版)》2014年第1期,第163页。

(一) 作为与不作为的区分基础

第一,笔者认为作为和不作为的区分并非纯粹事实判断,而系带有规范化色彩。作为和不作为属于刑法中"行为"概念下的不同样态,如果刑法中的"行为"系规范概念,那么对两者的区分就不可能只是纯粹事实判断。因此,对作为和不作为的区分,应结合行为理论,以行为这一共同上位概念为指引。只有先行厘清刑法中行为的概念、性质及机能,才能为两者的区分提供理论基础。现今不作为犯理论的研究重点多集中于作为义务论、等价性实质标准,以期为不作为犯划定合理的处罚范围。但现实是,作为基础前置问题的不作为的行为性尚未得到圆满解决。"无行为则无犯罪"是现代刑法的基本理念。绝大多数学者基于法益保护、社会团结等立场,认可不作为的行为性。为了将不作为纳入行为范畴,合理解释不作为的行为性,各国学者不得不对行为概念进行规范化修正。[1]

刑法理论中对行为的探讨可以分为两个层次:第一层次探讨的是作为犯罪成立前提和基础的"裸的行为理论";第二层次探讨的是与刑法分则预设的犯罪构成相关的"实行行为理论"。首先,针对"裸的行为理论",存在不同观点的分立,深究学说分立背后的实质原因,会发现其与对行为的体系性地位及机能的理解休戚相关。[2] 具体而言,先后出现因果行为论(自然行为论)、目的行为论、社会行为论、人格行为论、消极行为论的分野,可谓众说纷纭、莫衷一是。[3] 除了自然行为论将"行为"视为完全自然主义的身体"动"和

---

[1] 参见陈兴良:《不作为犯论的生成》,载《中外法学》2012年第4期,第671—672页。

[2] 一般认为行为具有以下三种机能:第一,界限机能,又可称为过滤机能。该机能站在自由保障的立场,根本目的在于将不值得刑法评价的行为或思想事前排除在构成要件之外,防止对国民行动自由的过度抑制。为了充分发挥界限机能,势必要考虑社会评价、法规范评价等规范因素。第二,统一机能。即统一刑法上所有的行为类型,包括作为、不作为、故意行为、过失行为等。相应地,只能对行为作宽泛化界定,弱化规范因素的限制。第三,结合机能。此时行为承担着连接构成要件符合性、违法性、有责性各个阶段的桥梁作用,也因此而具备法律规范色彩。参见张明楷:《外国刑法纲要》(第三版),法律出版社2020年版,第48—49页;周光权:《刑法总论》(第四版),中国人民大学出版社2021年版,第99—100页;李金明:《不真正不作为犯研究》,中国人民公安大学出版社2008年版,第11—12页;熊选国:《刑法中的行为论》,人民法院出版社1992年版,第3—5页。

[3] 大陆法系中的行为概念在黑格尔哲学思想的影响下发家,历经长达150多年的大讨论。现逐步形成以下几种代表学说:一是自然行为论,该说立足于19世纪盛行的自然科学立场,主张从自然主义的身体"动"和"静"理解行为。其内部根据是否需要意思要素又可细分为身体动作说和有意行为说。二是目的行为论,由韦尔策尔提出,以主观主义为哲学底色,认为行为是基于目的的身体动静。该说对过失行为难以自圆其说,对不作为的解释更是捉襟见肘。三是社会行为论,由施密特提出,该说立足于社会学立场,认为行为是具有社会意义的身体动静。社会行为论内部对意思要素持不同态度,有主张将意思要素客观化理解为意思支配可能性,也有主张直接舍弃意思要素。该说因"社会意义"本身的抽象性、模糊性受到质疑。四是人格行为(转下页)

"静",其他行为理论都给行为添加了"目的性""社会性""人格性"等规范化要素,认为行为属于规范概念。然而,自然行为论将行为理解为纯粹事实性甚至物理性的身体举动,既无法合理解释不作为、过失行为的行为性,同时也难以发挥将不值得刑法评价的行为或思想事前排除在构成要件之外的过滤、界限机能,因此已基本不被采纳。其次,关于"实行行为理论",传统理论在界定实行行为时多是主张分别从形式和实质两个侧面进行限定。形式层面认为实行行为属于刑法分则预设的构成要件行为,具有法定类型化特征,也可称为定型性。实质层面一般认为实行行为属于对法益具有现实紧迫危险的行为。关于如何理解"现实紧迫的危险",存在科学法则上的迫切危险(客观危险)及行为时社会一般人感知到的危险(具体危险)等不同观点。① 上述对实行行为中实质危险性的判断同样属于带有规范化色彩的规范判断。由此可见,不论是裸的行为概念还是实行行为,都包含了规范化色彩。相应地,作为和不作为是行为概念下的不同样态,同样包含了规范性要素,这就决定了作为和不作为的区分需要引入规范化视角,且应当以实行行为为指引。

第二,虽然作为和不作为的区分带有规范色彩,但笔者认为事实论观点并非一无是处。诚然,过分执着于自然主义的事实论观点饱受批判,但纯粹规范主义的观点同样因为规范性标准的模糊、恣意而难以达成共识。事实论学说可以为规范判断提供事实性基础,排除那些没有任何身体举动的情形被评价为作为的可能,以此弥补规范论过于抽象、主观的缺陷。因为,完全脱离存在论基础的规范标准,意味着可能将完全的身体静止规范化评价为"作为",这不仅会引起概念的混乱,同时也难以避免恣意的弊端。因此,完全否定事实论的价值并不可取,关键在于如何实现两者的互补,既能发挥事实论的限定机能以弥补纯粹规范论的不足,又能实现对作为和不作为的合理区分。

第三,关于应当选择何种规范标准来实现作为和不作为的区分,根据上

(接上页)论,由团藤重光提出,认为行为是人格主体现实化的身体动静。该说同样因"人格"概念的抽象、模糊受到质疑。五是消极行为论,主张从没有回避结果发生的角度来理解行为,该说实际上以归责消解了行为概念。具体参见〔德〕冈特·施特拉腾韦特、〔德〕洛塔尔·库伦:《刑法总论I——犯罪论(2004年第5版)》,杨萌译,法律出版社2006年版,第68页;〔日〕大谷实:《刑法总论(新版第2版)》,黎宏译,中国人民大学出版社2008年版,第90页;〔日〕松原芳博:《刑法总论重要问题》,王昭武译,中国政法大学出版社2014年版,第34—35页;黎宏:《不作为犯研究》,武汉大学出版社1997年版,第53—61页;张明楷:《外国刑法纲要》(第三版),法律出版社2020年版,第48—49页;陈兴良:《规范刑法学(上册)》(第四版),中国人民大学出版社2017年版,第117页;周光权:《刑法总论》(第四版),中国人民大学出版社2021年版,第100—102页。

① 参见〔日〕大谷实:《刑法总论(新版第2版)》,黎宏译,中国人民大学出版社2008年版,第124—125页。

文对现有区分学说的梳理,理论界采取的规范化路径有以下几类:

第一类是纯粹规范论路径,即完全不考虑身体动静、能量投入等事实层面的要素,而仅以社会意义、刑法非难重点、目的理性思考、违反的规范类型等与事实无关的规范标准进行区分。笔者不赞成纯粹规范论的观点。诚然,此类学说认为作为和不作为的区分属于规范判断,这一立场值得肯定。但借助社会意义、非难重点等标准却不得不让人担忧。到底何为社会意义、何为非难重点,恐怕太过抽象。以知名的"山羊毛案"为例,历经长久的理论探讨,也尚未获得统一的答案。最终,只能由法官根据个人主观理解进行价值判断,法官的个人判断取代了社会意义和非难重点评价。

第二类是在事实论基础上,以人际关系、法权领域为基准的规范说。笔者同样不赞成以人际关系、法权领域等标准进行区分。的确,每个人在自己的权利领域内享有不受他人侵犯的自由,同时也不能向他人的权利领域输出风险。基于社会责任的分担,即使没有输出风险,也要求一定行为人消灭他人权利领域内的既存风险。然而,理论的选择应扎根本土。在现今的我国,每个人的权利边界并非如此明确,难以为各个主体的权利领域划分清晰的范围和边界。而且不同人的权利领域存在冲突重叠,此时应如何评价尚无定论,需要理论和社会的共同发展才能逐步明晰。其实,引入人际关系、法权领域视角的学说同样是以风险为基础,只是给风险发生的领域作了规范化限定,其与下文所述的以危险为核心的规范说存在一定的内在一致性。

第三类则是在事实论基础上,以危险为核心的规范说,即通过考量危险创设、危险现实化这一因果进程对作为和不作为进行区分。法益状态说、危险说、客观归责理论、危险现实化理论具有内在一致性,都是通过考察法益所面临的危险是如何创设、如何现实化为结果这一动态因果进程来进行区分,因此均可归入广义的"危险说"范畴。积极创设、升高法益的危险,意味着使得平稳的法益状态恶化,法益状态恶化意味着最终现实化为构成要件结果;而放任既有的法益危险,意味着没有阻止法益状态的进一步恶化。晚近主张引入人际关系、法权领域视角的新探索也并未脱离"危险说"的实质,只是给危险加了"专属领域"的限定。

笔者赞同以"危险"为核心,通过危险创设、危险现实化这一因果进程对作为和不作为进行区分。首先,行为概念的认定本身就与"危险"密不可分。传统理论以形式、实质二分的方法认定实行行为,其中实质要件便要求具有对法益的现实紧迫危险,此处的危险不仅包含行为危险,更包含了引发构成要件结果的结果危险。而对于结果危险的判断,就需要考虑行为所创设的危险现实化为结果的动态进程。在众多实行行为理论中,不少学者站在行为与结果之间的因果关联这一视角来界定实行行为。例如,西田典之将实行行为界定为"与既遂结果发生的具体性危险具有相当因果关系的行为"①。晚近有部分学者尝试引入客观归责理论来辅助实行行为的判断,从危险创设、危险关联、危险现实化角度来进行限定。值得一提的是,山口厚的观点值得关注,其主张否定实行行为这一概念本身,取而代之的是"结果原因支配"这一概念。其在《刑法总论》第1版中直接放弃实行行为这一概念,这引起了学界的诸多质疑。随后其在《刑法总论》第2版前言部分专门作出解释,称其否定实行行为概念,并不意味着否定期望通过实行行为概念所解决的问题本身。而是认为与其形式化地探讨概念,更应当直接研究这一概念背后的实质性问题。山口厚同样将视角放在因果关系层面,将实行行为置于因果关系中进行实质考察,选择危险现实化路径。以上观点在其《刑法总论》第3版中得到维持,且其更加重视以对结果原因的支配作为实行行为性、正犯性的判断基准。② 山口厚的上述观点实际上同样引入了危险创设、危险现实化这一归责路径来界定实行行为。

笔者赞同上述西田典之、山口厚的观点,认为实行行为的认定离不开危险创设及现实化的进程。作为和不作为均需满足实行行为性,即两者均需要满足结果原因支配、危险创设以及危险现实化三方面的成立要件。为了合理论证不作为的行为性,理论界一直强调作为和不作为的等价性。但不可否认的是,作为和不作为在支配方式、危险的创设方式及危险现实化为结果的进程等方面,均存在不同。传统"危险说"虽然已经大致描绘了作为和不作为的区分框架,但是对危险创设的具体内涵、危险升高的判断标准、危险的概念性质等均语焉不详,模糊其词。基于此,笔者尝试对传统危险说进行规范化修正,对其中的危险概念性质、危险创设内涵以及危险升高的判断标准进行细化,从而形成"规范危险创设说"。具体而言,笔者认为作为和不作为的区别体现在以下三个方面:第一,对导致构成要件结果的原因的支配方式不同。作为场合的支配表现为实际支配身体实施积极的身体举动。而不作为场合的支配对象并非身体举动,而系其他引发危险的原因,可以类型化为危险源和法益脆弱性。支配方式也并非事实性、物理性的实际控制,而是表现为对危险源的管理控制以及对法益脆弱性的支配可能性。第二,危险创设的方式不同。作为场合表现为行为人的积极身体举动直接创设或升高了危险,而不作为场合的危险并非由行为人的身体举动所创设,而系因其他原因已经处于危险既存状态。在区分作为和不作为在危险创设方式上的不同时,需要兼顾事实和规范两方面要素。其中事实判断以身体动静说为标准,分析是否存在

---

① 〔日〕西田典之:《日本刑法总论》,王昭武、刘明祥译,法律出版社2013年版,第69页。
② 参见〔日〕山口厚:《刑法总论(第3版)》,付立庆译,中国人民大学出版社2018年版,第17—21页。

积极的身体举动;而规范判断需要进一步考量是否创设或升高了危险,危险的程度、性质是否符合特定的规范化要求。第三,危险现实化为构成要件结果的进程不同。作为表现为身体举动所创设的危险将直接、立即现实化为结果;不作为表现为不阻止既存危险将立即现实化为结果,但若阻止则能有效避免结果的发生。

(二)作为的成立要件

作为具体表现为以下形式:行为人支配身体实施积极的身体举动→身体举动创设或升高了特定危险→特定危险将立即现实化为构成要件结果。具体而言,作为的成立需要同时满足以下三个要件:第一,支配要件,即行为人支配身体实施积极的身体举动。第二,危险创设要件,即判断积极的身体举动是否创设或升高了危险。此时最关键的问题在于如何确定危险创设、升高的判断标准。第三,并非创设任何程度、性质的危险均能被评价为作为,这是由作为的实行行为性所决定,故需要对作为场合的"危险"作出具体的规范化限定。一方面,作为所创设的危险在程度上有所要求;另一方面,在性质上需要具有立即现实化为结果的紧迫性、密接性,且属于在社会一般人根据当时的客观要素看来现实存在的危险。

1. 支配要件

作为场合的支配既要满足身体支配要件,又要满足正犯支配要件。一方面,作为场合的支配表现为行为人直接支配自己的身体实施积极的身体举动从而创设危险,此时的支配对象系自己的身体举动,支配方式是一种现实的操纵和控制。另一方面,上述身体支配要件与正犯场合所述的支配并非同等概念。关于正犯的认定标准,犯罪事实支配理论被广泛认可,认为行为人对犯罪事实及进程存在支配时,处于犯罪的核心地位,属于犯罪的灵魂人物,应当认定为正犯。而狭义的共犯行为只需要对犯罪的实现有所加功,起到一定正向促进作用即可。因此,正犯行为需要满足对犯罪事实及进程存在支配的要件,而共犯处于辅助性地位,无需满足上述支配要件。由于笔者在此处所论述的"作为的成立要件"系针对单独正犯行为而言,故既要满足对身体的现实操纵和控制这一身体支配要件,又要满足正犯场合所要求的犯罪事实及进程支配要件。

2. 危险创设的判断

作为场合的危险创设体现为行为人的积极身体举动直接创设或升高了对法益的危险,即作为场合的危险直接来源于行为人的身体举动。但问题的关键在于,如何判断行为人的身体举动到底有无创设或升高了法益面临的危险,即如何确定危险创设、升高的判断标准。有观点批判"危险说"中判断危险是否升高的标准过于模糊、主观。① 要想确定危险是否升高,就需要确定一个行为人介入前的"初始危险状态"作为衡量基准。只有事后的危险状态高于"初始危险状态"时,才可能评价为危险的升高。因此,如何确定"初始危险状态"便成为关键。然而,传统的危险说、法益状态说却对"初始危险状态"的内涵及标准语焉未详,也没有论述当同时介入其他因素累积导致危险升高时应如何判断,这是该类学说在实际应用中面临的难题。②

对此,笔者认为,在判断"初始危险状态"时,需要综合考虑以下三类要素:第一类为法益自身要素,具体包括年龄、身体状态等,例如被害人因自身疾病、受伤已经处于危险状态。法益自身要素应当被评价到"初始危险状态"之中,在衡量积极身体举止是否升高危险时,需要排除因法益自身原因所升高的危险部分。第二类为第三方要素,该类要素形式种类繁多,包括初始法益所处的时间、地点、气候、第三方行为等,但是该类要素具有内在的共性,那就是影响了"危险被消除、降低的可能性"。在被害人面临人身危险时,具体表现为"获得他人救助的可能性"。因此,在判断"初始危险状态"时,需要综合第三方要素判断行为介入后"危险被消除、降低的可能性"变化。例如被害人落水时,有路过的第三人准备救助的可能性,此时应将第三人的救助行为评价到"初始危险状态"中;交通事故后,被害人所处的时间、地点等影响"获得救助可能性"的环境要素也应当被评价到"初始危险状态"中。第三类为行为人方要素,具体包括实施了先行行为、自身职业、身份等,典型场合便是原因自由不作为、行为人开始救助后又撤回救助效果以及医生技术性中断医疗等情形。上述几种情形中,同一行为人先后均实施了数个存在关联的自然行为举止,部分升高了危险,部分又降低了危险,此时应当作一体性评价还是分别独立评价,成为问题。

近来,在日本刑法理论及判例中出现"行为一体性"的认定。以"氯仿案"为例,行为人先后实施了"用氯仿将被害人弄晕""连人带车推入海中"两个行为。日本最高裁判所通过以下三点肯定行为的一体性:(1)前行为对于后行为而言具有不可欠缺性;(2)前行为完成后,完成后行为不具有特殊障碍,即遂行容易性;(3)两行为在时间、场所上具有近接性。另外,结合行为

---

① 参见〔日〕大山彻:《论监管过失中的作为与不作为——围绕德国火灾事故判例展开的研讨》,余秋莉译,载《中国刑事法杂志》2015年第1期,第143—144页。
② 参见徐成:《论作为与不作为的区分》,载陈兴良主编:《刑事法评论》(第39卷),北京大学出版社2017年版,第467—468页。

人故意的连续性,肯定两行为具有一体性,在实施前行为时已经着手。① 松原芳博教授在论述医生关闭医疗装置的行为系不作为时,也同样引用了"一体的不作为"概念,其认为此时可将医疗装置视为医生"延长的手",被害人的生命始终没有脱离医生的控制,故可以将安装医疗装置到关闭这一整个过程评价为"一体的不作为"。② 如果站在纯粹自然主义的视角,行为人的确先后实施了多个自然意义的行为举止,且单独评价其中某一个举止的话,确实可能升高了法益危险。然而,如果意识到行为本身是一个规范概念,在判断行为个数时就应添加规范思考。当同一行为人连续实施若干密接的自然行为举止,其间被害人的危险始终未脱离行为人而处于自发可控稳定状态时,应将一连串行为举止作规范化一体性评价,只要法益最终面临的危险没有比行为人最初介入时高,即使中间存在上下波动,也不属于创设或升高了危险。而在判断行为是否具有一体性时,不仅要考虑若干个自然行为举止时间、空间上的密接性,还要考虑期间法益所面临的危险是否已经脱离行为人自发处于可控状态。

3. 对危险的限定

并非任何创设危险的行为都能被评价为作为,也并非任何放任既有危险的情形都能被评价为不作为,作为和不作为所创设或放任的危险属于"特定危险",即对所创设的危险在程度、性质以及与结果的关联性上均有所限定。上述限定系由实行行为的实质要求所决定。刑法理论对实行行为实质危险性的探讨,多是置于实行着手的认定标准以及未遂犯、不能犯场合展开。关于"危险"的判断标准,大致可以分为主观说和客观说两大阵营。"危险理论"的多元,归根到底在于对犯罪本质、刑法机能观、犯罪论体系及不法论立场的理解不同。③ 其中,主观说基于预防主义刑法观立场,以主观不法论、目的主义犯罪论体系为根基,侧重于从主观侧面判断是否存在危险;而客观说从客观不法论出发,强调人权保障机能,认为只有客观上对法益造成损害时,才能作为犯罪处罚,因而侧重于从客观危险的有无和程度来进行判断。理论的选择应结合国家的具体实际及刑事政策的需要。虽然主观说在预防犯罪、理论逻辑上有其正当之处,但就我国现状而言,主观说蕴含着以社会防

---

① 具体案情参见〔日〕前田雅英:《刑法总论讲义(第6版)》,曾文科译,北京大学出版社2017年版,第69—71页。
② 参见〔日〕松原芳博:《刑法总论重要问题》,王昭武译,中国政法大学出版社2014年版,第68—79页。
③ 参见刘士心:《犯罪实行"着手"的判断标准新探》,载《天津法学》2010年第2期,第5—6页。

卫为由,过度干预个人自由的风险。① 因此,笔者倾向于采纳修正的客观说观点,认为对危险的限定需要综合考虑以下要素:

第一,程度要求。关于危险所要达到的程度,是只要稍微提升了结果出现的可能性即可,还是要达到"高度盖然性""显著性"或是"优势性"等程度,存在争议。有学者提出"显著性"标准,即只有当危险导致结果的概率达到或是超过一个较高的数值时,才能肯定结果的归责。有观点认为只要危险达到法所不允许的程度即可。② 另有观点认为只有达到50%以上的优势性程度时,才能肯定存在风险关联进行归责。③对此,笔者认为需要排除那些危险程度极低只是偶然引发结果的情形以及尚在规范许可范围内的危险,即危险需要达到较高的程度才可能成立作为。例如,劝人坐飞机、地铁的行为,导致死亡结果的可能性、危险性都极低,不可能被评价为实行行为;完全符合规范的驾驶行为由于没有制造法所不允许的风险,且系社会发展的必然代价和需要,也不应认定为作为。但是,危险程度无需设定类似于80%、90%等高度盖然性的固定数值,危险升高的程度属于规范判断,应采取规范性、经验性、社会相当性等标准,而非精准的数理统计分析。

第二,性质要求。关于危险的性质,主要存在抽象危险说、具体危险说和客观危险说的分立,三者在判断素材、判断基准及判断时间上均存在差异。其中,抽象危险说以行为人所认识的事实为素材,以一般人的判断为基准,事前判断是否存在抽象的危险,而不问行为客观上是否真的制造了危险。例如,欧阳本祺认为未遂犯之危险不同于危险犯中的具体危险,是一种抽象的法益侵害可能性。④ 具体危险说引入一般人的视角,将危险的性质理解为"根据一般人及行为人所认识的事实,以一般人的知识、经验为基准在行为时所感知到的危险";而客观危险说坚持彻底客观主义立场,将危险理解为"根据事后查明的客观事实,以自然因果法则为基准所得出的侵害结果发生的客观危险"⑤。在日本刑法理论中,主张将具体危险说与客观危险说一并归入客观说范畴,然而部分学者质疑具体危险说实际上持有的是主观说底色,与

---

① 参见劳东燕:《论实行的着手与不法的成立根据》,载《中外法学》2011年第6期,第1258页。
② 参见徐成:《论风险升高理论的法理证成——基于事实推定的视角》,载《苏州大学学报(法学版)》2018年第4期,第21—22页。
③ 参见陈璇:《论过失犯的注意义务违反与结果之间的规范关联》,载《中外法学》2012年第4期,第701页。
④ 参见欧阳本祺:《论刑法上的具体危险的判断》,载《环球法律评论》2012年第6期,第71—72页。
⑤ 参见许恒达:《论不能未遂——旧客观说的古酒新酿》,载《清华法学》2011年第4期,第30—32页。

德国的印象理论并无实质差别。① 笔者赞同将事后查明的客观事实作为危险判断的评价素材,以社会一般人的观念、认知和经验作为标准展开行为时的事前评价。陈璇、何荣功教授等人持类似观点。② 例如,在"洛阳虐童案"中,母亲将小孩带到曾经实施过虐待的男友家中的行为③;在"乐燕故意杀人案"中,母亲将小孩锁在家中留下少量食物、饮水后外出的行为④。上述行为在社会一般人看来,即便事前认识到所有客观事实,也不会认为上述行为存在致人死亡性质的危险。

第三,密接性要求。即危险具有当场、当时现实化为结果的紧迫性,与结果的发生在时间和空间上具有密接性。这意味着当行为所创设的危险距离结果较远,在时间、空间上不具有立即现实化为结果的紧迫性时,难以成立作为。例如,在原因自由不作为场合,扳道工为了让自己失去行为能力不能扳道从而让火车发生事故,其事前实施喝酒、睡觉等积极的身体举动时,在时间、空间上距离事故发生较远,难以将之前的喝酒、睡觉行为直接评价为作为。在"段良江故意杀人案"⑤中,行为人在床上吸烟不慎睡着,睡着后导致烟头引燃被褥,其被呛醒后放任火势缓慢蔓延至睡在另一张床上的妻子处。在床上吸烟的行为虽然创设了一定危险,但是吸烟当时距离死亡结果较远,其所创设的危险并不具有立即现实化为结果的密接性,故难以直接将吸烟行为评价为作为的杀人实行行为。

第四,风险关联要求。即要求所创设的危险与最终现实化为结果的危险具有同一性,具有规范保护目的关联性。例如,驾驶加高的货车导致车身过高与电线接触,并引发乘客触电身亡,加高货车所创设的危险系可能因为重心不稳侧翻的危险,与最终现实化为死亡结果的触电危险不具有同一

---

① 参见劳东燕:《论实行的着手与不法的成立根据》,载《中外法学》2011 年第 6 期,第 1245—1246 页。

② 参见陈璇:《论客观归责中危险的判断方法——"以行为时全体客观事实为基础的一般人预测"之提倡》,载《中国法学》2011 年第 3 期,第 148 页;何荣功:《论实行行为的危险及其判断》,载《法律科学(西北政法学院学报)》2007 年第 1 期,第 79—81 页。

③ 参见河南省洛阳市中级人民法院(2016)豫 03 刑初第 70 号刑事附带民事判决书。

④ 具体案情详见中华人民共和国最高人民法院刑事审判第一、二、三、四、五庭主办:《刑事审判参考》(总第 98 集),第 992 号案例,法律出版社 2014 年版,第 85 页。

⑤ 参见山东省淄博市中级人民法院(2014)淄刑一初字第 37 号刑事审判决书。案情简介:段良江与被害人梁某系夫妻关系,梁某自 2012 年开始瘫痪由段良江照顾。2013 年 12 月 9 日 20 时许,段良江酒后在床上点烟后入睡,后被烟雾呛醒发现烟头引燃被褥起火,段良江赶至同村小卖部要求他人报火警后返回家中。发现火势增大但尚未蔓延至梁某处,段良江对已瘫痪在床、失去自救能力的梁某置之不理,独自躲避至家中东卧室,梁某被烧伤致死。裁判意见:段良江作为丈夫具有照料并保护妻子的特别义务,其在明知梁某失去自救能力时,有条件将梁某救离火灾现场而不履行救助义务,构成故意杀人罪,判处无期徒刑。

性。① 在"赵达文交通肇事案"中,虽然超速行为升高了一定危险,但却难以说最终的死亡结果与超速驾驶行为所升高的危险存在风险关联。限速的规范保护目的在于防止因车速过快制动不及时发生撞击,而本案的死亡结果介入了散落在地上的井盖,需要进一步考虑如果没有超速,撞击井盖是否同样不可避免结果的发生。②

(三) 不作为的成立要件

不作为具体表现为以下形式:行为人对危险源、法益脆弱性等引发危险的原因(结果原因)具有支配→结果原因导致法益已经处于危险状态→若不阻止既有危险,将马上现实化为构成要件结果。相较于作为而言,不作为在支配方式、危险的来源以及危险现实化为结果的进程方面,均存在不同,具体如下:

第一,支配方式及支配对象不同。不作为与作为场合的支配方式及支配对象均存在差异,但需要考虑两者之间的等价。关于等价性的标准,存在规范论和支配论的分立。其中规范论对不作为场合的支配论展开批判,认为在不作为场合并不存在事实性的支配,而只是一种规范性的支配可能性,实质上属于以"支配"之名掩盖"规范"之实。因此,规范论主张引入组织管辖、体制管辖、刑事政策、功能主义思考等路径,试图规范化说明处罚不作为犯的正当性。许乃曼教授对纯粹规范论进行批判,并尝试在自然主义和规范主义中找到平衡,逐步提出"结果原因支配说"作为等价标准。③ 笔者认为作为和不作为场合都需要满足支配要件,支配论者所述的"支配"并非纯粹事实性概念,虽然在事实层面两者所表现的支配性质及方式有所不同,但在价值判断层面具有等价性即可。不作为场合支配的并非行为人自己的身体举动,而系引发危险的原因,可以类型化为危险源和法益脆弱性。其中对危险源的支配表现为对危险源的管理、监督和控制。对法益脆弱性的支配应当综合考虑行为人与脆弱法益之间的密切关联、依赖程度,行为人的主观接受意愿及客观承担行为,行为人的身份、角色及职业要求,社会一般观念等因素,进行规范化解读。④

---

① 参见王莹:《先行行为作为义务之理论谱系归整及其界定》,载《中外法学》2013 年第 2 期,第 331—332 页。
② 具体案情及分析,参见周光权:《风险升高理论与存疑有利于被告原则——兼论"赵达文交通肇事案"的定性》,载《法学》2018 年第 8 期,第 66—78 页。
③ 参见〔德〕许乃曼:《德国不作为犯学理的现状》,陈志辉译,载陈兴良主编:《刑事法评论》(第 13 卷),中国政法大学出版社 2003 年版,第 397—408 页。
④ 参见〔日〕山口厚:《刑法总论(第 3 版)》,付立庆译,中国人民大学出版社 2018 年版,第 89—93 页。

第二,危险的来源不同。作为场合的危险直接来源于行为人的积极身体举动,而不作为场合的危险并非由行为人的身体举动所创设,而系由危险源或法益本身的脆弱性等与行为人的身体举动无关的其他原因所引发,且危险已经处于既存状态。不作为在事实性层面没有固定模式,既可能表现为不存在任何积极的身体举动,也可能表现为虽然存在积极的身体举动但未创设符合要求的特定危险。不作为场合同样需要对"危险"进行程度、性质、密接性及关联性方面的实质规范化限定,具体限定标准与作为场合别无二致,故不再赘述。

第三,危险现实化为构成要件结果的进程不同。作为表现为身体举动所创设的危险将直接、立即现实化为结果。不作为则表现为:如果行为人不实施法律所期待的行为予以阻止,既存危险将立即现实化为结果;如果行为人履行了法律所期待的作为义务,则能有效避免构成要件结果的发生。

需要特别说明的是,笔者所提倡的"规范危险创设说"中关于作为和不作为的成立要件都是针对正犯行为而言。由于正犯行为不能脱离实行行为的限定,需要满足形式定型性和实质危险性,但在认定狭义共犯行为性质时,因不要求具有实行行为性,故两者的成立要件有所不同,具体如下:第一,狭义的共犯行为不需要满足正犯所要求的支配要件,即不要求对犯罪事实及进程存在支配,处于犯罪的核心地位,而只需要对犯罪的实现有所加功,起到一定正向促进作用即可。第二,共犯行为所创设的危险不需要严格满足上文对"危险"在程度、性质、密接性方面的限定。即在程度上不需要达到显著升高结果出现可能性的程度,性质上不需要具有社会一般人看来通常会引起构成要件结果的现实具体性,时间、空间上距离结果的发生略远。第三,在危险现实化阶段,共犯行为所创设的危险并非直接现实化为结果,而只是对犯罪的实现有正向促进作用,即加功于结果的实现。最终现实化为结果的危险与共犯行为所升高的危险不具有一致性。

(四)小结

作为和不作为的区别主要体现在对引发危险的原因的支配方式、危险的来源及创设方式、危险现实化为结果的进程这三方面。对作为和不作为的区分并非纯粹事实性判断,而系带有规范化色彩,需要兼顾事实性和规范性两方面要素。其中事实性层面关注的重点在于有无创设危险的积极身体举动,将没有任何危险创设身体举动的情形排除在外,从而筛选出得以评价为作为的事实性基础,并在一定程度上限制规范判断的恣意性。因此,事实性要素在一定程度上起到排除过滤的限定机能;规范性层面关注的重点在于如何规范化判断有无创设或是升高危险,即如何确定危险创设、升高的判断标准,以及如何对危险在程度、性质上进行规范化限定。笔者提倡以传统"危险说"为底色,分别从对结果原因的支配、危险创设的判断以及对危险的限定这三个方面对作为和不作为进行规范化区分。具体而言,作为是指行为人支配身体实施积极的身体举动,从而直接创设或升高特定危险,特定危险将立即现实化为构成要件结果的行为;不作为是指在对危险源、法益脆弱性等行为人外的其他结果原因存在支配的情况下,不阻止既有危险的发展,既有危险将立即现实化为构成要件结果的行为。

危险创设的判断标准需要确定行为人介入前的"初始危险状态"作为判断有无创设或升高危险的衡量基准。在确定"初始危险状态"时需要综合考虑法益自身要素、第三方要素及行为人方要素。当同一行为人连续实施若干密接的自然行为举止,其间被害人的危险始终未脱离行为人而处于自发可控稳定状态时,应将一连串行为举止作规范化一体性评价,只要法益最终面临的危险没有比行为人最初介入时高,则不属于创设或升高了危险。

并非任何创设危险的行为都能被评价为作为,也并非任何放任既有危险的情形都能被评价为不作为。作为和不作为所创设或放任的危险属于"特定危险",即对危险在程度、性质以及与结果的关联性上均有所限定。具体而言,要求在程度上具有引发结果的较大可能;在性质上属于在社会一般人根据当时的客观事实看来现实存在的具体危险;在时间、空间上具有立即现实化为结果的紧迫性、密接性;在与结果的关系上具有风险关联,即要求所创设的危险与最终现实化为结果的危险具有同一性,符合规范保护目的。

虽然本文侧重于对犯罪中作为的认定,但笔者的观点并非消解不真正不作为犯概念,否定不真正不作为犯的正当性、可罚性;亦非主张通过扩大作为的范畴,突破实行行为的限制,从而将不真正不作为犯全部按照作为犯路径解决。实务中有部分案件确实只能通过不真正不作为犯路径解决。其中,部分案件系因不存在任何危险创设积极行为,从而不具有成立作为的事实性基础。例如,在"于某某故意杀人案"中,行为人与被害人发生性行为并引发心脏病后,行为人将被害人从住处移动到室外后不予救助。整个过程中行为人只实施了性行为和将人搬运出房子这两个行为,但是上述行为均未另行创设或升高被害人的死亡危险。另有部分案件中,虽然行为人创设了一定危险,但所创设的危险在程度和性质上不符合特定要求,从而不具有实行行为性。例如,在"张朋飞故意杀人案"[①]中,将小孩带到河边摘杨梅的行为虽然创设了一定危险,但危险在程度上较低,在性质上不属于社会一般人看来具有致人死亡的现实、紧迫危险,故难以直接评价为作为的杀人实行行为。在

---

① 参见浙江省台州市中级人民法院(2014)浙台刑一终字第188号刑事判决书。

"颜克于等人故意杀人案"①中,追逐、殴打小偷的行为虽然创设了一定危险,但同样不具有致人死亡程度的紧迫危险,故难以直接评价为作为的杀人实行行为。另有部分案件系因行为与责任同时存在原则导致对不法和责任的评价不足。例如,在"段良江故意杀人案"中,行为人在床上吸烟不慎睡着,导致烟头引燃被褥,醒来后产生杀人的事后故意,放任火势蔓延烧死妻子。段良江在吸烟当时主观上只有过失,根据行为与责任同时存在原则,最多仅能评价为作为的过失致人死亡罪,此时无法实现对行为人事后故意的全面评价。因此,应当进一步分析本案中是否另有符合条件的"不作为",从而实现对剩余不法、责任的全面评价。

本文所提倡的"规范危险创设说"可能面临如下质疑:

第一,有观点质疑"规范危险创设说"可能会导致实行行为概念的虚化,使得实行行为与先行行为概念发生混淆,从而将先行行为类的不作为犯直接评价为作为犯。近年来,自罗克辛教授将客观归责理论引入先行行为类不作为犯场合,将危险升高、危险现实化等要件用于对先行行为进行实质限定,受到部分学者的认同。例如,张明楷认为先行行为需同时满足以下三方面要件:"第一,对法益造成了危险;第二,危险明显增大,不采取积极措施将立即现实化为实害;第三,行为人对危险向实害发生的原因具有支配"②。刘士心教授主张以"现实的危险"来限定先行行为,要求先行行为具有对法益的现实、具体、紧迫的危险,并对危险提出"直接性""高概然性""临近性"等要求。③ 王莹、孙运梁持类似观点。④ 但陈兴良批判这实质上是将实行行为理论引入先行行为,存在概念的混淆。⑤ 诚然,实行行为和先行行为都创设或升高了危险,且与最终现实化的结果存在关联,但两者属于不同概念。因此,"危险说"面临难以区分实行行为与先行行为的质疑。然而,只需要认识到两者在"危险创设"及"危险现实化"方面均存在实质区别,便可消除上述误解。笔者认为实行行为与先行行为存在以下差别:首先,两者所创设的危险程序及性质不同。如前文所述,实行行为所创设的是"特定危险",需要同时满足程度较高、现

---

① 参见中华人民共和国最高人民法院刑事审判第一、二、三、四、五庭主办:《刑事审判参考》(总第60集),第475号案例,法律出版社2008年版,第34页。

② 参见〔德〕克劳斯·罗克辛:《德国刑法学总论(第2卷):犯罪行为的特别表现形式》,王世洲主译与校订,王锴、劳东燕、王莹等译,法律出版社2013年版,第573—575页;张明楷:《不作为犯中的先前行为》,载《法学研究》2011年第6期,第136页。

③ 参见刘士心:《不纯正不作为犯研究》,人民出版社2008年版,第143—144页。

④ 参见王莹:《论犯罪行为人的先行行为保证人地位》,载《法学家》2013年第2期,第119页;孙运梁:《以客观归责理论限定不作为犯的先行行为》,载《中外法学》2017年第5期,第1351页。

⑤ 参见陈兴良:《不作为犯论的生成》,载《中外法学》2012年第4期,第677页。

实具体等要求,且根据社会一般人的经验判断通常能引发构成要件结果,但先行行为在危险程度、性质上则无需满足上述严苛要求,一般认为只需要制造了法不允许的危险即可,甚至有观点认为完全合法的危险行为同样可能被评价为先行行为。其次,在危险现实化的进程中,实行行为所创设的危险具有当场、当时现实化为结果的紧迫性、密接性,而且还要求创设的危险和最终现实化为结果的危险具有同一性。而先行行为所创设的危险在时间、空间上距离损害结果都相对较远,且现实化为结果的进程具有相对间接性。①

第二,有观点质疑"规范危险创设说"可能会引发因行为与责任同时存在原则所带来的处罚漏洞及处理失衡。例如,在原因自由不作为场合,行为人在实施喝酒、睡觉等积极的身体举动时具有故意,但因上述行为并未创设特定危险,且在时间、空间上距离结果较远,不成立作为,此时有故意而无行为,难以成立犯罪,存在处罚漏洞。在事后故意场合,行为人过失实施了危害行为之后,才产生了事后故意,放任危险进一步扩大并现实化为更加严重的后果。由于行为人在作为当时无故意,在有故意后又无进一步的作为,根据行为与责任同时存在原则,仅能评价为过失的作为犯,无法实现对不法和责任的充分评价。但上述质疑,混淆了作为与不作为的行为性质区分与最终罪数认定属于两个不同层面的问题,前者属于构成要件符合性阶段的行为属性判断,而后者则是经过阶层判断后的最终法律评价。② 在肯定存在"作为"后,并不意味着最终就直接评价为作为犯。而是需要分析是否另外存在不作为。因此,可以将犯罪认定步骤概括如下:步骤一:先认定是否成立作为犯。不法层面判断是否存在作为的契机,责任层面分析作为当时的主观罪过。步骤二:继续认定是否另外可能成立不作为犯。步骤三:以罪刑相适应、行为与责任同时存在原则为指导,分析作为犯和不作为犯之间的罪数关系。一般情况下,在存在作为的契机时,直接评价为作为犯即可。只有在作为犯的基本构成及加重构成无法实现对不法及责任的全面评价时,才需要采取竞合路径实现对犯罪全面而不重复的评价,从而保障罪刑相适应。

四、学说的具体应用

一般情况下,作为和不作为的区分没有过多争议,而仅在部分特殊场合

---

① 参见王莹:《先行行为作为义务之理论谱系归整及其界定》,载《中外法学》2013年第2期,第331—332页。

② 参见李立众:《作为与不作为的区别》,载公益信托东吴法学基金会主编:《不作为犯的现况与难题》,元照出版有限公司2015年版,第35页。

存在问题,刑法理论将争议场合归纳为多义举止、作为和不作为的接续、不作为共犯、中断救助、技术性中断医疗、原因自由不作为等:(1)多义举止(又被称为"双重行为")是指对同一行为举止从不同侧面进行理解,同时具有作为和不作为双重属性。例如"药剂师案"中,从没有要求母亲出示处方授权角度理解属于不作为,从积极交付药物角度理解又具有作为属性。误把油门当刹车重踩并发生事故的场合,从没有踩刹车角度理解属于不作为,但从踩了油门角度理解则属于作为。(2)作为和不作为的接续则是指前后分别存在作为、不作为多个接续的行为举止。其中,作为在先、不作为在后的典型案例有"挖坑案"①,先有一个在公园挖坑的作为,后有一个离开时未将坑加盖的不作为。交通肇事后逃逸,失火后不灭火时,也都是先有一个撞人、点火的作为,后有一个不救助、不灭火的不作为。此时,究竟是直接按照作为犯的加重构成单独评价,还是将在前的作为评价为先行行为,从而将之后的不作为认定为先行行为类不作为犯。不作为在先、作为在后的典型案例有"自行车灯案",先有不开车灯的不作为,之后又有一个撞人的作为。(3)不作为共犯场合分为以作为的方式参与他人的不作为犯罪以及以不作为的方式参与他人的作为犯罪两类。前者例如以积极的身体举动教唆或阻止他人实施救助,后者例如母亲不阻止他人对自己的小孩实施殴打、出租车司机不阻止他人在其车内对乘客实施强奸等。(4)中断救助类场合。例如医生以积极举动关闭医疗装置的行为到底属于作为还是不作为。② (5)原因自由不作为。为了确保未来的不作为,在具有责任能力的情况下通过醉酒、吃药等方式使自己丧失责任能力并不作为的情形如何评价,例如"扳道工案"。可以说,能否合理解决上述特殊场合中作为和不作为的区分,成为检验区分标准是否合理的试金石。

本文在对"规范危险创设说"展开具体应用时,并非严格按照上述刑法理论中所归纳的争议场合分别展开,而是以案例为导向,对司法实践中的典型案例进行梳理,并在此基础上将具有共性的案例归为一类展开具体应用,以期为司法实践提供参考。经梳理,发现司法实践中存在争议的典型案例有:遗弃类、中断救助类、阻碍他人救助类、不阻止他人犯罪类、先行行为类及怠于履行监管义务类案例,下文将依次展开自说的具体应用。

---

① "挖坑案":行为人在公园内挖坑,但是离开时没有在坑上加盖,导致儿童在玩耍时掉入坑中受伤。
② 具体案情及分析参见王钢:《德国刑法中的安乐死——围绕联邦最高法院第二刑事审判庭2010年判决的展开》,载《比较法研究》2015年第5期,第89页。

(一) 遗弃类案例

遗弃类场合涉及遗弃罪与过失致人死亡罪、故意杀人罪的区分。一般认为,遗弃罪属于真正不作为犯。由于我国刑法中的遗弃罪并未规定遗弃致人重伤、死亡等结果加重的量刑档次,从而导致在部分场合遗弃罪不能实现罪刑相适应。为走出上述困境,司法实务倾向于在遗弃类案件中寻找作为义务来源,从而认定为不作为的过失致人死亡罪、故意杀人罪以实现罪刑均衡,但却忽略了其中可能成立作为犯的契机。

在"万道龙、徐爱霞故意杀人案"[①]中,两人将出生仅4天的女儿遗弃在人烟稀少的山中林地,后婴儿偶然被采蘑菇的村民发现获救。本案在审理过程中,争议焦点集中在案件应定性为遗弃罪还是故意杀人罪(未遂),对于行为模式到底是作为还是不作为并未展开具体分析。根据上文所述作为的成立要件:首先,本案中的抛弃行为属于积极的身体举动,故存在作为的事实性基础。其次,从危险创设角度而言,结合被害人的年龄、身体状况、遗弃的时间、地点、环境等客观要素,行为人将出生不久、患病的完全没有独立生活能力的婴儿遗弃在人烟稀少、获救可能性极低的深山野林中,不仅创设了对身体健康的危险,同时创设了死亡的特定危险,在危险程度和性质上均已符合"杀人行为"的要求。最后,如果不马上救助,婴儿在短时间内便会死亡,故危险具有马上现实化为死亡结果的密接性和关联性。综上,遗弃行为符合作为的杀人行为的成立要件,应当直接以作为的故意杀人罪(未遂)定罪处罚。

在"田秀池、刘洋玩忽职守案""谌太林玩忽职守案"中,民警将因病晕倒在路边、身体虚弱的流浪汉遗弃在人烟稀少的小树林,流浪汉得不到救治病亡。法院认为人民警察基于其职务身份,对处于危难情形的公民具有法定救助义务,从而构成玩忽职守罪。此类案件符合玩忽职守罪的犯罪构成没有疑问,问题在于是否可能评价为作为的故意杀人罪、过失致人死亡罪。倘若我们将行为主体换成普通的过路人,实施上述相同的行为,由于不符合玩忽职守罪的主体要件,仅能根据行为时的主观故意分别评价为故意杀人罪或者过失致人死亡罪。这便出现了具有法定职务的主体实施遗弃行为受到的处

---

① 参见中华人民共和国最高人民法院刑事审判第一、二、三、四、五庭主办:《刑事审判参考》(总第98集),第993号案例,法律出版社2014年版,第92页。案情简介:万道龙、徐爱霞得知刚出生4天的女儿万某某为梅毒携带者且治愈后将留有残疾时,决定遗弃。二人先将万某某弃于路边菜园内,因担心被过路行人发现,又将万某某捡回。当晚,两人将万某某弃于某山中林地后驾车回家。次日清晨,万某某被采蘑菇的村民发现救回。裁判意见:两人采用将出生仅4天的女婴遗弃深山野林的手段非法剥夺他人生命,构成故意杀人罪(未遂),分别判处万道龙有期徒刑4年、徐爱霞有期徒刑2年。

罚反而要轻于普通人的悖论。事实上，此类案件可以根据流浪汉的身体状况、遗弃时间、地点、气候等客观要素区别对待。情形一：将身体虚弱的流浪汉从可能获得救助的地点遗弃至人烟稀少、获救可能性较低的地点。根据上文作为的成立要件：存在搬运并遗弃流浪汉这一积极的身体举动，故存在事实性基础。且上述行为直接导致流浪汉获救可能性显著降低。结合流浪汉的身体状况、遗弃时间、地点、气候等客观事实，社会一般人在当时的情境下会认为流浪汉极有可能因无人发现病亡，故遗弃行为创设或升高的系死亡性质的危险，且上述危险最终立即现实化为死亡结果，符合作为的成立要件，应当根据行为当时的主观故意分别评价为作为的过失致人死亡罪或故意杀人罪，行为人的职务身份对犯罪认定没有本质影响。情形二：虽然有遗弃行为，但是两处的环境、获得救助可能性并不存在显著区别。此时，遗弃行为没有升高法益所面临的死亡危险，难以评价为作为。但是，流浪汉属于脆弱法益，需要进一步判断是否可能成立不作为，关键在于是否符合不作为的支配要件。如果认为民警基于职务行为将流浪汉带上车属于主动接受对脆弱法益的保护且排除他人救助的可能性的话，则可能认定对脆弱法益具有支配，从而成立不真正不作为犯，但不能直接根据民警身份认为对所有处于危险状态的人都有救助义务。

在遗弃类场合存在一种特殊类型备受关注，那就是交通肇事后逃逸类遗弃。我国刑法中的交通肇事罪将"交通肇事后逃逸"及"因逃逸致人死亡"规定为法定刑升格条件。对此类情形如何评价，涉及对"逃逸"性质及加重处罚根据的理解。理论上存在"逃避法律追究说"和"逃避救助义务说"两种观点的对立。从规范保护目的及刑法对自首减轻处罚的角度理解，将逃逸的加重处罚根据理解为逃避救助义务更具有合理性。① 根据司法解释的规定，交通事故发生后行为人将伤者移动后藏匿或遗弃的"移置逃逸"直接以故意杀人罪或故意伤害罪定罪处罚。② 这一规定导致司法实务中倾向于只要客观上实施了移置行为并最终出现死亡结果，直接形式化认定为故意杀人罪。日本判例针对交通肇事后将伤者遗弃到难以被人发现地点的案件，存在认定为作为的故意杀人罪和不作为的故意杀人罪两种截然不同的

---

① 参见劳东燕：《交通肇事逃逸的相关问题研究》，载《法学》2013年第6期，第6—7页。
② 2000年11月15日最高人民法院《关于审理交通肇事刑事案件具体应用法律若干问题的解释》（法释[2000]33号）第6条："行为人在交通肇事后为逃避法律追究，将被害人带离事故现场后隐藏或者遗弃，致使被害人无法得到救助而死亡或者严重残疾的，应当分别依照刑法第二百三十二条、第二百三十四条第二款的规定，以故意杀人罪或者故意伤害罪定罪处罚。"

观点。① 关于"移置逃逸"的行为性质,刑法理论中一般评价为作为。② 根据上文笔者提出的区分标准:首先,存在将被害人带离现场抛弃等系列积极身体举动这一事实性基础;其次,需要衡量上述行为有无升高特定的危险。只有当上述积极身体举动显著降低甚至排除了同时段获得其他人救助的可能性时,才符合作为的危险升高要件;另外,要求最终实现的死亡结果与行为升高的危险之间具有时间、空间上的密接性以及规范保护目的关联性。例如,在"王冲故意杀人案"中,行为人在交通肇事后将伤者搬到车内,故意绕道行驶拖延救治4个多小时后将被害人遗弃在医院大厅楼道门后。行为人所实施的将被害人搬进车内、绕道行驶、遗弃在医院楼道门后等系列行为,属于积极的身体举动,上述行为完全排除了被害人4个多小时内获得他人救助的可能性,使得法益面临的危险显著升高并最终直接现实化为死亡结果,因此可以整体性评价为作为,成立作为的故意杀人罪。

但需要注意的是,如果相较于直接将人遗弃在事故现场,被害人的境遇及获得救助的可能性没有变差甚至变好时,危险便没有实质升高,难以认定为作为。③ 例如,在"丁琳故意杀人案"中,行为人在事故后将被害人从车底拉出丢弃在路边后驾车离开。虽然行为人有移动被害人的积极身体举动,但这一行为并没有降低被害人同时间段获得救助的可能性,相反将被害人从路中间移动到路旁边,降低了二次碾压的危险,因此不能直接根据其移动身体的行为将交通肇事逃逸评价为故意杀人罪,该案的判罚存在问题。④

---

① 日本判例存在认定为作为的故意杀人罪和不作为的故意杀人罪两种观点。判例1:X驾车撞倒路人A致其重伤昏迷,为了救助A而将其抬到自己的车上,离开事故现场,但中途改变主意,在严寒的深夜,将A扔在难以被人发现的地方自行离去。浦和地裁昭和45年10月22日判决(高刑集24卷1号175页)认为:虽然存在继续驾车、将人扔到车外等动作,但是A生命的危险并非因上述动作而得到实质意义上的增加,从而判定成立不作为的杀人罪。判例2:交通事故发生后,被告人在用自己的汽车载着被害人将其运离现场的途中,放弃救助意图,怀着未必的故意将被害人遗弃在山中,后来被他人发现,大难不死。佐贺地裁平成19年2月28日判决认为:将需要医师紧急治疗的被害人放上车后带走,扔在夜间气温很低,通常情况下极难被发现、救出的杉树丛中,在这种不卫生的状况下置之不管自行离去,被告人的这种行为是"会产生针对生命的新的重大危险的行为",判定成立作为形式的杀人罪(未遂)。
② 参见周光权:《刑法总论》(第四版),中国人民大学出版社2021年版,第105页;〔日〕前田雅英:《刑法总论讲义(第6版)》,曾文科译,北京大学出版社2017年版,第80页。
③ 参见陈洪兵:《作为犯与不作为犯的区分——以交通肇事逃逸为例》,载《法治研究》2017年第1期,第136页。
④ 参见江苏省常州市天宁区人民法院(2002)天刑初字第279号刑事判决书。裁判意见:被告人丁琳在事故发生后,将被害人从车底拖出弃在路边,没有履行法定的救助义务,属于间接故意杀人,构成故意杀人罪,判处有期徒刑3年。参见《中国审判案例要览(2003年刑事审判案例卷)》,人民法院出版社2004年版,第165页。该书观点认为成立不作为的故意杀人罪,作为义务来源于道路交通安全法规中的抢救伤者义务。

(二) 中断救助类案例

近年来,以"出租车司机遗弃案"为代表的中断救助类案件引发社会关注。这类案件之所以处在舆论的风口浪尖并引发刑法理论的关注,在于其关涉道德与法律、法益保护和自由保障机能之间的协调。救人到底是义务还是奖赏,不救人到底是情有可原还是违法。站在法益保护立场,公众痛惜那些原本稍加努力便可避免的悲剧多次上演,于是期望通过法律给一定主体负担作为义务,以求尽量避免悲剧的发生。然而,站在自由保障立场,如果严格要求每个人都必须见义勇为,便意味着将伦理道德层面的善举转化为强制性法定义务,这会导致公众的个人自由被过度限缩,日日惶恐可能因没有履行义务而受到刑罚处罚。本节探讨的中断救助类案例仅限于危险系由行为人以外的其他因素引起的场合,危险因行为人引发的场合将在下文先行行为类案例中详细论述。具体而言,中断救助是指行为人已经开始救助,但在法益尚未完全脱离危险时又中断救助的行为。

在德国刑法理论中,中断救助场合被广泛讨论的教学案例为"救生圈案",根据救助效果是否已经到达被害人领域,分为以下两种情形。情形一:救生圈已经到达被害人手中或是已经处于触手可及的范围时,行为人又拿回了救生圈;情形二:救生圈还未到达被害人领域,尚有一段距离时,行为人拿回了救生圈。在上述两种情形中,拿回救生圈这一中断救助行为到底是属于作为还是不作为,刑法理论有不同观点:第一种观点认为只要开始实施救助后又中断的,都属于作为,即上述两种情形都成立作为的故意杀人罪。第二种观点认为,当救助效果已经到达被害人领域时,撤回救助的行为升高了死亡的危险,使得原本趋于稳定的法益状态恶化,属于作为;而在救助效果尚未到达被害人领域时,撤回救助的行为没有升高危险,不成立作为,但是可能成立不作为。据此观点,情形一属于作为,情形二仅可能被评价为不作为。这种观点是德国的主流观点,萨姆松、松原芳博、周光权等人持此观点。[①] 第三种观点认为,即便救助效果已经到达被害人领域,法益状态已趋于稳定,但只要撤回救助后的危险程度、法益状态相较于实施救助前没有更差,相当于救助效果的抵消,自始未开始救助,不成立作为,但是可能成立不作为。据此观点,情形一和情形二都不属于作为。罗克辛、陈洪兵、刘士心、许成磊等人

---

① 参见〔日〕松原芳博:《刑法总论重要问题》,王昭武译,中国政法大学出版社 2014 年版,第 69—70 页;周光权:《刑法总论》(第四版),中国人民大学出版社 2021 年版,第 104—105 页。

持类似观点①。

第一种观点站在自然主义立场,只单独评价"拿回救生圈"这一行为举止本身,而完全不考虑行为人之前的一连串行为举止及危险状态的变化。根据这一观点,只要是以积极的身体举动中断救助的都是作为,这势必会导致处罚范围的扩大及对善意第三人的过度苛责。第二种观点立足于救助效果、进程属于被害人还是行为人支配领域区别对待,其关注到在中断救助行为之前危险状态是否已经脱离行为人转危为安,这一点值得肯定。但存在以下问题难以解释:首先,到底如何确定救助效果是属于被害人还是行为人的支配领域,标准不清。其次,这一观点无法合理解释救助效果的抵消与自始至终未开始救助的情形相比,不法及责任层面到底有何根本不同,以致处理结论如此悬殊。第三种观点从结论的合理性和刑事政策的可接受性出发,将救助效果的抵消规范化解释为自始未开始救助,将中断救助规范化解释为停止救助的继续的不作为。该观点作以上规范化解释的初衷在于,认为行为人开始救助的行为是在实施善举,仅因其中断了自己本就没有义务的善举,却要对其科处刑罚,这在情理上难以自洽。这将向社会传达这样的价值取向,不要轻易见义勇为,因为一旦开始就不能回头,否则非但没有奖励,还可能构成犯罪。在老人摔倒扶不扶备受热议、"碰瓷"现象频现的我国,这样的观点可能会导致国民越发冷漠、行为越发退缩。然而,以结论的合理性、刑事政策的需要来倒推行为类型,未免有倒果为因之嫌,而且过度规范化的解释会导致行为概念的模糊、恣意。

笔者的观点接近于上述第二种观点。如上文所述,"规范危险创设说"在判断危险是否升高时,需要确定一个行为人介入前的"初始危险状态"作为衡量基准。只有事后的危险状态高于"初始危险状态"时,才可评价为危险的升高,继而成立作为。而在确定"初始危险状态"时,需要综合考虑法益自身要素、行为人方要素及第三方要素这三类要素。其中,行为人方要素就包含了行为人前后所实施的若干个连续的自然举止。当行为人所实施的若干自然举止符合"行为一体性"要求时,应当以最初和最终自然举止的时间点作为危险衡量的节点。关于如何判断"行为一体性",笔者认为既要考虑时间、空间上的密接性,又要考虑期间法益危险状态的变化。具体而言,当

---

① 参见陈洪兵:《作为犯与不作为犯的区分——以交通肇事逃逸为例》,《法治研究》2017年第1期,第130页;〔德〕克劳斯·罗克辛:《德国刑法学总论(第2卷):犯罪行为的特别表现形式》,王世洲主译与校订,王锴、劳东燕、王莹等译,法律出版社2013年版,第499—500页;刘士心:《不纯正不作为犯研究》,人民出版社2008年版,第36—37页;吕翰岳:《作为与不作为之区分的目的理性思考——以德国判例与学说为借镜》,载《环球法律评论》2017年第4期,第102页。

行为人的一连串自然举止具有时间、空间上的密接性,而且其间法益所面临的危险始终没有脱离行为人处于自发可控状态时,才能肯定行为的一体性。因此,当行为人向被害人抛出一个救生圈,行为人已经快拿到手时,法益所面临的危险已经脱离行为人处于自发可控状态,即救助已经成功,法益危险已经终局性被消灭。此时再拿回救生圈的行为不属于撤回救助效果,而是在救助成功后另外实施一个新的危险创设行为,应另行评价为"作为"。相较于从未开始救助的情形而言,其处罚根据在于,当你的前行为已经使得他人完全脱险时,不等于他人就欠你一条命,前行为已经造成一个相对终局性的后果,之后所实施的危险创设行为,相当于是在已经消除危险后重新制造危险,当然要另外评价。但是,当行为人向落水者伸出一根竹竿并持续发力拉往岸边,拉到一半中断救助收回竹竿时,由于伸出竹竿、持续拉往岸边以及收回竹竿等数个自然举止在时间、空间上具有密接性,且法益所面临的危险始终没有脱离行为人处于自发可控状态,尚未完全脱险,此时就应当将一连串的自然举止评价为一体化的行为。在收回竹竿后法益所面临的危险相较于行为人开始救助之前并未升高的,不能评价为"作为",但是需要进一步分析是否成立不作为。

以"出租车司机遗弃案"为例,当出租车司机将一个他人致伤的乘客送往医院并遗弃在医院门口的场合,由于司机的送医行为与遗弃行为在时间、空间上具有密接性,且其间法益面临的危险始终没有脱离司机处于自发可控状态,应当作一体性评价。与司机接手伤者之前的"初始危险状态"相比,司机一连串的自然举止不仅缩短了伤者前往医院获得救助的时间和距离,且相较于最初的事故地点,医院门口获得救助的可能性及便捷性都显著提高,司机也并未延误时间,排除相同时间段伤者获得其他人救助的可能,故司机的行为并未升高法益面临的危险,不成立作为。①

广义而言,医生技术性中断医疗的行为属于中断救助的一种,但因其关涉医生这一特殊职业,且与自杀、安乐死、尊严死等其他理论问题相关,因而有必要单独探讨。不可否认,此时存在一个积极的关闭医疗装置的身体举动,故到底是作为还是不作为存在争议。德国主流观点认为属于不作为,以刑法非难重点说作为区分通说,认为此时对医生非难的重点在于其没有履行医生应尽的医疗救助义务,至于医生是通过消极的不再提供医疗诊治还是积极的关闭医疗装置,并没有区别,都属于不作为。② 日本学者大山彻、松原芳

---

① 参见张明楷:《刑法学》(第 6 版),法律出版社 2021 年版,第 204 页。
② 参见〔德〕克劳斯·罗克辛:《德国刑法学总论(第 2 卷):犯罪行为的特别表现形式》,王世洲主译与校订,王锴、劳东燕、王莹等译,法律出版社 2013 年版,第 500 页;周光权:《刑法总论》(第四版),中国人民大学出版社 2021 年版,第 104 页。

博主张,开始救助到关闭医疗装置这一系列环节都是考察的对象,属于"一体的不作为"。① 另有学者从刑事政策、合目的解释路径将医生终止医疗的行为解释为"不继续救治"的不作为,罗克辛、周光权、陈洪兵、吕翰岳等人均持此类观点。还有观点通过法权领域路径,认为由于病人始终依靠医疗装置维持生命,故医疗装置并非其权利领域内可以自行支配的条件,医生关闭医疗装置并未侵入患者的权利领域,只是没有继续提供救助的不作为,王钢持此观点②。

认为医生技术性中断医疗行为属于作为的观点同样纷呈。主张身体动静说、能量投入说等事实论观点以及主张"危险说""法益状态说"的学者会倾向于将其认定为作为。例如,黄荣坚站在危险说立场认为医生拔管行为创设了危险,属于作为。③ 但其主张可以从医生的权限、维持生命的意义等角度另行考出罪。周漾沂同样从法权领域视角出发,但却得出与王钢完全不同的结论,其认为医疗装置属于已经进入被害人法权领域的事项,因为被害人有权主张医生承担救助义务。其同样主张从违法性、有责性层面限制此类行为的入罪范围。④ 李立众认为关闭医疗装置属于作为还是不作为,不可能因行为人是否具有医生身份而得出不同结论,因而主张都属于作为。⑤

由此可见,双方关于行为形式虽然立场不同,但均认可应当对医生限制处罚,只是限制手段不同。不作为赞成者出于提高医生入罪门槛,给予医生更大的医疗选择空间、减少无效医疗救治的考量,认为只有将行为认定为不作为,才能通过保证人地位、作为义务来限制对医生的处罚。作为赞成者认为不应当通过行为模式来限制处罚,而应当通过违法性、有责性层面来限制处罚。⑥ 根据笔者所主张的"规范危险创设说",需要衡量"初始危险状态"和"最终危险状态"来判断是否创设或升高了特定危险。在衡量过程中不能完全站在事实论立场去独立分析各个自然身体举止所带来的危险变化,而是需要以规范视角去分析是否符合"行为的一体性"要求。首先,医生的医疗行

---

① 参见〔日〕大山彻:《论监管过失中的作为与不作为——围绕德国火灾事故判例展开的研讨》,余秋莉译,载《中国刑事法杂志》2015年第1期,第143页;〔日〕松原芳博:《刑法总论重要问题》,王昭武译,中国政法大学出版社2014年版,第70页。
② 参见王钢:《德国刑法中的安乐死——围绕联邦最高法院第二刑事审判庭2010年判决的展开》,载《比较法研究》2015年第5期,第105页。
③ 参见黄荣坚:《基础刑法学(下)》(第三版),中国人民大学出版社2009年版,第448—449页。
④ 参见周漾沂:《刑法上作为与不作为之区分》,载公益信托东吴法学基金会主编:《不作为犯的现况与难题》,元照出版有限公司2015年版,第85页。
⑤ 参见李立众:《作为与不作为的区别》,载公益信托东吴法学基金会主编:《不作为犯的现况与难题》,元照出版有限公司2015年版,第46页。
⑥ 参见黎宏:《不阻止他人犯罪的刑事责任》,载《中国法学》2020年第4期,第204页注释9。

为在时间、空间上具有连续性。只要病人尚未脱离医疗装置处于稳定状态,可以说医生的医疗行为就一直在持续,医疗装置相当于医生"延长的手",因而满足行为密接性要件。另外,还需要考虑治疗期间病人所面临的危险是否脱离医生处于自发可控状态。如果病人始终依靠医疗装置才能存活,那么其危险并未处于自发可控状态。综上,可以将医生开始救治到最终关闭医疗装置的持续医疗行为评价为"一体的行为"。在关闭医疗装置后的危险状态,相较于开始治疗前的"初始危险状态"而言,并没有升高危险,因此不成立作为,最多只可能评价为不作为。

(三)阻碍他人救助类案例

在阻碍他人救助类场合,不仅需要考虑被阻碍人的角色,还需要结合刑法中的共犯理论展开探讨。此时需要思考以下两个问题:第一,被阻碍人有无救助义务,是否影响阻碍他人救助行为的定性;第二,阻碍他人救助的行为到底系事后参与行为从而单独评价为正犯,还是属于事中参与行为从而评价为狭义的共犯。在此,笔者将根据被阻碍人有无作为义务,将案例分为两类展开应用。

情形一:行为人阻碍无救助义务的第三人的救助的情形。在"王钦春故意杀人案"中,王钦春驾车搭载被害人王某发生交通事故,车辆坠入水库。事故发生后王钦春未对被害人实施救助,且对现场欲进行救助的路人谎称车内无人,延误对王某的搜救。本案二审判决认为机动车驾驶员对乘客有救助义务,且将阻碍路人救助行为评价为"未履行应尽的救助义务",显然是从不作为犯的路径认定构成故意杀人罪。然而,谎称车内无人、阻碍救助的行为系积极的身体举动。车辆落水后马上被多名路人发现并询问车内是否还有人,路人打算下水施救。此时车辆还未完全沉入水中,如果王钦春不阻碍,路人将马上施救,王某面临的死亡危险将马上被消除。此时,路人的救助应当作为第三方要素纳入"初始危险状态"的考量范围,即第三人的救助已经切实进入被害人领域,被害人所面临的危险具有趋于消灭的现实倾向。此时,王钦春的阻碍救助行为相当于是取走一个已经进入被害人领域马上就要到手的游泳圈,使得本已趋于消灭的危险继续维持,相当于是反向升高了法益面临的危险。另外,由于只有王钦春对车内有人知情,即路人救或不救完全取决于王钦春是否如实告知不加阻碍,故王钦春对危险升高及现实化的进程均存在支配力,故可将阻碍救助行为评价为作为,从而成立作为的故意杀人罪。在"杨安定故意杀人案"①中,杨安定沿河追赶向某,向某跳河后体力

---

① 参见浙江省温州市中级人民法院(2014)浙温刑初字第12号刑事判决书。

不支在河中挣扎。此时张红霞准备下河救人,但被杨安定拉住并打了几个巴掌。张红霞让路人帮忙救人,杨安定向路人谎称向某会游泳,阻碍路人立即下河救助。判决通过不作为犯路径,认为被告人没有直接实施剥夺他人生命的行为,只是客观上应该履行救助义务而未履行,最终认定构成故意杀人罪,情节较轻,判处有期徒刑3年6个月。但在本案中,杨安定阻碍张红霞及路人救助的行为属于积极的身体举动,并使得本已趋于消灭的危险继续维持,属于升高死亡危险的作为。其之前的追赶行为并未创设死亡性质的危险,难以直接将追赶行为评价为作为的杀人行为。有观点质疑,此时将阻碍他人救助的行为评价为作为,成立作为的正犯;而事中积极帮助他人实施犯罪的行为却只能评价为作为的共犯。但是事中积极帮助他人实施犯罪的行为,相较于事后阻碍他人救助的行为,在不法性及非难可能性上都显著更重,这将会导致处罚失衡,罪刑不相适应。

情形二:行为人阻碍有救助义务的第三人救助的情形。例如,母亲A看到自己的孩子落水后准备救助,路人B阻碍其救助。此时,B以积极的身体举动使得本可被消灭的危险继续维持,升高了法益面临的危险,这一点与情形一并无二致。但问题在于,此时行为人是否对危险现实化的进程具有支配力,若存在支配力能成立作为的正犯,若不存在支配力则仅能被评价为作为的共犯。笔者认为,母亲由于与子女之间具有密切的亲属关系和社会关联,即使第三人加以劝阻、阻碍,在社会一般人看来母亲仍会对子女进行救助。在不作为犯场合持支配论观点的学者会认为此时危险现实化的进程实际仍掌握在母亲手中,母亲对整个因果流程处于支配地位,构成不作为的正犯;持义务论观点的学者基于母亲与孩子之间的密切社会关系以及制度管辖领域对母亲的义务要求,同样会认可母亲构成不作为的正犯。而路人以作为的形式参与母亲的不作为犯罪,仅成立作为的共犯。①

由此可见,在阻碍他人救助类案件中,成为问题的并非行为性质的认定,而是正犯、共犯的区分,刑罚后果的确定。将阻碍他人救助行为评价为作为,所面临的最大质疑在于可能导致刑罚后果的畸重。但是上述质疑混淆了行为性质的认定与正犯、共犯的认定以及最终刑罚后果的确定,属于不同层次的问题,并不存在必然的关联。尤其是立足于我国刑法对共同犯罪的立法规定,主犯、从犯的区分与正犯、共犯的区分之间并不存在严格对应关系,教唆犯同样可能被评价为主犯。因此,即使将上述阻碍他人救助行为评价为作为的正犯,也应当根据具体情节确定相适应的刑罚。此时可以认定为故意杀

---

① 参见姚诗:《先前行为保证人地位的理论根据》,载《清华法学》2014年第5期,第171—172页。

人罪中的"情节较轻",判处相对较轻的刑罚,从而实现罪刑适应。实际上,我国司法判例在认定积极的帮助、教唆自杀行为时即采取上述思路,在"刘祖枝故意杀人案""宋福祥故意杀人案""颜克于等人故意杀人案"中,均认定为"情节较轻",判处相对较轻的刑罚。①

(四)不阻止他人犯罪类案例

近年来,以"冷漠的哥案"为代表的见危不救类案件备受关注。对于与被害人毫无关联的第三人的纯粹见危不救行为,当然不应被纳入刑法评价的视野,公众难以想象将本应受到褒奖的"见义勇为",以刑法的手段强制化为每个公民应当履行的义务。进入刑法评价视野的见危不救类案例,多是行为人具有特殊的身份、职业,或是对危险发生的领域存在支配等情形。我国司法实务对于不阻止他人犯罪类案件,倾向于认为行为模式属于未履行救助义务的不作为,并将关注重点放在行为人与被害人之间有无亲属、恋人等身份关系;行为人的特殊职业要求;行为人对建筑物、车辆等领域的排他支配等情况,并试图从中寻找作为义务来源,从而认定为不真正不作为犯。然而,却忽略了行为人在不阻止他人犯罪的过程中,可能同时实施了积极的身体举动创设或升高了被害人面临的危险,使得他人的犯罪更易得逞,此时便无需寻找所谓的作为义务来源,可直接评价为作为犯。

在"冷漠的哥案"中,有观点认为李文凯构成不作为的帮助犯,其作为义务来源于承运合同的约定、出租车司机的职业要求以及对出租车领域的支配等。然而,这种观点仅形式化考察行为人的职业要求及对领域的支配性。首先,出租车司机的职业要求就是将乘客安全运送到目的地,防止其驾驶行为或车辆本身直接输出危险导致乘客人身法益受到侵害。但对于运输过程中他人输出的危险及实施的违法犯罪行为,并不属于司机应当防止并排除的范畴。其次,仅仅根据司机与乘客之间存在承运合同即肯定救助义务,是纯粹形式义务论的观点;最后,从实质角度分析,强奸行为由李文臣实施,且李文凯受到李文臣的威胁,此时强奸犯罪的危险现实化进程由李文臣所支配,且出租车领域内也存在李文臣这一第三人,那又何来李文凯的支配。没有作为义务并不意味着无法追究李文凯的刑事责任。在李文臣实施强奸的过程中,李文凯根据李文臣的指示绕道驾车,为李文臣完成强奸行为提供了充足

---

① 参见中华人民共和国最高人民法院刑事审判第一、二、三、四、五庭主办:《刑事审判参考》(总第84集),第746号案例,法律出版社2008年版,第17页;中华人民共和国最高人民法院刑事审判第一、二、三、四、五庭主办:《刑事审判参考》(总第60集),第475号案例,法律出版社2008年版,第34页。

的时间和封闭的空间。根据上文作为的成立要件,本案存在"绕道驾驶"积极身体举动这一事实性基础;绕道驾驶行为为他人的强奸提供了充足的时间,且使得整个强奸过程处于封闭的难以被人发现的状态,显著降低了被害人获得他人救助的可能。如果李文凯不继续驾驶车辆,而将车停在路边,那么被路人发现进而阻止的可能性将显著提高,故绕道驾驶行为升高了法益面临的危险,并最终现实化为法益损害结果,行为性质属于作为。在确定行为模式属于作为后,需要进一步探讨的是行为属于作为的正犯行为,还是作为的帮助行为,即最终应评价为作为的正犯还是作为的帮助犯。由于绕道行为只是使得他人的强奸行为更易实施的帮助行为,强奸犯罪进程实际掌握在李文臣手中,故应当将李文凯的行为认定为作为的帮助犯。①

在"王茂春、张文平过失致人死亡案"②中,王茂春、张文平与被害人高某结伙实施盗窃,高某在盗窃过程中不慎从五楼坠落摔伤。王、张二人将高某抬上车,但却不送医救治,而是由张文平将车开至野外抛弃,并将车门锁闭、钥匙藏匿,王茂春全程在场但未阻止张文平的犯罪行为。一审判决在认定张文平构成故意杀人罪时并未区分作为和不作为,笔者认为张文平将被害人抬到车内开往野外、拿走高某手机、关闭车门、隐藏车钥匙等系列积极身体举动显著降低甚至排除了被害人获得他人救助的可能性,升高了法益面临的死亡危险,应当评价为作为的故意杀人罪(正犯)。一审判决在认定王茂春构成故意杀人罪时选择了不作为犯路径,认为其有救助义务而未履行,成立故意杀人罪的共犯。然而,判决却未详细说明王茂春的作为义务究竟来源于何处。本案中高某系自己不慎摔伤,王茂春不存在所谓的危险先行行为,同案犯之间也并无危险共同体等密切社会关系,故难以认定王茂春有作为义务。此时,只能转换思路去分析王茂春在不阻止张文平实施犯罪的过程中,是否存在作为的契机。具体而言,只要王茂春在张文平实施犯罪的过程中有任何积极的言语、点头肯定、行为帮助等,使得张文平的犯意得到强化或是杀人行为更易得逞,则可以评价为作为的故意杀人共犯。一审判定王茂春构成不作为的故意杀人罪以及二审改判的过失致人死亡罪均存在问题。

类似的案例还有"陈玉松叔侄强奸案""洛阳虐童案""唐群泽玩忽职守案",实质上都属于母亲、姨父、警察等具有亲属身份、特殊职业的主体在他人实施犯罪时未进行阻止的情形。不能仅根据双方具有叔侄、恋人等身份关系,或是仅根据民警、司机的职业要求,形式化认定具有作为义务,成立不作

---

① 参见黎宏:《不阻止他人犯罪的刑事责任》,载《中国法学》2020年第4期,第209页;黎宏:《排他支配设定:不真正不作为犯论的困境与出路》,载《中外法学》2014年第6期,第1590页。

② 参见山西省朔州市中级人民法院(2020)晋06刑终第29号刑事判决书。

为犯。在上述案件中,如果行为人在其他人犯罪时非但不进行阻止,反而还同时实施了言语肯定、提供工具、提供场所、协助控制被害人、阻碍被害人呼救等积极身体举动时,这相当于以作为的方式为正犯提供了心理支撑或物理帮助,一定程度上对犯罪的实现有所加功,起到正向促进作用,可以评价为作为的共犯。

(五)先行行为类案例

在先行行为类场合,行为人先实施了一个危险创设前行为,之后又以不作为的形式放任危险的进一步发展、扩大,最终现实化为更为严重的结果。此时,行为性质到底是属于作为或是不作为,最终应认定为作为犯还是先行行为类不作为犯?对此,刑法理论有两种截然不同的路径:第一种为作为犯和不真正不作为犯竞合路径。首先,根据先行行为(作为)所符合的构成要件及主观责任认定作为犯。其次,将先行行为视为作为义务来源,从而将之后的不作为认定为不真正不作为犯。最后,根据竞合理论分析作为犯和不真正不作为犯之间的罪数关系。① 第二种为作为犯认定路径。即否定先行行为的义务来源地位,通过危险关联及现实化进程,将最终结果直接归责于先行行为,从而仅成立作为犯。②

路径选择的不同,根本原因在于对下列基础性问题的立场不同:先行行为能否成为作为义务来源、先行行为的实质限定标准为何、犯罪行为能否被评价为先行行为等。先行行为的作为义务来源地位,在形式义务论阶段受到广泛认可,但在实质义务论中却引发争议,出现肯定说和否定说两大阵营。否定说批判先行行为说与刑法中犯罪中止减免处罚的原则、期待可能性及结果加重犯的规定存在矛盾。③ 而且将导致过失犯事后不救助转化为不作为的故意犯,帮助犯、教唆犯在不救助的情况下转化为不作为的正犯,因而主张全盘否定先行行为这一保证人地位类型。但不可否认的是,这会导致因行为与责任同时存在原则、过失犯场合以及事后共犯场合的处罚漏洞。④ 基于此,否定说试图通过"打补丁"的方式进行弥补,分别提出增设过失场合的结

---

① 参见王莹:《论犯罪行为人的先行行为保证人地位》,载《法学家》2013年第2期,第124页。
② 参见周漾沂:《刑法上作为与不作为之区分》,载公益信托东吴法学基金会主编:《不作为犯的现况与难题》,元照出版有限公司2015年版,第74—75页。
③ 参见〔德〕许乃曼:《德国不作为犯学理的现状》,陈志辉译,载陈兴良主编:《刑事法评论》(第13卷),中国政法大学出版社2003年版,第385—386页;许玉秀:《当代刑法思潮》,中国民主法制出版社2005年版,第673—674页;〔日〕山口厚:《刑法总论(第3版)》,付立庆译,中国人民大学出版社2018年版,第87页;〔日〕西田典之:《日本刑法总论》,王昭武、刘明祥译,法律出版社2013年版,第104页。
④ 参见张明楷:《不作为犯中的先前行为》,载《法学研究》2011年第6期,第144页。

果加重犯及过失中止犯减免处罚的规定①;通过立法作出特殊规定的立法论路径以及直接评价为作为犯的路径补充解决。但就目前的理论探索而言,效果均不甚理想。持肯定说的学者则尝试通过危险现实化理论、支配理论、刑事政策等多种途径,对先行行为的作为义务来源地位进行正当化论证及实质限定,从而有力回应了质疑。②

我国司法实践倾向于选择不真正不作为犯路径来处理先行行为类案例,且存在两种不当倾向。第一种不当倾向为随意形式化认定先行行为的成立。有学者对近年来我国不真正不作为犯的判决情况展开实证分析,发现在所有类别的作为义务来源中,先行行为占据绝对优势,且存在被形式化随意认定的倾向。③ 例如,司法判例将心脏病发前的性行为,小偷跳河前的追逐行为,自杀前的争执行为,醉酒落水前的劝酒、争执行为等广泛认定为先行行为。然而,上述争吵行为、性行为、追逐行为本身难以说创设了法所不容许甚至具有死亡性质的危险,不能形式化认定先行行为并据此肯定作为义务来源,更不能直接评价为作为的实行行为。且被害人的死亡系自杀、自行跳河、自身疾病所直接导致,与行为人的前行为缺乏风险关联,何以将死亡结果归责于行为人。

第二种不当倾向为在部分本可直接认定为作为犯便能实现全面评价的案例中,将符合"作为"要件的实行行为评价为"先行行为",并最终认定为不真正不作为犯。例如,在"张孟海故意杀人案"中,张孟海将被害人方某某拖到无人的河堤边,用木棍对方某某头部、身体等多处实施殴打,导致被害人头部受创后跌入水中,其在明知方某某不会游泳的情况下离开现场。法院判决将之前的殴打行为视为先行行为,认为张孟海有救助义务而不作为,从而成立不作为的故意杀人罪。然而,笔者认为本案的犯罪认定路径存在不合理之处,张孟海所实施的"将被害人拖拽到河堤处殴打至跌入水中"的行为可以直接评价为作为的杀人实行行为,且能认定其在殴打当时具有放任死亡结果的间接故意,成立作为的故意杀人罪。根据笔者所提出的"规范危险创设说"中作为的成立要件:首先,在事实判断层面,张孟海实施了将被害人拖拽至河堤、用木棍实施殴打等积极的身体举动;其次,在危险创设层面,需要综合考虑实施殴打的暴力程度、殴打的时间、地点、被害人的身体状况、是否会

---

① 参见许玉秀:《当代刑法思潮》,中国民主法制出版社 2005 年版,第 673—674 页。
② 参见张明楷:《不作为犯中的先前行为》,载《法学研究》2011 年第 6 期,第 136 页;姚诗:《不真正不作为犯的边界》,载《法学研究》2018 年第 4 期,第 103 页;〔日〕日高义博:《不作为犯的理论》,王树平译,中国人民公安大学出版社 1992 年版,第 111—112 页;周光权:《刑法总论》(第四版),中国人民大学出版社 2021 年版,第 111 页。
③ 参见姚诗:《不真正不作为犯的边界》,载《法学研究》2018 年第 4 期,第 104 页。

游泳等多方面客观要素,根据社会一般人的观念,判断行为当时是否具有致人死亡的特定危险。结合在案证据可知,被害人在溺水前颅骨矢状缝裂开,双额部、左顶部蛛网膜下腔出血,另外右前臂、左腰骶部、右臀部、右大腿等身体多处有钝器作用所致的皮下出血。由此可见,张孟海在方某某落水前,在河堤边用木棍对其头部、身体多个部位实施严重暴力程度的殴打。而用木棍殴打头部具有致人摔倒、晕倒的高度风险,且殴打地点就在距离西江极近的河堤处,在被害人不会游泳的情况下,极有可能会因殴打致其落水溺亡。此时,根据社会一般人的判断,张孟海的系列行为所创设的危险已不仅限于身体健康受损的性质和程度,而是具有致人死亡的特定危险。再次,在危险现实化层面,张孟海所创设的危险立即当场现实化为死亡结果,具有时间、空间上的密接性,其间也并未介入其他异常危险因素,最终现实化为结果的危险与张孟海事前殴打行为所创设的危险具有风险关联。最后,张孟海对危险创设及危险现实化为死亡结果的进程均具有支配力。案发时间系晚上,地点系人烟稀少的河堤边,除张孟海外无其他人在场或是知情。被害人落水后将在极短时间内溺亡,在这么短的时间内获得他人救助的可能性微乎其微,故张孟海对危险创设及现实化进程均具有支配力。综上,不法层面可以直接将"将被害人拖拽到河堤处殴打至跌入水中"的行为评价为作为的杀人实行行为;责任层面根据行为人的主观认识以及殴打行为的严重程度、殴打的时间和地点、行为人的事后表现,可以认定其在实施殴打行为时就能够预见到死亡的危险但予以放任,具有杀人的间接故意,从而认定为作为的故意杀人罪,而无需另外考虑成立不作为犯。

在"曾文华过失致人死亡案"①中,行为人与被害人系情人关系,在两人发生性关系后引发被害人脑出血,身体严重不适,但曾文华非但没有救助,还将被害人的手机带走,关上宾馆房门并续交房费后离开。在该案中,虽然性行为与脑出血存在一定的条件关系,但是站在一般人立场,难以说性行为创设了法不容许的人身危险,故不能将性行为形式化认定为先行行为,更不能将性行为直接评价为作为的杀人实行行为。然而,在本案中曾文华还实施了其他积极身体举动,具体包括"拿走被害人手机""关上房门并续交房费"等行为。其中,拿走被害人手机这一行为客观上将造成被

---

① 参见江西省丰城市人民法院(2016)赣0981刑初318号刑事判决书。案情简介:被告人曾文华与被害人吕某系情人关系。某日15时许,两人到宾馆开两个小时钟点房并发生性关系。期间,被害人称头晕身体严重不适,曾文华未采取救助措施,也未向外求救,同时因担心两人关系暴露,将被害人的手机及随身物品带上离开,走时还拿走房卡,续交了房费。当日被害人死亡,次日下午15时许被发现后报警。经鉴定,被害人系脑桥、小脑及第四脑室出血(病理性)死亡。裁判意见:被告人曾文华与被害人发生关系后明知被害人身体严重不适的情况下,未实施救助义务,对被害人的死亡存在过失,其不作为已构成过失致人死亡罪,判处有期徒刑三年,缓刑四年。

害人无法通过拨打电话的方式及时与外界取得联系寻求救助。另外,被害人本来开的是两个小时的钟点房,即宾馆工作人员原本会在较短时间内联系被害人退房并进行查房清扫。但曾文华所实施的"关上房门并续交房费"这一行为阻碍甚至排除了被害人在较短时间内被他人发现并获得救助的可能。因此,上述拿走手机、关上房门、续交房费等行为显著降低了被害人获得救助的可能,属于在被害人病发的基础上,另外显著升高了法益面临的死亡危险。且社会一般人根据案发当时的环境因素、被害人身体因素等所有客观事实进行判断,具有现实紧迫的死亡危险,故可将拿走手机、关上房门、续交房费等行为整体评价为作为。但在定罪量刑时需要考虑行为人的主观故意以及被害人自身疾病等量刑情节,最终对行为人判处相对较轻的刑罚,以保障罪刑相适应。

综上所述,在行为人实施了危险创设前行为后不救助的情形,如果先行行为本身符合"作为"的成立要件,具有实行行为性,且先行行为的犯罪构成(包括加重构成)能够实现对所放任危险、加重结果(不法)以及行为人的主观罪责(责任)的全面评价时,仅需认定为作为的前罪即可;只有当先行行为不符合"作为"的成立要件,或是先行行为的犯罪构成不能实现对不法和责任的全面评价,存在剩余不法、责任时,才需要另行分析是否成立不真正不作为犯。总而言之,在存在先行行为的场合,既要考虑罪责刑相适应原则,实现对犯罪全面而不重复的评价,又要防止简单问题复杂化,将一行为拆分为数行为,将一罪评价为数罪;既要考虑对法益的合理保护需求,又要防止对行为人的过度苛责。①

(六)怠于履行网络监管义务类案例

网络信息技术的发展带来科技创新推动发展的同时,也在一定程度上增加了犯罪风险。借助电信网络平台实施的诈骗、赌博、传播淫秽物品类犯罪,依托网络信息传输的便捷高效,呈现体量大、范围广、速度快等特征。于是,站在犯罪预防的立场,不得不给各类网络监管主体、网络服务主体负担监管义务,以满足法益保护的需求及达到提前预防的效果。然而,网络主体的监管义务边界以及怠于履行监管义务的刑法评价等问题在司法实践中引发了一定争议。② 司法判决中出现了直接根据其他法律、行政法规中规定的网

---

① 参见王莹:《论犯罪行为人的先行行为保证人地位》,载《法学家》2013年第2期,第126—127页。
② 参见陈洪兵:《网络服务商的刑事责任边界——以"快播案"判决为切入点》,载《武汉大学学报(哲学社会科学版)》2019年第2期,第139页。

络监管义务认定作为义务来源,从而将怠于履行网络监管义务类行为评价为不真正不作为犯,但却忽略了其中可能被直接评价为作为犯的契机。

2016年,"快播案"①先后经北京市海淀区人民法院一审判决及北京市第一中级人民法院二审裁定维持原判,最终认定快播公司及主管人员王欣等人以牟利为目的,在明知公司播放程序及软件被网络用户大量用于传播淫秽物品时,未履行本应履行的网络安全监管义务,放任淫秽视频在互联网上传播,构成传播淫秽物品牟利罪。该案判决不仅受到社会舆论的广泛关注,同时引发理论界对网络主体怠于履行监管义务行为的定性及评价展开深入探讨。具体而言,"快播案"所引发的细部问题可归纳为以下三个层次:第一,行为方式属于作为还是不作为;第二,行为性质属于传播淫秽物品的正犯行为还是仅成立帮助用户传播淫秽物品的共犯行为;第三,不真正不作为犯与拒不履行网络安全管理义务罪这一真正不作为犯之间的竞合关系如何处理。判决书的论证逻辑为不真正不作为犯路径,将本案认定为不作为的传播淫秽物品牟利罪的正犯,作为义务来源于法定网络监管义务。

关于快播公司的行为性质到底是属于作为还是不作为,需要分析快播公司具体实施了何种行为。结合快播平台的运营模式及技术特征,可以将快播公司的行为概括为两类:第一类为向用户提供服务器程序及播放器软件的行为(简称"提供播放器行为");第二类为自动抓取点击、下载次数较高的视频并储存至公司的缓存服务器中的行为(简称"抓取、缓存行为")。其中,"提供播放器行为"对应的视频传输模式为,快播公司向用户提供快播服务器程序(QSI)和播放器软件(QVOD Player),用户通过QSI生成视频链接后直接发布,其他用户点击链接实现从用户到用户(点对点)的视频传输播放。而"抓取、缓存行为"对应的视频传输模式为,快播公司向用户提供快播服务器程序(QSI)和播放器软件(QVOD Player),用户通过QSI生成视频链接后发布,当某个视频的点击、下载次数达到预设的较高值时,缓存调度服务器根据指令自动抓取并储存至公司的缓存服务器中,其他用户点击链接下载、播放时,快播公司调度缓存服务器中储存的视频并提供给其他用户下载以提高效率,从而实现用户与用户、用户与缓存服务器之间的视频传输。② 相较于"提供播放器行为"而言,"抓取、缓存行为"系快播公司所实施的核心行为,也是其技术优势所在。快播平台之所以拥有远超其他播放平台的用户群体,优势在于缓存服

---

① 参见北京市海淀区人民法院(2015)海刑初字第512号刑事判决书;北京市第一中级人民法院(2016)京01刑终592号刑事裁定书。
② 参见周光权:《犯罪支配还是义务违反——快播案定罪理由之探究》,载《中外法学》2017年第1期,第51页;董桂武:《快播案:应受惩罚的是作为抑或不作为?》,载赵秉志主编:《刑法论丛》第53卷,法律出版社2018年版,第258—260页。

务器所实现的更快、更广范围的传输功能。单纯提供播放器等技术支持,只是为用户和用户之间的视频传播提供了媒介。

关于"提供播放器行为"属于作为还是不作为,并不存在过多争议,理论界大体同意不成立作为,最多可能评价为不作为的传播淫秽物品行为;另有部分学者从技术中立原则、中立帮助行为的法理出发,主张此时快播公司仅单纯提供中立技术服务,视频的上传、下载等传播行为均由用户实施,不受平台控制、支配,因而完全否定传播行为性。①

关于"抓取、缓存行为"属于作为还是不作为则争议较大,不同观点可归纳如下:第一种观点从"传播行为"的核心语义及多元方式出发,认为传播行为的本质在于实现信息共享,方式多元没有固定限制。抓取、缓存淫秽视频的行为系在缓存服务器中陈列淫秽物品,并在用户点击时无条件提供给不特定用户,属于作为方式的传播行为,周光权、毛玲玲等人持此观点②;第二种观点认为"抓取、缓存行为"实质上只是获取视频并予以储存的行为,储存行为不属于积极的传播行为,不能评价为作为。但是,快播公司对用户所传播的视频有法定审核义务,但却怠于履行法定网络安全管理义务,成立不作为的传播淫秽物品行为。③ 第三种观点分别从快播公司"以陈列方式传播淫秽物品"及"没有履行应当承担的网络安全管理义务"两个侧面出发,认为同时存在作为和不作为。④ 第四种观点则完全否定作为及不作为传播行为的存在,认为"快播案"中平台既没有实施任何作为形式的传播行为,也不具有对视频内容的审核义务,只有事后删除、报告等义务。"抓取、缓存行为"只是为用户传播淫秽物品行为提供帮助的共犯行为,车浩、董桂武、陈洪兵、刘艳红、高艳东等人持类似观点。⑤

---

① 参见陈兴良:《快播案一审判决的刑法教义学评判》,载《中外法学》2017 年第 1 期,第 7 页;陈洪兵:《论技术中立行为的犯罪边界》,载《南通大学学报·社会科学版》2019 年第 1 期,第 58 页;刘艳红:《无罪的快播与有罪的思维——"快播案"有罪论之反思与批判》,载《政治与法律》2016 年第 12 期,第 104 页。

② 参见周光权:《犯罪支配还是义务违反——快播案定罪理由之探究》,载《中外法学》2017 年第 1 期,第 53 页;毛玲玲:《传播淫秽物品罪中"传播"行为的性质认定——"快播案"相关问题的刑事法理评析》,载《东方法学》2016 年第 2 期,第 68 页。

③ 参见陈兴良:《快播案一审判决的刑法教义学评判》,载《中外法学》2017 年第 1 期,第 7 页。

④ 参见张明楷:《快播案定罪量刑的简要分析》,载《人民法院报》2016 年 9 月 14 日,第 3 版;范君:《快播案犯罪构成及相关审判问题——从技术判断行为的进路》,载《中外法学》2017 年第 1 期,第 29 页。

⑤ 参见车浩:《谁应为互联网时代的中立行为买单?》,载《中国法律评论》2015 年,第 1 期,第 47 页;董桂武:《快播案:应受惩罚的是作为抑或不作为?》,载赵秉志主编:《刑法论丛》(第 53 卷),法律出版社 2018 年版,第 263 页;刘艳红:《无罪的快播与有罪的思维——"快播案"有罪论之反思与批判》,载《政治与法律》2016 年第 12 期,第 104 页;陈洪兵:《论技术中立行为的犯罪边界》,载《南通大学学报(社会科学版)》2019 年第 1 期,第 58 页。

笔者认为,可直接根据快播公司所实施的"抓取、缓存行为"认定本案成立作为的传播淫秽物品牟利罪,不真正不作为犯路径存在一定的理论困境。不真正不作为犯路径需要先行解决快播公司的作为义务来源问题。判决书及赞成不真正不作为犯结论的学者,大多认为快播公司的作为义务来源于其他部门法律、行政法规及部门规章中所规定的网络主体的安全管理义务。① 然而,何以直接将其他部门法律、行政法规中的安全管理义务评价为刑法中传播淫秽物品犯罪中的作为义务,并非不言自明,这与罪刑法定原则之间存在紧张关系。而且不同类型网络主体所对应的安全管理义务的种类及内容存在差异。到底是严格要求网络主体承担事前内容审核及发现问题的义务,还是仅需承担发现内容存在问题后的删除、报备义务?这不仅需要考量网络主体的现实操作可行性,也要顾及现今网络时代的技术创新发展需要。如果将监管义务由行政主管部门转移至网络主体"代位履行",要求网络主体对庞大体量的网络信息内容进行全面审查,是否会给网络主体过重的义务负担,这势必会导致网络空间及信息技术发展受到一定阻碍,也将会导致处罚范围的不当扩大。

根据笔者所提倡的"规范危险创设说",首先,快播公司通过积极设定程序,主动抓取下载、点击次数较高的视频,并且积极将上述热门视频存储至缓存服务器中。虽然程序设定在前,但快播公司需要持续实施后台维护、技术更新等积极身体举动以保障事前设定的程序始终处于正常运行状态。故持续维护程序所实现的抓取行为及缓存行为在事实层面可评价为积极的身体举动。此时需要进一步分析快播公司是否直接创设了淫秽视频传播的特定危险,以及对淫秽视频向不特定对象传播这一危险现实化进程是否存在支配力。首先,抓取、缓存行为不同于单纯提供播放器行为,单纯提供播放器的行为只是加功于用户所实施的传播行为,为用户和用户之间的传播提供媒介和工具,此时淫秽视频传播的危险并非由快播公司直接创设,而是由用户创设,且视频传播的动态过程直接掌握在上传者、下载者手中,难以说快播公司对视频的传播这一危险现实化进程存在支配力。但是,在抓取、缓存模式下的视频传播中,快播公司的角色地位已经从纯粹的技术、工具提供者,转变为内容提供者。此时,相当于快播公司自行另设了一个淫秽视频资源库用于陈列淫秽视频,并且不加任何限制地向用户提供。此时存在两种不同的传播行

---

① 具体包括:1997年12月30日公安部发布的《计算机信息网络国际联网安全保护管理办法》;2000年9月25日国务院发布的《互联网信息服务管理办法》;2000年12月28日全国人民代表大会常务委员会颁布的《关于维护互联网安全的决定》;2007年12月29日国家广播电影电视总局、信息产业部发布的《互联网视听节目服务管理规定》;2012年12月28日全国人民代表大会常务委员会颁布的《关于加强网络信息保护的决定》等。

为,一种是用户与用户之间点对点的传播,另一种是缓存服务器与用户之间的传播。相当于快播公司独立于上传者另行创设了更高速率、更广范围的淫秽视频传播的危险。其次,由于快播公司对缓存服务器的空间、抓取视频的条件、向用户提供视频的条件等均存在绝对的支配、控制,因而对淫秽视频向不特定对象传播这一危险现实化进程存在支配力。综上,可以直接将快播公司所实施的抓取、缓存并提供视频的行为评价为作为的传播淫秽物品的实行行为,而非帮助行为,从而构成作为的传播淫秽物品牟利罪。

五、结　语

关于不真正不作为犯的处罚,我国长期以来受德日刑法理论的影响,将作为义务作为其认定核心。这种做法不仅与作为犯中以侵害法益为核心的认定方式存在理念上的冲突,也和我国刑法中不真正不作为犯规定阙如的现状存在紧张关系。特别是,作为义务来源的众说纷纭,直接影响到司法实践中对疑似不真正不作为犯行为的认定和处罚。

本文就是基于上述刑法理论以及司法实践的现状而撰写,初衷是希望通过本文的探讨,避免司法实践中先入为主直接跳过作为犯认定步骤,形式化认定作为义务来源,将本就应当或是能够认定为作为犯的情形解释为不作为犯。司法实践中,遇到作为和不作为同时并存的场合,例如交通肇事后将被害人搬到自己车上准备送往医院,又中途变卦将被害人抛弃在人迹罕至的路边,致使被害人因无人救助而死亡的场合,此时行为人既有不履行救助被害人的作为义务的不作为,又有抛弃他人的作为。按照本文的见解,正确的做法是首先寻找作为即抛弃行为,判断其成立作为犯。只有在作为犯的基本构成及加重构成均无法实现对不法及责任的全面评价时,才需要进一步分析是否另外可能成立不作为犯。在此基础之上,再根据罪刑相适应原则、行为与责任同时存在原则判断作为犯和不作为犯之间的罪数关系,从而实现对犯罪全面而不重复的评价。

作为和不作为区分的根本意义在于其直接影响犯罪认定路径,是否需要引入作为义务来限制不真正不作为犯的处罚边界。对作为和不作为的区分并非纯粹事实性判断,而系带有规范化色彩,需要兼顾事实性和规范性两方面要素。其中事实性层面关注的重点在于有无创设危险的积极身体举动,从而筛选出得以评价为作为的事实性基础,起到排除过滤的限定机能,并在一定程度上限制规范判断的恣意性。规范性层面关注的重点在于如何确定危险创设、升高的规范化判断标准,以及如何对危险进行实质限定。笔者提倡的"规范危险创设说"系以传统"危险说"为底色,分别从对结果原因的支配、危险创设的判断以及对危险的限定这三个方面对作为和不作为进行规范化区分。具体而言,作为是指行为人支配身体实施积极的身体举动,从而直接创设或升高特定危险,特定危险将立即现实化为构成要件结果的行为;不作为是指在对危险源、法益脆弱性等行为人外的其他引发危险的原因存在支配的情况下,不阻止既有危险的发展,使得既有危险立即现实化为构成要件结果的行为。

上述先行判断是否成立作为,而后才考虑成立不作为的观念转变,不仅可能影响检察官、法官认定犯罪的思路,而且可能影响侦查机关的取证。对于不履行作为义务的不作为与创设规范危险的作为并存的案件,如果侦查人员先入为主地认为该案件属于不作为犯,在侦查过程中便会将取证重点和取证方向放在行为人与被害人之间的特殊关系、行为人的职业要求、行为人的事后不作为以及作为可能性之上,而忽略了整个案发过程中的作为因素,从而导致证据提取的不全面甚至灭失。

本文的创新之处体现在以下几方面:第一,本文基于我国司法实践中的实际困境,立足实务,力图对不真正不作为犯的认定提出相关的解决方案。我国司法机关在处理作为和不作为并存的争议案件时,存在恣意形式化认定、取证不全面、同案不同判以及罪刑不相适应等问题。本文针对司法实践中存在的两种不当倾向,即:一方面形式化认定作为义务来源,滥用先行行为等形式作为义务;另一方面,混淆犯罪认定顺序,先入为主地直接跳过作为犯认定步骤,将本应或可以认定为作为犯的情形评价为不真正不作为犯的现实,撰写本文,希望司法机关能够跳出只要有不履行义务的不作为,就一定往不真正作为犯方向考虑的思维惯性。从刑法原则上处罚作为犯,例外处罚不作为犯的角度而言,对任何案件,应当首先考虑有无作为要素从而认定该案是否成立作为犯。第二,本文在对作为和不作为区分学说进行梳理、分类及评述的基础上,尝试透过纷繁复杂的学说表象探究观点分立背后的实质根源,并提出作为和不作为的区分标准。在此基础之上,对传统"危险说"进行细化、修正,分别从危险创设、升高的规范化判断标准;对危险的具体限定以及支配要件三个方面对"危险说"进行规范化修正,从而形成"规范危险创设说"观点,以期为司法实务提供更为明确、更具操作可行性的区分标准。第三,本文试图以上述标准对实务中一些以不真正不作为犯路径认定的案例进行分析,对笔者所提出的标准的可行性进行检验。笔者搜集了30个我国近年来作为和不作为区分存在争议的案例,并将其分为遗弃类、中断救助类、阻碍他人救助类、不阻止他人犯罪类、先行行为类以及网络服务主体怠于履行网络监管义务类等六类,逐一依照笔者所提出的标准进行检验,得出了和裁判结果大致相当的结论,从而证明上述案例,即便不用不真正不作为犯路径,也能从作为犯的角度对其加以说明,这样不仅消除了处罚不真正不作为犯和罪刑法定原则之间的紧张关系,而且在说理上更加简明扼要,通俗易懂。

当然本文还存在诸多不足。首先,因文献阅读及个人理解的有限,对现有区分学说的归纳可能不够全面,对学说的评述及根源性不同的探究不够深入。其次,个人所提倡的"规范危险创设说"在理论的分析深度上有所欠缺,在司法实务中的实际应用效果还有待司法实践的进一步检验和完善。最后,对案例的搜集、分类不够全面,部分案例的选取可能缺乏代表性、典型性。以上不足,笔者将持续修改完善。

Neue

不作為犯論

Entwicklung

の

作为义务的基本理论

不作為犯論 の 再展開
Neue Entwicklung der
Lehre vom Unterlassungsdelikt

der Lehre vom

再展開

Unterlassungsdelikt

第三章 排他支配设定论：
不真正不作为犯论的困境与出路

黎 宏

内容摘要：不真正不作为犯，作为最终依照作为犯条款处罚的犯罪形式，其本质上是作为犯，因此，在不真正不作为犯的认定上，应当淡化其不作为犯的形式特征，而回归其作为犯的本质特征，重视其因果关系，从加剧或者促进法益的恶化状态的事实角度——而不是从具有作为义务的规范角度——来探讨不真正不作为犯的成立条件和处罚范围。由于作为和不作为之间存在结构上的差别，作为的场合，行为人主动设定或者引起了面向侵害法益的因果流程，而不作为的场合，行为人只是不介入先前已经存在的面向结果的因果流程，因此，为使其二者等价，就必须消除它们之间存在的结构上的差别，具体来说，只有在行为人主动设定了对法益的排他性支配时，才可以消除不作为和作为之间的结构性差异，进而将该不履行作为义务的行为视为作为，按照作为犯的条款处罚。这种排他性支配的设定，既可以通过行为人中途介入面向结果的因果进程的方式，也可以表现为行为人制造并支配面向结果的潜在危险的方式。

一、问题意识

在我国刑法学中，不真正不作为犯①的研究似乎走进了一个没有出口的死胡同。一般来说，作为（实行行为）的结果犯的场合，其探讨的中心课题是因果关系的确定，只要能够查明作为（实行行为）和结果之间存在引起和被引起的关系，基本上就能肯定成立犯罪。但不真正不作为犯的场合则恰好相反，其中心课题是作为义务即作为义务的来源、限定基准的确定。而且，随着

---

① 所谓不真正不作为犯，是以不作为的方式实现作为犯的犯罪构成，并按照作为犯的条款处理的犯罪类型，通常表现为杀人、放火之类的结果犯。就不真正不作为犯来说，也存在着举动犯和结果犯的区别，但实际上，讨论不真正不作为犯的成立情形，几乎都是结果犯。参见〔日〕松宫孝明：《刑法总论讲义（第4版补正版）》，钱叶六译，中国人民大学出版社2013年版，第85页。

所谓作为义务判断的实质化,这种倾向更为明显,到了只要能确认行为人违反了所谓"实质的作为义务",就能认定不真正不作为犯的成立的程度。①

但是,这种以作为义务为中心的研究方法,在我国刑法规定的背景之下,存在两大问题:一是和我国《刑法》第3条所规定的罪刑法定原则之间的协调问题。和德国等有"依法有义务防止犯罪结果发生而不防止其发生,且其不作为与因作为而实现犯罪构成要件相当的,依本法处罚"的明文规定(《德国刑法典》第13条第1款)不同,我国刑法中没有以作为义务为根据认定结果犯的条款,因此,在不作为的因果关系发展过程尚不清楚的状态下,仅以行为人未履行特定义务为由而追究其结果犯的罪责,根据何在,成为问题;二是和法益保护原则之间的协调问题。近代刑法的一个重要成果就是,确立了刑法第一位的任务就是保护法益的观念。② 从此观念出发,可以得出这样的结论,即只要不是侵害或者威胁法益的行为,就不能将之作为犯罪考虑(没有法益侵害,就没有犯罪)。因此,行为是否侵害法益,应当成为判断行为是否成立犯罪的第一要素,即便在所谓不作为的场合,也必须如此。但作为义务中心论则偏离了这一命题,其将不作为是否成立犯罪的判断偷换为了抽象的、要结合法官的价值判断才能加以认定的作为义务的判断。这种认定不真正不作为犯的做法,从保护法益原则的角度来看,值得怀疑。

受刑法理论上重作为义务违反而轻不作为和结果之间的因果关系思潮的影响,我国的司法实务部门在不真正不作为犯的认定上,就显得比较随意。如就不作为的故意杀人罪而言,近年来的一个普遍的倾向就是,只要不作为人和被害人之间存在某种关系,或者不作为人对被害结果的发生存在某种过错,就能轻易地认定不作为人具有作为(救助)义务,对于死亡结果必须承担故意杀人罪的刑事责任。如就夫妻之间的情形而言,在著名的"宋福祥故意杀人案"中,法院认为,被告人宋福祥与其妻李霞关系不和,在争吵厮打中用语言刺激李霞,致使其产生自缢轻生的决心;被告人宋福祥是负有特定救助义务的人,却对李霞的自缢采取放任的态度,致使李在家中这种特定环境下自缢身亡,其行为已构成故意杀人罪(不作为)。③就恋人之间的情形而言,在

---

① 参见许成磊:《不纯正不作为犯理论》,人民法院出版社2009年版,第337页以下。
② 参见〔日〕西田典之:《日本刑法总论(第2版)》,王昭武、刘明祥译,法律出版社2013年版,第24页;张明楷:《刑法学》(第6版),法律出版社2021年版,第83页。
③ 具体内容,参见河南省南阳市中级人民法院(1995)南阳终字第002号刑事裁定书。原案情为:某日晚,被告人宋福祥同其妻李霞生气,李要上吊,宋喊来邻居叶某某进行劝解,叶走后二人又吵骂厮打,后李寻找上吊工具时,宋意识到李要上吊却无动于衷,放任不管。直到宋听到凳子响声时,才起身过去,但其仍未采取有效措施或呼喊近邻,而是离开现场到一里以外的父母家中去告知自己父母,待其家人赶到时李霞已无法挽救。

著名的"李某某故意杀人案"①中,一审法院认定李某某构成故意杀人罪。李某某不服,提起上诉。二审法院认为,原审被告人李某某与项某某相恋并致其怀孕,在未采取措施加以妥善处理的情况下即提出与项分手,并在争吵中扔打火机刺激项,致使项坚定服毒自杀的决心;当李某某发现项已服农药后,非但未施救,反而持放任态度锁上房门离开;且李某某对项及其腹中胎儿负有特定义务,而不予救助,致使项在李某某单身宿舍这种特定环境下得不到及时抢救而服毒死亡,其行为已构成故意杀人罪。就债务关系当事人之间的情形而言,在著名的"赵某见死不救案"②中,法院认为,被告人赵某在受害人李某某向其讨债过程中,双方发生口角,李某某无奈用头撞墙壁寻死要挟。此时,被告人赵某应预知李某某用头撞墙的自伤行为会发生死亡的严重后果,理应上前劝阻,却视而不见,擅自离去,以不作为的方式放任李某某死亡结果的发生,其行为已构成故意杀人罪(间接),判处被告人赵某有期徒刑4年,并附带民事赔偿20810.53元。但是,在另外一些案件中,即便不作为人和被害人之间存在某种关系,或者对被害结果有某种过错,却并没有被追究不作为犯的刑事责任。如在著名的"深圳联防队员强奸案"中,法院只是追究了联防队员杨某某及其同伙强奸罪的刑事责任,并没有追究被害人丈夫杨某不救助的责任。当地警方称,这个案件中,受害者丈夫杨武也有一定责任,他实在是太懦弱和软弱了,面对妻子被殴打、强奸,他不敢上前制止,也没有及时拨打电话报警。如果杨武能够挺身而出,也许就能够避免悲剧发生。③ 同样,在著名的"肖志军拒签字案"中,尽管有学者认为,丈夫肖志军具有法定救助义务而拒绝签字,导致妻子死亡的行为属于不作为的故意杀人④,但作为"丈夫"的肖志军最终没有被追究刑事责任。⑤

---

① 具体内容,参见浙江省金华市中级人民法院(2000)金中刑终字第90号刑事裁定书。
② 具体内容,参见《老汉索账无果撞墙丧命》,载《扬州晚报》2007年7月22日,第A6版。原案情为:追账人李老汉索钱无果以寻死撞墙要挟,而债务人赵某不仅不主动劝阻,反而拂袖离去,导致李老汉失血过多死亡。
③ 参见《深圳联防队员毒打强奸女子一小时 其夫躲杂物间不敢出声》,载中国时刻网(http://www.s1979.com/shenzhen/201111/0820378708.shtml),访问日期:2014年6月30日。
④ 参见高艳东:《肖志军案中的刑法难题和价值取向——不作为、因果关系与间接故意之新界》,载《西南政法大学学报》2008年第4期,第88页以下。
⑤ 本案案情如下:2007年11月21日,怀孕9个月的李丽云因呼吸困难被"丈夫"肖志军(二人尚未登记结婚)送到北京朝阳医院京西分院治疗。医院建议进行剖宫产手术,但肖志军无视医生的百般劝说,坚决不同意实施剖腹产手术,并在手术通知单上写下"坚持用药治疗,坚持不做剖腹手术,后果自负。"最终,李丽云和腹中的孩子当天双双身亡。2008年1月24日,李丽云的父母提起民事诉讼,将朝阳医院和肖志军告上法院,索赔死亡赔偿金等;后又撤回对肖志军的起诉,并将索赔数额增加至121万元。2009年12月,北京朝阳法院驳回李丽云父母121万元的索赔请求。鉴于朝阳医院同意给付一定经济补偿,法院酌定数额为10万元。参见《孕妇李丽云死亡案一审宣判,无因果关系医院不担责》,载新浪网(http://www.sina.com.cn),访问日期:2010年2月6日。

对于刑事司法而言,将处罚和不处罚的界限明确化、可视化,应当是最为重要的任务。但从上述案例来看,至少可以说,在不真正不作为犯的处罚上,我们尚未做到这一点。特别是,如此轻易地将不救助行为认定为杀人行为,从罪刑法定原则的角度来看,其后果将是灾难性的。因为,对于干涉人们的行动自由而言,和处罚作为犯相比,处罚不作为犯的场合效果更为强烈。作为犯的场合,法所不禁止的就是允许的,人们的自由活动范围相当大;相反地,不作为犯的场合,法所命令以外的都是禁止的,人们的自由活动范围相当小。① 正因如此,近代刑法学的一个基本原则是,以处罚作为犯为原则,而以处罚不作为犯为例外。② 轻易地将不救助行为作为作为犯加以处罚,恰好是对上述原则的悖反。

本文认为,不真正不作为犯,作为最终依照作为犯条款处罚的犯罪形式,其本质上是作为犯,因此,在不真正不作为犯的认定上,应当淡化其不作为犯的形式特征,而回归其作为犯的实质特征,重视其因果关系,从行为人主动设定了对法益的排他性支配的事实角度——而不是从具有作为义务的规范角度——来探讨不真正不作为犯的成立条件和处罚范围。

以下,结合我国的相关学说和司法实践,就上述观点展开分析。

二、不作为犯因果关系的诸见解及其缺陷

在以结果犯的条款处罚不真正不作为犯的时候,首先面临的问题是,该不作为是如何引起结果的,即不作为的因果关系如何认定?对此,刑法理论上有过多种尝试,现在似乎已经不成问题。但是,从本文的角度来看,这个问题仍然没有解决。

1. 传统见解

在不真正不作为犯的认定上,不能不考虑因果关系。和作为的场合一样,不真正不作为犯要符合结果犯的犯罪构成,该不作为和结果之间必须具有因果关系。只是,不作为的场合,行为人什么都没有做,形式上并没有给结果的引起注入能量,不存在事实上的引起和被引起的关系,因此,不真正不作为犯的因果关系该如何理解,便成为首先要解决的难题。

从学说史的角度来看,不作为同结果之间的因果关系,曾经是不真正不作为犯的研究中心,有过多种学说。最早出现的"他行为说"根据行为人所

---

① 参见〔日〕井田良:《不真正不作为犯》,载《现代刑事法》第1卷第3号,第93页。
② 参见〔日〕松宫孝明:《刑法总论讲义(第4版补正版)》,钱叶六译,中国人民大学出版社2013年版,第84页。

进行的其他行为中包含有引起结果的原因力来说明不作为的原因力;之后出现的"先行行为说"主张先于不作为的作为即先行行为对于结果的发生具有原因力;再之后,"干涉说"认为不作为之所以存在原因力,是因为不作为人的心理状态上存在着使结果发生的原因力。后来,出现了认为只有在行为人具有作为义务的场合,其不作为和结果之间才具有原因力的"义务违反说"。但这种见解容易将不作为的违法性和因果关系问题混为一谈,导致不作为因果关系认定上的主观性,因此,现在德日刑法学中,关于不作为因果关系的一般看法是,必须将其和行为人的作为义务分开来论;如果实施特定作为,十有八九能防止结果或者具有接近该种程度的回避结果可能性的话,可以说,该不作为对结果具有原因力。①

在我国,情况则恰好相反,传统学说在探讨不作为的因果关系时,一直将其和作为义务联系在一起。如"条件说"一方面认为,不作为与结果没有因果关系,"无中不能生有",无作为,自无结果,不作为不是结果的原因,只是促成结果产生的条件,但另一方面又认为,不作为因其违反作为义务,违反法律规范,而对于社会具有严重的危害性,因此,应负刑事责任。② 同样,"作为义务违反说"也认为,不作为的原因与不作为义务是分不开的。如果一个人负有作为义务,且经过履行特定的作为义务,确能保证危害结果不致发生而不作为的话,该不作为就是危害结果发生的原因。③ "转辙说"也认为,负有作为义务的人不履行自己的义务,进行必要的"转辙"即阻止结果发生,则这种不作为是危害结果发生的原因。④ 这种将因果关系与作为义务捆绑的做法,迄今也没有什么大的改观,主流学说依然认为,在认定不作为的因果关系时,必须十分强调行为人所具有的应当作为的法定义务。⑤

之所以要这样理解,是因为上述见解的论者担心,在不作为因果关系的判断

---

① 以上学说的概括和总结,参见〔日〕日高义博:《不真正不作为犯的理论》,庆应通信出版社1979年版,第21—22页;李光灿、张文、龚明礼:《刑法因果关系论》,北京大学出版社1986年版,第194—196页;黎宏:《不作为犯研究》,武汉大学出版社1997年版,第6—7页;许成磊:《不纯正不作为犯理论》,人民法院出版社2009年版,第197—201页。

② 参见刘焕文:《罪与非罪的界限——论犯罪概念和犯罪构成在定罪时的重要性》,载《江西大学学报(社科版)》1983年第1期,第81—82页。

③ 参见高铭暄主编:《刑法学》,法律出版社1982年版,第131页。

④ 参见陈忠槐:《论不作为犯罪的因果关系》,载《法学研究》1984年第1期,第16页以下。

⑤ 参见高铭暄、马克昌主编:《刑法学》(第十版),北京大学出版社、高等教育出版社2022年版,第77页;冯军、肖中华主编:《刑法总论》(第3版),中国人民大学出版社2016年版,第186页;周光权:《刑法总论》(第4版),中国人民大学出版社2021年版,第104页。周光权认为,不作为犯的因果关系带有规范上假定的关系;如果行为人履行特定义务,结果"十之八九"的场合,可以肯定不作为的因果关系。但罕见地也存在反对观点,认为引起危害结果的不作为不只是有作为义务的人所实施的不作为。参见肖中华:《犯罪构成及其关系论》,中国人民大学出版社2000年版,第382页。

上,如果不考虑作为义务,则不具有作为义务的人的不作为也会具备作为犯的构成要件,使得构成要件丧失其推定违法的机能,扩大不作为犯的处罚范围。①

但是,这种担心完全是多余的。一方面,作为上述观点前提的犯罪论体系不同。构成要件的推定违法机能,来自三阶层的犯罪构成体系,但在我国,主张不作为因果关系的判断必须以作为义务为前提的见解,基本上②都是采取了与"三阶层"的犯罪构成体系不同的"四要件"的犯罪构成体系,不存在形式上符合具体犯罪的构成要件,大体就能推定该行为具有违法性的前提,因此,以这种理由来说事,根据不足;另一方面,这种理解也是不妥当的。在孩子落水,包括孩子父亲在内的多人围观而没有救助,结果导致孩子死亡的例子中,即便说包括孩子父亲在内的围观者的不救助行为(不作为)都和孩子之死(结果)之间具有因果(条件)关系,也并不意味着围观者的不作为马上就具备作为犯的构成要件。不救人和亲自动手杀人毕竟是两回事,不能同等看待。就不真正不作为犯而言,仅仅存在不作为与构成要件结果之间的因果关系,尚不能肯定构成要件符合性;还要求该不作为和作为具有同等价值,即该不作为与作为所生侵害能够同等看待,否则就不能按照作为犯的条款加以处罚。因此,认为在不真正不作为犯因果关系的判断上,不考虑作为义务,就会扩大处罚范围的见解,是没有道理的。③

相反地,在不真正不作为犯因果关系的判断上,掺入作为义务要素,反而会导致因果关系的主观化,违反因果关系的一般理解。按照我国刑法学的通说,因果关系是现象之间引起和被引起的一种客观联系,是不依人的主观意志为转移的客观存在。在刑法因果关系的判断上,只能从客观存在的事实出发,而不能主观武断或者单凭以往的经验去判断;更不能以社会一般人或者其他人对危害结果发生有无预见或者能否预见为标准。④ 换言之,因果关系具有客观性,其判断必须依据客观事实进行。但若说在不作为因果关系的判断上要考虑作为义务的话,便会使得因果关系的客观特征丧失殆尽。如在孩子落水,包括孩子父亲在内的众人围观,但无人伸出援手,导致孩子溺水死亡的场合,按照上述理解的话,只有孩子父亲的不救助行为才和孩子死亡结果

---

① 参见许成磊:《不纯正不作为犯理论》,人民法院出版社2009年版,第221页。
② 主张不作为有无因果力的判断必须考虑作为义务的学者中,只有周光权采用了与德日类似的三阶层的犯罪构成体系。
③ 这一点,在我国大陆特别要强调。因为,和我国台湾地区"刑法"不同,我国大陆刑法没有在刑法总则中设置作为扩张处罚事由的不真正不作为犯的规定。在不具有这种特别规定的场合,之所以能够处罚不真正不作为犯,并不是要对处罚作为犯的条款进行扩张之后,肯定不真正不作为犯的成立,而是因为不真正不作为犯符合了相应的处罚规定本身而成为处罚对象。正因如此,在不作为与作为的等价性的判断上,必须非常严格。
④ 高铭暄、马克昌主编:《刑法学》,中国法制出版社2007年版,第100页。

之间具有因果关系,而其他围观者则没有。但在当时,孩子父亲和其他围观者的表现,在现象上没有任何差别,如何能分辨出孩子父亲和其他人在因果关系上的差别呢?况且,作为义务并不是在客观上能够显现于外的可视性因素,有作为义务的人和没有作为义务的人,在侵害或者威胁法益的客观表现上,并无任何差别,只是在谁要承担责任即归责上有所不同而已。

在因果关系的认定上,考虑作为义务,一个可能的恶果是,导致不作为因果关系的认定标准模糊不清。因为,作为义务即当为或者不当为某种行为,本身就是一个难以被客观化的规范概念,不同国家理解不同,即便是同一国家的不同地区或者不同历史时期,看法也不一致。正如日本学者前田雅英所说,在共同体意识强烈的地方,不作为犯的处罚范围就广泛;而在重视个人自由的社会,个人被赋予的作为义务范围就很窄。① 这种见解,在我国有关"先行行为"是否作为义务来源、其内涵如何、外延多大的探讨中,能够得到充分的印证。② 其也是在不作为犯因果关系的判断上考虑作为义务,必然会导致因果关系判断上的不确定性的体现。

2. "期待说"及其评述

因为上述问题的存在,近年来,我国学者也开始从不作为自身的角度来探讨不作为的因果关系。如认为"不作为的原因力,在于它应该阻止、能够阻止而未阻止事物向危险方向发展,从而引起危害结果发生"③,以及"不作为的原因力在于它破坏了阻止危害结果出现的内、外因平衡关系,使得本来不

---

① 参见〔日〕大谷实 VS〔日〕前田雅英:《精彩刑法(第3回):不作为犯》,载《法学教室》1996年第195号,第30页以下。

② 如先行行为能否为犯罪行为,我国刑法理论界有"肯定说""否定说"和"折中说"之分。肯定说认为,既然违法行为都可以是先行行为,那么,否定犯罪行为是先行行为,于情理不合,也不利于司法实践。参见高铭暄主编:《新编中国刑法学》,中国人民大学出版社1998年版,第118、119页。相反地,否定论者认为,先行行为不应包括犯罪行为,无论是故意犯罪还是过失犯罪,都不另负防止结果发生的义务,主张行为人实施犯罪后,有义务承担刑事责任,没有义务防止危害结果的发生,否则,就会使绝大多数犯罪从一罪变为数罪。参见于改之:《不作为犯罪中先行行为的本质及其产生作为义务的条件——兼论刑法第133条"因逃逸致人死亡的立法意蕴"》,载《中国刑事法杂志》2000年第5期,第19页。折中说认为,不能一概否认犯罪行为成为先行行为的可能性,但必须明确其作为先行行为的性质,否则,就可能出现否定说所说的一行为变数行为,出现违反禁止重复评价原则的情形。不作为犯罪中的先行行为可以是过失犯罪行为,但不包括故意犯罪行为。徐跃飞:《论不作为犯罪中的先行行为》,载《时代法学》2006年第2期,第44页。或者说犯罪行为是否是先行行为,基于罪责刑相适应的原则,应以行为人所放任发生的危害结果是否能为前罪的犯罪构成(包括加重成)所包括作为区分标准:能包括的,没有作为义务,依据前罪的法定刑幅度定罪处罚即可;超出前罪犯罪构成范围而触犯更为严重犯罪的,则具有作为义务。赵秉志:《不作为犯罪的作为义务应采四来源说——解析不作为犯罪的作为义务根据之争》,载《检察日报》2004年5月20日,第A6版。

③ 高铭暄、马克昌主编:《刑法学》,中国法制出版社2007年版,第103页。

会发生的有害于社会的某种因果经过得以顺利完成"①的见解,就是其体现。其中,最引人注目的,是引进德日流行的、以"期待说"为基础的"假定因果关系"的判断方式,即"如果行为人实施该被期待的行为,极有可能不发生该结果的场合,可以说该不作为和危害结果之间具有因果关系"②。

这种通过"添加期待行为"的因果关系判断方式,和传统因果关系判断方式之间存在较大差别。具体来说,按照传统理解,作为犯的因果关系是事实上的引起和被引起的关系,属于存在论的范畴,而上述期待说之下的因果关系则是观念上、思考上的引起和被引起的关系,准确地说是"疑似因果关系"。因此,在以作为犯的条款对具备这种"疑似因果关系"的不作为犯进行处罚时,难免会产生以下疑虑:

一是和作为犯之间难以平衡。众所周知,在作为犯因果关系的判断上,正如所谓死刑犯的教学案例中所言,一个重要原则就是,不得添加现实并不存在的假定事实。③ 但是,不作为的场合却恰好相反,添加"被期待的"假定事实属于理所当然。作为场合之所以禁止添加假定事实,目的在于防止其因果关系成为思考、理论上的结合关系,但不作为的场合则反其道而行之。这表明,不作为的因果关系本来就是思考、理论上的存在。"期待说"的最大意义恐怕就在于此。但是,将因果关系完全不同的两种行为适用于同一种犯罪构成,难道没有问题吗?让人生疑。

二是有自欺欺人之嫌。本来,按照条件关系公式,行为只有在符合"没有前行为,就没有后结果"公式的场合,才能说明其和结果之间具有因果关系,即判断不作为是不是引起结果的原因,只有在上述因果关系的判断实施完毕之后,才能得出结论。但在"期待说"中,由于所添加的内容即"被期待的行为"就是"能够防止结果的作为",使得这个工作在套用条件公式之前的确定添加内容阶段即已完成。既然如此,何必又要再进行一次"没有前被期

---

① 黎宏:《不作为犯研究》,武汉大学出版社1997年版,第85页。
② 周光权:《刑法总论》(第四版),中国人民大学出版社2021年版,第127页。周光权主张,在行为人履行特定义务,"十之八九"不会发生危害后果的场合,可以肯定不作为和后果之间的因果关系。许成磊:《不纯正不作为犯理论》,人民法院出版社2009年版,第234页。许成磊认为,对一般人来说,"行为人如果采取积极措施能够避免结果发生的几率"如果达到"60%以上",而行为人没有采取积极的救助措施,以致造成结果发生的,就可以肯定不作为因果关系的成立。
③ 因为,"因果关系,是实际存在的行为和实际存在的结果之间的关系,是实际存在的情形,因此,其判断,只能就实际存在的事实而进行",否则,会推导出很荒谬的结论来。如在课堂上经常列举的"死刑犯案件"中,会得出即便被害人的父亲不突然冲出来杀死死刑犯,行刑人也会开枪打死死刑犯,因此,被害人的父亲的行为和死刑犯的结果之间没有因果关系的结论。但这显然很荒谬。具体参见[日]大谷实:《刑法讲义总论(新版第2版)》,黎宏译,中国人民大学出版社2008年版,第200页。

待的作为,就没有后结果"的条件分析呢？这不是在自欺欺人吗？

三是导致不真正不作为犯的未遂犯无法认定。刑法学中考虑因果关系,目的是为区分结果犯的既遂、未遂形态提供依据。行为和结果之间有因果关系的,成立既遂犯；否则就是未遂犯。按照"期待说",并非任何不为"被期待"作为的行为都能构成不作为,只有不为"极有可能"("十之八九")防止危害结果发生的作为才能构成不作为。如此说来,"期待说"不仅与因果关系的判断有关,同时也与不作为自身存在与否的判断有关。但这种做法必然会引起不作为犯和作为犯在未遂形态判断上的失衡。具体来说,作为的场合,即便是发生结果可能性较低的行为(如用质量低劣的自制手枪向他人射击、用没有达到致死剂量的毒物杀人),也是实行行为,能够成立未遂犯；而在不作为的场合,如果所未为的行为不是"极有可能"("十之八九")引起危害结果行为的话,则说不上是实行行为,根本不能成立犯罪,更不用说是未遂犯了。

由此看来,尽管说以不作为的手段实现作为犯的犯罪构成在理论上是可能的,并且不真正不作为犯的概念也已经被广泛认可,但在以作为犯特别是作为形式的结果犯的基本观念对其内部构造进行剖析的时候,就会发现其中破绽百出、不堪一击。有关不真正不作为犯的因果关系的探讨,应当另辟蹊径。

三、作为义务论的实体及其不足

1. 概说

在不真正不作为犯的认定上,仅仅探讨了不作为和结果之间的因果关系还不够,毕竟,即便说不作为和结果之间存在观念上的因果关系,但也不能像作为的场合一样,马上就可以作为犯的条款对该不作为进行处罚。因为,"不救助溺水儿童的行为和将儿童推入水中的行为不能同等看待"①,否则,不真正不作为犯的成立范围就会无限扩大。就上述不救助落水者的情形而言,一个公认的观念是,并非任何人的不救助行为都会成为处罚对象,只有和落水者之间存在某种特殊关系,使行为人处于保证结果不发生的地位,即具有救助落水者的义务时,其不救助行为,才能成为故意杀人罪的实行行为。②

---

① 〔日〕大谷实:《刑法讲义总论》(新版第2版),黎宏译,中国人民大学出版社2008年版,第128页。
② 参见〔日〕松宫孝明:《刑法总论讲义(第4版补正版)》,钱叶六译,中国人民大学出版社2013年版,第67页；〔日〕山口厚:《刑法总论(第3版)》,付立庆译,中国人民大学出版社2011年版,第79—80页；高铭暄、马克昌主编:《刑法学》,中国法制出版社2007年版,第86页。其中写道:"行为人负有实施某种积极行为的特定义务,是成立不作为的前提条件。如果行为人没有这种特定义务,则不能构成刑法中的不作为"。

2. 形式义务论

那么,何种情况下,可以说不救助者和落水者之间存在某种特殊关系呢? 这就是作为义务来源问题。对此,传统学说认为其主要来自以下几个方面: 一是法律的明文规定,二是职务或者业务上的要求,三是合同行为、自愿承担行为等法律行为所引起的义务,四是先行行为的要求。① 并且,上述义务必须具有法律上的依据,而不能仅是伦理上的要求。② 这种明文列举作为义务来源的方式,以形式框架存在,其范围和内容一目了然,故被称为"形式说"。其目的在于严格区分道德义务和法律义务,阻止以实质性判断为借口而扩大不真正不作为犯的处罚范围。但这种形式地列举作为义务来源的方式本身,从一开始就存在致命的缺陷:

首先,难以说明刑罚处罚的理由。即上述形式义务来源几乎均为刑法之外的法律要求,即便违反了该要求,也只能依照相应法律当中所规定的罚则进行处罚,何以能够对其进行刑法处罚,理由不明。

其次,难以实现其初衷。"形式说",顾名思义,就是通过在形式上明确作为义务来源的方式划定不作为犯的成立范围,但将来习惯法要求的先行行为等作为义务来源,使得其在一开始就陷入了自我矛盾的尴尬境地。在其后的发展当中,"形式说"中又进一步衍生出了如所有人、管理人、监护人的地位,交易上的诚实信用义务,紧密生活共同体、特定场合下的道德义务等作为义务来源。③ 将来,随着社会的发展,作为义务来源或许还会继续增加下去。但这种无限列举的做法显然超出了"形式说"的初衷,使得其所引以为傲的长处大打折扣;

最后,无法限定不真正不作为犯的处罚范围。如按照我国《婚姻法》第 21 条的规定,父母对子女有抚养教育的义务,子女对父母有赡养扶助的义务。④ 但是,母亲不尽抚养子女义务,将婴儿抛弃的行为,并不马上构成故意杀人罪;反过来,在子女对父母不尽赡养义务,即便因此造成父母死亡的,也

---

① 参见高铭暄主编:《刑法学原理》(第一卷),中国人民大学出版社 2005 年版,第 543—545 页。形式说,根据各个学者的理解不同,所归纳的类型也不一致。在我国,早期"三来源说"认为,不作为的义务来源为法律规定、职务或者业务要求、先行行为。参见高铭暄主编:《新编中国刑法学》(上册),中国人民大学出版社 1999 年版,第 116—117 页。现在也有人提倡"五来源说",除上述法律上的明文规定、职务和业务要求、先行行为以及自愿承担行为之外,还认为,"特殊场合下,公共秩序和社会公德要求履行的特定义务"也是作为义务的来源。参见马克昌主编:《犯罪通论》(修订版),武汉大学出版社 1999 年版,第 171—172 页。
② 参见高铭暄、马克昌主编:《刑法学》,中国人民大学出版社 1989 年版,第 99 页。
③ 参见许成磊:《不纯正不作为犯理论》,人民法院出版社 2009 年版,第 258 页。
④ 《民法典》第 1067 条规定:"父母不履行抚养义务的,未成年子女或者不能独立生活的成年子女,有要求父母给付抚养费的权利。成年子女不履行赡养义务的,缺乏劳动能力或者生活困难的父母,有要求成年子女给付赡养费的权利。"

并不马上构成故意杀人罪,而是构成遗弃罪(我国《刑法》第261条)。

由于上述问题的存在,形式义务论又进行了一些修正,认为成立不真正不作为犯,除作为义务之外,还要求行为人违反义务行为所生侵害在事实上与作为手段所生侵害具有同等价值,这就是所谓"等价性"的要求。① 增加这一要件,毫无疑问地会限缩不真正不作为犯的处罚范围,但也会带来一些新的问题。因为,"等价性"只是一种抽象的价值要求,其和作为义务是什么关系,如何判断,这些疑问如果不解答的话,不仅无助于问题的解决,反而有雪上加霜之效,使不真正不作为犯的判断标准更加难以确定。

3. 实质义务论

由于以上原因,从20世纪末期开始,我国学者就开始借鉴国外学说主要是日本的相关学说,基于不作为和作为之间所存在的结构性差异,以不作为和作为必须等价为前提,从探求行为人的不作为具备什么样的事实特征才可以看作作为的立场出发,将作为义务的内容具体化。这种将作为义务从规范具体化为客观事实的研究方法,被称为"实质义务论"。②

实质义务论的内容多样,就我国当今的情形而言,其中的代表性见解有以下几种③:

一是"支配行为说"。该说认为,不真正不作为犯的作为义务,应当从与其对应的作为犯的不作为义务具有等价性的原则出发,用更加实质的标准来确定。这个实质标准是,行为人为防止结果的发生而自愿实施了具有支配力的行为。其中,所谓自愿行为,必须出于防止结果发生的目的;所谓具有支配力,就是控制了因果发生的进程。④

和传统学说相比,"支配行为说"的最显著特点是,强调不作为人和保护

---

① 熊选国:《刑法中行为论》,人民法院出版社1992年版,第164页。
② 冯军:《刑事责任论》(修订版),社会科学文献出版社2017年版,第45—48页;黎宏:《不作为犯研究》,武汉大学出版社1997年版,第157页。
③ 除以下所列举的观点之外,还有兼具实质性内容的"综合说"。认为在研究不真正不作为犯的作为义务时,必须考察两方面的因素:一是事实因素,即行为人对危害结果发生的因果关系能现实地具体支配;二是规范因素,即法令、法律行为,职务或业务上的职责等通常意义上的作为义务发生根据。参见黎宏:《不作为犯研究》,武汉大学出版社1997年版,第166—167页。这种观点也得到了部分学者的支持,认为"以支配理论为中心,建立形式与实质相统一的作为义务论是比较妥当的见解"。参见许成磊:《不纯正不作为犯理论》,人民出版社2009年版,第337页。但是,作为这种见解的始倡者,笔者现在已经不再主张这种观点。因为,在事实因素和规范因素不一致的场合,行为人是不是具有不真正不作为犯的作为义务难以判断,反而会使简单问题复杂化。因此,笔者现在也主张在不真正不作为义务的判断上,只考虑事实因素,即从不作为人和结果的关系中来探讨作为义务,也就是从结果的发生原因中推断不作为人的作为义务。参见黎宏:《刑法总论问题思考》,中国人民大学出版社2007年版,第145页。只是,在什么场合下,可以说行为人实际控制了因果关系的发展流向,笔者尚没有得出让自己满意的结论。
④ 参见冯军:《刑事责任论》,法律出版社1996年版,第45—48页。

法益之间的密切关系,认为只有在不作为人意图以客观的事实因素,即行为人自愿实施了防止结果发生的支配行为,之后又放弃行为为中心内容来认定不真正不作为犯的成立条件,而不是仅倚重法令、合同、先行行为等规范要素。按照"支配行为说",成立不真正不作为犯,行为人是否具有法定或者合同约定义务、是否具有先行行为,并不重要。重要的是,其是否具有"为防止结果的发生而自愿实施了具有支配力的行为",即强调为防止结果发生而实施事实支配行为。因此,自始至终就没有开始救人行为的肇事者因逃逸而致使被害人死亡的场合,只要肇事者不是在开始救人之后又中途放弃,即便说其具有先行行为的作为义务,也不会因此而成立不作为杀人;同样,在民法上具有抚养孩子义务的亲生母亲,在孩子出生之后就没有实施过喂奶等照顾行为的场合,只要没有开始喂奶等抚养孩子的行为,也不成立不作为杀人。① 换言之,行为人即便具有形式上的作为义务,但只要没有开始防止结果发生的支配行为,就不可能成立不真正不作为犯。

在依据和被害法益之间密切关系,要求行为人只有在出于救助意思建立了事实上的法益维持关系时,才能说具有不真正不作为犯这一点上,可以看出支配行为说与日本学者堀内捷三所提倡的"事实承担说"②之间的相似之处。也正因如此,批判意见认为,"支配行为说"可能缩小不作为犯的成立范围。因为,上述观点均强调支配或者承担行为的目的性即"具有防止结果发生的目的",但"我们看不出交通事故中的肇事者基于救助的意思而将被害人搬进车中之后又产生杀意将其弃置在人迹罕至的场合,与肇事者非基于救助意思而是直接基于逃避追究之意图将被害人搬进车内另移至他处,在结论上应当有所不同"③。

确实,在作为义务的判断上,加入行为人的主观目的,可能会引起行为性质判断上的不确定性,产生同罪异罚的效果。但是,撇开这一点不论,从该学说的整体宗旨来看,其在我国学界开创了一种与形式义务论不同的作为义务探讨路径。虽然传统的形式义务论也主张自愿承担行为是作为义务来源,但

---

① 参见冯军:《刑事责任论》,法律出版社1996年版,第45—48页。
② 这种见解认为,从不作为人和被害人之间的社会关系这种规范的观点来理解作为义务的实体的话,最终就会归结到根据社会伦理这种一般条款进行判断的问题上,难以阻止不真正不作为犯问题判断上的伦理化趋势,因此,不作为人和结果的关系,即"面临危险的法益和不作为人之间的密切关系这种事实要素(事实上的承担行为)"应当受到重视。具体来说,在考虑不真正不作为犯的作为义务来源的时候,必须考虑以下因素:①开始结果条件行为,即开始实施意图维持、继续法益的行为,如开始给婴儿喂食,开始救助交通肇事的受害人;②不作为人反复、继续该种事实上的承担行为;③在保护法益(不发生结果)方面,行为人具有排他性,将因果关系的发展进程控制在自己手中。参见〔日〕堀内捷三:《不作为犯论》,青林书院新社1978年版,249页以下。
③ 许成磊:《不纯正不作为犯理论》,人民出版社2009年版,第336页。

其中所体现的是民法上的"无因管理"制度中所蕴含的"帮人帮到底、送佛送到西"的社会伦理要求,"支配行为说"虽然也体现了这一伦理要求,但这种要求是通过将无因管理者在管理他人事务之后的事实态度、法益侵害结果联系在一起来实现的,可以说,其是重视客观事实因素的作为义务论,属于实质义务论的一种表现形式。

"支配行为说"的最基本特征是,强调行为人对是否发生侵害结果具有事实上的支配。但这种事实支配是否仅限于行为人有为防止结果发生而中途介入面向结果的因果进程的场合,则值得怀疑。事实上,行为人完全可以通过先实施导致危险结果产生的先行行为,之后不让他人介入的方式来支配面向结果的因果发展。同时,这种理解,可能会将很多传统的不真正不作为犯类型排除在处罚范围之外。如我国历来的学说均将不小心点燃物品,本来可以扑灭,但行为人基于某种原因而逃离现场,结果酿成熊熊大火,造成人员死伤或者财产损失的场合,以不作为的放火罪处理①,但按照上述支配行为说,这种场合难以构成放火罪;同样,在不照看处于假死状态的初生婴儿的场合,因为父母没有自愿实施具有支配力的行为,恐怕也难以认定为不作为的杀人。这样,显然会缩小不真正不作为犯的处罚范围。

二是"排他支配说"。这是我国目前的通说。该说认为,为保证不作为和作为的等价性,不作为人不仅要掌握导致结果发生的因果流向,而且还提出了更高的要求,即要具体、排他地支配引起法益侵害结果的因果关系的发展方向。按照这种观点,遗弃婴儿和老人(神志不清、行动困难的老人)是构成遗弃罪还是故意杀人罪,要具体分析,如将上述被害人遗弃在容易被人发现的地方(如车站、别人家门口等),便于及时得到救助的,仍然应当以遗弃罪论处;如果将上述被害人遗弃在野兽出没的深山偏野或者少有人烟的冰天雪地,便应以故意杀人罪论处。②

和"支配行为说"一样,"排他支配说"也是意图从事实因素(遗弃行为、对象没有自我保护或者自我生存能力、危险境地等)出发,对不履行义务行为是否成立不真正不作为犯的标准加以明确。不仅如此,"排他支配说"甚至比"支配行为说"提出的条件更为苛刻,即对导致结果发生的因果流向的把握必须达到排他的程度。如就行为人遗弃婴儿和老人的行为而言,按照"支配行为说",或许只要有遗弃行为就足够,但按照"排他支配说",行为人只有遗弃行为还不够,还必须是遗弃在"野兽出没的深山偏野或者少有人烟的冰天雪地",否则就只能构成真正不作为犯的遗弃,而不能构成不真正不作为犯

---

① 理论见解,参见高铭暄、马克昌主编:《刑法学》,中国法制出版社2007年版,第399页;苏惠渔主编:《刑法学》(第5版),中国政法大学出版社2012年版,第256页。
② 参见马克昌主编:《刑法学》,高等教育出版社2003年版,第515页。

的杀人。换言之,和"支配行为说"相比,"排他支配说"更加强调行为人对侵害法益的因果流向的实际把握。尽管如此,对因果关系的支配是作为犯的特征,虽说是不作为犯中的排他支配,但只要没有实施积极的排除他人影响的行为,所谓排他支配,实际上还是属于对面向结果的因果关系的支配,关注的也还是行为人和保护法益之间的紧密关系,在这一点上,可以说"排他支配说"和"支配行为说"之间,具有异曲同工之处。

正因如此,上述对"支配行为说"的质疑对"排他支配说"也同样适用。而且,将神志不清、行动困难的老人遗弃在野兽出没的深山僻野或者少有人烟的冰天雪地的行为,到底是作为还是不作为,恐怕很难说。因为,神志不清、行动困难的老人,没有自我生存和保护能力,其生存只能依靠其他人的帮助。通常情况下,将这种人置于野兽出没的深山僻野或者少有人烟的冰天雪地,正如将人推入火海或者深渊一样,实际上是将其置于死地,属于积极主动引起死亡结果的作为,怎么能说其是利用或者放任死亡结果的不作为呢?令人不解。

三是"先行行为说"。这是我国近年来流行的一种有力观点。该说认为,作为是行为人主动引起法益侵害,而不作为是利用或者放任已经存在的能够侵害法益的客观事实,能够弥补此二者之间的结构性差异的,是行为人在不作为之前的先行行为,因此,先行行为是认定实质义务论的关键。① 其中,从"先行行为说"提出的时间先后,可以分为旧、新两种不同的见解:"旧先行行为说"实际上是日本的"实质原因设定理论"②在我国的翻版,认为只有基于行为人自己故意或者过失的先前行为导致法益面临危险的不作为,才能作为等价值性判断的前提资料。③ "新先行行为说"的主要观念来自德国,认为"使刑法保护的具体法益面临紧迫危险,是先行行为成为作为义务来源的实质根据"④,"在先行行为具有引起损害结果的潜在风险,这种潜在风

---

① 何荣功:《不真正不作为犯的构造与等价值的判断》,载《法学评论》2010年第1期,第105页以下。

② 日本学者日高义博在其1978年出版的《不真正不作为犯的理论》(庆应通信股份公司1978年版)一书中,提出为克服作为和不作为存在构造上的差别,必须有"不作为者的原因设定行为",即不作为者在该不作为成立之前,必须自己设定倾向法益侵害的因果关系,它是具有实质意义的等价值性的判断标准。这种"原因设定行为",实际上就是历来所说的"先行行为"。在日本,对这种"原因设定行为"说的批判是,使更多的故意犯、过失犯得以转化为不真正不作为犯。换言之,凡因故意、过失而伤害他人者,只要未予救助最终死亡,根据该先行行为便可以轻易地认定为不作为的杀人,如单纯的肇事逃逸也可以直接构成不作为的杀人。这是对其根本性的疑问。以上批判,参见〔日〕西田典之:《日本刑法总论(第2版)》,王昭武、刘明祥译,法律出版社2013年版,第104页。

③ 何荣功:《不真正不作为犯的构造与等价值的判断》,载《法学评论》2010年第1期,第112页。

④ 张明楷:《不作为犯中的先前行为》,载《法学研究》2011年第6期,第145页。

险继续发展,在损害结果中实现——即先行行为所包括的潜在风险发展过程中没有其他异常因素介入(如异常发展、被害人或者他人的行为介入等)导致原来先行行为所创设的风险被替代,形成新的风险——的场合,所引起的损害结果归责于先行行为人"[1]。新、旧学说之间的主要差别在于,行为人对于其先行行为所引起的潜在危险,是不是要有排他性支配。按照"新先行行为说",先行行为不仅要对刑法所保护的具体法益造成危险,而且还必须对该危险向实害结果的发生具有支配力[2],而"旧先行行为说"则没有这一要求。

将先行行为作为不作为义务来源,在刑法学中由来已久,但在先行行为如何成为不作为义务来源的说理上,作为上述实质义务论之一的"先行行为说"和传统形式说的理解截然不同。按照传统理解,先行行为的场合之所以能够成为不作为犯,关键是因为行为人先前的先行行为使得法益处于危险状态,按照常理,行为人有义务消除该危险状态,但其却没有消除,引起了侵害法益结果,因而要将该不履行义务的不作为作为犯罪处罚。在这里,成立犯罪的关键,是行为人没有履行消除危险的义务。相反地,按照上述"先行行为说",先行行为的场合之所以成为不作为犯,不完全是因为行为人没有履行消除危险的义务,更主要的是因为行为人"故意或者过失的先前行为导致法益面临的危险"或者说"先行行为对刑法所保护的具体法益造成的危险"变为了现实。换言之,上述"先行行为说"不是基于习惯或者说一般道理的约定俗成,主张先行行为人具有作为义务,而是从因果引起的角度出发,认为先行行为自身具有导致结果发生的原因力,其可以补足不作为自身没有原因力的缺陷,从而实现不作为与作为之间的等价。如此说来,此处的"先行行为说"与传统理解之间尽管在用语上相同,但内容却相去甚远:其将不真正不作为犯认定的重心从先行行为之后的不履行义务行为转移到先前的"先前行为"自身上去了。

从消除不作为和作为之间的结构性差异的角度来看,上述实质的"先行行为说"是有其道理的。在实质的"先行行为说"看来,不作为和作为之间的结构性差异,只能通过事实上的同置来弥补,因此,强调先行行为自身具有自然意义上的"引起性",便理所当然。而且,这种先行行为的危险可以以其自身所蕴含的侵害法益危险这种客观事实加以判断,而不必依赖于其后的"应当如此"的规范义务进行价值判断。在这一点上,可以说实质的"先行行为说"和前述的"支配行为说""排他支配说"具有相通之处。

但是,这种"先行行为说"也不是没有问题的。如按照"旧先行行为

---

[1] 王莹:《论犯罪行为人的先行行为保证人地位》,载《法学家》2013年第2期,第121页。
[2] 王莹:《论犯罪行为人的先行行为保证人地位》,载《法学家》2013年第2期,第122页;张明楷:《不作为犯中的先前行为》,载《法学研究》2011年第6期,第145页。

说",过失引起交通事故之后,行为人只要逃离现场,就一律构成故意杀人罪。依此类推,在过失犯或者结果加重犯的场合,行为人只要对被害人不予以救助,马上就要转化为故意的作为犯;而且,教唆犯和帮助犯也马上要转化为作为形式的正犯,这明显扩大了不作为犯的处罚范围。为了避免这一问题,"新先行行为说"提出了"行为人对危险向实害发生的原因具有支配"的限定条件。认为甲在高速公路上撞伤他人时,交通警察刚好就在身边,此时应当由警察将伤者送往医院抢救。① 但即便如此,在过失犯或者结果加重犯的场合,行为人只要对被害人不予以救助,马上就要转化为故意的作为犯之类的问题,还是没有完全解决。同时,行为人中途介入并支配面向法益侵害结果的因果进程的场合,"先行行为说"也难以说明。

4. 小结

综上所述,关于不真正不作为犯的成立条件,尽管还存在不少问题,但将历来倚重规范价值判断的"违反作为义务"具体化为"支配行为""排他支配行为""先行行为"等可视的客观事实因素,在此基础上明确不真正不作为犯的成立条件和处罚范围的做法,已是大势所趋。而且,就我国目前的研究来看,尽管关注点不同,叫法各异,但它们都有一个相同特点,即将不履行作为义务的行为转化为"引起"或者"支配"侵害法益结果的客观事实,以消除作为是引起因果流向,而不作为只是放任因果流向的结构性差异,从而实现二者之间的等价。

如就"先行行为说"而言,其实际上是意图通过将不真正不作为犯的认定重心从后续的不履行义务行为,转移到先前的先行行为上去的方法,将不真正不作为犯的成立范围限定于行为人亲自实施了具有法益侵害危险的先行行为并对该先行行为所引起的危险具有支配的场合;就"支配行为说"而言,其所表达的是:不真正不作为犯的成立,只限于行为人以实际行动承担起对正面临侵害危险的被害法益的保护,使其处于安定状态之后,又中止或者放弃该承担行为的场合,换言之,只有承担者具有放弃或者中止法益保护的场合,才能成立不真正不作为犯;而"排他支配说"则主张,只有一开始就排他、具体地支配了引起法益侵害结果的因果关系的行为,才能构成不真正不作为犯。

上述意图通过可视的、具体的事实因素来说明不真正不作为犯的成立条件和处罚范围的做法,同传统的以违反作为义务为中心的不真正不作为犯论相比,尽管名义上仍维持了不履行作为义务的外形,但实际上却看重不履行义务行为当中所存在的引起和被引起的关系,换言之,表面上维持了规范论

---

① 参见张明楷:《不作为犯中的先前行为》,载《法学研究》2011年第6期,第145页。

的研究范畴,实际上却是在寻找因果论的解决路径。这种"明修栈道、暗度陈仓"的做法,在维持不真正不作为犯论的理论连贯性的同时,也在突破纯粹以规范要素来判断作为义务的底线,追求不真正不作为犯认定上的明确性和可操作性,值得提倡。但其问题也很明显:一方面,由于上述见解仍在采用不作为犯的框架,探讨视角也仍局限在违反作为义务和不作为上,没有突破不真正不作为犯论本身的一些价值预设和基本观念,因此,理论上难免有各种各样的难以自圆其说之处;另一方面,单凭上述某一种见解,均难以对历来要以不真正不作为犯论解决的场景(如母亲不给孩子喂奶将其饿死、父亲看见自己的儿子在水中挣扎而不救助致其死亡、行为人不小心点燃物品之后不采取任何措施而逃走引起火灾等)给出令人满意的答案。

四、本文的观点——"排他支配设定说"及其展开

本文认为,不真正不作为犯的作为义务的实质根据在于,行为人主动设定了对法益的排他性支配。主动将被害人置于他人难以救助的状态,而后放弃救助的;或者不小心引起火情之后,能够而且只有其能够扑灭而不扑灭,任火势蔓延,造成火灾的,都是要和作为犯同等评价的不真正不作为犯。笔者将这种见解称为"排他支配设定说"。

如前所述,作为的场合,行为人设定或者引起了面向结果的因果发展流向,这就意味着,作为是行为人引起了侵害法益结果的原因,与此相应,在先前已经存在面向侵害法益结果的因果流向的不作为的场合,尽管行为人不可能成为该因果经过的最初引起者或者设定者,但完全可以通过中途介入而掌控因果关系的发展进程,左右结果发生方向,从而取得和作为犯场合同样的效果。具体来说,医生单纯不履行"救死扶伤"义务致使病人死亡的场合,导致病人死亡的主要原因还是病人自身的疾病,而不是医生的不作为,因此,医生的不作为可以构成渎职,却不能构成杀人。但是,在医生已经开始接手救治病人的场合,就意味着排除了其他人救助病人的可能性,病人的生死已经现实地依赖于具体接受的医生了。在从当时的医学水平和医疗条件上看,该种类型的疾病能够被有效控制的场合,"接手"即意味着该病人已经转危为安,不再面临生命危险的紧迫状态了。在此过程中,若医生中间放弃或者中止医疗行为,则意味着被控制的安定状态不复存在,病人生命法益再次陷入了不安定。这种中间放弃或者中止的行为,在排除了病人获得他人救助的可能性的具体条件下,比医生单纯的不接手治疗行为的危害性更大,足以被评价为剥夺病人生命的杀人行为。同样,行为人在交通肇事之后,仅仅是逃逸

的场合,即便因逃逸致人死亡的,也不能构成故意杀人罪①,而只有在采取其他行为,使得被害人的处境更加危险,如将被害人带离事故现场隐藏或者遗弃,致使被害人无法得到救助而死亡的场合,才能以故意杀人罪定罪处罚。②

但是,对法益的排他性支配的主动设定,并不限于行为人通过中途介入而掌控因果关系的发展进程的场合("支配行为说"),在行为人亲自设定面向结果的危险,并对该危险的流向进行支配的场合("新先行行为说"),也能实现。因为,正如前面反复强调的,作为是行为人引起并且操纵、支配面向法益侵害的因果关系;而不真正不作为则只是行为人利用、放任已经存在的面向法益侵害的因果关系而已。这样说来,不真正不作为和作为之间的结构性差异,主要在于行为人与引起结果的原因力之间的关系不同。从物理的角度看,不作为没有原因力,即该不作为本身并没有设定原因;相反地,在作为的场合,作为具有原因力,行为人是原因的主体。因此,要填补不作为和作为之间的空隙,使其与作为犯在构成要件上等价,首先必须考虑行为人是否设定了面向法益侵害的因果关系(原因设定)。但是,原因设定只是导致了因果关系的起源,在结果犯的场合,从原因引起到实现实害结果之间,还有一个发展过程,在此过程之中,如果有其他因素介入,最终还是不能说该结果是由当初的原因所引起的,难以成立结果犯。因此,成立作为的结果犯,行为人不仅要在结果发生的原因上有贡献,还必须保证该原因按照自己的预料在实害结果当中顺利实现(即原因支配)。如此说来,成立作为犯,行为人不仅要引起发生结果的原因力,而且还必须支配该原因力的发展过程。甚至可以说,"新先行行为说"实际上是"排他支配设定说"的一种表现形式。

总之,只有在行为人主动设定了对法益的排他性支配时,才可以消除不作为和作为之间的结构性差异,进而将该不履行作为义务的行为视为作为,按照作为犯的条款处罚。这种排他支配的设定,既可以通过行为人中途介入面向结果的因果进程的方式,也可以通过行为人制造并支配面向结果的潜在危险的方式。在采用中途介入的方式时,不要求行为人主观上具有防止结果发生的目的,只要行为人主动介入已经存在的面向结果的因果进程并达到让他人难以染指的程度即可;在采用先行行为的方式时,行为人仅仅是实施了导致法益面临危险的先行行为还不够,还必须维持该侵害法益危险最终变为现实侵害结果。

下文将依照上述见解,对司法实践中常见的几种所谓不真正不作为犯的情形进行分析验证:

---

① 我国《刑法》第133条对这种情形仍然规定为交通肇事罪,只是加重其处罚而已。
② 参见2000年11月10日最高人民法院《关于审理交通肇事刑事案件具体应用法律若干问题的解释》第6条。

(一) 见危不救的场合

所谓见危不救的场合,正如丈夫见到因病痛折磨而自杀的妻子生命垂危却不救助、母亲看着不慎跌入池塘的孩子在水中挣扎却无动于衷的场合一样,是指被害人(多半是由于自己的原因)正面临生命、身体上的危险,另一方即行为人能救助却不救助,引起死亡结果的场合,其常见于夫妻、恋人以及父母子女等特定的当事人之间。对此,我国的司法实践常以不救助的一方具有法定或者道义的救助义务为由,将该不救助行为认定为故意杀人。这一点已在本文的开头部分进行说明。但是,从本文的立场来看,这种判决值得商榷。理由如下:

第一,上述场合下,被害人的死亡结果,都是由其自主选择或者自己的过失行为所导致的,并非行为人因果设定行为所导致的。尽管从现象上看,被害人自杀或者落水,并非与不救助的一方完全无关,不救助的一方也具有一定过错,但从日常生活的经验来看,该种程度的过错(如人妻吵架、恋人分手、欠债不还或者父母疏于看护等)并不足以导致他人自杀,难以将其作为导致他人死亡的原因设定。

第二,和被害人自杀有关的过错,要构成刑法上的犯罪,必须满足一定条件。从域外刑法的相关规定来看,和他人自杀有关的行为构成犯罪,至少必须达到"教唆"(即让没有自杀意思的人产生自杀念头)、"帮助"(即让有自杀意思的人更加强化该种意思或者为他人自杀提供物质条件)的程度,否则就不可能构成犯罪。①"见死不救"行为,从类型性的角度来看,显然没有达到教唆、帮助的程度,因此,将其作为比自杀关联犯罪程度更高的故意杀人罪看待,并不妥当。

第三,日常生活中,共同生活的人群之内,一定程度的争吵和冲突是常态化的存在,即便是夫妻之间、恋人之间、父母子女或者债权债务人之间也在所难免。如果说具有上述关系的人之间所发生的见死不救行为,一律构成故意杀人罪,可能会使人们因为时刻担心不知什么时候、在什么地方会遇到特定人员在自己面前自杀而陷入恐惧不安当中,从而引起更大的弊端。

当然,说见危不救行为不构成杀人,并不意味着其也不构成其他犯罪。

---

① 参见《日本刑法典》第202条。该条规定,教唆或者帮助他人自杀,或者受他人嘱托或者得到他人的承诺而杀之的,处6个月以上7年以下有期徒刑或者监禁;我国台湾地区"刑法"第275条也规定,教唆或者帮助他人使之自杀,或受其嘱托或得其承诺而杀之者,处1年以上7年以下有期徒刑。前项之未遂犯罚之。谋为同死而犯第一项之罪者,得免除其刑。此外,《奥地利刑法典》第78条、《西班牙刑法典》第143条、《意大利刑法典》第580条、《法国刑法典》第223—13条等均将参与自杀的行为全部或者部分作为犯罪加以明文规定。

就上述特定关系人之间见危不救的情形而言,在夫妻、父母子女之间,情节恶劣的场合,可以考虑构成《刑法》第 261 条规定的遗弃罪;恋人之间,考虑其共同生活的时间、交往的密切程度,可以已经形成事实婚姻为由,比照《刑法》第 261 条规定的遗弃罪处罚①;但就因讨债不还而自杀的情形而言,实在是超乎人们的预想程度,难以对不救助者追究刑事责任。

需要指出的是,以下几种见危不救行为属于作为,并非不作为:

一是在他人处于亢奋状态时,激起或者强化他人的自杀情绪,造成他人自杀身亡结果的场合。如夫妻吵架,妻子抱怨自己活在世上没有多大意思。丈夫闻言,便打开卧室东侧的窗户对妻子说:"你如果要死,就从这里跳下去。"妻子一气之下,果然从打开的窗户跳下,当场死亡的场合就是如此。因为,丈夫在妻子处于失去理性的亢奋状态下,明知自己的上述刺激行为可能造成妻子自杀的结果,却故意以言语刺激,强化其自杀的意思,且打开窗户,为他人的自杀提供方便,最终造成了妻子自杀的严重后果。丈夫诱发和帮助妻子自杀的行为,实质上是教唆、帮助他人自杀的行为,符合我国《刑法》第 232 条所规定的故意杀人罪的犯罪构成。只是,考虑到该行为本质上属于介入他人的自杀行为,并非行为人亲自动手的杀人行为,因此,在处罚上可以作为"情节较轻"的杀人行为处理。

二是在他人生命处于危险状态的时候,阻止他人救助,以致他人身亡的场合。如在男女恋爱期间,男方提出分手,女方不同意而在男方家里服毒,意图自杀。在女方药性发作昏迷,女方的姐姐等人闻讯赶来抢救时,男方怕女方已服毒的事实被发现,竟对来人谎称:"她感冒了,喝醉了",并极力阻止,不让抢救。最终,女方因抢救不及时(当时及时送医的话,是可以抢救过来的),于次日凌晨 4 时死亡的案件中,男方隐瞒女方服毒事实并阻止抢救的行为,应当属于作为杀人行为。因为,这种行为已经不是简单地利用已经存在的因果关系的不作为,而是在以隐瞒真相、阻止救助的实际行动,让本可趋于安定的法益状态恶化,属于引起他人死亡或者说让他人死亡结果提前到来的作为。

三是在他人面临人身侵害而向行为人求助,行为人不仅不提供帮助,反而让被害人的处境更加不利的场合。如在著名的"冷漠的哥案"中,当出租车内的女乘客正遭受另一名男乘客的暴力侵害时,女乘客向被告人即出租车司机求救,要求其停车。出租车司机不仅不停车,反而听从男乘客的要求,绕道行驶,本来 10 分钟即可到达的路程开了 30 分钟,从而使犯罪行为得逞。

---

① 参见李立众:《事实婚姻中的遗弃行为能否认定遗弃罪》,载《人民检察》2008 年第 1 期,第 35 页。

法院认为,出租车司机的"绕道行为"(作为)客观上为男乘客的犯罪行为提供了便利,因此判定出租车司机构成强奸罪。①

(二)先行行为的场合

所谓先行行为的场合,正如行为人不小心引起火情,但放任不管,结果造成火灾,酿成重大损害的场合;或者不小心让他人受伤,能够救助而不救助,结果导致他人死亡的场合;或者不小心将他人锁在图书馆内之后,明知此事但仍不开锁,导致他人在图书馆里被关闭了一夜的场合一样,是指行为人由于自己的原因导致法益处于危险状态,能排除而不排除,结果引起重大损害的情形。在这种场合下,行为人是不是应当构成不真正不作为犯,按照放火罪、故意杀人罪之类的作为犯的条款处罚成为问题。

上述情形,按照"支配行为说",恐怕是不能构成不真正不作为犯的。因为,在火情发生或者他人受伤之后,行为人并没有为防止结果的发生而自愿实施具有支配力的行为,没有对导致结果的因果关系形成支配。但是,按照"先行行为说",上述场合,都会成立不真正不作为犯。因为,引起火情和导致他人受伤,都属于行为人的先行行为"对刑法所保护的具体利益造成的危险",当时,没有其他因素的介入,行为人对该危险的明显增加具有排他性支配,因此,在该危险最终演变为实害结果时,可以说,行为人的不灭火或者不救助行为和放火罪、故意杀人罪的作为行为等价,构成不真正不作为犯。

从本文所主张的"行为人亲自设定了对法益的排他性支配"包括行为人亲自设定面向结果的危险,并对该危险的流向进行支配的场合的角度来看,对上述情形原则上也是持肯定态度。特别是有关火灾这种严重危害公共安全的犯罪的场合,刑法只是规定有放火和失火两种情形,而没有其他选择。日常生活中,行为人不小心引发火情的情况非常常见,在当时的情形下,只要稍微努力,就可以控制住。但行为人出于各种企图(如获取保险金、隐匿罪迹),有意利用或者放任该已经发生的火情,结果造成火灾,其社会危害性极大,纯粹以失火罪来处理,显然不足以评价其违法性或者说社会危害性。在这种场合下,从行为人自己设定了火灾的起因(原因设

---

① 参见《"冷漠的哥"坐视车内15岁少女被强暴获刑两年》,载新浪网(http://www.sina.com.cn),访问日期:2011年8月20日。应当说,法院的这种判断固然不错,但说理上还略嫌不足。因为,其忽视了一个重要因素,即出租车司机在犯罪嫌疑人强暴被害人的过程中,始终驾驶车辆,其持续的让车辆处于行驶状态的行为,使得犯罪行为处于一种难以被他人发觉和阻止的封闭状态,进一步增加了被害人所面临的危险。这也应当成为认定出租车司机构成强奸罪的帮助犯的依据。

定),并且在当时的情况下,能够扑灭而不扑灭,却有意利用或者放任火情发展,并最终造成人员死伤(原因支配)的过程来看,应当说,其和放火行为在价值上没有两样,因此,完全可以评价为不作为的放火。① 同样,在行为人明知他人被关闭在图书馆内,仍不开锁的场合,也可以同样理解。这种场合,由于行为人不小心,将他人关闭在图书馆(原因设定),其手上有钥匙,能够轻易地打开门锁,但却不为该行为,导致了他人被关一天一夜(原因支配),因此,在行为性质上可以和非法拘禁罪同等看待,完全可以评价为不作为的非法拘禁。

但在行为人不小心让他人受伤,能够救助而不救助,结果导致他人死亡的场合,是不是马上就可以说行为人构成不作为的故意杀人?情况则比较复杂。因为,对这种类型的危害行为的评价,不仅涉及《刑法》分则当中的故意伤害罪(《刑法》第234条)和故意杀人罪(《刑法》第234条),其还涉及《刑法》总则当中有关中止犯的相关规定(《刑法》第24条),换言之,其不仅是一个理论解释问题,而且还涉及多大程度上坚持罪刑法定原则的问题。

按照"先行行为说",作为引起侵害法益危险的先行行为的范围极为广泛,不仅包括一般违法行为,也包括故意、过失的犯罪行为,只要是创设法所不允许的风险的行为,都包括在内。② 但是,果真如此的话,则批判意见所说的,依此类推,在过失犯或者结果加重犯的场合,行为人只要对被害人不予以救助,马上就要转化为故意的作为犯;而且,教唆犯和帮助犯也马上要转化为作为形式的正犯,这明显扩大了不作为犯的处罚范围的批判该如何回应,确实是个难题。

同时,将故意犯罪也列为作为义务来源的先行行为,问题更大。从罪刑法定原则的立场来看,故意犯罪行为是不可能作为不作为犯的义务来源的。因为,一方面,从现行刑法的规定来看,在故意犯的场合,立法者本来就没有指望行为人在实施加害行为之后,还能够主动实施防止侵害结果发生的行

---

① 当然,要注意的是,构成不作为放火的,仅限于行为人自己引起了火情的场合。在起火情的原因是雷击或者第三人用火的场合,即便行为人看到了火势而任其发展,见危不救的场合,由于其没有设定起火原因,因此,无论如何,不构成不作为的放火。

② 王莹:《先行行为作为义务之理论系谱归整及其界定》,载《中外法学》2013年第2期,第340页。王莹认为,过失犯罪可以成为先行行为引发作为义务,并举例说重大责任事故罪的行为人在发生责任事故后,"故意隐匿重伤的被害人以防止其被救治或者阻止他人救助而致其死亡的",应对死亡后果承担不作为故意杀人罪的责任。参见王莹:《论犯罪行为人的先行行为保证人地位》,载《法学家》2013年第2期,第122页。但在本文看来,重大责任事故发生之后,"故意隐匿重伤的被害人以防止其被救治或者阻止他人救助",致使被害人死亡的场合,致使被害人死亡的,由于存在行为人之后所实施的"故意隐匿重伤的被害人"以及"阻止他人救助"行为,因此,将行为人的存在评价为作为也并无不可。犯罪行为应当尽量排除在作为义务来源的先行行为之外。

为。行为人主动实施该防止侵害结果发生的行为并有效的话,就要构成刑法中所规定的犯罪中止,受到"减免处罚"的奖励。换言之,中止犯规定的存在表明,现行刑法并没有赋予行为人防止侵害结果发生的义务;另一方面,正如故意伤害他人之后,不救助而导致他人死亡的,构成故意伤害(致死)罪,要被加重处罚一样,行为人所不阻止的损害后果通常包含在其先前的作为加害行为之中,只要评价其先前的犯罪行为,就足以评价其后所引起的行为不法与结果不法,没有必要再单独考虑其后的不作为行为。①

因此,虽说理论上可以肯定犯罪行为能够成为先行行为,并以此为根据而追究行为人的不真正不作为犯的刑事责任,但在其应用上必须结合刑法的相关规定进行。在先行行为所包含的危险实现能够为先行行为的行为不法和结果不法所包括,就可以说该行为的危险已被先行的犯罪行为的构成要件所"用尽",没有必要再将该犯罪行为视为先行行为以评价相应的不作为。② 在理论探讨和刑法规定发生冲突的时候,应当优先考虑刑法规定,绝

---

① 将故意犯罪作为先行行为的一个重要理由是,不将故意犯罪行为作为先行行为,就无法处罚事后的不救助行为的共犯。如在甲以杀人故意将被害人乙砍成重伤,随后,甲看到乙躺在血泊中的痛苦表情,顿生悔意,打算立即叫救护车。此时,无关的第三人丙极力劝阻甲,唆使其放弃救助的念头,乙最终因失血过多而死亡的案例中,有学者认为,只有认定甲的故意杀人行为产生了救助义务,其后来的不作为也属于杀人行为,才能认定丙的行为成立不作为杀人的教唆犯。参见张明楷:《不作为犯中的先前行为》,载《法学研究》2011年第6期,第149页;王莹:《论犯罪行为人的先行行为保证人地位》,载《法学家》2013年第2期,第126页。确实,将故意犯罪作为先行行为,对于处罚事后不救助行为的共犯来说,具有实际意义。但仅因为此而不惜违反现行刑法中中止犯的相关规定宗旨,不仅有小题大做之嫌,而且还会引起不良后果。详言之,如A以杀人故意将乙砍成重伤后离开。无关的B经过此地,准备救助乙。C劝阻B别管闲事,结果乙死亡。上述案例当中,C的行为,从外观和产生的实际效果来看,和前述案例中的丙完全一样。在前一案例中,丙要受罚,而在后一案例中,C却不受任何处罚。从犯罪的本质是侵害法益而不是其他的角度来看,完全相同的侵害法益行为,法律后果却迥异,对于故意杀人罪这种不以行为人具有特定身份为成立要件的犯罪来说,难免会让人觉得有些怪异。特别是在A杀乙之后离开,但又于心不忍,意欲返回救助,不知情的C劝阻,A便离开;后路过此地的无关者B看见地上躺着的乙,顿生恻隐之心,准备救助,但也被C劝阻离开的场合,两相比较,就会看出,C之所以要受到处罚,仅仅是因为运气不好——不认识谁是杀人者。这种做法,不是在追究偶然责任吗?同时,以无法处罚上述情形中的丙为由,说明先前的故意伤害行为属于作为义务来源的见解,在方法论上有循环论证之嫌。即,待证问题是甲的犯罪行为是否先前行为,但在证明过程上,一方面说,如果甲的行为不是先前行为,就无法处罚丙;另一方面又称,因为能够合理地处罚丙,所以甲的伤害行为是先前行为。二者在互为因果、循环论证。这样考虑的结果是,行为人自身的刑事责任取决于与其之外的其他人的行为,如就上例而言,本来,行为人甲的行为就是一个故意伤害致死的行为,但由于要追究其之外的丙的刑事责任,因此,不得不将其行为升格为故意杀人。这岂不是违反个人责任原则吗?

② 参见王莹:《论犯罪行为人的先行行为保证人地位》,载《法学家》2013年第2期,第122页。在这一点上,我国台湾地区学者许玉秀的见解,值得考虑。她认为,如前行为是故意的作为时,对后面的不救助行为产生的结果,所侵犯的法益不同的,按照结果加重犯处理,侵犯法益相同的,按前一行为的既遂犯处理即可。确实无法解决的,只能通过立法的方式。上述内容,参见许玉秀:《当代刑法思潮》,中国民主法制出版社2005年版,第693页以下。

对不能以牺牲罪刑法定原则为代价,换取对法益的绝对保护。

(三)遗弃婴幼儿、老年人、残疾人的场合

婴幼儿、老年人、残疾人等由于年龄或者身体的原因,没有自我生存或者自我保护能力,或者该种能力较弱,其生死或者日常生活严重地依赖于他人,因此,其在理论上被称为"脆弱法益"。对"脆弱法益"的保护,一般来说,均具有相关的法律规定。如关于婴幼儿,我国原《婚姻法》第21条曾明确规定,禁止溺婴、弃婴和其他残害婴儿的行为;①关于老年人,我国的《老年人权益保障法》第3条规定,禁止歧视、侮辱、虐待或者遗弃老年人;关于残疾人,我国《残疾人保障法》第9条规定,禁止对残疾人实施家庭暴力,禁止虐待、遗弃残疾人。问题是,不遵守上述法律规定,不尽赡养或者抚养义务,遗弃幼儿、老年人、残疾人的,是不是一律构成不作为的故意杀人?

从本文所主张的"只有在行为人主动设定了对法益的排他性支配"时,才能按照作为犯的条款处罚的见解来看,对上述脆弱法益不尽抚养、赡养义务的行为,若要作为故意杀人罪处罚,仅仅是不履行义务还不够,行为人还必须具有进一步的、具体威胁、侵害其生命法益的行为,如母亲有意将孩子生在厕所便池里;交通肇事者将被害人转移到路边难以被人发现的草丛里;家人将神志不清、行动不便的老人带至野兽出没的深山偏野或者少有人烟的冰天雪地,等等,诸如此类。这些行为看似是不履行法定作为义务的真正不作为,但是,刚出生的婴儿或者年龄尚小的幼儿,身体发育还不成熟,自我生存能力很脆弱,即便是正常环境下,如果没有包括其父母亲在内的其他人的照料,也难以存活,更不用说将其放置在一个臭气熏天的便池里,属于行为人亲自设定了面向法益侵害结果的因果进程,并对其进行排他支配。这种做法,无疑加速了幼儿生命终期的提前来临,和掐死、毒杀等作为方式的杀人行为并无二致,属于不真正不作为。②

---

① 现行《民法典》删去了"禁止溺婴、弃婴和其他残害婴儿的行为"的表述。
② 我国的司法实践也是这么理解的,只是将这种行为认定为不作为的杀人行为而已。如在曾轰动一时的"南京饿死女童案"中,法院认为,被告人乐燕身为两位女儿的生母,对女儿负有法定的抚养义务;明知两名年幼的女儿无人抚养照料,其不尽抚养义务必将会导致两被害人因缺少食物和饮水而亡,但却仍然将两名被害人置于封闭房间内,仅留少量食物和饮水,离家长达一个多月,不回家抚养照料两名被害人,在外沉溺于吸食毒品、打游戏机和上网,从而导致两名被害人因无人照料饥渴而死。乐燕主观上具有放任被害人死亡的间接故意,客观上造成两名被害人死亡的结果,因此其行为构成故意杀人罪。具体参见《饿死女童案一审判决 其母犯故意杀人罪被判无期》,载中国新闻网(https://www.chinanews.com.cn/fz/2013/09-18/5300358.shtml),访问日期:2022年10月24日。

交通肇事后逃逸的场合也是如此。依照我国《刑法》第133条的规定①以及有关司法解释,交通肇事后,放任被害人死亡的,构成交通肇事罪,但要加重其处罚。但相关司法解释规定②,交通肇事后,行为人将被害人"带离事故现场后藏匿或者遗弃"的,可能构成故意杀人罪。因为,将被害人"带离事故现场后藏匿或者遗弃"的行为,实际上行为人亲自设定了面向法益侵害结果的因果进程,并对其进行排他支配的情形。被害人在被转移到路边难以被人发现的草丛中以后,被他人发现并救助的可能性就被剥夺,使其落入了必死的境地。这种转移行为和轧死被害人的杀人行为并没有什么不同;同样,神志不清、行动不便的老人被带至野兽出没的深山偏野或者少有人烟的冰天雪地,也是让其陷入了生存的绝境,属于置人于死地的行为,因此,和作为具有等价性。

如此说来,遗弃婴幼儿、老年人、残疾人等脆弱法益的行为,虽说在形式上属于不履行作为义务的真正不作为,但由于其设定并具体支配了面向法益侵害的因果进程,促进了被害人生命法益的恶化,因此,属于不真正不作

---

① 我国现行《刑法》第133条规定,违反交通运输管理法规,因而发生重大事故,致人重伤、死亡或者使公私财产遭受重大损失的,处3年以下有期徒刑或者拘役;交通运输肇事后逃逸或者有其他特别恶劣情节的,处3年以上7年以下有期徒刑;因逃逸致人死亡的,处7年以上有期徒刑。需要说明的是,从我国《刑法》第133条的规定来看,我国刑法似乎不认可交通肇事后逃逸,致使被害人死亡的,可以成立不作为杀人。但是,从交通肇事后逃逸致人死亡的,"处7年以上有期徒刑"的量刑幅度来看,应当说,这种理解是没有道理的。按照我国最高人民法院的前述"解释",交通肇事罪,只有在造成一定人数的人员死伤的场合,才能成立。在交通肇事造成1人死亡的场合,可能会有逃逸行为,但是,不可能具有"因逃逸致人死亡"的结果,所以,这种情形应当排除在外;在造成3人以上重伤的场合,可以出现肇事者"因逃逸致人死亡"的情形。在这种情况下,因为肇事者有逃逸行为,所以,应当在"3年以上7年以下有期徒刑"的范围内酌定量刑。同时,又因为行为人的"逃逸致人死亡"行为成立故意杀人罪。在这种情况下,有两种可能:一种可能是构成"情节较轻"的故意杀人罪,应当在3年以上10年以下的有期徒刑范围之内酌定量刑。在这种场合,即便对行为人都选择各个犯罪的法定刑幅度之内的最高刑,最多也只能在10到17年的有期徒刑范围之内,选择宣告刑。这和以交通肇事罪定罪,在"7年以上有期徒刑"的范围内选择刑罚并没有什么实质性的差别。另一种可能是,将行为人交通肇事后逃逸致人死亡的行为作为"情节一般"的故意杀人罪,在"10年以上有期徒刑、无期徒刑或者死刑"的范围内量定刑罚,然后再和具有逃逸情节的交通肇事罪实行并罚。在这种场合下,对行为人的处罚,显然会很高,判处死刑或者无期徒刑的场合就不用说了,在判处有期徒刑的场合,最高可达20年。但是,总体来看,本质上属于过失致人死亡的交通肇事行为,结果却被处以如此重的刑罚,这无论如何也是叫人难以理解和接受的。因此,我国《刑法》第133条避开了争议巨大的交通肇事后逃逸是不是构成不真正不作为犯的争议,而笼统地规定为处"7年以上有期徒刑"的交通肇事罪,是一个明智的做法。但这并意味着,现行刑法不认可交通肇事后逃逸的可能成立不作为杀人的见解。

② 2000年11月10日最高人民法院《关于审理交通肇事刑事案件具体应用法律若干问题的解释》第6条规定,行为人在交通肇事后为逃避法律追究,将被害人带离事故现场后藏匿或者遗弃,致使被害人无法得到救助而死亡或者严重残疾的,应当分别依照《刑法》第232条、第234条第2款的规定,以故意杀人罪或者故意伤害罪定罪处罚。

为,对其应适用作为犯条款,以故意杀人罪论处。

但要注意的是,这种遗弃行为,只能发生在行为人主动承担了对婴幼儿、老年人、残疾人的保护的场合,在被动地处于对上述人员具有承担保护的场合,由于不属于"行为人主动设定了对法益的排他性支配",因此,不能构成不作为的作为犯。据此,可以说,学界曾经热议的"出租车司机遗弃病人案"①中,出租车司机的行为不构成故意杀人罪。该案案情如下:洪某驾驶出租车在大街上揽客,何某将一大量失血并已昏迷的老人抱上车,说是自己撞伤的,要求洪某驱车前往医院抢救。当车行驶 10 分钟之后,何某要求停车,找借口离开。洪某等候 30 分钟后,见已经到了深夜,就怀疑何某已经逃逸,便将重伤老人弃于附近大街。第二天交警发现老人尸体,经法医鉴定是因失血过多而死亡。检察机关以故意杀人罪对何某和洪某提起公诉,法院最后对何某作了故意杀人的有罪判决,宣布洪某无罪。笔者认为,法院的判决是妥当的。在上述案件当中,就出租车司机洪某的行为而言,尽管被害人身在其车厢之内,其在事实上对于被害人的生死具有排他性支配,但是,这种排他性支配的取得并不是基于洪某本人的意愿而形成的,而是由于乘客何某带人上车这种极为偶然的原因而形成的,实际上,就像是自己的院子里突然有一个受伤的人闯进来了一样。在本案当中,出租车司机在法律上并没有救死扶伤的义务,同时,被害人所处生命垂危的危险状态也不是出租车司机本人的先前行为所造成的。因此,本案当中,出租车司机的行为尽管在道义上值得强烈谴责,但是,和自己主动剥夺他人生命的杀人行为相去甚远,不构成故意杀人罪。

五、结　语

不真正不作为犯论的核心,说到底,是保护法益原则和罪刑法定原则之间如何协调的问题。偏重保护法益的话,便会说所有不利于法益保护的行为都值得处罚,但强调罪刑法定原则的话,则会得出只有符合刑法规定类型的侵害法益行为才能进入刑法处罚范围的结论。

就以不作为方式实现作为犯的构成要件的不真正不作为犯的情形而言,尽管在行为方式上,其是不作为,但由于最终是按照结果犯的条款来处罚的,因此,该不作为是如何引起结果的因果关系的判断就必不可少。但现行的学说在这一问题的研究上差强人意,因此,在不真正不作为犯的研究上,规

---

① 具体案情介绍以及讨论分析,参见杨兴培、李芬芳:《见死不救旁观者是否构成犯罪及救助义务探析——以一起"出租车司机弃置伤者致其死亡案"为切入点》,载《东方法学》2013 年第 3 期,第 60 页以下。

范的作为义务论反而成为探讨中心。只是,这种研究方式不仅有违反罪刑法定原则之嫌,还会导致和法益保护原则之间关系的紧张,因此,在实质义务论的名义之下,有关不真正不作为犯的研究最终还是回到了对不履行义务行为当中事实上存在的引起和被引起关系的探讨。

作为是引起因果关系,而不作为是利用因果关系,二者之间的这种结构性差别,使得在不真正不作为犯的成立上,必须以消除该种差别,实现二者之间的等价为出发点。而这种结构性差别的消除,只有在行为人主动设定了对法益的排他支配时,才能实现。这种排他支配的设定,既可以通过行为人中途介入面向结果的因果进程的方式,也可以表现为行为人制造并支配面向结果的潜在危险的方式。

第四章 保证人地位事实论的重构与应用

周啸天

内容摘要：对于保证人地位的界定标准，我国存在规范论与事实论的对立。经反思，规范论存在缺陷而不应被采纳，事实论的理论进路尚存困境，亟待重构。立基于不真正不作为犯在归因上的开放式与归责上的主体限缩式结构，以我国刑法分则条文中的选择身份为参照点，能够析出"基于选择而事前现实地支配法益"这一保证人地位界定标准。在理论上，该标准能够明确界分作为犯、不真正不作为犯、真正不作为犯三者，且能够解决围绕先行行为所产生的理论争议；在实践上，该标准有助于我国在审判中做到罪刑相适应，且能够合理区分不作为的参与形态。

引言 对三种理论路径的分析

不真正不作为犯是具有作为义务者以消极不作为的方式实现构成要件的犯罪类型，保证人地位是其重要的构成要件。界定保证人地位的两个理论基点是规范与事实，前者认为保证人地位来自人与人之间的关系，后者认为保证人地位来自对法益的现实支配。我国学界最初的主流理论是融合两者的二元论。作为该问题的长期研究者，早期的黎宏认为，界定保证人地位必须考察事实性和规范性两方面因素。[①] 张明楷也从法规范与支配结果发生的原因两方面界定作为义务。[②] 从陈兴良一边同意冯军早期所持的事实承担说的观点[③]，另一边又以形式的作为义务限定保证人地位的做法

[①] 参见黎宏：《不作为犯研究》，武汉大学出版社1997年版，第166—167页；黎宏：《"见死不救"行为定性分析——兼论不真正不作为犯的义务的判断》，载《国家检察官学院学报》2011年第4期，第70—72页。

[②] 参见张明楷：《刑法学（上）》（第6版），法律出版社2021年版，第198页。

[③] 参见陈兴良：《不作为犯论的生成》，载《中外法学》2012年第4期，第680页。

可知①,他也属于二元论者②。二元论的根本问题是判断标准的分裂从而有违教义学的内在统一性。例如,在某母亲将孩子刚一生在自己家里就立即出走导致婴儿死亡的场合,采取规范论,则母亲违背了基于扶弱体制而来的团结义务,其成立不作为的故意杀人罪,采取事实论,除非我们将怀孕理解为对脆弱之人的支配或者先行行为,否则我们就难以肯定母亲成立不作为的故意杀人罪(未遂),她充其量成立遗弃罪。③

在此基础上,我国学界出现了分道扬镳、各采一边的现象。一元规范论的代表性论者,是车浩与何庆仁。前者将阿明·考夫曼的机能二分说往前推进一步,有创见地假设了一个只有父母与孩子存在的思想实验场域,并据此推导出父母对孩子的保护是延续社会存续的基础,是作为义务得以生成的原型。④ 后者借鉴了雅各布斯的义务犯理论⑤,以支配犯与义务犯为统摄作为犯与不作为犯的上位原理,支配犯以支配因果流程为正犯准则,义务犯以违背"与他人共建一个共同世界"为正犯准则,据此,某些不真正不作为犯中的作为义务便是积极义务。⑥ 前者的问题是,客观情况决定行为选择,在只有父母与孩子的自然状态下,父母不一定会保护孩子,甚至会做出相反行为,这从一些父母出卖亲生子女的案件中已经充分地体现出来。后者的根本问题是,提倡积极义务会带来重刑化结局。根据其逻辑,在母亲抱着杀意而将孩子丢弃到医院大门口的场合,母亲便因对积极义务的违背而成立故意杀人罪未遂而并非遗弃罪,这不仅重罚了母亲,也将评价的重心置于人的主观恶性之上。

近来,出于明确判断作为义务标准的理论初衷,黎宏彻底转向了事实论。他从设定对法益的排他性支配的角度,从"支配行为"与"危险创出"两方面构建了彻底的一元化事实论。⑦ 姚诗也偏向事实论的方向,以"对引起结果原因的支配"作为保证人地位的判断标准。⑧ 我国事实论的根本问题是,在

---

① 参见陈兴良:《教义刑法学》(第3版),中国人民大学出版社2017年版,第273页。
② 其他的二元论观点请参见许成磊:《不纯正不作为犯论》,人民出版社2009年版,第526页;郑泽善:《不纯正不作为犯新论》,载《求索》2012年第2期,第63—64页;毛玲玲:《不作为犯义务的限制实质论》,载《东方法学》2014年第3期,第32—33页。
③ 参见黎宏:《排他性支配设定:不真正不作为犯的困境与出路》,载《中外法学》2014年第6期,第1593页。
④ 参见车浩:《保证人地位的实质根据》,载公益信托东吴法学基金会主编:《不作为犯的现况与难题》,元照出版有限公司2015年版,第256—292页。
⑤ 参见〔德〕ギュンタ・ヤコブス:《支配犯および義務犯における関与》,阿部純二、绿川邦夫译,载《法学》1993年57卷3号,第40—46页。
⑥ 参见何庆仁:《义务犯研究》,中国人民大学出版社2010年版,第78—80、282—284页。
⑦ 见前注④,第1587页。
⑧ 参见姚诗:《不真正不作为犯的边界》,载《法学研究》2018年第4期,第116—117页。

具有不真正不作为犯总则性立法的德国,从作为犯中的支配原理类推出作为义务的来源并无问题,但是,在并无总则或者分则性立法的我国,以作为犯类推不作为犯的做法则面临着与罪刑法定原则的硬性冲突。如果我们认为刑法的分则条文直接包含了不真正不作为犯,那么,立法者连处罚较重的不真正不作为犯都没有单独规定,单独规定处罚较轻的真正不作为犯就更无必要,如果我们认为分则条文是以作为犯为原型制定的,那么,从作为犯之中类推出不真正不作为犯的构成要件,就有违罪刑法定原则的法律主义的要求,即罪与罚必须被成文法所创设。①

由以上梳理可知,在保证人地位的界定标准上,规范论与事实论的对立已经拉开序幕,而两者都存在值得商榷的问题。本文的核心问题意识便是,如何在作出理论取舍的基础上,构建出既有实定法基础又具有明确性的保证人地位理论。本文的解决思路是,在反思事实论与规范论的基础上作出方向性选择,并以不真正不作为犯的自身结构为着眼点,以实定法中的选择身份为依据,构建出简洁明快且富有良好应用功能的事实化保证人地位理论。

一、德国的规范论与日本的事实论

在域外,对作为义务的研究,存在着以德国为代表的规范论与以日本为代表的事实论之间的差异。

(一) 德国的研究路径:由事实到规范

在19世纪,德国学者们侧重于以因果关系界定作为义务,在此视角下的各种学说都昙花一现,难言成功。真正具有划时代意义的,是将作为义务放到构成要件之中加以研究的那格勒的保证人说。那格勒在"刑法典的规定中寻求不作为与作为同等看待的线索"②,其认为,不真正不作为犯与作为犯的

---

① 提出处罚不真正不作为犯会违反罪刑法定原则这一根本困境的日本学者不在少数,参见〔日〕松宫孝明:"保障人说について",载《刑法雑誌》1996年36卷1号,第171页;〔日〕平山幹子:《不作为犯と正犯原理》,成文堂2005年版,第14页;〔日〕金澤文雄:"不真正不作为犯の問題性",载团藤重光等编:《犯罪と刑罰·上·佐伯千仭博士還暦祝賀》,有斐阁1968年版,第234页。

② 〔日〕松宫孝明:《刑法总论讲义(第4版补正版)》,钱叶六译,中国人民大学出版社2013年版,第65页。

等置有着规范根据,因为《德国刑法典》第221条第1款①(该条系结果犯)将一般主体的作为与保护责任者的不作为并列规定在一起。这样一来,因为不真正不作为犯违反的仍然是以作为犯为原则而制定的禁止规范,所以其属于"被伪装的作为犯"(getarnte Aktivität)。② 其后,目的行为论者阿明·考夫曼注重不作为与作为之间于存在结构上的差异,并认为不作为违反的是命令规范,作为违反的是禁止规范,两个规范所针对的对象完全不同。③ 在此基础上,其形成了自己的"新保证人说"并对立法形成影响。在该说之下,既然不真正不作为犯有自己独立的构成要件,那么参照规定作为犯的条文来认定不真正不作为犯的做法便违反了禁止类推原则,该问题必须依赖立法来解决。保证人地位最终被规定于1975年《德国刑法典》第13条第1款之中。在有立法规定的前提下,因为不真正不作为犯与作为犯符合的是各自的构成要件,所以德国的通说不再纠缠于对不真正不作为犯原因力的弥补,而是肯定"假定的因果关系"。④ 保证人地位才是不真正不作为犯的"惟一之客观成立要件"⑤,等置性只是在刑法分则对行为有特别要求之际,考虑正犯能否成立的因素。⑥ 少了等置性要件的羁绊,德国的义务犯理论行进在规范化的大方向上。

(二)日本的研究路径:趋向彻底的事实化

日本刑法总则缺乏有关不真正不作为犯的规定,因此,借鉴阿明·考夫曼的新保证人说就不具备实定法空间。在日本流行的,是重视不作为与作为之间等置性的那格勒的保证人说。与此相应,不真正不作为犯与作为犯之间

---

① 《德国刑法典》第221条规定的是遗弃罪,其第1款规定:"行为人对于他人有下列行为之一,且因而使他人遭受死亡或健康严重损害之危险者,处三月以上五年以下有期徒刑:1. 将他人置于无助之状态,或 2. 任由受其照顾之人,或其有义务帮助之人处于无助之状态,而弃置不顾。"
② 〔日〕松宫孝明:《刑法总论讲义(第4版补正版)》,钱叶六译,中国人民大学出版社2013年版,第169页。
③ 参见〔日〕岛田聪一郎:《不作为犯による共犯について(一)》,载《立教法学》2003年第64号,第34页。
④ 参见〔德〕乌尔斯·金德霍伊泽尔:《刑法总论教科书(第6版)》,蔡桂生译,北京大学出版社2015年版,第366页。
⑤ 许玉秀:《主观与客观之间——故意理论与客观归责》,法律出版社2008年版,第252页,脚注3。
⑥ 根据罗克辛的观点,所有的不作为犯都是义务犯,不作为的参与在原则上就只成立单独正犯,只有在分则对构成要件要素存在例外要求(如夺取罪中的非法占有目的、自手犯的自手性)而参与人不具备的场合,不作为者才成立共犯。另外,在通常的犯罪类型中不作为者所不阻止的作为犯只是共犯的场合,不作为者也只成立共犯。参见〔德〕罗克辛:《德国刑法总论(第2卷):犯罪行为的特别表现形式》,王世洲主译与校订,王锴、劳东燕、王莹等译,法律出版社2013年版,第506页。

的等置性就成为界定作为义务的上位理念。① 因为不作为与作为之间存在着不同的事实结构,所以,日本学者对于等价性的寻求,就建立在弥补作为与不作为之间原因力的差异之上。这也就确保了日本的研究路径行进在以事实化为原则的大方向上。在这一方向上又存在三种不同的理论支流,分别是"弥补原因力模式""事中排他性支配因果关系模式""事前支配结果的原因模式"。前者将作为与不作为一体化理解,将不真正不作为犯视为"准作为犯"。② 中者侧重从事中对因果流程的支配来界定保证人地位。③ 后者侧重从事前支配"引起结果的原因"的角度来界定保证人地位。④

二、规范论批判与我国既有事实论的困境

经分析可知,规范论存在难以克服的问题而不应被采纳,既有的事实论应当被重构。

(一)规范论批判

信赖不足以成为界定保证人地位的因素,因为是规则保障了信赖而不是信赖保障了规则,信赖说存在倒果为因的缺陷。根据时间顺序,我国规范论的代表性思想分别是"特别义务说"与"新功能说"。

义务犯理论与我国刑法总则立法存在直接矛盾之处,因此,不宜对其加以普遍性引进。我国《刑法》第 29 条规定:"教唆他人犯罪的,应当按照他在共同犯罪中所起的作用处罚。"这一规定当然适用于身份犯的共犯,即普通主体完全有可能被评价为主犯,其刑罚高于身份者,但是根据义务犯理论,只能得出普通主体的刑罚低于身份者的结论。例如,罗克辛认为,普通人教唆或者帮助法官枉法裁判(《德国刑法典》第 339 条)的,虽然普通人能够参与法官的枉法裁判行为,但是,因为只有法官才负有特别义务从而能够实现枉法裁判罪所规定的高程度的"特别的不法",所以,不是法官的人根据《德国刑法典》第 28 条的规定而相比法官减轻处罚。⑤ 莫说法官身份是不法身份,即

---

① 参见张明楷:《外国刑法纲要》(第 3 版),法律出版社 2020 年版,第 85 页。
② 参见〔日〕松宫孝明:《不真正不作为犯について》,载阿部耕一等主编:《西原春夫先生古稀祝賀論文集》(第一卷),成文堂 1998 年版,第 175 页。
③ 参见〔日〕西田典之:《日本刑法总论》,刘明祥、王昭武译,中国人民大学出版社 2007 年版,第 94 页。
④ 参见〔日〕岛田聪一郎:《不作為犯》,载《法学教室》2002 年第 263 号,第 117 页;〔日〕山口厚:《刑法总论》(第 3 版),付立庆译,中国人民大学出版社 2018 年版,第 89—93 页。
⑤ 参见〔德〕罗克辛:《德国刑法总论(第 2 卷):犯罪行为的特别表现形式》,王世洲主译与校订,王错、劳东燕、王莹等译,法律出版社 2013 年版,第 191 页。

便我们将法官身份理解为加重的责任身份,因为没有超出不法限度的责任,所以,我们也绝无可能在义务犯的视角下得出普通人的刑罚高于具有特别义务的身份者的结论。就《刑法》分则而言,引入义务犯理论会架空《刑法》第 397 条的适用空间。在义务犯理论中,警察不阻止他人杀人、强奸的,消防员不阻止他人放火的,也因违反了"与他人共建一个共同世界"的积极义务而应当分别成立不作为的故意杀人罪、强奸罪、放火罪①,这无异于直接架空了《刑法》第 397 条的适用空间。在义务犯理论的发源地德国,就不存在这一问题,因为德国刑法并不存在一个违反职务的一般犯罪。②

对于阿明·考夫曼的机能二分说,其问题在于形式大于内容,因为该说"只对保证人提出分类,其实并没有说明保证人地位的形成根据……只是提出一个形式上看起来很便捷的分类方法而已"③。在敏锐地意识到这一问题的基础上,车浩提出了"新功能说"。其思路为:如果限缩所有的社会功能,那么,在维持一个社会不至于解体的最低限度内,就只剩下父、母、孩子这一核心家庭结构,因此,父母的保证人地位是基于维系社会最基本的延续功能之需要而来,这一功能就是衍生出保护法益功能兼及危险源监督功能的母体。④ 该观点值得商榷。人受两种生产的制约:一方面是生产资料的生产,另一方面是人类自身的生产。⑤ 既然生育、抚养孩子本身就是人类自身的再生产,而一切生产又离不开一定的社会经济结构以及对生产资料的占有,那么,车浩所言的核心家庭结构就是"以私有制对原始的自然产生的公有制的胜利为基础的第一个家庭形式"⑥。与此相应,其功能也并非生养孩子,而是在维护生产资料私有制的基础上的再生产。换句话说,在自然状态下,核心家庭结构并不存在,今人所想象的核心家庭结构也只是被生产资料私有制所决定的社会演化结果而并非延续社会存在的原因。此外,规范论还存在一个总问题,即将父母身份视为作为义务的来源,隐藏着将人与人之间的情感、道德、伦理关系混入作为义务之中的危险。

---

① 参见何庆仁:《义务犯研究》,中国人民大学出版社 2010 年版,第 130 页。
② 对义务犯理论的详细批判与反思,参见周啸天:《义务犯理论的反思与批判》,载《法学家》2016 年第 1 期,第 152—160 页。
③ 许玉秀:《当代刑法思潮》,中国民主法制出版社 2005 年版,第 724 页。
④ 参见车浩:《保证人地位的实质根据》,载公益信托东吴法学基金会主编:《不作为犯的现况与难题》,元照出版有限公司 2015 年版,第 259—287 页。
⑤ 参见〔德〕恩格斯:《家庭、私有制和国家的起源》,中共中央马克思、恩格斯、列宁、斯大林著作编译局译,人民出版社 2018 年版,1884 年第一版"序言",第 4 页。
⑥ 同上注,第 69 页。

(二) 我国事实论的困境所在

黎宏在新近文章中提倡一元的事实论。他认为,不作为并无因果力,因此应当将不真正不作为犯还原为作为犯来看待,而行为人主动设定了对法益的排他性支配,是作为义务的实质来源。排他性支配设定包含两个面向:一是行为人通过中途介入而掌控因果关系的发展,即"支配行为说";二是行为人亲自设定面向结果的危险,并对该危险的流向进行支配,即"新先行行为说"①。然而,该理论尚存需要进一步克服的问题。根据该理论,在父母带小孩游泳其后见孩子溺水而故意不救助的场合,因为带孩子去游泳不能算是支配法益、维持法益的"支配行为",所以,要以故意杀人罪处罚父母,就只能将其视为"先行行为"。如此一来,根据行为与责任同时存在原则,为了避免"事后故意"的出现,我们只能说父母在带孩子游泳之际就有故意,这显然模糊与扩大了故意的范围。另外,对"排他性"即排除他人救助可能性的要求也不具备理论必然性。即便是作为犯的因果关系,也不需要排他性地支配着整个因果流程。例如,在大白天的街道上枪击被害人后逃跑,成立作为犯,无需留在现场排除或者降低他人救助的可能性。② 既然在其理论中,不真正不作为犯是真正的作为犯,那么,在作为犯的成立都不需要"排他性"的前提下,在不真正不作为犯之中额外地要求"排他性"就不具有理论上的必然性。

接下来需要反思姚诗的观点。在大方向上,姚诗的观点与许乃曼一致,在借鉴许乃曼观点的基础上,她以"对引起结果原因的支配"作为保证人地位的基本原理,以先行行为作为保证人地位的补充原理,并由此构建出二元的保证人理论。③ 姚诗的理论方向值得肯定,但是问题在于,许乃曼的观点本身就有模棱两可之处。例如,许乃曼认为"孕妇对无助的胎儿与新生儿拥有本质的先天的支配力"④,但是,在我国,胎儿不能视为法律意义上的人,在母亲并未开始照顾婴儿之前,这种支配现实地掌控于医务人员之手,如此一来,母亲的"先天的支配力"实质上只是一种支配可能性,倘若硬要肯定此时母亲的保证人地位,恐怕只能借助于规范意义上的母亲身份加以论证,而这又有违事实论的理论初衷。这种尚欠明确之处也出现在姚诗的理论

---

① 参见黎宏:《排他性支配设定:不真正不作为犯的困境与出路》,载《中外法学》2014年第6期,第1587—1588页。
② 参见〔日〕高山佳奈子:《不真正不作為犯》,载山口厚编著:《クローズアップ・刑法総論》,成文堂2003年版,第56页。
③ 参见姚诗:《先前行为问题研究》,清华大学2010年博士研究生毕业论文,第81—85页。
④ 〔德〕班德·许乃曼:《不纯正不作为犯及以不作为实施犯罪之形式》,王莹译,载梁根林主编:《当代刑法思潮论坛·第一卷·刑法体系与犯罪构造》,北京大学出版社2016年版,第229页。

中。例如,姚诗一方面认为:"夫妻在各自的生活中互为保护屏障,形成事先的常态支配"①,另一方面又在夫妻一方经过冷静思考而自杀的场合,否定对自杀者的支配。② 这就产生了一个疑问:既然夫妻之间借以紧密的生活共同体关系而具备了事先的常态化支配,而亲密者之间又是敏感的,深思熟虑的自杀者显然能够给另一方带来更多的注意线索与防果时间,为何深思熟虑反而打破了紧密关系? 实际上,姚诗之所以如此认为,其背后的隐忧只能是,以紧密生活状态作为保证人地位的来源会导致处罚的加重。

(三)来自事实论困境的启示

经过反思可知,事实论的困境分别带给我们三点可兹努力的方向:

一是教义学的理论构建本身就建立在实定法的框架之内,这要求我们在实定法中寻求能够解释不真正不作为犯构成要件的依托,否则,理论将难逃直接与罪刑法定原则相抵触的诘难;二是我们应当将目光拉回到不真正不作为犯的存在结构上寻求问题的突破点。就这一努力而言,以往的事实论可以说是走对了方向找错了点,这表现在这些论者们都不约而同地于因果关系层面寻求保证人地位的界定标准,从而不是引起了"思维回旋镖"现象,就是模糊了故意的认定。后者有述,前者如,西田的排他性支配因果流程说就一边认为在构成要件层面,不作为与作为都与结果之间具备因果关系,但是另一边在界定保证人地位时,又将两者之间的因果关系作为问题,在两者间因果关系的不同处寻求补齐差异的可能性,这是一种典型的"思维回旋镖现象"③,是作为义务与因果关系之间的循环论证④;三是我们应当进一步摆脱事实论的模糊性,使界定保证人地位的理论标准更为清晰。不难发现,紧密关系成为姚诗所倡导的事实论的模棱之处。倘若沿着事实化的道路再迈进一步,不难发现,紧密生活共同体不足以成为故意杀人罪的归责基础,其只能是遗弃罪的归责基础,这便是本文所欲展开的理论构建方向。

三、保证人地位事实论的再构建

本文认为,"基于选择而事前现实地支配法益"是保证人地位的界定标

---

① 参见姚诗:《不真正不作为犯的边界》,载《法学研究》2018年第4期,第116页。
② 同上注,第117页。
③ 〔日〕镇木征树:《刑事製造責任における不作為犯論の意義と展開》,载《本鄉法政紀要》1999年第8号,第349页。
④ 参见车浩:《保证人地位的实质根据》,载公益信托东吴法学基金会主编:《不作为犯的现况与难题》,元照出版有限公司2015年版,第236页。

准,基于危险源支配而引起损害的情形要么属于作为犯,要么属于过失犯,与不真正不作为犯无关。

(一)不真正不作为犯归因上的开放性

一个误解是,在不真正不作为犯之中,因为"有作为则无结果"公式"检讨的是一个客观上并不存在的结果——构成要件实现被避免,以及一个客观上不曾出现过的行为"①,所以不真正不作为犯的因果关系是假定的,而在作为犯之中,因为存在一个提供原因力的人,也存在一个结果,所以作为犯的因果关系是"实存"的。但是,"刑法上因果关系概念的目的在于确立行为人的行为对于结果发生的避免(控制)可能性,并且从此建立刑罚的正当性基础"②。也就是说,当我们以"没A没B"的条件关系判断作为犯的因果关系时,实际上是看对于特定结果的发生而言,有没有结果回避可能性,如果在"没A仍有B"的场合我们仍要将结果归属于行为人,此时处罚的就是一种不论结果能否回避,死了人就要罚的状态,这种状态只能是一种倒霉的宿命,因而体现出绝对的报应主义刑罚观③,它既无助于刑罚一般预防功能的实现,也为现代的并合主义刑罚理念所不容。不难发现,这里的结果回避可能性,归根结底仍是一种"假定"判断,即作为犯与不真正不作为犯都必须判断假定行为人作了其他的行为选择之后,现实发生的结果能否被回避。就判断对象而言,都假定了一个并不存在的事实;就判断标准而言,都是结果回避可能性的有无。④

要指出的是,刑法中的因果关系根本不可能被纯粹物理地理解。因果关系具有两个功能:一是将不具有结果回避可能性的行为排除在因果关联之外,以此确保刑罚一般预防功能的实现;二是在具备结果回避可能性的前提下,将某结果作为某行为的作品,以此确保刑法责任分配功能的实现。由此观之,要说不真正不作为犯的因果关系与作为犯的因果关系有什么不同,就只有一点——在条件关系层面,前者的因果关系呈现开放式结构,而后者的因果关系呈现封闭式结构。例如,A持刀捅B致其死亡,我们马上可以判断出一个可归责的主体,因而呈现归因与归责判断的一次性。但是,在B落水而岸边的A、C、D都袖手旁观的场合,我们无法马上锁定一个可归责的主体,因为A、C、D都分别符合"救助即不会死"的条件关系公式。要筛选出

---

① 徐育安:《不作为犯之因果关系》,载公益信托东吴法学基金会主编:《不作为犯的现况与难题》,元照出版有限公司2015年版,第172页。
② 黄荣坚:《基础刑法学(下)》(第4版),元照出版有限公司2012年版,第696页。
③ 参见〔日〕山口厚:《問題探究·刑法総論》,有斐阁1998年版,第10页。
④ 前注②,第696—697页。

一个可归责的主体,最终还要看谁具有应当保证结果不发生的地位。这便是不真正不作为犯归因与归责的二次判断性。

(二)不真正不作为犯归责上的主体限缩性

显然,并非具有结果回避可能性之人都要被归责,在不真正不作为犯中,我们必须以保证人地位限缩主体的处罚范围,否则就有碍于刑法自由保障机能的实现。这一主体限缩,实现于归责层面。

1. 主体限缩的法理选择

有两种法理可以限缩主体:自由主义与功利主义,我们应当选择前者。自由主义的核心表述是:"在作为犯的场合,除不实施引起结果的行为之外,一切行为皆可实施,而在不作为犯的场合,除实施避免结果的行为之外,一切行为皆不允许"①,因为不真正不作为犯对人的自由的压缩大于作为犯,所以其"只能例外地被承认"②。功利主义的核心表述又分两种:效率论与利益衡量论。效率论认为:"根据行为人的能力,和行为人与需要被救助的法益的距离,以及其与被救助法益主体之间掌握信息的差距大小等因素来看,能够最有效率地回避结果发生的人,就有可能成为保证人。"③利益衡量论认为,不法是"基于事情本身对于当事人的利害平衡关系的客观考量……就生命的价值和拨打119电话所耗费的力量和实践作对比,不作为的本身应该可以被理解为违背衡平关系的利益侵害行为"④。在自由主义视野下,只有具备保证人地位者才能归责,主体限缩与不法相关联,在功利主义视野下,只要是符合效率要求,或者在救人投入小于所得回报的前提下而不救人的,就存在于不法阶层被归责的可能性。⑤

我们应当选择自由主义法理基础。如果在该处采取功利主义,不仅存在侵犯人的尊严之虞,还会造成以刑罚来确保人们成为"好撒玛利亚人"的强制性结局。例如,在父亲带孩子游泳,孩子溺水,父亲虽然会游泳但是远不如身边一位游泳健将游得好的场合,无论从效率还是利益衡量的角度看,游泳健将都是那个回避结果的最佳人选。如果游泳健将不下水救人,我们可以拿来绳子,一头捆住他,另一头扔到孩子手中然后将他推到水里,因为我们是为

---

① 参见〔日〕岛田聪一郎:《不作为犯》,载《法学教室》2002年第263号,第116页。
② 参见张明楷:《刑法学(上)》(第6版),法律出版社2021年版,第195页。
③ 〔日〕镇木征树:《刑事製造責任における不作為犯論の意義と展開》,载《本郷法政紀要》1999年第8号,第355页。单纯以效率为理由而界定保证人地位当然会导致对人自由的侵犯,因此,在效率之后,镇木还加了一个限定要件——对回避结果的地位进行事前选择。
④ 黄荣坚:《基础刑法学(下)》(第4版),元照出版有限公司2012年版,第701页。
⑤ 同上注,第714页。

了保护一个更高的利益。在这里,游泳健将被当成了救人的手段,这违背了人应当作为目的而不是手段的道德律令①,侵犯了人的尊严,也会使得能力过人者人人自危。

2. 主体限缩的具体标准:基于选择而事前现实地支配法益

首先要回答的是,主体限缩如何可能?在我国《刑法》分则中,存在一个起到提高可罚性(被不法所决定)、限缩处罚范围的功能性要素——选择身份。例如,《刑法》第251条规定了非法剥夺公民宗教信仰自由罪与侵犯少数民族风俗习惯罪,虽然普通主体与国家机关工作人员都可能实施其实行行为,造成犯罪后果,但是法律只处罚特殊主体。不难发现,这"与在不防止结果发生的众多行为中,只处罚具有作为义务的人的不作为的情况具有一致性"②。黎宏曾经敏锐地指出,其深层次原因在于"有身份者同无身份者相比,有身份者同某种被侵害的法益之间,具有更加亲密的关系"③。黎宏找到了界定保证人地位的一种指导性原理——人与法益之间的关系本身就是一种可被归责的、提升不法程度的要件。这为本文析出具体的判断标准作了良好的前期理论铺垫。本文认为,析出判断标准的目光可以锁定在贪污罪中的国家工作人员身份之上。国家工作人员监守自盗的,成立贪污罪,而非国家工作人员单独实施盗窃行为只能成立盗窃罪,其道理在于,前者利用了支配公共财物的职务便利。这一支配具有两个面向:一是对财物的支配(财产);二是在人与物之间形成一种紧密的支配关系(廉洁性),而这种关系本身就是提升不法程度之要素。实际上,《刑法》第251条中的身份和贪污罪中的身份都是提升行为不法程度的要素,只不过不同的是,普通主体实施贪污罪中的相当行为还另行迈过了可罚性门槛,而普通主体实施《刑法》第251条的相当行为并未另行迈过可罚性门槛而已。

其次要回答的是,人与法益之间的紧密关系如何形成。就如何界定贪污罪中的国家工作人员身份的核心而言,公务论是我国的通说,即着眼于某人所从事工作的管理性与职务性,对事不对人。④ 结合晚近的司法解释更不难发现,我国理论与实践的理解是一致的,即对受损法益(国有资产)的现实支配是国家工作人员身份的核心。我国于2010年出台了最高人民法院、最高人民检察院《关于办理国家出资企业中职务犯罪案件具体应用法律若干问题的意见》,其中第6条第2款规定:"经国家出资企业中负有管理、监督国有资

---

① 参见[德]康德:《实践理性批判》,邓晓芒译,人民出版社2016年版,第37页。
② 黎宏:《刑法总论问题思考》,中国人民大学出版社2007年版,第147页。
③ 同上注,第147页。
④ 参见黎宏:《刑法学各论》(第2版),法律出版社2016年版,第503—504页。

产职责的组织批准或者研究决定,代表其在国有控股、参股公司及其分支机构中从事组织、领导、监督、经营、管理工作的人员,应当认定为国家工作人员。"这一司法解释实质性地扩大了"国家工作人员"的范围,加大了对国有资产的保障力度,因为,根据该解释第 6 条第 2 款的规定,"经过国家机关、国有公司、企业、事业单位委派不再是认定国有控股、参股公司中国家工作人员的必要条件"①。另外,该款也包含这一层意思,即对于国家出资企业委派到国家出资企业从事领导、管理等工作的"二次委派"人员,也完全可以认定为国家工作人员。② 一方面,该司法解释显然完全抛弃了以形式化的思维即根据有无文件任免等委派程序而获得的身份来界定国家工作人员的倾向;另一方面,该司法解释将国家工作人员的认定范围延伸至含有国有资本的国有控股、参股的次一级子公司之中。两者共同指明一点:在最大化保护国有资产的价值导向下,司法解释秉承了在犯罪行为之前,以行为人有无对国有资产的现实支配为核心的标准来界定身份的实质化思维。

根据上述原理,保证人与法益之间的紧密关系是如此展开的:国家工作人员将被害法益纳入自己的自由支配领域之内,从而建立起了一种与行为人自由支配个人组织领域内的诸多事物(身体、财产、名誉等)相当程度的"内部支配关系"。在此,国家工作人员可以完全地贯彻其意志于国有资产之上,而一份自由一份责任,基于这种高度的支配意志贯彻可能性,法规范向国家工作人员发出了强烈的避免法益受损的期待。违背这种期待的法律效果,便是行为人被纳入一个更高度的不法归责范围之内,其可罚性连带地升高。通过主体身份限缩归责范围的理论工作至此完成。

最后,从时间上来看,对法益的现实支配地位来自事前,并且从取得方式上来看,成为国家工作人员并接受职务安排,是行为人的自愿选择。前者表现为国家工作人员总是在事前就以自己的权力支配着公共财产,后者表现为国家工作人员的身份系通过行为人自愿参与录用、考核、晋升等过程而得来。总结以上,我们从选择身份所蕴含的丰富法理中可以分别析出"事前""自愿选择""支配受损法益"这三个要素,这三个要素共同构成了保证人地位的具体限定标准,即"事前自愿选择支配受损法益"。《刑法》第 251 条规定的选择身份,可以看作保证人身份的实定法基础,这就避免了处罚不真正不作为犯有违法律主义的诘难。通过解释与《刑法》第 251 条具有相同法理的具体条文——《刑法》第 382 条中的国家工作人员,可以析出保证人地位的明确判断标准,这就避免了

---

① 吴涛、杨艳荣:《国有控股、参股公司中国家工作人员的认定》,载《人民法院报》2013 年 6 月 5 日,第 006 版。
② 参见张宁、桑爱红:《国家出资企业人员职务犯罪有关问题的认定——国家出资企业人员职务犯罪研讨会综述》,载《人民法院报》2013 年 1 月 23 日,第 006 版。

处罚不真正不作为犯有违法律明确性原则的追问。

(三) 对危险源监管不当而输出风险的行为应成立作为犯或过失犯

对危险源监督不当而致人伤害的,可以分别消解于作为犯与过失犯之中。从法理上而言,对危险源的监管人只是从外部监管着危险源,从内部自由支配受损法益的人是被害人自己,而自己才是自己法益最好的照顾者,这样一来,危险源监督者与受损法益之间的关联就是并不紧密的间接关联,这种间接关联难以成为不作为者对法益受损之结果答责的正当性基础。实际上,我们对自己身体的监管,就是对典型危险源的监管①,既然从自己身体范围内输出风险的行为是作为,从自己监管领域中输出风险的行为也可以是作为。

在具体分类上,我们可以将对危险源的监督分为两种情形:一是在事前现实地支配了危险源,并且于侵害发生过程中不行使支配力而致使危险源伤人的。例如饲养人在牵着狗的过程中,看到狗咬断绳子而咬死别人,自己放任不管的;二是在事前还尚未开始对危险源的现实支配,结果便已经发生的场合。例如,广告维护工刚一上岗,其辖区内的广告牌就轰然倒塌压死路人的。对于后者而言,本文同意高艳东的观点,主张将其分解到过失犯之中②。本文进一步提出的论证理由是,在行为人并未实地查看危险的场合,行为人即便再希望广告牌倒塌而压死人,也不过是一种单纯的愿望而难以称之为故意,因为成立故意至少需要对表明结果发生可能性的事实有所认识③。此时的不作为状态也只不过是在刑事诉讼过程中,法官用以判断"行为人是否欠缺必要的内心意识的紧张感从而违背注意义务的判断资料而已"④,那么,将此处的行为人论以过失犯罪即可。从新过失论出发,过失犯中的注意义务才是重点,在过失犯之中,"即使存在如何设定基准行为的问题,但也并无导入保证人理论来谋求筛选行为人的必要性"⑤。

对于上述第一种情形,本文认为其成立作为犯而并非不真正不作为犯。

---

① 〔德〕班德·许乃曼:《不纯正不作为犯及以不作为实施犯罪之形式》,王莹译,载梁根林主编:《当代刑法思潮论坛·第一卷·刑法体系与犯罪构造》,北京大学出版社 2016 年版,第 228 页。

② 参见高艳东:《不纯正不作为犯的中国命运:从快播案说起》,载《中外法学》2017 年第 1 期,第 87 页。

③ 〔日〕松宫孝明:《刑法总论讲义(第 4 版补正版)》,钱叶六译,中国人民大学出版社 2013 年版,第 137 页。

④ 〔日〕堀内捷三:《不作为犯論—作為義務論の再構成》,青林书院新社 1978 年版,第 259 页。

⑤ 〔日〕稻垣悠一:《刑事过失责任与不作为犯论》,张光云译,载《四川师范大学学报》2015 年第 3 期,第 66 页。

作为是"使法益状态恶化的身体活动"①,不作为是"不阻止处于危险中的法益状态进一步恶化"②。具体而言,若某行为的存在使得法益恶化的因果流程被开启,该行为是作为,在法益恶化之因果流程已经开启之际,不使法益好转的行为就是不作为。③ 既然如此,在上述第一种情形中,被害法益并未在行为人有所行动之前恶化,毋宁说,正是行为人从自己的组织领域内输出风险到被害人的自由领域内,引起了法益侵害结果的发生,因此,行为人的行为应当是作为而并非不作为。

实际上,上述案例中的行为人并非什么都未为,其行为经过了一个"从牵着狗到不阻止狗咬绳子"的"从作为到不作为的转化"过程,正是这一转化设定了被害人法益由平稳转向恶化的因果进程,其应当是作为。"现实世界并非静止不动,而是每一刻都在变动的统一体,统一体中的各个事物作为相互之间关联而存在,并保持着平衡。"④从动态平衡的角度来看,在起重机吸附铁片的时候,吸力与引力使得铁片处于一种力学上的平衡状态,而切断电流则是将吸力从作为状态变更为不作为状态,正是这一状态变更打破了力学上的平衡,造成了铁片的跌落,设定了他人的死因⑤,由此看来,打破自然界中力与力之间的平衡状态并设定原因的行为,就是作为。

四、"事前现实支配说"的应用

本文将上一部分所构建的以"基于选择而事前现实地支配法益"的保证人地位判断标准,简称为"事前现实支配说"。"事前现实支配说"有两个应用面向:一是在理论上,该说能够合理界分不真正不作为犯、作为犯、真正不作为犯三者,并且解决先行行为能否成为作为义务来源的理论聚讼;二是在实践上,该说有助于我国的相关刑事判决做到罪刑相适应,同时,还能够简洁明快地判断不作为的参与形态。

(一)"事前现实支配说"的理论面向

1. 区分作为犯、不真正不作为犯、真正不作为犯

将作为犯、不真正不作为犯、真正不作为犯三者放置在一起考察可知,不

---

① 黎宏:《刑法学总论》(第2版),法律出版社2016年版,第81页。
② 同上注,第81页。
③ 参见〔日〕高山佳奈子:《不真正不作為犯》,载山口厚编著:《クローズアップ·刑法総論》,成文堂2003年版,第45页。
④ 〔日〕梅崎進哉:《刑法における因果論と侵害原理》,成文堂2001年版,第271页。
⑤ 同上注,第267—268页。

真正不作为犯存在两种定位可能,即重视作为的一面与重视不作为的一面。日本的事实论者重视其作为的一面①,德国的规范论者多在不作为之下讨论真正不作为与不真正不作为的区分标准②,这是重视了其不作为的一面。本文认为,不真正不作为犯仍然是自由主义刑法观之下的产物,与作为犯一样,其违背的是消极义务,而真正不作为犯大多数是基于团结义务而来的犯罪,与前两者不同,其违背的是积极义务。

首先,在界定三者关系之前,我们应当重申一个大前提,即我国刑法是以处罚违背侵害原理的作为犯为原则的,处罚不作为是例外。一个众所周知的理由是,尽管学界近年来增设见危不救罪的呼声日强③,但是,该罪仍然未被写入刑法,这表明,我国刑法仍然是以侵害原理为原则,而对团结义务或者说积极义务保持一种谨慎的态度。另一个有力的证据则是,我国《刑法》第245条规定的非法侵入住宅罪的条文表述仅是单纯的"侵入",与之相比,《德国刑法典》第123条所规定的非法侵入住宅与场所罪中的条文表述则既包含了"违法侵入"的作为,也包含了"已受权利人退去之要求,而仍固滞留"的不作为④,《日本刑法典》第130条规定的侵入住宅罪中的条文表述也包含了"侵入"与"经要求退出但仍不从上述场所退出"两种行为样态。⑤ 德日两国的立法固然在保护住宅权上更为周延,但是也带来一个解释上的困境,那便是行为人一开始基于正当理由(例如维修水电)进入住宅,其后正当事由消失,住宅权人要求其退出而不退出的行为,应被评价为侵入型不真正不作为犯还是不退去型的真正不作为犯?如果认为先行行为会带来作为义务,则在正当事由消失之后,不论住宅权人要求其退出与否,都不会影响行为人侵入型不真正不作为犯的成立,可是如此一来,无疑是架空了"要求退出"的法律规定,无视了住宅权人的意思表达。⑥ 相反,我国立法只规定了作为行为,因而不会带来上述困惑,这不得不说是我国立法的优越点之一。尽管我国也有学

---

① 参见〔日〕松宫孝明:《刑法总论讲义(第4版补正版)》,钱叶六译,中国人民大学出版社2013年版,,第64页。
② 参见〔德〕罗克辛:《德国刑法总论(第2卷):犯罪行为的特别表现形式》,王世洲主译与校订,王锴、劳东燕、王莹等译,法律出版社2013年版,第474—480页;〔德〕冈特·施特拉腾韦特、〔德〕洛塔尔·库伦:《刑法总论Ⅰ——犯罪论(2004年·第5版)》,杨萌译,法律出版社2006年版,第360—361页;参见〔德〕汉斯·海因里希·耶赛克、〔德〕托马斯·魏根特:《德国刑法教科书》,徐久生译,中国法制出版社2017年版,第806页以下。
③ 参见黎宏:《一定条件下的见危不救入刑研究》,载《中外法学》2018年第3期,第592—601页。
④ 参见《2017年最新版·德国刑法典》,李圣杰、潘怡宏编译,元照出版有限公司2017年版,第183页。
⑤ 参见《日本刑法典(第2版)》,张明楷译,法律出版社2006年版,第50页。
⑥ Vgl. *Rackow*, in: BOK StGB,48. Aufl., 2020, § 123, Rdn. 19.3.

者在解释非法侵入住宅罪之际,将不退出也包含在行为之内①,但是"这种解释有类推解释之嫌,因为难以将'不退去'本身评价为'侵入'"②。上述立法表明,相较于德日,我国立法在更大范围上压缩了不作为犯的存在空间。

其次,本文认为,我国的真正不作为犯大多数都是以保障团结义务为立法根据的,在这个意义上说,它们是义务犯,而另外一些真正不作为犯则可以被纳入行政犯的范畴之内。从实质角度来看,真正不作为犯都是立法者在权衡保护法益原则与罪刑法定原则之后,认为在有必要保障后者的前提下,将一些不作为以明文规定下来的犯罪。从这一点出发梳理立法可知,我国刑法中的真正不作为犯除去遗弃罪被规定在个人法益一章中之外,剩下的都被规定在超个人法益的章节之中,而不真正不作为犯的适用条款恰恰都集中于侵害个人法益的犯罪之中。③ 原因在于,不真正不作为犯与真正不作为犯位于正反两面,肯定一方必排斥另一方,上述德国刑法将"侵入"与"不退出"并列规定而带来的困境也体现出这一道理,即保证人地位与真正不作为犯中作为义务不同,正如罗克辛所指出的:"一个保证人地位绝对不能从一个纯正的不作为犯罪的行为义务中引导出来"④。

真正不作为犯中的作为义务,应当被理解为团结义务。团结义务是在保障人必要生存所需的基础上,在风险面前,于最小限度内,科以一定主体以承担风险、保障法益存续的义务。⑤ 这是社会连带理念对自由主义理念的一种必要补充,实际上是给每一个处于危机之中的弱者,以刑罚的方式上了一份保险。最为典型的保障团结义务履行的犯罪是《德国刑法典》第 323C 条所规定的见危不救罪,此外,攻击的紧急避险中的容忍义务,在根本上也是一种团结义务。由团结义务出发,梳理我国《刑法》分则中的真正不作为犯不难发现,其中绝大多数犯罪都是保障团结义务履行的犯罪。例如,《刑法》第 139 条之一不报、谎报安全事故罪是为了保障对弱者的积极救助,第 169 条之一背信损害上市公司利益罪第 1 款第 6 项(无正当理由放弃债权、承担债务的)保护的是在信息格差中处于劣势地位的万千股民的财产,第 261 条遗弃

---

① 参见黎宏:《刑法学各论》(第 2 版),法律出版社 2016 年版,第 261 页。
② 张明楷:《刑法学(下)》(第 6 版),法律出版社 2021 年版,第 1183 页。
③ 这一点,鉴丁姚诗的前期成果已经作出精准的统计,笔者直接援引其统计结果,即在 2005 到 2015 年的 10 年间,在所有的 43 个案件中,交通肇事、危险物品肇事、危险驾驶、放火分别占 2 个、2 个、1 个、2 个,占比 16%,剩下的都是侵害个人法益的犯罪。参见姚诗:《不真正不作为犯的边界》,载《法学研究》2018 年第 4 期,第 104 页。
④ 参见〔德〕罗克辛:《德国刑法总论(第 2 卷):犯罪行为的特别表现形式》,王世洲主译与校订,王锴、劳东燕、王莹等译,法律出版社 2013 年版,第 480 页。
⑤ 参见〔日〕坂下陽輔:《正当防衛権の制限に対する批判的考察(三)》,载《法学論叢》2016 年 178 卷 2 号,第 98 页。

罪保护的是家庭中每一个需要维护的老人或者孩子等。

要补充说明的是,并非所有的真正不作为犯都与团结义务相关,我国《刑法》分则中的另外一些真正不作为犯可以被纳入行政犯的范畴,比如《刑法》第286条之一拒不履行信息网络安全管理义务罪。因为相比于刑法而言,网络监管法规与部门规章显然更能灵活调整尚处于发展阶段的互联网新兴事物,所以,该罪根本上是为了保障行政法规与命令得以顺畅运行的后置性刑法规范,将其纳入行政犯的范畴更为妥当。

2. 解决围绕先行行为的理论争议

对于先行行为能否成为作为义务来源的问题,我国理论争议激烈。持肯定论者如张明楷、王莹,持否定论者如姚诗。归纳而言,张明楷在正当性、效益性与应用性三个层次上证立了先行行为肯定论。在正当性上,当国民的行动给法益造成危险之际,其就必须承担随自由行动而来的消除危险的责任;在效益上,先行行为人最应当、最容易防止结果的发生;在应用性上,肯定先行行为有利于解决一系列问题,尤其是解决教唆先行行为人不救助的教唆行为定性问题。① 王莹则站在客观归责的角度,以先行行为必须创造风险、先行行为与损害结果之间必须存在风险关联两点来限定先行行为的范围。② 姚诗针对上述第一个层面反驳道:"这样的法理,只是为先前行为型保证人地位提供了一个规范性前提要件,却无法提供成立不真正不作为犯所要求的不作为与作为的对等性"③,针对第二个层面反驳道:"'最容易避免结果发生'仅仅表示一种支配可能性,无法以此推出支配本身的存在"④。在此基础上,姚诗提倡先行行为原则否定、例外肯定论。⑤

本文认为,以先行行为作为普遍的作为义务来源的做法不具有正当性基础。一则,根据本文所提出的"事前现实支配说",行为人在事前并未与法益建立起任何支配关系,即便退一步,认为对危险源的支配也是作为义务的来源,但在先行行为实施完毕之后,现实的支配就宣告结束,在我们判断不作为的时点,先行行为人仅对结果具有一种潜在的(假设的)控制。⑥ 这种潜在的

---

① 参见张明楷:《不作为犯中的先前行为》,载《法学研究》2011年第6期,第140—149页。
② 参见王莹:《先行行为作为义务之理论谱系归整及其界定》,载《中外法学》2013年第2期,第333—346页;王莹:《论犯罪行为人的先行行为保证人地位》,载《法学家》2013年第2期,第120—129页。
③ 姚诗:《先前行为保证人地位的理论根据》,载《清华法学》2014年第5期,第163页。
④ 同上注,第166页。
⑤ 参见姚诗:《不真正不作为犯的边界》,载《法学研究》2018年第4期,第118—120页。
⑥ 参见〔德〕班德·许乃曼:《不纯正不作为犯及以不作为实施犯罪之形式》,王莹译,载梁根林主编:《当代刑法思潮论坛·第一卷·刑法体系与犯罪构造》,北京大学出版社2016年版,第228页。

控制实际上是结果回避可能性,除先行行为人之外,所有在场的第三人都具备,而结果回避可能性固然能够成为归因的基础,但却难以成为作为义务的来源;二则,如果先行行为实施完毕之后的结果回避可能性不足以为作为义务奠定基础,那么,先行行为人就仅仅应当对其先行行为负责。正如许玉秀所指出的:"行为人的行为造成法益受侵害,却没有直接得到一个处罚,而是拟制成法益受到两次侵害,甚而是由两个法益受到侵害,而给予行为人双重处罚"①,这违背了禁止重复评价原则。但是我们也应当看到,刑法教义学理论固然建立在正当性之上,但是却不可避免地带有政策性的目的导向,相对于排斥后者,毋宁说如何平衡两者之间的关系才是更为重要的课题。本文认为,在某些情况下,我们应当基于"刑事政策的权益之选"②而赋予先行行为者以作为义务。例如,在甲持刀将乙追杀至水中的场合,甲的确是"最应当、最容易"③救助乙的不二人选。

  真正的问题在于,如何清晰地界定先行行为带来作为义务的场合。根据本文以身份为出发点的思路,进一步梳理《刑法》分则可知,《刑法》中存在一个绝佳的参照点——第 269 条。先要予以澄清的是,身份并非仅限于一种地位,也可以包含一种基于实施某种行为而来的状态,即着手之前的行为状态也可以是身份④,《刑法》第 269 条中的犯盗窃、诈骗、抢夺的人也可以看作基于先行行为而来的一种身份。我国理论一般认为,《刑法》第 269 条是法律拟制⑤,即将先取财后暴行或胁迫的行为拟制成一个抢劫罪加以处罚,否则,在后行为并未引起他人轻伤以上结果的场合(我国没有暴行、胁迫罪),一般而言,行为人只承担一个侵犯财产罪的刑事责任,之所以加重行为人的刑事责任,则来自立法者的政策性目的——以重罚规制行为人狗急跳墙而带来的风险。这与肯定先行行为能够带来作为义务相同,都是超出刑法教义学范畴的基于政策性考量的责任加重,既然如此,我们就可以援引《刑法》第 269 条的法理作类比推理——先行行为对后果负责的前提是,先行行为所招致的风险应当达到与"抢劫罪"之严重程度(可能致人伤亡)相当的风险,并且先行行为人就在"当场"从而具有阻断风险升高之切实可能性、切实容易性。在这两个条件下,先行行为能够被"拟制"为作为义务的来源。而

---

 ① 许玉秀:《主观与客观之间——故意理论与客观归责》,法律出版社 2008 年版,第 228 页。
 ② 同上注,第 175 页。
 ③ 参见张明楷:《不作为犯中的先前行为》,载《法学研究》2011 年第 6 期,第 140 页。
 ④ 参见〔日〕十河太朗:《身分犯の共犯》,成文堂 2009 年版,第 336 页。
 ⑤ 张明楷:《刑法学(下)》(第 6 版),法律出版社 2021 年版,第 1273 页。对于《刑法》第 269 条法条性质的新近分析,参见周啸天:《事后抢劫罪共犯认定新解——从形式化的理论对立到实质化的判断标准》,载《政治与法律》2014 年第 3 期,第 45—48 页。

我国司法实践其实也是根据这两个标准来有限地肯定先行行为的。① 如此一来,本文就细化了姚诗的原则否定、例外肯定说②,明确界定了能够带来作为义务的先行行为之范围,这对于缺陷产品召回义务的判断也有着一定的启示意义。当然,该问题超出了本文范畴,只能留待将来探讨。

(二)"事前现实支配说"的实践面向

1.贯彻罪刑相适应原则

我国的司法实践在父母遗弃孩子,夫妻一方自杀而另一方见死不救的场合,形成了"重拿轻放"的局面,即以故意杀人罪定性,但量刑却在"情节较轻"的范围内。显然,这里的父母、夫妻身份"一身兼两任"——因为有身份,所以定重罪,因为有身份,所以轻罚。这体现出一种对罪刑相适应原则的极为灵活的看待方式,在罪与罚之间人为造成了巨大格差。与其这样,不如直接扩大遗弃罪的适用范围,压缩故意杀人罪的适用空间。

我国遗弃罪的延展性较强。德日两国刑法分则中都分别规定了普通遗弃罪与保护责任者遗弃罪,以及遗弃致死或遗弃致死伤的刑罚加重情形。因为日本将两罪条文分立,问题更为明显,所以在此以日本条文为例。在日本,普通遗弃罪被规定在《日本刑法典》第217条,行为表述是"遗弃"而并无特定主体要求,刑罚是1年以下惩役;保护责任者遗弃罪被规定在第218条,行为表述是"遗弃或者对其生存不进行必要保护",主体要求是"对于老年人、幼年人、身体障碍者或者病人负有保护责任的人",刑罚是3个月到7年惩役。因为普通遗弃罪的主体本身就包含了保证人,且两个法条对行为样态的规定并不一致,如何区分两罪就给日本学界带来了困难。现在一般认为,第217条的主体是先行行为者或者是暂时照顾法益者,后者的主体限于亲权者、看护义务者或者接受亲权者。③ 可是这又带来一个问题,即仅仅是主体不同的话,何不将其并列为一个条文而将后者作为前者的加重处罚形态?反观我国,就并不存在上述问题,我国刑法只规定了一个遗弃罪,并且刑罚是5年以下,该区间大抵可以包含普通遗弃罪与保护责任者遗弃罪的刑罚幅度,这表明,我国遗弃罪的延展性较强。如此一来,扩大遗弃罪而限缩故意

---

① 参见浙江省湖州市南浔区人民法院(2007)湖浔刑初字第280号、山西省太原市中级人民法院(2015)并刑初字第71号、福建省泉州市南安市人民法院(2015)南刑初字第847号刑事判决书。
② 参见姚诗:《先前行为保证人地位的理论根据》,载《清华法学》2014年第5期,第175—176页。
③ 参见〔日〕松宫孝明:《刑法总论讲义(第4版补正版)》,钱叶六译,中国人民大学出版社2013年版,第63页。

杀人罪,就不失为克服审判实践中"重拿轻放"倾向的一条道路。具体而言,我们应当注意以下两个方面:

一是母亲将孩子生在粪坑里、悬崖下等危险场合的,成立作为的故意杀人罪;生在安全场合的,成立遗弃罪而并非故意杀人罪。我国的审判实践将孩子生在安全场合的行为论以故意杀人罪,这并不妥当。例如,在最高人民法院公布的侵害未成年人典型案例之中,包含了未婚产子(产于冲凉房地板上)之后放置不管导致男婴死亡的案件,法院将行为人的罪名定为故意杀人罪。① 因为在我国,胎儿并非法律意义上的人,怀孕就不能视为自愿承担脆弱法益延续的行为,在母亲没有开始现实地照顾婴儿的前提下,她仅根据团结义务而在真正不作为犯的幅度内承担责任。或许有人认为,在母亲开始照顾孩子而后又放置不管任由孩子饿死的场合,母亲成立不作为的故意杀人罪,维持生命的情形反而比什么都没做的情形量刑要重,这似乎难以让人接受。但是,人应当对自己的选择承担责任,具体而言,在母亲开始照顾孩子的时候,母亲就要承担基于支配孩子生命而带来的一份责任,这并不背理,也不背情,相反有助于我们经过深思熟虑后再作出选择。实际上,故意杀人罪的定性难以起到一般预防作用而极易沦为一种道德宣示,因为对于未婚而孕的女性尤其是偷食禁果的低龄女孩而言,在没有足够物质保障与稳定家庭关系的前提下,我们很难期待她不做出逃脱养育重任的行为,既然如此,不如直接扩大遗弃罪的适用范围,以其定性,以其论刑,以此做到真正意义上的罪刑相适应。

二是在夫妻之间一方自杀另一方见死不救的场合,在不能证明一方存在作为的教唆、作为的帮助的场合,以及不能证明一方对另一方的法益存在支配的场合(这往往需要长期的照顾、扶助事实),对其应当论以遗弃罪。例如,被告人孙多琴要去农五师83团看望儿子刘元和孙子,其丈夫(被害人)陆九斤(刘元继父)不同意,二人发生争执。在争执过程中,被告人孙多琴拿出事先用冰红茶瓶装的鼠必死药液准备喝,被陆九斤夺去自己喝掉。陆九斤喝完后出现中毒反应,被告人孙多琴未予救助,陆九斤中毒死亡。在此案中,法院从孙多琴购买毒药和自杀的先行行为以及孙多琴和被害人之间的夫妻关系两方面肯定作为义务,并基于孙多琴未履行该作为义务而认定其成立故意杀人罪,判处有期徒刑4年。② 对于这一案件,先行行为理论并不适用,因为自杀是针对自己,并不会给对方带来风险,而我们亦看不出孙多琴的自杀行

---

① 参见《最高法公布五起侵害未成年典型案例之三:女子未婚产子后将其遗弃致男婴死亡获刑三年》,载北大法宝网(https://www.pkulaw.cn/fulltext_form.aspx?Db=news&Gid=24d6e5efe441774bbdfb&isFromV6=1),访问日期:2020年3月19日。
② 参见新疆维吾尔自治区芳草湖垦区人民法院(2008)芳刑初字第40号刑事判决书。

为包含着教唆或者帮助自杀的内涵,那么结局就是,作为正常人的陆九斤应当对自杀行为自我答责,除非孙多琴对陆九斤形成了法益支配关系,而我们从案件信息中难以看出这一点。与其以故意杀人罪定性并以 4 年有期徒刑量刑,不如直接判处遗弃罪,更能符合罪刑相适应原则的内在精神。类似的案件不胜枚举,此处不赘。

另外,与压缩遗弃罪的适用空间相反,在故意杀人罪与玩忽职守罪的关系上,我国司法机关往往都以后者定罪处罚。① 在以往的理论体系中,这并不合理,因为警察与脆弱公民之间也完全能够形成一种保护关系,警察有意见死不救的,应当成立不作为的故意杀人罪才对。但是本文认为,在不能证明行为人作为或者已经现实地支配了法益的前提下,以玩忽职守罪(故意包含过失)论处是符合罪刑相适应原则的。如此一来,本文理论就有效避免了刑法有可能面临的对警察等具备公权力的身份者宽,对父母、夫妻等不具备公权力的公民严的诘难。

2. 区分不作为参与中的正犯与共犯

自说还能够合理解决不真正不作为犯的共犯问题。对于不作为者的参与行为应当被论以正犯还是共犯的问题,我国学说争议颇多,恐难回应实践。概言之,我国现存四种主要理论模式:一是管辖理论模式。该模式认为,在支配犯之中,不作为者存在成立共犯的可能,在义务犯之中,具有积极义务的不作为者成立单独正犯。② 二是结果避免支配理论模式。该模式认为,只要履行作为义务就能确实避免结果的场合,不作为人成立共同正犯,否则成立帮助犯。③ 三是结果原因支配理论模式。该模式在无意思联络且不救助他人自杀的场合认为,"在他人自杀的场合特定关系人并不具有对法益脆弱性的支配——支配法益的正是自杀者本人"。④ 四是广义行为支配理论模式。该模式认为,作为者原则上支配着结果实现进程从而是正犯,不作为者原则上只能成立片面帮助犯,但是,在作为者犯罪结束后不防止结果发生的不作为者,原则上成立正犯。⑤ 简言之,第一种理论模式中的特别义务来自刑法之

---

① 参见云南省昆明市中级人民法院 (2009) 昆刑终字第 500 号、辽宁省瓦房店市人民法院(2014)瓦刑初字第 789 号、新疆生产建设兵团第六师中级人民法院(2014)兵六刑终字第 05 号、河北省唐山市中级人民法院(2018)冀 02 刑终 655 号刑事判决书。

② 参见何庆仁:《义务犯研究》,中国人民大学出版社 2010 年版,第 284 页。

③ 参见张明楷:《刑法学(上)》(第 6 版),法律出版社 2021 年版,第 592 页;周光权:《刑法总论》(第 4 版),中国人民大学出版社 2021 年版,第 386—387 页;温登平:《以不作为参与他人的法益侵害行为的性质》,载《法学家》2016 年第 4 期,第 138 页;袁彬:《论不作为片面共犯》,载赵秉志主编:《刑法论丛》(第 13 卷),法律出版社 2008 年版,第 309 页。

④ 欧阳本祺:《论不作为正犯与共犯的区分》,载《中外法学》2015 年第 3 期,第 732 页。

⑤ 何龙:《不阻止他人故意犯罪的行为性质认定》,载《中外法学》2017 年第 6 期,第 1498—1505 页。

外,其始终具有强烈的道德色彩而难以成为刑法中的义务;第二种理论模式易造成身强力壮者成立正犯而羸弱矮小者成立帮助犯的结局;第三种理论模式则只是表面引用了许乃曼的"结果原因支配"理论,实际上得出的结论与许乃曼的结论恰恰相反。许乃曼认为,在支配脆弱法益的场合,不作为者成立正犯,在监管危险源的场合,不作为者成立共犯。[1] 第四种理论模式系何龙借鉴自日本学者岛田聪一郎的观点而来[2],因为岛田根据溯责禁止论来区分共犯与正犯,这当然会导致在作为者实行终了离去之后,负有法益保护义务的不作为者尚且留在现场的场合,不作为者成立正犯的结论。但是,若以不作为者目睹了孩子被作为者推下水中直至淹死的全过程为前提,根据何龙的观点,倘若在能够救助的最后时点,作为者一直在场,则不作为者成立共犯,倘若作为者有事提前离开,则不作为者成立正犯,这是一种谁留在最后谁倒霉的"狗只咬跑得最慢的人"的逻辑,该逻辑难以被人认同。

根据本文提倡的"事前现实支配说",对脆弱法益的支配是一种内部支配,在这种场合,无论作为者是否在能够避免结果的最后时点离场,不作为者都应当成立正犯,因为要伤害脆弱法益,必须突破脆弱法益之外所包裹着的来自支配者的保护屏障,这一层保护屏障是保护脆弱法益的最后一道防线,这导致保护者的不作为才始终是最后一个介入因素即"近因",这种介入因素的最后性确保了保护者的不作为与法益受损结果之间的直接关联性。[3] 如此看来,在保护脆弱法益的场合,从保护者与脆弱法益之间的规范紧密关系来看,保护者的不作为才是"对结果原因的支配",作为者是通过保护者的不作为来间接地侵害法益,从而应当成立共犯(包含共同正犯)。另外,本文将对危险源监管不当而输出风险的行为理解为作为,那么,在监管危险源的场合,就始终存在着一个危险源使用者的介入,这种介入使得使用者才是引起结果的"近因",而危险源监管者只是通过使用者而间接地引起法益侵害结果而已,即监管者应当成立共犯。该结论虽然与义务区别说的结论一致,但是,却建立在与义务区别说根本不同的正犯归责原理之上,且有效避免了义务区别说所遭受的两种义务难以区别和区分标准过于形式化的批判,从而在保持一定的理论简洁明快性的同时,还具备自洽性。

将本文观点运用到审判实践中,例如,在"父亲为收集证据,不阻止智

---

[1] Vgl. *Schünemann*, Grund und Grenzen der unechten Unterlassungsdelikte, 1971, S. 377.
[2] 参见〔日〕岛田聪一郎:《不作为による共犯について(二·完)》,载《立教法学》2004年第65号,第298—300页。
[3] 参见李志恒:《不作为参与理论的反思与构建》,载《苏州大学学报(法学版)》2017年第3期,第110—111页。

障女儿被强奸案"①之中,因为父亲与智障女儿之间是一种对脆弱法益的现实支配关系,所以,父亲应当负有防止结果发生的义务,在其具有作为可能性、结果回避可能性的前提下,父亲应当成立不作为的强奸罪的正犯,如果能够认为作为者的作为起到了与父亲相当重要的支配作用,则两人成立强奸罪的共同正犯(父亲是不作为的片面共同正犯)。再如,在"母亲不阻止男友虐童案"(又称"洛阳虐童案")②之中,不阻止男友虐待自己孩子的母亲应当成立不作为的故意伤害罪的正犯,但是,鉴于其男友通过现实支配对结果贡献很大,所以,两人也应当成立共同正犯关系。因为在共同正犯之中,我们尚且能够根据可罚的责任之大小进一步划分出主犯与从犯③,而母亲的特殊预防必要性小,这决定法院判决母亲成立从犯的结论是正确的。还如,在"妻子不阻止精神病丈夫杀人案"④中,杨某的行为样态属于从作为到不作为的转化,该转化是释放出危险源并设定被害人死因的作为,因此,杨某成立作为的故意杀人罪的帮助犯。

需要补充的是,与被害法益没有任何先在关系的人参与保护责任者的遗弃行为的,因为遗弃罪是基于团结义务而来的义务犯,而违背义务本身便是其正犯原理,所以,不具备义务的参与者成立遗弃罪的作为的帮助犯,保护责任者成立遗弃罪的正犯。例如,在"出租车司机遗弃案"中,某与被害人长期同居的人,在带被害人到医院看病一天而未治愈的前提下,出门来到出租车司机面前,与出租车司机达成一笔价格为 70 元的交易,让出租车司机将被害人拉到一个偏僻的地方遗弃,致使被害人没有得到及时医治而死亡。⑤ 该案中的出租车司机,便成立遗弃罪的帮助犯。

五、结　语

近年来,我国审判实践中对不真正不作为犯的判处有扩大倾向。嫖客与妓女之间在发生性关系时嫖客因不适猝死,妓女见死不救的,将妓女论以故意杀人罪便是其例。⑥ 根据本文构建的"基于选择而事前现实地支配法益"的判断标准,对于场所的支配不足以成为作为义务的来源。对于上述情况,应当考虑以立法的形式解决,即设立见危不救罪,以其作为不真正不作为

---

① 参见桂良:《为拿证据,父亲看着女儿被强暴?》,载《信息时报》2013 年 5 月 22 日,第 G2 版。
② 参见河南省高级人民法院(2017)豫刑终 289 号刑事判决书。
③ 参见周啸天:《正犯与主犯关系辨正》,载《法学》2016 年第 6 期,第 125—126 页。
④ 参见北京市海淀区人民法院(2016)海刑初字第 2799 号刑事附带民事判决书。
⑤ 参见江苏省淮安市清浦区人民法院(2007)浦刑初字第 134 号刑事判决书。
⑥ 参见黑龙江省绥化市海伦市人民法院(2015)海刑初字第 25 号刑事附带民事判决书。

犯的补充条款。这一条款的确立,也有利于呼应刑法总则中的紧急避险制度,建立起刑法范畴内的扶弱机制。

  本文的写作初衷是站在自由主义刑法观的立场上,去道德化并明确化不真正不作为犯中保证人地位的判断标准,并限缩其处罚范围。该写作过程建立在文中所引诸多前辈与同侪学人的卓越前期研究成果的基础上,在此表示感谢!任何事物都在扬弃中螺旋上升,本文所建构的理论方向仍然只是自由探索的结果之一。如何界定保证人地位的问题仍然是一个未竟的课题,对于该问题的研究,仍然有赖于各位优秀的刑法学同人们一起努力!

第五章　不真正不作为犯中的事实支配原理

邓毅丞

内容摘要：关于保证人地位的解读路径，应以存在论为基础，而不能以规范论为依归。据此，事实支配是保证人地位的核心内容。事实支配有抽象、限制、严格以及极端等五个层级。其中，严格的事实支配说是对保证人地位的正确理解。据此，事实支配是指行为人通过设定法益侵害的原因力或者控制力，从而实现对不法状态的支配。具体而言，有危险前行为和事实承担两种类型。同时，故意不作为犯的保证人地位应当受到排他性的限制。关于排他性的判断，应限于以他人介入的客观可能性为基准。基于此观念，特定关系人对自杀者的救助义务应作类型化检讨。只有在行为人对自杀者有严格事实支配的场合，才有不真正不作为犯的成立余地。

在司法实践中，不真正不作为犯被广泛地承认。例如，配偶或者其他特定关系人不救助自杀者的行为往往被认定为故意杀人罪。① 但是，不真正不作为犯一直饱受违背罪刑法定原则的诟病。因此，有必要以与作为犯的等价性约束不真正不作为犯的成立。② 仅凭法律关系和先行行为这些形式要件，显然无法达到等价的效果。③ 因此，目前不少学者提倡以事实支配限制不真正不作为犯的作为义务。其中，有力的学说认为："如果行为人在着手进行对结果的排他性支配后，使其他人对被害人的救助难以实施，此时不作为行为与作为行为具有等值性。"④然而，也有学者提出不同意见：一方面，有学者从规范论的角度出发，否定支配性对于作为义务的制约意义⑤；另一方

---

① 参见许成磊：《不纯正不作为犯理论》，人民出版社2009年版，第343页以下。
② 参见赵秉志、王鹏祥：《不真正不作为犯的等价性探析》，载《河北法学》2012年第10期，第30—32页。
③ 参见黎宏：《论不真正不作为犯的处罚范围》，载《刑法论丛》2007年第2期，第66—70页。
④ 陈兴良、周光权：《刑法学的现代展开》，中国人民大学出版社2006年版，第106页。
⑤ 参见〔日〕西田典之：《日本刑法总论（第2版）》，王昭武、刘明祥译，法律出版社2013年版，第106页。

面,有学者不赞同以排他性限制不真正不作为犯的成立①。同时,即使承认这两个要件的学者,在支配性和排他性的理解上也往往大相径庭。在各种观点的交锋下,事实支配的判断就显得扑朔迷离。基于上述问题意识,本文拟对事实支配的必要性、层级性以及排他性展开讨论,从而澄清保证人地位中备受争议的排他性支配原理,为司法实践提供有助益的参考。

一、事实支配的必要性辨析

关于不真正不作为犯的处罚根据,可以从规范论和存在论两个不同路径进行检讨。规范论重视行为人和被害人之间的规范关系,从价值衡量的角度考虑不真正不作为犯的作为义务发生根据。② 与之相对,存在论重视行为人和法益侵害结果之间的存在关系,承认不作为和作为之间在事实构造上的差异,并力图对不真正不作为犯的原因力进行填补。③ 两者在支配性问题上有截然不同的结论。

规范论认为,作为义务的各种发生根据相互排斥,只是有些根据相对而言比较稳定,因而应按照作为保证人义务的机能进行分类。④

在规范论中,主要有机能二分说和组织——制度管辖说的区分。

机能二分说是德国通说。该说由德国学者阿明·考夫曼首倡。根据该说,作为义务是不作为犯中的行为规范。行为规范的机能是保护法益,那么,作为义务的发生根据也应当在法益关系中被理解。⑤ 据此,该说将作为义务的根据区分为对特定法益的保护功能(保护义务)和保证人对危险源的监督义务(维护义务和管理义务),在这两项概括性的根据项下再区分若干具体的评价标准,前者包括建立在法的纽带上的自然联系、密切的共同体的关系、自愿接受有利于被害人的对被害人或第三人的保护,后者包括先前实施的危险行为、监督在自己的社会领域内的危险源、对第三人行为的保证人责任。⑥ 机能二分说在德国刑法中占据通说地位。

根据机能二分说,支配性对于作为义务发生根据并没有绝对的制约意

---

① 参见〔日〕山口厚:《刑法总论(第3版)》,付立庆译,中国人民大学出版社2018年版,第88—89页。
② 参见〔日〕川端博:《刑法総論講義》(第2版),成文堂2006年版,第217—219页。
③ 参见〔日〕堀内捷三:《不作為犯論——作為義務論再構成》,青林书院新社1978年版,第251—252页。
④ 参见〔日〕高桥则夫:《刑法総論》(第2版),成文堂2013年版,第156—157页。
⑤ 参见〔日〕高桥则夫:《刑法総論》(第2版),成文堂2013年版,第156—157页。
⑥ 参见〔德〕汉斯·海因里希·耶赛克、〔德〕托马斯·魏根特:《德国刑法教科书(总论)》,徐久生译,中国法制出版社2001年版,第746页以下。

义,必须以社会在法益保护方面的期待为判断基础。同时,就一般道德情感而言,社会民众对于处于危急状态的脆弱生命往往会期待与被害人有密切关系者实施救助行为,因此,机能二分说广泛地承认行为人对自杀者的救助义务。① 例如,甲虽然没有患上不治之症,但罹患严重疾病,而且,终日跟女儿、女婿和妻子争吵,觉得身心疲惫,因而上吊自杀,陷入昏迷状态。行为人乙(被害人的妻子)发现了甲的状态,但不予救助。一审法院认定乙构成见危不救罪,但二审法院认为:"丈夫的自杀意志不能排除被告人的防止义务……他的义务要求他反对自杀意志。他不允许放任它,更不能促进它……对故意正犯的罪责非难首先在于,违反义务地促进了自杀或者因为希望死亡结果发生而什么都不做。"②基于此,二审法院认定乙构成故意杀人罪。③

机能二分说存在疑问:该说没有为不真正不作为犯的处罚提供法理依据。把作为义务根据划分为保护义务和维护义务,但是为什么作为义务根据能够形成这样的一种分类,缺少一个宏观指导的纲领,因此,这种划分的标准以及背后的理论依据却不明确。④ 可见,机能二分说其实带有一种形式化的实质评价倾向。也就是说,机能二分说提供的作为义务根据和判断标准虽然在单独看来都具有实质依据,但是,这些根据和标准综合起来以后就像一个大杂烩,而这种大杂烩的材料选取和烹调方法却不甚明了。作为义务是否只存在两个根据,每个根据内部是否只存在现存的标准,是机能二分说难以回答的问题。

正因如此,机能二分说中的一些保证人类型值得质疑。例如,信赖关系是机能二分说中对一定法益的保护义务项下的重要判断标准。但是,信赖关系与作为义务的先后关系存疑。如果认为信赖关系是作为义务的根据,那么,信赖关系就先于作为义务的存在。然而,我们不能完全凭借被害人主观上的期望来认定作为义务,信赖的建立应当有其基础,而作为义务正是信赖建立的基础。在法律都没有规定作为义务的情况下,被害人的信赖应该是空中楼阁。因此,机能二分说中所提及的信赖关系只能是作为义务的逻辑延伸,而非前提和根据。

与机能二分说不同,雅各布斯则提出组织-制度管辖说以解决不真正不作为犯问题。据其观点,在人格意义上承认他人是社会适当状态的最低限度条件。因此,在人类生活中的社会秩序,人们负有不得侵害他人人格

---

① 参见〔美〕弗莱彻:《反思刑法》,邓子滨译,华夏出版社2008年版,第245页。
② 〔德〕克劳斯·罗克辛:《德国最高法院判例·刑法总论》,何庆仁、蔡桂生译,中国人民大学出版社2012年版,第233页。
③ 当然,在德国的判例中,可能会基于正犯故意欠缺等因素而否定故意杀人罪的成立,而认定为过失杀人罪或者见危不救罪。参见〔日〕神山敏雄:《不作為犯をめぐる共犯論》,成文堂1994年版,第40—41页。
④ 参见〔日〕铃木茂嗣:《刑法総論》,成文堂2011年版,第162页。

的消极义务。同时,与他人人格形成共同的世界,意味着应当与他人构建积极的关系,那么,积极义务又是必要的。违反消极义务的是基于组织管辖的支配犯,而违反积极义务的是基于制度管辖的义务犯。① 据此,作为义务包括两点:"其一是,人们构成了世界并承担了义务,当人们在其他人允许构成的地方而构成的时候。这样产生的是对组织化的强求所承担的义务。其二是,人们生活在与他人的带有特殊标记的连接中,扮演着确定的角色,如果人们背离了自己的角色,就会引起失望。这样产生的是对职位的损伤所承担的义务"②。例如,在驾驶机动车有撞到行为危险时,行为人继续踩油门和不及时刹车都侵害组织管辖领域,前者是作为犯,后者是不作为犯。又如,监护人直接拿走被监护人的财产与不履行监护职责的行为都侵犯了制度管辖领域,前者是作为犯,后者是不作为犯。③ 就此而言,在雅各布斯看来,作为犯和不作为犯的区分并不重要,直接归属到支配犯和义务犯之中进行归责即可。④

就体系的完整性来讲,雅各布斯的观点比机能二分说可能更有优势。然而,雅科布斯企图立足于社会规范关系理解保证人地位的做法,对于解决作为义务的明确性问题毫无裨益,诸如雅各布斯的社会角色都只是通过不同的术语替换"规范"本身,很难说比功能二分说更加高明。⑤ 另外,将作为义务完全进行规范化的理解,有可能将不真正不作为犯的认定消解为对伦理义务的违反,背离以法益侵害为基础的现代刑法理论。目前通行观点认为,作为犯的正犯性应当以犯罪支配这一事实要素作为判断基点。⑥ 如果从事实不能生成规范的角度来理解,禁止规范也只能脱离事实因素进行理解,那么,就会陷入规范一元论或者规范违反说的立场,从而排斥事实支配理论对于作为犯判断的制约意义。⑦ 但是,法益保护是维系现实世界的基础。纯粹的规范性只是理想世界的虚拟规条。⑧ 法益侵害必须作为规范违反的判断前提。

---

① 参见〔日〕平山幹子:《「義務犯」について(1)——不作為と共犯に関する前提の考察》,载《立命館法學》2000 年第 2 卷通号第 270 号。
② 〔德〕格吕恩特·雅科布斯:《行为 责任 刑法——机能性描述》,冯军译,中国政法大学出版社 1997 年版,第 87 页。
③ 参见〔德〕格吕恩特·雅科布斯:《行为 责任 刑法——机能性描述》,冯军译,中国政法大学出版社 1997 年版,第 87—88 页。
④ 参见何庆仁:《义务犯研究》,中国人民大学出版社 2010 年版,第 30 页。
⑤ 参见许玉秀:《当代刑法思潮》,中国民主法制出版社 2005 年版,第 751 页以下。
⑥ 参见〔日〕後藤啓介:《国際刑事法における行為支配論と共同正犯(1):2014 年 12 月 1 日の国際刑事裁判所上訴裁判部ルバンガ事件判決を契機として》,载《亞細亞法学》第 50 卷第(1)号。
⑦ 同前注⑤,第 11 页以下。
⑧ 参见孙立红:《规范性的事实支配与不真正不作为犯——基于对三种不作为犯理论的批判性思考》,载《刑事法评论》2014 年第 2 期(35),北京大学出版社 2014 年版,第 100 页。

即使在不真正不作为犯中,也不能放弃事实判断的基本规则。因此,上述补充路径也很难说是妥当的。再者,德国等西方发达国家的法治状况业已成熟,长期的判例制度以及民族习惯形成了稳定的社会规范体系,因而规范论的适用或许具有一定的社会基础,但就我国目前不同地区法治状况和国民观念参差不齐的实际情况来看,规范论的普遍推广显得不合时宜。

针对规范论的上述弊端,存在论对于抽象的命令规范持警惕态度,从而强调不真正不作为犯在等价性判断中的事实基础。在存在论中,主要通过法益侵害原因的支配性对作为义务发生根据进行制约。德国学者许乃曼认为:"积极作为之行为人透过其身体举动支配侵害事件,而且透过支配身体而享有支配(在故意犯的情况以显著的犯罪支配形式出现的),所以与作为对等的不作为前提要件是,对于侵害法益的重要条件(造成结果的原因)具有与此种支配在强度上可相比较的意志力,也就是对于事件有实际的控制。"① 也就是说,存在论强调事实支配对保证人地位的制约性。

不少学者对存在论表示怀疑。有学者认为,救助义务属于规范判断因素,而对法益状态的支配性则是事实因素,事实不可引申出规范,那么,以事实支配作为救助义务的发生根据就难以成立。② 但是,这样的理解并不妥当。存在论的思维逻辑并不是说以存在的事实推导出规范中的"当为",而只是对"当为"的理解限定在特定的事实构造之中,从而避免规范适用的恣意性。另外,根据法诠释学,刑法规范在现实案件中适用并非单向性的过程,而必须以规范和事实之间的互动为前提。③ 因此,刑法规范不是外在于事实的独立系统。也就是说,在考虑规范的内容时,不可能完全脱离事实的类型性。那么,事实支配作为类型性的归纳,反作用于规范的适用,并无不妥。

也有学者认为,"支配"是一个表征权力的概念,而权力意味着行动的可能性以及自由,不可能引申出义务。④ 但这种理解不符合事实。在现代法治社会,权力和义务并非相互排斥。例如,监护人有代理被监护人处分财产的权力,但同时必须承担保护被监护人财产的义务。⑤ 又如,宠物的主人有处

---

① 〔德〕许迺曼:《不疑不惑献身法与正义》,许玉秀等译,新学林出版股份有限公司 2006 年版,第 656 页。
② 参见何庆仁:《义务犯研究》,中国人民大学出版社 2010 年版,第 75 页。
③ 参见〔德〕考夫曼:《法律哲学》,法律出版社 2004 年版,第 216—217 页。
④ 参见许玉秀:《当代刑法思潮》,中国民主法制出版社 2005 年版,第 728 页。
⑤ 《民法典》第 34 条规定:"监护人的职责是代理被监护人实施民事法律行为,保护被监护人的人身权利、财产权利以及其他合法权益。监护人依法履行监护职责产生的权利,受法律保护。监护人不履行监护职责或者侵害被监护人合法权益的,应当承担法律责任。"

置宠物的权力,但同时也必须承担防止宠物侵害他人的责任。① 因此,"支配"和义务并非绝对的相互排斥。

总的来说,规范论忽视不真正不作为犯在事实构造上的补充必要性,而依赖社会功能或者社会规范对作为义务进行认定,实际上在刑法规定以外谋求不作为犯的构成要件内容,有违反罪刑法定主义的嫌疑,并不可取。作为犯和不真正不作为犯在事实构造上存在差异,因此,不真正不作为犯的处罚正当性应当建立在存在论的基础之上和对后者构造间隙的弥补之上。作为犯的正犯以行为支配为核心内容②,那么,事实支配性也应当成为不真正不作为犯的限定要素。

二、事实支配的层级性检讨

关于事实支配的内涵,不同学者的解读大相径庭。本文认为,不同观点的主要争议点在于"支配"的抽象程度以及事实类型。因此,为了清晰地描绘"支配"的应有图像,下文将"支配"分为若干层级,并以此为基础确定支配性的内容。

第一层级:抽象的事实支配说。该说以法益保护的有效性和依赖性这两个抽象的判断标准为基础构建保证人地位的理论体系。张明楷教授认为,在只有切断危险源才能保护法益的场合、法益保护依赖于特定关系人或者特定领域的管理者等场合,都会形成行为人的支配地位并进而产生作为义务。③ 以此为前提,作为义务分为"基于对危险源的支配产生的监督义务""基于与法益的无助(脆弱)状态的特殊关系产生的保护义务"以及"基于对法益的危险发生领域的支配产生的阻止义务"。在这些类型中,再进一步细分各种具体的作为义务。④

第二层级:限制的事实支配说。该说试图通过特定事实要素来填补不作为的构造在物理原因力上的欠缺。基于事实要素的不同侧重点,该说内部则存在不同的看法。大致可以分为危险前行为说、结果原因支配说和支配领域说等三种不同的路径。

危险前行为说认为,引起危险的先前作为是作为义务的唯一发生根据。

---

① 《民法典》第1246条规定:"违反管理规定,未对动物采取安全措施造成他人损害的,动物饲养人或者管理人应当承担侵权责任;但是,能够证明损害是因被侵权人故意造成的,可以减轻责任。"
② 参见〔日〕橋本正博:《"行為支配論"と正犯理論》,有斐閣2000年版,第159页以下。
③ 参见张明楷:《刑法学》(第6版),法律出版社2021年版,第198页。
④ 同上注,第198—205页。

日本学者日高义博指出:"在作为犯中,因为作为有原因力,行为人是原因的主体。因此,要填补不真正不作为犯存在结构上的空隙,使其与作为在构成要件方面价值相等,就必须考虑不作为人设定原因的情形。"[1]我国台湾地区学者黄荣坚和大陆学者周光权也有类似观点。[2]

结果原因支配说是日本学者山口厚提倡的观点。山口厚认为:"所谓对结果原因的支配,就意味着支配了这样的有可能导致结果的危险的原因。法益侵害的有无,应该根据法益侵害的危险程度以及相对的法益方的防御程度来判断,因此,能够将对结果原因的支配分为(1)对危险源的支配与(2)对法益脆弱性的支配。"[3]

支配领域说是日本学者西田典之倡导的观点。西田典之认为:"不作为要与作为具有构成要件等价值,不作为者就必须将正在发生的因果进程控制在自己掌中,即基于自己的意思而获得排他性支配。"[4]日本学者曾根威彦在西田典之的理论基础上,提出了三种不同的作为义务发生根据:事实承担、支配性领域以及排他的支配关系。[5] 对于并非基于自己意思取得排他性支配的支配性领域这一场合,必须存在母子关系、建筑物管理人员、保安人员等社会持续性保护关系,才能考虑规范性要素。[6] 该说被认为是日本的多数说。[7]

第三层级:严格的事实支配说。该说又可以分为排他性支配复合说和排他性支配设定说。日本学者佐伯仁志是排他性支配复合说的倡导者。佐伯仁志认为,危险前行为和排他性支配是实现作为和不作为等价性的共同要件。"为了承认作为和不作为的等价值性,从因果支配的观点出发,排他性支配是必要的;从保障自由的观点出发,危险创设是必要的。"[8]日本学者大塚裕史也持类似观点。[9]

---

[1] 〔日〕日高义博:《不作为犯的理论》,王树平译,中国人民公安大学出版社1992年版,第110页。

[2] 参见黄荣坚:《基础刑法学》(第4版),元照出版有限公司2012年版,721页以下;周光权:《刑法总论》(第4版),中国人民大学出版社2021年版,第111—113页。值得注意的是,与一般观点不同,黄荣坚将保证人地位视为责任的内容。

[3] 〔日〕山口厚:《刑法总论(第3版)》,付立庆译,中国人民大学出版社2018年版,第90页。

[4] 〔日〕西田典之:《日本刑法总论(第2版)》,王昭武、刘明祥译,法律出版社2013年版,第106页。

[5] 参见〔日〕曾根威彦:《刑法の重要問題》(第2版),成文堂2005年版,第240页。

[6] 参见〔日〕西田典之:《日本刑法总论(第2版)》,王昭武、刘明祥译,法律出版社2013年版,第106页。

[7] 参见〔日〕大塚裕史:《刑法総論の思考方法》,早稲田経営出版2008年版,第61页。

[8] 〔日〕佐伯仁志:《刑法总论的思之道・乐之道》,于佳佳译,中国政法大学出版社2017年版,第76页

[9] 参见〔日〕大塚裕史:《刑法総論の思考方法》,早稲田経営出版2008年版,第62页。

我国学者黎宏是排他性支配设定的倡导者。黎宏立足于我国刑法的现状，着力于将不真正不作为犯的判断事实化，强调作为和不作为之间的事实构造差异，避免作为义务的规范性判断，提倡通过行为人主动设定对法益的排他性支配来消除不作为和作为之间的结构性差异。排他性支配的设定"既可以通过行为人中途介入面向结果的因果进程的方式，也可以通过行为人制造并支配面向结果的潜在危险的方式"①。日本学者林干人持相似观点。②

第四个层级：极端的事实支配说。该说认为，保证人地位中的支配性来源于行为人自愿对于法益保护的实施排他性事实承担。日本学者堀内捷三主张，不真正不作为犯属于身份犯的一种类型，即根据法益保护的必要程度（法益的要保护性）而限定主体的范围。以此为基础，堀内捷三指出："根据对于不作为者的法益附着性而构建作为义务的实体路径是妥当的……所谓对于不作为者的法益附着性，意味着刑法上被禁止的法益侵害结果不发生依存于不作为者。"③而法益的依存性则来自不作为者的事实承担行为。④ 日本学者浅田和茂也有类似观点。⑤

在上述路径中，本文原则上赞同限制严格的事实支配说。理由如下：

第一，抽象的事实支配说对"支配"的解读过于宽泛，很难说是限定保证人地位的合适路径。该说中的"支配"在很大程度上以行为人与被害人之间的关系为判断基础。这种思考方式，更倾向于规范论而非存在论。实际上，抽象的规范支配说与机能二分说等规范论的观点很接近，只在危险共同体等少数领域有所不同。⑥ 那么，"支配"这一术语只是粉饰规范论的表漆而已，并无太大意义。而且，被抽象化的"支配"并不具有可靠的内容。从张教授的论述来看，法益对行为人的依赖性是判断支配与否的重要标准。但是，依赖性与支配性是否能够等同，则存在疑问。例如，在基于行为人对法益发生危险的场所进行支配的场合，被害法益的确依赖于行为人来救助，但行为人对于该法益的侵害进程并无现实支配力。⑦ 将此情形视为"支配"，很难

---

① 参见黎宏：《排他支配设定：不真正不作为犯论的困境与出路》，载《中外法学》2014 年第 6 期，第 1588 页。
② 参见［日］林幹人：《刑法總論》（第 2 版），東京大学出版会 2008 年版，第 156—157 页。
③ ［日］堀内捷三：《不作為犯論——作為義務論再構成》，青林書院新社 1978 年版，第 253 页。
④ 参见［日］堀内捷三：《不作為犯論——作為義務論再構成》，青林書院新社 1978 年版，第 255 页以下。
⑤ 参见［日］浅田和茂：《刑法總論》（補正版），成文堂 2005 年版，第 159 页。
⑥ 即使是规范论，也有不少学者提出应对紧密生活共同体的保证人地位进行限制，不能只是形式上的规范性的共同体关系，而必须是照顾关系的事实存在。参见［德］乌尔斯·金德霍伊泽尔：《刑法总论教科书（第 6 版）》，蔡桂生译，北京大学出版社 2015 年版，第 382 页。
⑦ 参见陈兴良：《判例刑法学（上）》，中国人民大学出版社 2009 年版，第 114 页。

说是妥当的。

第二,限制的事实支配说的事实限定路径都有不足之处。

首先,危险前行为说否定了事实承担行为产生作为义务的独立性,可能不当的缩限不真正不作为犯的成立范围。例如,甲因交通事故受重伤躺在马路中间,乙驾车经过,出于救助的意思将甲置于车内。根据危险前行为说,这种情形不能认定乙对甲有救助义务。但是,此结论难以让人接受。

其次,结果原因支配说和支配领域说将先前行为排除在保证人地位的发生根据以外,是有疑问的。诚然,如果将不作为犯中的"支配"视为行为支配,而在先前行为结束后,行为支配也就结束,那么,行为人对于先前行为所创造的危险状态就很难说有支配地位。但是,危险前行为可以被视为危险源的一种类型①,行为人对于危险源所产生的高危险状态处于危险前行为人的支配之中,那么,危险前行为成为保证人地位的发生根据也不是没有道理。例如,甲入户盗窃而不小心打翻油灯,引起火灾后立即逃跑的情形,若按结果原因支配说和支配领域说则无法认定为不真正不作为犯,这无疑是制造法律漏洞。②

最后,结果原因支配说和支配领域说在其具体论理上也有值得商榷之处。结果原因支配说对于"何为结果原因"的问题表述不清,很容易落入以社会期待性为基点的机能二分说的窠臼。③ 至于支配领域说,其严格把握保证人地位的出发点值得认同。但是,该说要求行为人对整个因果进程进行支配则过于苛刻。④ 可能西田典之也意识到这个问题,因而他为因果进程支配的规范性判断留下余地,从而提出支配性领域的概念。⑤ 但是,支配性领域是否能够纳入因果进程的支配范围,存在较大的疑问。

第三,在严格的事实支配说中,排他性支配复合说以危险创出作为事实承担的限制性因素,并不合理。事实承担和危险前行为是两种不同的保证人类型。事实承担设定对法益状态的控制,而危险前行为则设定法益侵害的原因。虽然两者并非完全冲突,但并无叠加的必要。在行为人以救助被害人的意思实施事实承担行为时,被害人的生命安全不能说比此前的孤立无援状态

---

① 参见张明楷:《不作为犯中的先前行为》,载《法学研究》2011 年第 6 期,第 139—140 页。
② 参见黎宏:《排他支配设定:不真正不作为犯论的困境与出路》,载《中外法学》2014 年第 6 期,第 1583—1584 页。
③ 参见〔日〕西田典之:《日本刑法总论》(第 2 版),王昭武、刘明祥译,法律出版社 2013 年版,第 106 页。
④ 参见孙运梁:《从因果支配走向客观归责——不纯正不作为犯的归因与归责》,载《法学评论》2016 年第 2 期,第 105—106 页。
⑤ 参见〔日〕西田典之:《日本刑法总论》(第 2 版),王昭武、刘明祥译,法律出版社 2013 年版,第 106 页。

更加危险。这种情形不宜认定为危险创出。而且,该说也可能在具体事例的处理中得出不当的结论。例如,甲驾车不慎,将乙撞倒在车流频繁的马路中间。为了救助乙,甲将乙拉进车中。从客观环境来看,行为人躺在马路中间很可能被其他车辆碾压而死,而在甲的车中,至少避免了二次事故的风险。因此,很难说乙的危险增加,应作为事实承担来处理。

第四,极端的事实支配说可能得出不当的结论。例如,交通事故中,肇事者非基于救助意思,而是直接基于逃避追究之意图将被害人搬进车内另移至他处,以及女子在荒郊野外生孩子后置之不顾等场合,仅凭事实承担难以肯定保证人地位。① 另外,如上所述,危险前行为不宜排除在作为义务的发生根据以外。极端的事实支配说彻底否定危险前行为的保证人地位发生作用,不甚合理。

第五,排他性支配设定说基本上是正确的路径。作为的支配性体现在其有形力对于因果流程进展所具有的操控作用。从不作为在物理上的静止性而言,不可能通过行为的有形力支配因果流程。因此,与作为犯不同,不真正不作为犯不可能对法益侵害的全部因果经过形成物理性的行为支配。否则,就完全可以按照作为犯来进行认定,不必再考虑不作为犯的成立与否。但是,如果行为人在因果流程的引起和发展中设定支配性的原因力或者控制力,从而将法益侵害的不法状态置于自身的掌控之中,那么,不真正不作为犯就可以在事实构造上得到补足,具有等价于作为犯的危害性。佐伯仁志只看到危险前行为与自由保障的关联性,忽略了不作为者在因果进程中介入时的自由限定意义。

就此而言,排他性支配设定说以"支配设定"为内容,具有很强的说服力。但是,排他性支配设定说的重心是"设定"这一作为,而不是作为义务。假如"设定"这一作为与作为犯的作为已经完全对等,在"设定"的作为实施以后就不必再考虑不履行作为义务的不作为。那么,结果回避可能性等问题就可能会被忽略。如果说在"设定"的作为基础上仍要考虑不作为,那么,以排他性支配限制危险前行为的"设定",恐怕又会过于严格。因此,在危险前行为和事实承担的基础上加以排他性支配的约束,或许更能合理限定保证人地位的成立范围及其基本功能。

具体而言,事实支配有两个方面的内容:其一,在危险前行为引起刑法禁止的紧迫危险时,行为人对于被引起的不法状态具有事实的支配地位。在不法侵害的因果过程之中,危险前行为其实已经停止。但通常认为,危险前行

---

① 参见[日]松原芳博:《刑法总论重要问题》,王昭武译,中国政法大学出版社 2014 年版,第 73—74 页。

为一经实施,就会对整个因果经过产生支配作用。这是因为,从客观的构造来看,原因力的延续是行为支配的重要内容。也就是说,危险前行为在其提供的原因力延续过程中一直处于法益侵害的支配状态。因此,这种不法状态实际上处于行为人的控制之中。也就是说,行为人作为不法状态的开启者,对该状态具有支配性的地位。具体言之,危险前行为表现为两个方面:一是直接创造危险。例如,失火行为引起火灾。二是增加现有危险。例如,在不知情的情况下对交通肇事被害者实施二次碾压。在这两种情形中,行为人设定了被害人的法益侵害进程,对不法状态有支配性。以此引申出阻断危险的义务,不会存在理论上的障碍。

有争议的是,危险前行为是否必须具有违反义务性。违反义务性不要说认为,危险前行为不必违反义务,而只需要创造紧迫危险即可。① 违反义务性必要说则认为,危险前行为必须违反客观的注意义务,否则不会产生保证人地位。② 根据本文的立场,保证人地位中的支配性实质是行为人对不法状态的支配。如果行为人的前行为完全合法,就没有造成不法状态的余地。而且,违反义务不要说会对正当防卫人也提出作为义务,显然不妥。③ 因此,本文倾向于违反义务不要说。有学者认为,允许的危险行为、紧急避险等合义务行为有产生作为义务的余地,因而怀疑义务违反必要性的理论一致性。④ 允许的危险行为作为合义务行为是建立在过失犯的主观不法基础之上⑤,但是,过失不是不法要素,而是责任要素。允许的危险只是说明行为人对于危害结果无过失,而不能完全合法化。因此,一般的允许危险行为不彻底具有客观的合义务性。⑥ 至于紧急避险,以避险行为不造成必要的损害为前提。也就是说,在避险行为可能进一步扩大且可能造成他人重伤、死亡的场合,显然不能认定该行为的合法性。另外,也有反对意见认为,虽然正当防卫是合法行为,但在防卫结果过当而防卫行为不过当时可以认可作为义务。⑦ 然而,防卫结果过当的情形实际上已经产生刑法禁止的危险,只不过此时的危险还没达到可罚的违法程度而已。因此,并不需要通过放弃违反义务必要性来承认防卫结果过当时的危险前行为。

---

① 赵秉志:《当代刑法学》,中国政法大学出版社2009年版,第159页。
② 参见姚诗:《先前行为保证人地位的理论根据》,载《清华法学》2014年第5期,第175页;周光权:《刑法总论》(第4版),中国人民大学出版社2021年版,第114—115页。
③ 参见林东茂:《刑法综览》(第6版),一品文化出版社2009年版,第191页。
④ 参见黄荣坚:《基础刑法学(下)》(第4版),元照出版有限公司2012年版,第729—730页。
⑤ 苏俊雄:《刑法总论Ⅱ》,台湾大学法学院图书部1998年版,第569—570页。
⑥ 参见[德]乌尔斯·金德霍伊泽尔:《刑法总论教科书(第6版)》,蔡桂生译,北京大学出版社2015年版,第334—335页。
⑦ 张明楷:《不作为犯中的先前行为》,载《法学研究》2011年第6期,第147页。

其二,行为人主动干预法益侵害流程,从而将被害人的法益掌控在自己的手中。在行为人自愿投入有形力阻挡法益恶化的倾向时,法益状态的平稳性完全由行为人掌管。那么,行为人对于脆弱法益或者正在受到侵害的法益来讲实际上相当于控制人。在法益处于外界或者主体内部原因而遭受风险的场合,控制人已经支配了威胁法益的因子发生现实作用力的可能性。那么,即使行为人并未积极地创造刑法禁止的危险,也对法益遭受的危险状态具有支配性,因而具有消除危险的义务。就干预型的支配性而言,可以划分为外向型的干预与内向型的干预。所谓外向型的干预,是指行为人对具有侵害法益可能性的危险源进行干预;而内向型的干预,是指对遭受危险的法益或者容易遭受侵害的法益进行干预。必须强调的是,无论是何种类型的干预,都必须以行为人主动且自愿的承担行为作为前提,不能仅仅基于法律规定的特定关系或者空间上的隶属性而直接认定干预的成立。

有不少学者对保护法益的有意性要件进行批判,认为在没有救助意思而法益和行为人又十分密切的场合,不认定救助义务不合适。① 例如,甲出于遗弃的意图将交通事故的被害人收容到车内的情形,根据事实承担理论不能认定保证人地位,但并不具有实质理由。② 然而,在没有救助意思的情况下将被害人置于自己的控制之中,往往是为了不让他人发现被害人,从而使得被害人获救的可能性大幅度降低,相当于创设了新的危险。当然,行为人在支配法益的时点究竟是否有救助意思有待证明。没有救助意思而支配被害人的情形属于作为,而有救助意思而支配被害人的情形只是产生保证人地位,事后不救助的行为属于不作为。相比之下,前者比后者的危害性更大,理应受到更严厉的处罚。根据择一认定的司法规则③,在行为人不是构成此罪就必然构成彼罪的场合,从有利于被告人的角度出发,应当按照轻罪来进行处理。也就是说,在查不清行为人是否具有救助意思的场合,应当按照有救助意思的情形来进行认定。

---

① 参见〔日〕岛田聪一郎:《不作为犯》,载《法学教室》2002 年第 263 号,第 114 页;〔日〕林幹人:《刑法総論(第 2 版)》,東京大学出版会 2008 年版,第 155 页。
② 〔日〕山口厚:《刑法总论(第 3 版)》,付立庆译,中国人民大学出版社 2018 年版,第 88 页。
③ 参见张明楷:《"存疑时有利于被告"原则的适用界限》,载《吉林大学社会科学学报》2002 年第 1 期,第 61—62 页。

三、事实支配的排他性追问

(一)排他性的意义

排他性是指排除他人救助被害人的可能性。关于排他性是否是不真正不作为犯的限定因素,存在激烈的争议。排他性必要说认为:"不作为要与作为具有构成要件性等价值,不作为者就必须将正在发生的因果进程控制在自己掌中,即基于自己的意思而获得排他性支配。"① 与之相对,排他性不要说认为,排他性是对作为义务提出的多余要求。其理由是"承认同时犯和认可排他性之间是矛盾的,不能将排他的支配当作作为犯和不作为犯所共通的要件"②。在本文看来,排他性不要说存在以下疑问,理由是:

其一,支配性不足以填补作为犯和不作为犯在支配内容上的差距。作为犯的支配对象是不法行为,而不作为犯的支配对象是不法状态。因此,两者之间的支配形态本来就很难等价,就此而言,以传统的结果原因支配性作为保证人地位发生根据,并不能彻底解决等价性问题。

另外,在现实的案件处理中,仅凭支配性就认定作为义务,显然会得出不合理的结论。例如,甲是乙(患有重疾的婴儿)的父亲,以放任乙死亡的故意将乙弃置于马路边,最终乙因得不到救助而死亡。在此案中,甲基于事实承担而支配了乙的生命状态。但是,将乙弃置于马路边的行为与故意将乙掐死等杀人的作为很难被视为等价。因此,不宜肯定甲具有不作为故意杀人罪中的救助义务。

实际上,司法解释对于排他性要件有一定的倾向性。根据司法解释的规定,行为人在交通肇事后为逃避法律追究,将被害人带离事故现场后隐藏或者遗弃,致使被害人无法得到救助而死亡或者严重残疾的,分别以故意杀人罪或者故意伤害罪定罪处罚。③ 可见,司法解释在认定不作为的故意杀人罪或者故意伤害罪时,也以被害人的救助可能性作为限定因素。简言之,支配性只是等价性的一个方面,而非全部。不能以行为人对不法状态有支配性而立即肯定等价性的成立。

---

① 〔日〕西田典之:《日本刑法总论(第2版)》,王昭武、刘明祥译,法律出版社2013年版,第106页。
② 〔日〕山口厚:《刑法总论(第3版)》,付立庆译,中国人民大学出版社2018年版,第89页。
③ 参见2000年最高人民法院《关于审理交通肇事刑事案件具体应用法律若干问题的解释》第6条。

其二,排他性与同时犯并不冲突。有学者认为:"在过失犯领域通常是承认同时犯的,在过失犯的场合不能肯定个别的行为对于结果的排他性支配(即便是故意犯,也不意味着就排除了同时犯的成立)。"①对此,本文不予苟同。所谓同时犯,是指数个行为人在同一时间范围内实施犯罪行为,其中一个犯罪行为单独导致结果发生或者数个犯罪行为共同引起结果发生的情形。同时犯有两种情形,一种情形是:结果只能归责于其中一个行为。例如,甲和乙在没有预谋的情况下同时开枪射杀丙,甲的子弹打中丙,而乙的子弹没有打中,丙的死亡结果只能归责给甲。另一种情形是:结果可以同时归责于多个行为。例如,甲和乙在没有预谋的情况下同时开枪射击丙,两人打出的子弹又同时打中丙的心脏,致使丙死亡。通说认为,丙的死亡结果可以同时归责于甲和乙的行为。在前一种情形中,结果归责事实上具有唯一性,因而排他性的成立与否并不成为问题,但是,在后一种情形中,多元的结果归责似乎意味着各个行为之间相互不排斥,那么,排他性要件是否会排除结果的同时归责可能性就有待澄清。

本文认为,排他性要件与结果归责的多元性完全是两个不同的问题,前者不可能成为后者的障碍。结果归属的多元性意味着同一结果可以在规范判断的基础上归属于不同的行为;而排他性则意味着行为人对于被害人的法益支配隔离于外界的干预。在现实案件中,很可能出现多人共同对同一法益进行支配的情形。这些共同义务者事实上处于共同保证人的地位,对于被害人的法益而言相当于一个义务主体。如果该主体内部的不同个体同时不履行其法律义务,就存在数个不作为。这些不作为相互之间不具有排斥机能。也就是说,排他性要件中的"排他",不是说排除行为人以外的所有人对因果流程的介入,而只是排除不具有作为义务者的介入。在不同主体对同一法益同时具有保护义务的场合,并不适用排他性要件。例如,甲是乙(五周岁)的父亲,甲带乙去逛街时,丙违章驾驶车辆将乙撞倒。那么,甲基于事实承担对乙具有保证人地位,而丙基于危险前行为具有保证乙安全的义务。甲和丙对于乙而言是共同的义务主体。排他性要件不得对他们两人适用,而只能指向他们以外的路人。因此,在不作为犯中,同时犯和排他性的讨论对象是不一样的,两者并无冲突。

其三,排他性要件对于不作为的危险性有实质性的限定意义。有学者认为:"把排他性作为支配要件,只要介入他人行为就否认支配存在的观点,忽

---

① 〔日〕山口厚:《刑法总论(第3版)》,付立庆译,中国人民大学出版社2018年版,第89页。

视了原因本质上就是条件这一基本原理。"①对此观点,本文难以认同。因果关系中的"条件"并非一切与结果发生有关联性的事实,而应当限定于与结果发生有相当性的实行行为。根据通说,实行行为具有法益侵害的紧迫或者现实危险性。被害人所处的环境对于危险判断有明显的制约意义。如果被害人处于他人可能随时进入的公共场所,就很难认为不作为引起了刑法禁止的危险;相反,如果被害人被置于人迹罕至的偏僻森林,被害人的危险性就明显升高。因此,排他性与危险性密切相关。即使考虑排他性要件,也不会颠覆刑法因果关系的基本逻辑。

可能有学者认为,无论自杀者是在颐和园跳河还是在其家中上吊,其自杀行为对于自杀者的危险都是一样的,因而不能以排他性要件的有无判断保证人地位的成立与否。但是,不真正不作为犯的危险性不能仅凭积极威胁法益的危险因素进行界定,而必须立足于被害人在客观上被救助的可能性进行考察。这是因为,不作为犯的表现形式是不为法律命令的作为,其因果关系表现为被期待的行为与危害结果不发生之间的关联性。② 被害人越有可能被他人所救,法律对于行为人的期待也就越低;反之亦然。更重要的是,环境因素是实行行为的重要判断因素。例如,同样是推倒被害人的行为,在悬崖边实施和在足球场实施就会发生截然不同的侵害后果。同理,相比一般场合,在排他性的场合,他人救助的可能性被否定,行为人不救助被害人的危险性也就大幅度升高。③ 那么,没有理由将排他性这一环境因素排除在不作为犯的危险判断因素之外。

也可能有人认为,我国目前的社会风气每况愈下,已经从以往的"一方有难八方支援"退化为"各人自扫门前雪"。诚然,我国目前的确存在一些见死不救的现象,但是,不能以此断定国民素质已然颓败到人人见死不救的地步。相反,见义勇为的义举时常见诸报端,因而不应认为排他性对于被害人的救助可能性没有实际影响。因此,排他性要件应当成为不真正不作为犯的限制因素。

(二)排他性的判断

一般认为,排他性要件不以空间的封闭性为必要。即使在开放的场所,如果不具有他人救助被害人的可能性,也可以承认排他性的成立。当

---

① 苏彩霞、肖晶:《作为义务的实质来源:规范支配论之确立与展开》,载《浙江大学学报(人文社会科学版)》2015年第4期,第104页。
② 参见〔日〕山中敬一:《刑法総論》(第3版),成文堂2015年版,第236—237页。
③ 参见刘士心:《不真正不作为犯的等价性问题研究》,载《法商研究》2004年第3期,第115页。

然,他人救助的可能性应当以法益危险发生时为判断时点。① 例如,图书馆在开放时不具有排他性,而在闭馆时则很可能具有排他性。那么,作为义务人在闭馆时不救助自杀者,就可能构成不作为的杀人行为。另外,在多人对被害人有支配性,而这些人以外的其他人不可能救助自杀者的场合,应当认为这些人都对自杀者有排他性支配。② 例如,父母看到自己的小孩自杀而不救助,有可能会构成不作为故意杀人罪的共同犯罪。

有疑问的是,排他性要件是否以行为人的主观意思介入为必要。有学者认为:"获得排他性支配有可能并非基于自己的意思。例如,早上起来看到大门口放有弃婴,由于是自己的大门口,应该说具有排他性支配,但并非自己主动认领(接受),因而这种支配并非基于自己的意思,对于这种尽管客观上存在排他性支配,但这种排他性支配的取得并非基于自己意思的场合,应称为'支配领域性',以区别于排他性支配。"③

相反,有人主张排他性只是行为时他人介入的客观可能性。我国学者李晓龙认为:"行为人支配合法权益的程度决定了作为义务违反程度的强弱。如果行为人对合法权益处于排他性的支配,只有该行为人能采取措施防止结果发生,而其他人不可能干涉,则不作为行为违反作为义务的程度为高。反之,如果行为人对合法权益的支配并不具有排他性,除行为人之外尚有其他人也能采取措施防止结果发生,则不作为行为违反作为义务的程度为低,不作为就不能和作为等价而同置于同一构成要件之下予以处罚。"④

本文认为,客观说更为合理。首先,排他性作为危险内容的判断因素,不应当受到行为人的主观因素所左右。无论行为人对自杀行为的危险性作出何种判断,都不会影响自杀者的生命所遭受的危险,那么,排他性意思对于救助义务的判断并无实质作用。其次,以排他性意思限制排他性要件,可能会得出不合理的结论。在行为人无过失的先前行为并引起被害人危险的场合,行为人在行为时并无排他性意思,但是,如果事后行为人意识到被害人所处的环境是他人无法介入的偏僻之地,那么,就应当有义务实施救援。然而,按照排他性意思说,这种场合不能承认有排他性,那么,救助义务也就无从谈起。

因此,排他性的判断对象应当限于客观的他人救助可能性。行为人在

---

① 参见〔日〕内藤谦等:《刑事法学の課題と展望:香川達夫博士古稀祝賀》,成文堂1996年版,第110页。
② 参见〔日〕内藤谦等:《刑事法学の課題と展望:香川達夫博士古稀祝賀》,成文堂1996年版,第110页。
③ 〔日〕西田典之:《日本刑法总论(第2版)》,王昭武、刘明祥译,法律出版社2013年版,第106页。
④ 李晓龙:《论不真正不作为犯的等价性》,载《法律科学》2002年第2期,第52页。

"排他"的场合不救助被害人,对于被害人来讲是致命的,这与没有排他性的场合相比,违反义务的程度存在明显差别。有人认为,在第三人在场但完全不具有救助意思的场合,第三人就相当于"路边之石",不能否定排他性的成立。① 但是,在场的他人无救助意思且不施救反映的是法益得不到救助的现实性,而非可能性,不宜作为排他性的判断因素。何况,在不少情况下法益侵害的发生场所是在可能有人经过而实际上无人经过的地方。那么,考察潜在的路人是否有救助意思是不可能的。而且,如果以被害人是否得到救助的现实性作为排他性的判断基准,就会不当地扩大排他性的成立范围。因此,只要法益发生的场所有他人介入的可能性,就应当否定排他性。

四、本文立场的展开:
以特定关系人对自杀者的救助义务为示例

根据上述分析,保证人地位的判断应当先从危险前行为和事实承担两个方面着手,在肯定事实支配的基础上,进而判断行为人对被害法益的救助是否具有排他性。据此,对自杀者的救助义务可以分为以下几种情形进行处理:

第一,在被害人自杀的场合,整个过程都是由被害人的自由行为进行支配。因此,原则上不应该承认他人对自杀结果有事实上的支配性。例如,在孙多琴故意杀人案中,法院从孙多琴购买毒药和自杀的先行行为以及孙多琴和被害人之间的夫妻关系两方面肯定作为义务,并基于孙多琴未履行该作为义务而认定故意杀人罪。② 然而,被害人陆九斤是自己将行为人孙多琴的毒药抢过去喝的。可以说,被害人的危险完全是其自身的行为引起的。孙多琴并没有支配陆九斤的生命危险状态,因而不能产生不作为故意杀人罪的作为义务。法院将自害行为也看成先行行为,有不当扩大保证人地位的范围之嫌。

第二,在行为人设定了对自杀者具有排他性支配的场合,有可能存在例外成立保证人地位的情况。生存意志对于自杀者的生命保护来讲至关重要。在被害人情绪极其激动尤其是已经产生轻生念头的场合,行为人仍然以殴打、侮辱人格的手段刺激被害人,就会大幅度提升被害人实施自杀行为的可能性,那么,救助义务就有发生的余地。例如,在宋福祥故意杀人案中,法院根据宋福祥与其妻李霞的争吵撕打行为,认定被告人宋福祥是负有特定义务

---

① 参见〔日〕松原芳博:《刑法总论重要问题》,王昭武译,中国政法大学出版社2014年版,第74页。
② 参见新疆维吾尔自治区芳草湖垦区人民法院(2008)芳刑初字第40号刑事判决书。

的人,对李霞自缢采取放任态度,致使李在家中这种特定环境下自缢身亡,其行为已构成故意杀人罪(不作为)。①

针对此案判决,学界曾经展开激烈的争论。陈兴良认为,夫妻间的扶养义务和家庭这一特定环境都不能推导出救助义务,而且,先行行为在不真正不作为犯的作为义务来源的意义上,必须具有导致结果发生的现实危险,因此,宋福祥不构成不作为犯的故意杀人罪。②但是,张明楷认为:"宋福祥听到了妻子上吊自杀时的凳子响声,这表明其妻子的生命面临非常紧迫的危险;由于妻子是在自己家里上吊的,而家里又没有其他人,这说明妻子的生命完全依赖于宋福祥的救助行为;宋福祥确实可以轻易地救助妻子。这些都足以说明宋福祥的作为义务程度高,或者说负有不作为的故意杀人罪的成立要件的作为义务",故而宋福祥应当承担不作为故意杀人罪的刑事责任。③

本文认为,张明楷将视角集中在被害人在事实上对行为人的依赖性,而没有重视行为人对被害人的支配性,亦有疏忽之处。但是,陈兴良对危险前行为的理解亦有过于狭隘之嫌。危险前行为不一定立即引起紧迫的结果危险,而只需要具有引起结果发生的盖然性即可。当然,从本案的案情看来,宋福祥与李霞的厮打吵闹行为长期存在。在李霞不堪忍受这种生活的情况下而意欲自杀的场合,情绪本来就很不稳定。行为人宋福祥仍然继续与李霞争吵厮打,从而严重加剧了被害人的自杀意愿,直接推动李霞自杀结果的实现。而且,李霞自杀的环境是在与外界相对隔离的房屋内部,那么,他人一般也无法知晓自杀行为,因此,宋福祥有救助李霞的义务。

需要注意的是,不能认为一般的吵架行为或者殴打行为也足以干扰被害人的自杀意志。例如,在陈某某故意杀人案中,被告人陈某某在清丰县六塔乡土什方村村委会的见证下,入赘到该村被害人卢某某家中,与卢某某一起生活。在双方同居生活期间,双方因是否生育孩子的问题发生矛盾,后陈某某离开卢某某家,不再与卢某某一起生活。一日被告人陈某某翻墙进入清丰县六塔乡土什方村卢某某独自居住的家中,等待卢某某下班回家。卢某某回到家中,陈某某仍一直躲藏在卢某某家东屋内。陈某某进到堂屋看见卢某某,因向卢某某索要彩礼及同居期间积累的财产,与卢某某发生争吵,致使卢某某用围巾自缢于其家。陈某某在场且有救助能力而不予救助,目睹卢某某自缢死亡。④ 关于此案,法院认为,被告人未经许可进入被害人家中并与其

---

① 河南省南阳市中级人民法院(1995)南刑终字第002号刑事裁定书。
② 参见陈兴良:《判例刑法学(上)》,中国人民大学出版社2009年版,第114—116页。
③ 张明楷:《论不作为的杀人罪》,载陈兴良主编:《刑事法评论》1998年第2卷,第270页。
④ 具体案情和判决理由转引自河南省濮阳市中级人民法院(2014)濮中法刑二终字第21号刑事附带民事裁定书。

争吵的行为引起被害人自杀,因而被告人有救助义务。① 但是,行为人陈某某和卢某某只是存在一般的吵架行为,很难说对卢某某的自杀意志产生足够的压制作用。因此,不宜认定陈某某构成故意杀人罪。

第三,排除他人救助可能性的行为也可以被视为危险创出行为。例如,在李某某故意杀人案中,被告人李某某与项兰临相恋后致其怀孕。被告人李某某向项提出分手并让其去流产,项不同意并几次欲跳楼自杀。某日,被告人李某某回到寝室见项兰临在其房内,后两人发生争打,项兰临拎一矿泉水瓶(内装敌敌畏农药)到走廊上,李某某听到项将"矿泉水"瓶扔到水池上的声音,后项回到房内背靠沙发坐在地上,歪着头定定地注视着墙,嘴角有唾沫样的东西。此时,李某某见同厂女工赵某某上楼即把门掩上。项兰临最终因中毒身亡。② 一审和二审判决均认定李某某构成故意杀人罪。③

冯军反对上述判决。冯军认为:"一方面,从恋爱关系中并不能产生刑法上的作为义务……另一方面,从恋爱怀孕后因未妥善处理而发生争吵这一行为中也不能产生刑法上的作为义务,即使引起了一方的自杀,也不能追究另一方的刑事责任。"④诚然,恋爱关系和一般的吵架行为不可以产生保证人地位。但是,李某某发现项某状态异常后将房门掩上,使得他人及时救助项某的可能性大大降低,从而极大地增加了被害人的死亡风险。就此而言,李某某的关门行为可以被视为危险增加型的危险前行为,具有救助项兰临的保证人地位。

第四,在行为人一直对不具有自我照看能力的自杀者进行照看的场合,行为人对自杀者的生命有支配性。如果行为人和自杀者之间存在特定关系,而自杀者本身基于责任能力或者行动能力的欠缺而在行为人的照看之下,那么,行为人事实上已经承担了对自杀者的生命等法益的保护义务,因而行为人对于自杀者的生命有支配性。在自杀者剥夺自己的生命时,行为人对于面临受到紧迫威胁的自杀者有救助义务,理应阻止自杀行为。例如,在榆林待产孕妇跳楼事件中,一名待产孕妇马某某难忍疼痛,要求医院实施剖宫产,但该医院因马某某家属拒绝在剖宫产同意书上签字,因而不实施剖宫产手术,最终马某某难忍疼痛而跳楼自杀。⑤ 在该案件中,医院和家属各执一词,推卸在拒绝实施剖宫产手术问题上的责任。但是,从事实承担的角度

---

① 具体案情和判决理由转引自河南省濮阳市中级人民法院(2014)濮中法刑二终字第21号刑事附带民事裁定书。
② 参见浙江省金华市中级人民法院(2000)金中刑终字第90号刑事裁定书。
③ 同上注。
④ 冯军:《论配偶刑法上的作为义务》,载《政治与法律》2017年第5期,第74页。
⑤ 《待产孕妇跳楼身亡 事件陷入"罗生门" 梳理其坠亡前29小时》,载中国新闻网(http://www.ln.chinanews.com/news/2017/0907/79307.html),访问日期:2017年9月24日。

来看,两者都可能对马某某具有保证人地位。家属对马某某予以照料并送至医院生产,可以说已经主动对马某某这一脆弱体制的个体承担了保护责任。同时,医院接受马某某,要为其接生,也说明医院对马某某的脆弱法益有事实上的保护接受行为。马某某在难忍疼痛的情况下跳楼自杀,可以说马某某的自杀行为缺乏自愿性。那么,因事实承担而产生保证人地位的医护人员和马某某家属,均应阻止马某某的自杀行为。当然,在该事件中,马某某的跳楼行为事发突然,医护人员和马某某家属是否对此具有认识或者认识可能性,则有待进一步的调查结果。

Neue

不作為犯論

Entwicklung

の

不作为与共同犯罪

不作爲犯論　の　再展開
Neue Entwicklung der
Lehre vom Unterlassungsdelikt

der Lehre vom

再展開

Unterlassungsdelikt

第六章　不阻止他人犯罪的刑事责任

黎　宏

内容摘要：现实当中发生的不阻止他人犯罪案件，有相当部分可以认定为作为共犯。在行为人以言语、动作、眼神乃至默示等方式指示、放任正犯犯罪时，都可以作为共犯论处。在判断不阻止行为到底是作为还是不作为时，必须结合不阻止行为实施当时的特定时空环境，考虑行为人与未被阻止的他人之间、行为人与被害人之间的亲密关系等因素，从物理和心理两个方面进行。只有在难以将不阻止行为处理为作为共犯的时候，才可以将其认定为不作为共犯。判断不阻止行为是否成立不作为共犯时，必须从行为人是否具有法益保护义务和危险源监视义务入手，根据结果回避可能性的要求，判断其不阻止行为是否具有成立不作为共犯的实行行为性，然后才能将不阻止行为论以相关犯罪的共犯即帮助犯。

一、问题意识

本文所称的不阻止他人犯罪，包括两种情形：一是不阻止与自己有关的他人的犯罪行为，即明知与自己有特定关系的人在实施犯罪而不制止。如看见自己的孩子在实施杀害他人的行为，能够阻止而不阻止；或者看见一起实施犯罪的同伙超出事先约定的范围，实施其他犯罪时，能阻止而不阻止的场合，就是如此。二是不阻止与自己有关的他人所面临的犯罪侵害，即明知与自己有特定关系的人正在遭受他人的不法侵害却不制止。如看见自己过继来的幼子正在被他人殴打，能够制止而不制止，以致被他人打死的场合，就是如此。上述两种情形，可以出现在同一个案件当中。如轰动一时的"洛阳虐童案"就是其典型案例。

被告人刘某利系被害人刘某某（时未满2周岁）之母，在和被告人赵某飞非法同居期间，赵某飞由于嫌刘某某哭闹，曾以透明胶带捆绑、扇耳光、烟头烫等方式对刘某某进行虐待，但刘某利均未制止。2015年9月18日晚，赵某飞用浴巾将刘某某捆作一团，提住腰部头朝下倒立在床边半个小时左右，致刘某某重伤,构成一级伤残。本案中,被告人赵某飞的行为无疑构成故意伤害罪,问题是,刘某某的母亲刘某利的行为该如何处理?对此,河南省洛阳市中级人民法院认为,被告人刘某利作为幼儿的法定监护人有义务保护其幼儿免遭伤害,在赵某飞故意伤害其幼儿时,有能力采取保护措施而未予保护,多次放任伤害行为发生并造成严重后果,与赵某飞构成共同犯罪。其中,赵某飞是主犯,刘某利是从犯,判处其有期徒刑10年。① 本案中被告人刘某利的行为就是典型的不阻止他人犯罪。其既没有阻止与自己非法同居者的伤害行为,也没有阻止自己女儿免遭他人伤害,故被判定为故意伤害罪的从犯。

　　问题是,刘某利的行为是如何被认定为故意伤害罪的呢?其中,可以细分为三个问题:一是,刘某利身为被害人的母亲而见危不救的行为,可以说是不履行抚养义务、情节恶劣的行为,从《刑法》第261条的规定来看,应当构成遗弃罪,但法院为何对其认定为通常看作作为犯的故意伤害罪,而没有认定为通常看作不作为的遗弃罪呢?二是,按照不作为犯论,刘某利不履行救助义务的行为,应当单独定罪,但判决为何要将其和正犯赵某飞的行为联系在一起,认定为故意伤害罪的共犯呢?三是,如果说身为特定义务人的刘某利的不救助行为构成故意伤害罪的不作为共犯的话,那么,到底构成正犯还是从犯(帮助犯)呢?

　　以上三个问题,归结起来,就是对不阻止他人犯罪的行为该如何定罪处罚?虽说在刑法理论上,其主要涉及不作为共犯问题②,但实际上并不仅限于此。近年来,随着规范论和法益论的勃兴,在不作为犯特别是不阻止他人犯罪的不作为参与领域,以规范论为基础的义务犯论和以法益论为基础的支配犯论之间展开了激烈交锋,其核心内容归结起来就是,不阻止他人犯罪的,到底是成立正犯还是从犯?义务犯论者认为成立正犯,而支配犯论者认为原则上

---

　　① 本案由于涉及未成年人及隐私等问题,故本案判决文书没有公开。本文中相关事实介绍,参见王琦:《"洛阳虐童案"宣判　施暴者被判无期　孩子生母获刑10年》,载《河南商报》2017年4月15日,第A03版。

　　② 理论上讲,不作为犯问题包括三种类型:一是对不作为犯的共犯(教唆),如教唆母亲采用不喂奶的方式杀婴的场合,就是如此;二是不作为方式的共犯(帮助),如父亲不阻止第三人杀害自己的孩子,以及不阻止自己的孩子杀害第三人的场合,就是如此;三是不作为的共同正犯,如父母看见孩子落水,相互商量,不予救助的场合,就是如此。尽管具有打消他人的犯罪念头的作为义务,但由于他人犯罪念头的打消,几乎不可能通过不作为的方式实现,因此,不作为的教唆难以想象。两个以上具有作为义务的人,经过谋议,不为所期待行为的时候,理论上成立不作为的共同正犯(同时犯)。但这种情形,因为存在共同谋议,将其理解为共谋共同正犯也未尝不可。因此,本文仅探讨上述第二种类型。

成立共犯即帮助犯。① 的确,眼见落水幼子在水中挣扎而不出手相救的父母,若不论以故意杀人罪,便无法处理;但相反地,眼见自己幼女遭人性侵而不制止的父亲一律构成强奸罪正犯,难免有跨越太大、让人瞠目结舌之嫌。因此,对不阻止他人犯罪的探讨,具有深化义务犯论和支配犯论的理论价值。

同时,从司法实践角度来看,不阻止他人犯罪的探讨还涉及作为和不作为的区分、作为犯与不作为犯的划界。因为,作为与不作为尽管名称上截然对立,但内容上并非水火不容,二者完全可以消融在同一不履行义务行为当中。如拒绝履行抚养义务的行为,既可以表现为对被害人不予照顾、不提供生活来源的不作为,也可以表现为驱赶、逼迫被害人流离失所的作为。而且,不阻止他人犯罪,从生活现象上看,经常伴随有行为人鼓励、支持或者默认他人犯罪的积极身体举动。如母亲在同居者殴打自己的孩子时,母亲不仅不制止,反而训斥孩子"活该"或者对同居者说"打得好"。这种伴随有积极身体举动的不阻止他人犯罪的行为到底是作为还是不作为,耐人寻味。

本文试从上述问题意识出发,结合作为与不作为的区分基准,根据国内外司法实践中的相关判(案)例以及学说,对不阻止他人犯罪的刑事责任问题进行探讨。

二、不阻止他人犯罪与作为共犯

不阻止他人犯罪,并不一定都构成不作为共犯,也有可能构成作为共犯。在不阻止者以言语、眼神甚至默示等方式鼓励他人或者为他人犯罪提供帮助时,尽管外在形式也能表现为不阻止即不作为,但实际上完全可以作为共犯处理。以下从作为与不作为、作为共犯与不作为共犯两个方面,对此进行分析。

(一) 作为和不作为的区分

在将不阻止他人犯罪作为不作为共犯问题探讨之前,首先必须看看单独犯的场合,作为与不作为之间的区分。

---

① 相关内容,参见何庆仁:《义务犯论》,中国人民大学出版社2010年版,绪论部分;曾文科:《论不作为参与——以"管辖"为轴展开》,载《研究生法学》2011年第6期,第87页以下;周啸天:《义务犯理论的反思与批判》,载《法学家》2016年第1期,第148页以下;何龙:《不阻止他人故意犯罪的行为人性质认定》,载《中外法学》2017年第6期,第1477页以下。

作为和不作为的区分，理论上一直存在分歧①，但本文认为，还是应当从行为构造即行为自身对外界产生的影响的角度来进行。从此角度来看，作为，是行为人主动引起某种外界变动；而不作为，则是行为人不制止某种已经现实存在的外界变动。结合法益概念来说的话，所谓作为，就是使现实中平稳或者渐趋平稳的法益状态恶化或者加剧其恶化；而所谓不作为，则是不阻止正处在危险状态中的法益状态进一步恶化。② 这样说来，刑法学中许多教学案例，如在某甲落水，于水中挣扎，岸上有人向某甲扔下一个救生圈，眼看某甲快抓到该救生圈的时候，旁边的某乙用木棍将该救生圈拨开，致使某甲溺水死亡的场合，某乙的行为就是作为。因为，落水的某甲在快要抓到救生圈的时候，其生命法益就处于平稳或者说安全状态，但是，某乙却将救生圈拨开，使得某甲的生命法益趋向平稳的状态遭到了破坏，因而属于作为。同样，在工厂老板将未依照规定消毒的原料交由工人加工，致使工人感染病菌死亡的案件中，因为老板的交付（未经消毒的原料）行为使得工人的健康法益受到破坏（如果不把原料交付给工人，工人就没有接触该有毒原料的机会，不会引起感染），因此，老板的行为是作为；相反地，在某乙远远看见有人落水，于是跳下水救人，靠近的时候突然发现落水者某甲原来是自己的仇人，就放弃了救助念头，返身折回，某甲因此身亡的场合，某乙的行为应当是不作为。因为，在这里，落水本身是导致某甲生命法益状态恶化的原因，某乙的不救助行为并没有加剧这种状态，而只是没有阻止其进一步恶化而已。③

按照上述理解，我国实务当中很多所谓不作为案例，其实都属于作为。④ 常见的如交通肇事者将被害人转移到路边难以被人发现的草丛里的场合，或者家人将神志不清、行动不便的老人带至野兽出没的深山偏野或者

---

① 有人从事实的角度出发，认为人的身体运动是作为，人的身体静止是不作为。如就杀人行为而言，母亲将婴儿置于危险境地致使其摔下死亡的是作为；相反地，母亲以不给婴儿喂奶的方式致使其饿死的场合，是不作为。有人从规范的角度出发，认为违反禁止规范的是作为，违反命令规范的是不作为。如就杀人而言，违反"不得杀人"禁令的用刀砍人的行为是作为；违反"必须救人"命令的见危不救的行为是不作为。以上介绍，参见吕翰岳：《作为与不作为之区分的目的理性思考——以德国判例与学说为借镜》，载《环球法律评论》2017年第4期，第87页以下；黎宏：《不作为犯研究》，武汉大学出版社1997年版，第14页以下。

② 参见黄荣坚：《基础刑法学（下）》（第3版），中国人民大学出版社2009年版，第447页；〔日〕高橋則夫：《刑法総論》（第3版），成文堂2016年版，第82页；〔日〕井田良：《講義刑法学·総論》（第2版），有斐閣2018年版，第151页；〔日〕松原芳博：《刑法総論》，日本評論社2013年版，第84页。

③ 需要注意的是，在这里，因为救人者和落水者之间还没有形成稳定的生存依赖关系，如果救助行为已经达到使被救助者能够获救的程度，如已经将落水者抱住拖至岸边，突然发现是仇人，然后放弃的，则该放弃或者说中止救助的行为，就应当是作为了。

④ 参见黎宏：《排他支配设定：不真正不作为犯的现状与出路》，载《中外法学》2014年第6期，第1573页。

少有人烟的冰天雪地的场合,以及在他人处于亢奋状态时,激起或者强化他人的自杀情绪,造成他人自杀身亡结果的场合①;在他人因为服毒生命处于危险状态时,对前来救助的人谎称其感冒,不用送医,耽误了救助时机,以致他人身亡的场合②;母亲将两名幼子留置在缺食少水且无外援的封闭房间内,离家一个多月,致使二人死亡的场合。③ 甚至极端地讲,母亲有意将孩子生在厕所便池里的行为,也可以认定为作为。因为,将身体发育不成熟、缺乏自我生存能力的婴儿置于臭气熏天的便池,无疑使婴儿陷入必死无疑的绝境,属于行为人亲自设定了面向法益侵害结果的因果进程的情形。这种做法,和掐死、毒杀等作为杀人行为并无二致。

实际上,作为和不作为之间只是观察问题的角度不同,二者之间可以并存。换言之,一个人的身体现象,永远同时是作为,也是不作为。特别是,我国刑法当中,并没有处罚不真正不作为犯的明文规定,加之从犯罪构成的角度来讲,作为犯没有主体身份要求,而不作为犯则有主体身份要求,即只有具有作为义务者才能构成。因此,实务当中,出现了作为和不作为交织在一起,难以区分的场合,可以首先考虑成立作为,只有在不成立作为时,才需要进一步考虑成立不作为的可能性。④ 成立不作为的,基本上是那些难以成立

---

① 例如,在"李家波故意杀人案"中,被告人李家波因不救助在其宿舍里服毒的女友,而被认定为不作为的故意杀人罪。二审法院浙江省金华市中级人民法院的判决理由称:原审被告人李家波与项兰临相恋并致其怀孕,在未采取措施加以妥善处理的情况下即提出与项兰临分手,并在争吵中抓打火机刺激项兰临,致使项兰临坚定服毒自杀的决心的行为,也可以视为作为行为。参见浙江省金华市中级人民法院〔2000〕金中刑终字第90号刑事附带民事裁定书。

② 如在男女恋爱期间,男方提出分手,女方不同意而在男方家里服毒,意图自杀。在女方药性发作昏迷,女方的姐姐等人闻讯赶来抢救时,男方怕女方服毒的事实被发现,竟对来人谎称:"她感冒了,喝醉了",并极力阻止,不让抢救。最终,女方因抢救不及时(当时及时送医的话,是可以抢救过来的),于次日凌晨4时死亡的案件中,男方隐瞒女方服毒事实并阻止抢救的行为,应当视为作为的杀人行为。因为,这种行为已经不是简单地利用已经存在的因果关系的不作为,而是以隐瞒真相、阻止救助的实际行动,让本可趋于安定的法益状态恶化,属于引起他人死亡或者说让他人死亡结果提前到来的作为。

③ 刑事审判参考案例第992号"乐燕故意杀人案",载中华人民共和国最高人民法院刑事审判第一、二、三、四、五庭主办:《刑事审判参考》(总第98集),法律出版社2014年版,第85页。

④ 参见〔日〕桥爪隆:《有关不作为与共犯的几个问题》,王昭武译,载《苏州大学学报(法学版)》2018年第1期,第126页;〔日〕堀内捷三:《刑法总论》(第2版),有斐阁2004年版,第55页。就作为与不作为的区分而言,理论上争议比较大的问题是,主治医生对于没有治愈希望的病人,关掉装在身上的人工呼吸机的行为,到底是作为还是不作为? 如果将其定性为积极的断绝生命的作为的话,该行为就符合故意杀人罪的构成要件,难以否定其成立犯罪。相反地,若将其看作"终止持续进行的治疗行为的撒手行为"的话,就可以将这种终止治疗的行为看作不作为。认定不作为的好处是,按照保证人说,关掉呼吸机的行为,只在行为人具有刑法上继续治疗义务的场合,才符合故意杀人罪的构成要件。将关掉呼吸机的行为理解为不作为,在尊重医生的判断、减少不必要的无效治疗方面,有其意义。但是,未经患者同意或者推定同意而关掉其呼吸机的行为,实际上是剥夺患者生命的行为,将此放在排除违法事由阶段——而不是放在构成要件符合性阶段——进行深入全面考虑或许更为合适。从此意义上讲,笔者认为,(转下页)

作为的场合。如就母亲通过不喂奶的方式杀害婴儿的事实而言,确实,母亲不给嗷嗷待哺的婴儿喂奶,就是不为一定应该做的行为,属于不作为;但是,现实当中,婴儿饿得嚎啕大哭,而母亲坐在旁边熟视无睹的情形恐怕并不多见。这种情形下,我们完全可以考虑在此期间,母亲有何作为?如母亲将婴儿放在没有人照料的房间里,自己外出旅游数天后归来致使孩子因为饥饿导致生命体征消失的场合,可以说母亲的行为是将孩子"饿死"的作为;或者母亲隆冬时节有意将幼儿放在开着窗户的屋子里,让其遭受风寒而死亡的场合,可以说母亲的行为是将孩子"冻死"的作为;或者母亲嫌孩子哭闹心烦,将枕头压住幼子口鼻致其窒息而亡的场合,可以说母亲的行为是"捂死"的作为。总之,不能因为行为人具有某种身份或者义务,没有履行义务、职责就一概将其认定为不作为,这样只会造成我国刑法中并没有明文规定的(不真正)不作为的滥用。

当然,对于一些极端案件,论以作为的话,会有评价不足、罚不当罪的不妥。如在被告人带领数名小孩到岩壁陡峭的山上摘杨梅,途经一水坑附近时,有两名小孩掉入其中,被告人尽管会游泳,但因害怕承担赔偿费用而未实施任何救援,放任其溺死的案件①中,若要将被告人的不救助认定为作为的话,便只能将被告人带领被害人去危险地带摘杨梅的行为认定为引起法益侵害危险的行为即作为。但这种做法会有两个疑问:一是将故意杀人罪的着手大幅度提前至带人去危险地方的时点。此时,若没有出现小孩溺亡的结果,是不是据此要认定被告人的行为构成故意杀人未遂呢?二是即便将被告人带小孩去山上的行为认定为杀人的着手,但其当时显然没有会发生致人死亡结果的认识或者说预见。从行为与责任同在的角度来看,即便说被告人将被害人带至危险地方的作为具有致人死亡的危险,但最多也只能评价为过失致人死亡。而这种评价没有考虑孩子落水之后,被告人能救而未救的事实,显然有评价不足之憾。

(二)作为参与和不作为参与的区分

与不履行作为义务的单独犯的场合有作为犯与不作为犯之分一样,不履行义务的共犯的场合也能进行类似区分。即,在共同犯罪的场合,为他人的犯罪提供方便的作为行为,不要求是积极的言行。因为,就帮助犯而言,为他

(接上页)关掉呼吸机的行为还是应当认定为作为。在德国,以关掉呼吸机行为为契机,有关作为与不作为的区分,有力说提倡"违法评价重点说"。但何谓"违法评价重点",尚不清楚。详细介绍,参见吕翰岳:《作为与不作为之区分的目的理性思考——以德国判例与学说为借镜》,载《环球法律评论》2017年第4期,第100页。

① 参见浙江省台州市中级人民法院(2014)浙台刑一终字第188号刑事判决书。

人犯罪提供方便,不仅指提供凶器、消除障碍之类的物理方便,也包括能够强化实行犯的犯罪意思的言行即精神鼓励。① 如就上述"洛阳虐童案"而言,如果有这样的情形,即刘某利在赵某飞对其小孩实施捆绑并倒挂起来的行为时,有向加害人点头表示赞赏的动作,或者还有指挥加害人将被害人挂在什么地方、提醒其要注意些什么的言语时,这些动作、言语在当时的情景下若具有促进、强化赵某飞的实行行为的效果,当然应当以作为的帮助看待;即便是在被害人哭闹时,其母亲刘某利有吓唬被害人说"别闹了,再闹叔叔将你挂起来!"的言语,从而激起或者强化了赵某飞的伤害念头时,也可以作为共犯即教唆犯对刘某利进行处罚。总之,不履行作为义务的行为也能构成作为共犯,有关作为共犯的判断,不能脱离行为实施时的具体情况,即行为所针对的对象、行为的时间、地点、当时的氛围、行为人在组织中的地位作用等各种因素。② 如此说来,以下情形,都属于作为形式的帮助:如在团伙聚众意欲围殴他人时,众人将被害人团团围住,但迟迟没敢动手,站在一旁的团伙老大瞪了其中一个下属一眼,该下属赶紧上前殴打被害人,其他围观者也一哄而上,将被害人围殴致死的场合,尽管老大只有"瞪眼"这样一个似乎微不足道的动作,但从老大在组织中的地位、作用以及当时的情形和以后的结果来看,老大的"瞪眼"行为足以被评价为故意伤害(致死)罪的作为行为。在被告人准备实施犯罪但思前想后、犹豫不决时,听其倾诉的友人说了一句"大丈夫当出手时要出手",于是被告人立即出门对特定对象实施了抢劫行为时,该"大丈夫当出手时要出手"的话语强化了被告人的犯罪意思,属于作为的精神帮助。当行为人听说他人准备杀人时,不仅不予阻止,反而主动悄悄地到室外替其望风,该望风行为属于作为的片面帮助。总之,上述诸如此类的行为,尽管在整个犯罪过程中难以察觉,似乎微不足道,但就当时的特定情境来看,若注定具有影响整个犯罪因果进程的作用的话,就应当认定为作为共犯。

在以作为共犯来定性不阻止他人犯罪行为的时候,要注意的是,有些场合,不仅涉及不阻止行为是作为还是不作为的区分,而且还涉及该行为是否属于为他人犯罪提供了帮助或者便利的判断。如在他人准备实施抢劫的时候,行为人送给其一顶鸭舌帽和一双袜子的行为是不是作为帮助,存在争议。日本判例认为,提供鸭舌帽和袜子的行为,除非是在物理或者心理上能够促进抢劫的极为特殊的场合,不得认定为抢劫的帮助犯。③ 所谓特殊场合,如

---

① 高铭暄、马克昌主编:《刑法学》(第十版),北京大学出版社、高等教育出版社2022年版,第173页;张明楷:《刑法学》(第6版),法律出版社2021年版,第546页;冯军、肖中华主编:《刑法总论》(第3版),中国人民大学出版社2016年版,第349页。
② 参见黎宏:《不作为犯研究》,武汉大学出版社1997年版,第79页。
③ 大判大正4年8月25日刑録21輯,第1249页。

就抢劫犯而言,所提供物品在属于让被抢劫的对方感到心理恐惧的特殊标志(如某江湖大盗以行动时嘴叼黑玫瑰或者戴独眼眼罩为标志,被害人见到这个标志会心生恐惧、落荒而逃),或者就犯人和被害人之间的关系而言,该帽子或者袜子具有某种特殊意义(如该帽子或者袜子是被对方杀害的亲人生前用品,带上它就意味着此举是为死去的亲人复仇)的场合,提供帽子和袜子,可以为行为人的抢劫行为提供心理支持,能够视为作为帮助。① 相反地,在他人以开设洗浴场所之名设立卖淫嫖娼场所时,行为人送上"开店志庆"或者"开张大吉"之类的祝贺牌匾或者花篮时,即便行为人了解实情,但只要这种程度的人情往来,不会对他人的业务活动具有特别的促进作用或者对他人是否开店产生心理影响的话,就很难说这种送花篮或者牌匾的行为具有促进卖淫嫖娼的违法活动的效果。

问题是,行为人对于他人的犯罪只是容忍或者默认的场合,据此是否可以认定为作为共犯?对此,我国学术界有两种完全相反的见解。肯定说以精神支持说为根据,认为不管行为人表面上是作为(积极参与、予以协助)还是不作为(不予制止、袖手旁观),"在场"这种事实本身具有对被害人造成心理压力或者恐惧的效果,从而与行为人构成共同犯罪。② 相反地,否定说则认为,当实行犯实施超出谋议的行为时,在场的共犯人倘若没有通过言语、动作、眼神等对实行犯进行心理鼓励,仅凭其"在场"事实,无论如何不可能构成共犯。③

上述两种见解中,显然否定说合理。"在场"本身应当是一种中立的事实,其有可能会对被害人造成心理上的压力,也可能会为其他共犯提供心理上的支持,但作为在场的行为人本身若没有这种主观意图的话,无论如何不能因为其偶然在场的事实,就认定其行为构成对其他共犯人的帮助。若说在场者具有为其他人提供心理帮助的意图,则这种心理意图一定要通过某种方式表达出来。在此意义上讲,否定说的见解有道理。但在场者的心理鼓励,是不是一定要通过言语、动作、眼神等表达?是不是存在默示的或者说暗中的鼓励?对这种情形该如何认定,值得探讨。

关于这一问题,日本著名的"贴身随扈事件"的判例见解值得借鉴。案件事实是,被告人 X 是某黑社会组织的会长助理兼 B 组的组长。B 组为其配备了数名专属贴身随扈,在 X 外出期间与其朝夕相处,全程护卫。X 准备到东京游

---

① 参见〔日〕成濑幸典、〔日〕安田拓人编:《判例プラクティス刑法 I 総論》,信山社 2010 年版,第 331 页。
② 参见陈兴良:《刑法适用总论(上卷)》(第 3 版),中国人民大学出版社 2017 年版,第 433 页;赵丰琳、史宝伦:《共犯过限的司法认定》,载《司法适用》2000 年第 3 期,第 39 页。
③ 参见姚诗:《先前行为与实行过限下知情共犯人的刑事责任》,载《法学研究》2013 年第 5 期,第 128 页。

玩,并将此意思传达给了兼任组长秘书的Y,Y将这个消息告诉了在东京负责接待的V,并命令贴身随扈Z等随行。接到消息的V就让W等人准备手枪等物品。W马上着手准备5支手枪以及子弹,交给其随扈们。X到东京之后,随扈们分乘5台汽车,组队在东京市内移动。在X游玩之处和汽车移动时,由秘书等提供贴身护卫,外围则由带枪的随扈们担任警戒,集体行动。在X等游历完毕准备回宾馆的路上,被警察拦住,在随后进行的搜查中,从X所乘车辆后方的随扈车中,发现了3把手枪等,X等被作为现行犯而抓获。一审、二审认定,随扈和被告人X一道成立非法持有枪支罪的(共谋)共同正犯。① X不服,提起了上诉,理由是,X并没有任何让随扈们携带枪支的明示的意思表示,何以能认定其构成以"谋议"这种作为为必要的共谋共同正犯？

对此,日本最高裁判所以"默示的意思联络"概念为根据,认定上述判决妥当。理由是,(大意)X尽管没有指示、命令之类的作为即明示的意思表示,但X对贴身随扈们当中必定有人携带枪支的事实具有确定的认识和容忍,贴身随扈们也知晓X具有这种认识和容忍,据此可以认定X和随扈们之间具有默示的意思联络。另外,随扈们之所以携带枪支,是为了给X提供护卫,并且在这次出行当中,带枪的随扈们自始至终伴随在X身边,X对他们具有指挥命令权。据此可以认定X对随扈们带枪与之同行的事实具有强烈的心理支配和影响,因此,X和随扈们就带枪一事具有"默示的意思联络",据此可以认定其构成非法持有枪支罪的共谋共同正犯。②

这种基于"默示的意思联络"概念而将"默认"认定为作为的分析方法,在另外一个日本判例中被发挥到了极致。两名被告人与同事兼朋友的后辈X一起从下午1点半开始喝酒直至傍晚,X尽管当时已经大醉,但仍提议换地方再喝。在前往下一场酒会地点的途中,一名被告人还对X的状况表示了担心。三人到达目的地之后,因为距离开店还有一段时间,便钻进X的车里坐等。X向二被告人提出"出去兜一圈再回来?"其中一名被告人向X点头同意,另一名被告人也应声说"好吧!"于是,X在因酒精影响难以正常驾驶的状态下启动车辆,以时速100到120公里的速度在路上行驶,结果窜入对向车道,与两辆正常行驶的车辆相撞,造成对方2人死亡、4人负伤的后果。两被告人在乘坐X驾驶的汽车过程中,对X没有任何制止行为,而是一直默认其驾驶。对此,日本最高裁判所认为,从被告人和X的关系、X向两被告人询问是不是可以驾驶本案车辆兜风的过程,以及两名被告人对X的应答态度来看,可以说,就X驾驶本案车辆一事而言,其向两名身为前辈且一起乘车的

---

① 東京地判平成12年3月6日刑集57卷5号,第575页;東京高判平成13年10月16日刑集57卷5号,第586页。
② 最决平成15年5月1日刑集57卷5号,第507页。

被告人征求意见,并得到其同意的事实成为本案发生的重要契机;同时,两名被告人明知 X 因为酒精的影响而处于难以正常驾驶状态的情况下,仍然同意 X 启动本案车辆,并乘坐其中。两名被告人的这种同意以及持续默认的行为,强化了 X 的驾驶意思,明显使得 X 的危险驾驶致人死伤罪的实施变得容易,因此,两被告人的行为成立危险驾驶致人死伤罪的帮助犯。①

本来,本案一审法官将本案两名被告人的行为拆为两段,认为前段即 X 向两名被告人征求驾车兜风意见时,二人表示同意的行为为作为;后段即两被告不制止 X 酒后驾驶的行为为不作为。但在日本最高裁判所的判决中,没有提及不作为问题,而是以"两名被告人的同意以及持续默认的行为,强化了 X 的驾驶意思,明显使得 X 的危险驾驶致人死伤罪的实施变得容易"一笔带过,这样说来,日本最高裁判所将前面的同意行为和后面的默认行为看作一个整体,综合评价为了"作为"。当然,就本案而言,作出这种认定,有两个重要细节值得注意:一是两名被告人与 X 之间的关系。从日本职场文化的现状来看,X 身为职场上的后辈,没有经过前辈即两名被告人的同意,是不可能擅自带二人在二次酒会之前先去开车"兜一圈"的;二是二被告人的同意表示。即在 X 一开始提议御寒而进入车内,之后改变主意提出兜风,并向两名被告人征求意见时,两名被告人对此表示同意。从此角度来讲,在 X 启动车辆之后,两名被告人不予制止即不作为的"默认"行为,实际上可以看作前面的"同意"行为即作为的延续。因此,日本最高裁判所将本案中两名被告人的行为一并视为作为的理解,是有其道理的。这种将前面的"默认"视为作为,而不考虑后面的"不制止"行为即不作为的做法的好处是,避免了两名同事兼朋友的作为义务从何而来及如何认定的难题。

这种在不作为与作为并存的场合,只考虑其中的作为的做法,在我国司法实践中也不乏其例。如 2015 年 12 月 14 日最高人民法院、最高人民检察院《关于办理危害生产安全刑事案件具体适用法律若干问题的解释》第 10 条规定,在安全事故发生后,直接负责的主管人员和其他直接责任人员故意阻挠开展抢救,导致人员死亡或者重伤,或者为了逃避法律责任,对被害人进行隐藏、遗弃,致使被害人因无法得到救助而死亡或者重度残疾的,分别依照刑法第 232 条、第 234 条的故意杀人罪或者故意伤害罪定罪处罚。此举意味着,在发生安全事故如在矿井出现瓦斯爆炸或者透水事故之后,井下人员尚未全部升井时,地面上的相关人员本有义务和职责全力救助,但却基于某种动机,拒不提供井下尚未升井的矿工人数,或者拒不提供井下路线图,或者拒不采用有效可行的救助方案,导致抢救不及时,出现井下人员死伤的场合,可

---

① 最决平成 25 年 4 月 15 日刑集 67 卷 4 号,第 437 页以下。

直接以上述司法解释中的"阻挠"即作为方式认定为故意杀人罪、故意伤害罪。确实,从类型上讲,故意杀人或者故意伤害,通常是以枪击、刀砍、火烧、投毒等从一般人的生活经验来看足以引起某种死伤结果的方式进行的,而不提供井下矿工的准确人数、不提供矿井路线图、不采用合理的救助方案的行为,在平常或许不是什么了不得的行为,其中不会内含有致人伤亡的危险。但在矿难发生之后、救人于水火的关键时刻,任何一个细微的失误,都会导致整个拯救方案归于失败,危及井下人员的生命安危。换言之,矿难发生之后的紧急救助时,相关人员若如实提供相关信息,井下的人员就能得救;相反地,若隐瞒撒谎,不提供相关信息,便会错过救人的最佳时机,井下人员可能丧生。因此,相关人员此时的不提供相关信息的不作为行为,和枪击、刀砍等剥夺或者伤害他人生命、身体的"杀人""伤害"等作为行为没有本质区别,二者可以同等对待。如此说来,上述司法解释将这种"阻挠"行为认定为杀人、伤害犯罪,是有其道理的。

  同时,我国的司法判例当中,也能见到这种处理方式。如在曾经引起强烈反响的"冷漠的哥案"[①]中,"冷漠的哥"李某凯并非因为"冷漠"的不救助即不作为而被定罪,相反,他明知李某臣正欲实施强奸,不仅不予以制止,还按照李某臣的指示,提供"协助"即绕路驾驶,为李某臣的犯罪实施提供时间上的方便。这种绕路驾驶的作为,成为将其认定为强奸罪的帮助犯的关键。[②] 同样,在众多的明知他人酒后,却仍然提供车辆供他人驾驶或者放任他人驾驶的案件中,法院通常以"放任、纵容"的作为行为为由,判定行为人构成作为的共同犯罪。[③] 这种处理方式,避开了司机与乘客以及一起喝酒的同

[①] 某日凌晨,15岁的被害人小薇在火车站搭乘李某凯的出租车准备去汽车站转车,司机李某凯的堂哥李某臣早已坐在车内准备搭便车回家。上车后,李某臣试图强奸小薇,出租车司机李某凯不仅未制止,反而按照李某臣的要求绕路远行。本来只要十多分钟的路程,他绕路30多分钟,为李文臣强奸小薇提供了条件。对此,法院认为,被告人李某凯协助李某臣违背小薇的意志,以暴力手段强行奸淫,李某凯虽未与被害人发生性关系,但其行为依然触犯了《刑法》第236条第1款之规定,应以强奸罪追究刑事责任。鉴于其系被胁迫参加犯罪,属于胁从犯,故应依法减轻处罚,判处其有期徒刑2年。参见鹿宣:《出租司机构成强奸共犯》,载《检察日报》2011年5月25日,第7版。

[②] 方鹏:《论出租车载乘行为成立不作为犯和帮助犯的条件——"冷漠的哥案"中的法与理》,载《刑事法判解》2013年第1期(第13卷),人民法院出版社2013年版,第71页。

[③] 被告人孙某某和张某酒后一同回家,其明知张某饮酒仍提供二轮摩托车给张某驾驶,张某驾驶该摩托车载孙某某回家后,独自驾驶该车返回自己家时发生自摔事故,当场被公安机关查获。经鉴定,张某的血液中乙醇含量为139.9mg/100mL,属醉酒驾驶。法院认为,被告人孙某某虽未直接实施危险驾驶行为,但其和张某一同饮酒,酒后相约一同回家,在明知张某饮酒的情况下提供摩托车,放任、纵容张某酒后驾驶机动车,其行为已构成危险驾驶的共犯,属于共同犯罪。判决经过,参见江苏省淮安市淮阴区人民法院(2018)苏0804刑初384号刑事判决书。类似判决,参见江苏省苏州市吴中区人民法院(2019)苏0506刑初522号;重庆市第二中级人民法院(2015)渝二中法刑初字第00013号刑事判决书。

伴之间有无制止犯罪或者提供保护义务的争议,为处理不阻止他人犯罪的复杂问题提供了一个简便可行的方案。当然,正如明知被害人正感到恐惧却对其置之不理的行为,无论如何都难以认定为"胁迫"这种"作为"一样,在将不履行义务行为而导致结果发生的举动解释为作为的时候,必须遵守罪刑法定原则,考虑该作为用语所可能具有的界限,这是不言自明的。①

三、不阻止他人犯罪与不作为共犯

但是,并非所有的不阻止他人犯罪的场合,都可以找到将其理解为作为的契机,或者通过"默示"之类的实质解释将其理解为作为犯。如前述"洛阳虐童案"的场合,就所公开的事实来看,无论如何,都难以将被告人刘某利的行为认定为作为犯。此时,只能将其不阻止他人犯罪的行为按照不真正不作为犯的共犯即故意伤害罪的共犯处理。

在以不作为共犯来处理不阻止他人犯罪行为时,必然要涉及以下三个问题:一是作为义务来源,二是因果关系,三是不作为参与的定性。以下分别探讨。

(一)作为义务来源

现代社会是权利社会,不是义务社会,因此,即便是针对他人的犯罪行为,并非任何人的不阻止行为都要构成犯罪,只有从保护法益的角度来看,对保全、维持法益具有特定责任,负有防止结果发生特定义务或者地位的人即"保证人"的不阻止行为,才可以适用作为犯的条款对其处罚(不真正不作为犯)。② 因此,在将不阻止行为作为不真正不作为犯共犯问题探讨的时候,首先遇到的问题是,什么样的人可以成为"保证人",换言之,什么样的人具有保证法益侵害结果不发生的义务。③ 这涉及不作为犯的义务来源问题。

关于不作为犯的义务来源,学说中历来有形式说与实质说之争。形式说主要是从人与人之间的相互关系的角度来把握作为义务的根据和范围,将作为义务的来源列举为法律明文规定、职务或者业务上的要求以及先行行为等。④ 其初衷在于,区分道德义务和法律义务,防止以实质性判断为借口扩

---

① 参见〔日〕桥爪隆:《不作为犯的成立要件》,王昭武译,载《苏州大学学报(法学版)》2017年第4期,第135页。
② 〔日〕大谷實:《刑法講義総論(新版第5版)》,成文堂2019年版,第130页。
③ 保证人说认为,从价值的视角来看,刑法所有的作为犯的规定中,都可解读出保证人构成要件。其中,"保证人地位"是"作为义务"的事实前提,这两个概念在一般意义上,可以互换。
④ 参见刘士心:《不纯正不作为犯研究》,人民出版社2008年版,第107—113页。

张不作为犯的处罚范围。但是,将从一般生活道理中总结出来的先行行为作为义务来源,不仅难以实现其初衷,还使得形式说整体上陷入了自相矛盾的尴尬境地。相反地,实质说则从行为人与所保护的法益之间的事实关系的角度来探讨作为义务来源,如"先行行为说"着眼于作为和不作为之间的结构差异,认为行为人在实施了对侵害法益结果具有影响的先行行为的场合,具有作为义务①;"社会期待说"着眼于行为人和法益主体或者危险源之间的特别的社会关系,认为法益保护强烈地依赖于行为人的作为,社会对此也具有强烈期待的场合,具有作为义务②;"事实承担说"着眼于法益侵害结果的不发生对不作为人的依赖,认为只有行为人开始现实、具体地承担控制已经发生的危险时,才具有作为义务③;"排他支配说"着眼于作为和不作为的等价,认为行为人在排他、具体地支配引起法益侵害结果因果关系的场合,才具有作为义务。④ 实质说总体上着眼于作为和不作为构造上的差别,认为只有在行为人的不作为与作为在构成要件上具有同价值的场合,行为人才具有刑法上的作为义务。这种见解尽管能克服形式说对作为义务理解过宽和自相矛盾的不足,但其中也存在各种经不起推敲之处。如"先行行为说",无法说明在交通肇事后逃逸致使被害人死亡的场合,只是成立交通肇事罪的加重处罚类型还是要成立故意杀人罪,而且,还会导致所有故意或者过失作为犯都有转化为故意的不作为犯的可能。正因如此,在日本出现了在先行行为之后,加上对因果进程的排他性支配进行修正的观点;"社会期待说"中"社会期待"意指为何,比较模糊;"事实承担说"所谓在消防员只有在开始消防活动之后又放弃的场合才具有救火义务,母亲只有在生下孩子后开始照顾时才有作为义务的结论显然与实务的理解差别太大;"排他支配说"会在孩子落水时,除其父母之外,还有数人围观的场合排除在不作为犯之外;甚至会出现否认不作为共犯的结局。⑤ 因此,现在多数人主张综合说,即仅以上述要素中的某一个要素来肯定或者否定行为人的作为义务,事实上存在诸多困

---

① 参见日高义博:《刑法总论》,成文堂2015年版,第151页;何荣功:《不真正不作为犯的构造与等价值性的判断》,载《法学评论》2010年第1期,第106页。
② 参见日高义博:《刑法总论》,成文堂2015年版,第130页。
③ 〔日〕堀内捷三:《不作为犯论》,青林書院新社1978年版,第249页以下。我国学者冯军提出,行为人只有在为防止结果发生而实施了具有支配力的行为的场合,才具有作为义务的观点与此类似。参见冯军:《刑事责任论》(修订版),社会科学文献出版社2017年版,第45—48页。
④ 高铭暄、马克昌主编:《刑法学》(第十版),北京大学出版社、高等教育出版社2022年版,第63—66页;〔日〕西田典之:《刑法总论(第三版)》(橋爪隆補訂),弘文堂2019年版,第132页;〔日〕松原芳博:《刑法总论》,日本评论社2013年版,第91页。
⑤ 上述批判,参见〔日〕西田典之:《刑法总论(第三版)》(橋爪隆補訂),弘文堂2019年版,第130页;〔日〕高橋则夫:《刑法总论》(第3版),成文堂2016年版,第160页;〔日〕佐伯仁志:《刑法总论的思之道·乐之道》,于佳佳译,中国政法大学出版社2017年版,第75页。

难,而必须将上述多种因素综合起来,从成为问题的不作为是不是能够和作为等价的立场出发,综合判断。①

作为义务问题之所以如此复杂,主要原因是,从理论上讲,在不作为犯的场合,不履行义务就要构成犯罪。特别是在不真正不作为犯的场合,违反作为义务,就要适用作为犯的条款定罪量刑。但是,无论是从刑法规定还是事实情况来看,不作为与作为之间存在巨大差别。从我国刑法规定来看,犯罪有作为犯和不作为犯之分,其中典型的不作为犯是指真正不作为犯,其法定刑通常要比作为犯低得多。对于我国刑法当中例外地予以处罚,但却没有明文规定的不真正不作为犯,按照通说的理解,直接按照作为犯的条款处罚。由此便让人产生了侵犯人权的担心。实质的作为义务论,就是在这种背景之下登场的。其以作为与不作为之间的结构性差别为由,以作为和不作为之间的等价性为理念,意图以作为义务为手段,限定不真正不作为犯的处罚范围,在此,作为义务就成了认定现实中的某种不作为构成刑法分则所规定的作为犯的关键。但从保证人的角度来看,作为义务只是说明行为人不履行特定义务行为的实行行为性,即该行为是不是具有侵害法益危险的一个事实要素。这种实行行为性的要求,不仅适用于单独犯的既遂形态,也适用于未遂犯、共犯等修正的构成要件形态。换言之,在考虑不作为是不是和作为等价之前,先得考虑该不作为是不是属于具有侵害或者威胁法益之虞的实行行为,而这一判断的关键,就在于该行为的主体即行为人是不是具有作为义务。因此,在判断行为人是否具有作为义务阶段,就考虑作为和不作为之间的等价性,显然是操之过急。在作为义务的考虑当中,没有必要加入等价性的考虑。

如果说作为义务来源与不作为和作为的等价性考虑无关的话,则有关作为义务的探讨,就可以简化为什么样的人具有防止侵害法益结果义务的问题。对此,只需从现实生活当中所形成的社会生活上的依存关系的角度来探讨就足够。如孩子落水,正在水中挣扎,命悬一线。此时,岸上有很多人围观。从事实依存关系的角度来看,每个围观者都对落水孩子的生命具有支配关系,但若仅仅以此就断定围观者的不救助行为构成不作为犯,要求其对孩子之死承担故意杀人罪的刑事责任,显然是要求过高。因为,与孩子无关的人的围观不救助行为和将孩子推下水的行为,在因果结构上完全不同。此时,不得不从对孩子的生存处于保证人地位的孩子双亲的角度来考虑。虽说

---

① 参见〔日〕大塚裕史、〔日〕十河太郎、〔日〕塩谷毅、〔日〕豊田兼彦:《基本刑法Ⅰ(総論第3版)》,日本評論社2019年版,第85页;〔日〕前田雅英:《刑法総論講義(第7版)》,東京大学出版会2019年版,第100页;〔日〕井田良:《講義刑法学·総論》,有斐閣2015年版,第146页;〔日〕高橋則夫:《刑法総論》(第3版),成文堂2016年版,第161页。

这一要求最终会回到法律规定等形式说上去,但孩子与父母之间的生命依存关系并非民法或者婚姻法中规定了亲子之间的抚养义务关系之后才产生的,相反地,正是因为存在只有双亲给幼子提供抚养才能维持幼子的生命活动这一事实要素,才有了上述法律规定。该种依存关系,并非因为不作为人和被害人之间所具有的规范关系,而是因为存在不作为人即父母不出手相助的话,就会出现孩子难以存活的结果——这种事实上的依赖关系。如此说来,形式说在作为认定社会关系依存说的根据,限定不真正不作为犯的处罚范围的"限定法理"方面,有其存在价值。

当然,在作为义务的发生根据与法益的关系上,可以分为直接保护法益的场合和间接保护法益的场合,如此说来,将作为义务分为保护处于危险中的法益的义务(法益保护义务)和管理威胁法益的危险源的义务(危险源管理义务)的见解是有道理的。只是,解决了作为义务来源,是否就解决了刑法上的实行行为性的问题,则要另当别论。不真正不作为犯的实行行为性,是和作为犯之间的等价性的问题。解决这个问题,只能依据先行行为、事实承担、排他性、支配性等诸多事实要素。①

我国的司法实务大致上也遵循了这种思路。如在"杨某某故意杀人案"中,针对作为精神病患者的妻子,在丈夫砍杀其亲生父母时,无动于衷,致使被害人死亡的事实,法院认为,被告人杨某某作为精神病人丁某某的法定监护人,且作为二被害人的儿媳,明知其所监护的精神病人正在实施杀害二被害人的行为,而未及时采取有效的制止、呼救措施,其不作为与二被害人的死亡之间存在因果关系,其行为已构成故意杀人罪。②

本案当中,要将被告人杨某某的不阻止行为认定为故意杀人罪,从保护法益义务即保护其公婆生命义务的角度来看,具有一定困难。因为,从我国现行的法律规定来看,身为儿媳的杨某某不具有保护其公婆生命法益的义务。我国的《婚姻法》中没有规定儿媳具有赡养公婆的义务,不仅如此,从我国《继承法》的相关规定来看,也可以得出同样的结论。③另外,从案情介绍来看,被告人和其丈夫没有与其公婆居住在一起,不存在相互照料和保护的

---

① 参见〔日〕山中敬一:《刑法总论(第3版)》,成文堂2015年版,第244页以下;〔日〕高桥则夫:《刑法总论》(第3版),成文堂2016年版,第161页。
② 北京市海淀区人民法院(2015)海刑初字第2799号刑事判决书。
③ 依照我国《民法典》第1127条,法定继承人包括配偶、子女、父母、兄弟姐妹、祖父母和外祖父母,没有提到儿媳。继承是在血缘和抚养关系的基础上成立的一种回报。既然儿媳不具有继承权,也当然可以认定,儿媳对公婆不具有赡养义务。当然,我国法律也鼓励丧偶儿媳赡养公婆。如《继承法》第12条(《民法典》第1129条)规定,丧偶儿媳对公婆尽了主要赡养义务的,作为第一顺序继承人。但这只是提倡或者说鼓励而已,并非法定义务。

共同体关系。① 因此,若要认定杨某某的行为构成不作为犯,只能另寻出路,从其对丈夫的监护义务的角度来考虑。刑法理论上,夫妻之间是否具有相互监护义务,存在争议。有见解认为,虽然从我国《婚姻法》第 20 条②当中能够推定出夫妻之间存在互相抚养的义务,但其只涉及对另一方利益的保护,而不包括对另一方利益的监护。因为配偶之间的相互控制,是为相互保护而服务的,并不是为保护公众服务的。③ 但在配偶一方为精神病人的场合,这种见解恐怕不能适用。依照我国《民法典》第 28 条④的规定,无民事行为能力或者限制民事行为能力的成年人,由有监护能力的配偶等担任监护人。同时,《民法典》第 1188 条规定:"无民事行为能力人、限制民事行为能力人造成他人损害的,由监护人承担侵权责任。"这就意味着,夫妻之间,在一方为精神病人的场合,另一方不仅有抚养义务,而且还有监护义务。另外,从对危险源的监护义务的角度,也能说本案被告人具有作为义务。⑤ 正因如此,上述案例中,法院认定,"被告人作为丁某某的法定监护人,负有对丁某某进行监护的法定义务,在丁某某杀害二被害人时,当然负有阻止义务",从而认定其不阻止行为构成故意杀人罪。这一判决是妥当的。

相反地,对于被告人陈某某对携女友前来借宿的外甥的强奸行为没有予以制止的"陈某某强奸案",认定被告人陈某某构成强奸罪的帮助犯⑥的判决则值得商榷。且不说,被害人到陈某某家居住,是出于对其男朋友的信赖,而不是对陈某某的信赖,二者之间没有形成信任共同体关系;同时,陈某某给自己的外甥免费提供住处行为本身也不能成为制止义务的来源。因为,本案空间本身不是危险源,住宅本身的特点也不具有引起犯罪行为的危险,空间的所有人的身份也不是产生监视他人犯罪义务的根据。⑦ 相反地,就本案而

---

① 一个人把另一个需要护理的人(无论是否有合同、是否有亲属关系)接到家里照顾的,他就是保证人,相互之间就接管了保证安全的责任。参见〔德〕克劳斯·罗克辛:《德国刑法学总论(第 2 卷):犯罪行为的特别表现形式》,王世洲主与校订,王锴、劳东燕、王莹等译,法律出版社 2013 年版,第 549 页。
② 现规定在《民法典》第 1059 条:"夫妻有相互扶养的义务。需要扶养的一方,在另一方不履行扶养义务时,有要求其给付扶养费的权利。"
③ 参见前注①,第 547 页;冯军:《论配偶刑法上的作为义务》,载《政治与法律》2017 年第 5 期,第 73 页。
④ 《民法典》第 28 条规定:"无民事行为能力或者限制民事行为能力的成年人,由下列有监护能力的人按顺序担任监护人:(一)配偶;(二)父母、子女;(三)其他近亲属;(四)其他愿意担任监护人的个人或组织,但是须经监护人住所地的居民委员会、村民委员会或者民政部门同意。"
⑤ 精神病人在精神病发作时会对周围的人造成危险,对其具有控制地位的人,必须防止其违法行为,如精神病院的院长必须防止他的病人去犯罪。参见前注①,第 561 页。
⑥ 参见上海市奉贤区人民法院(2011)奉刑初字第 879 号刑事判决书。
⑦ 参见前注①,第 564 页。

言,"徐某与被害人睡一床,陈某某睡另一张床,两床仅隔一张窗帘",在这样一个空间之内,一般而言,由于人的正常的羞耻心的作用,只会降低犯罪风险,而不会升高犯罪的风险。以存在舅甥关系为由,要求其负有长辈约束晚辈不当行为的责任即监视义务的说理也极为勉强。因为,舅舅并不是外甥的法律意义上的监护人,也没有因为自己的原因而导致外甥的强奸行为,其成年外甥也并非需要看管的精神病人。因此,无论从那一方面讲,都难以说被告人负有约束外甥的不当行为的责任即监视义务。

(二)因果关系

不阻止他人犯罪的行为,常常发生于以引起一定结果为构成要件的结果犯的场合,因此,不阻止行为和结果之间的因果关系判断便必不可少。只是,在不阻止他人犯罪的场合,不阻止者和最终发生的构成要件结果之间,有一个介入因素,即未被阻止的他人也就是正犯的犯罪行为。此时,不阻止行为和正犯所引起的侵害法益结果之间的因果关系如何判断,成为问题。

如在前述"杨某某故意杀人案"中,被告人辩解说其被惊吓过度,且被其丈夫控制纠缠,因此,其当时"不是不想救助,而是不能救助",故不成立不作为犯。但法院以"案发现场的每个卧室都有可正常开关的房门和可对外打开的窗户,如果杨某某在看到肢体冲突时,立刻进入房间,关上房门,开窗呼救、报警或者利用手机拨打110,理应能增加犯罪行为被制止和被害人获救的可能性,且未必能增加其受人身伤害的风险"为由,驳回了被告人的辩解。① 在日本的判例中,也能看到类似情形。如在母亲X对同居男友A反复以暴力手段"教训"自己的3岁儿子却无动于衷,致使孩子死亡的"钏路劝谏死亡事件"中,日本一审法院基于成立不作为的帮助犯,必须是"能够几乎毫无悬念地阻止犯罪的实行却放置不管"的前提,认为本案当中,考虑到X曾经遭受过A的暴力及其正在怀孕等实际情况,断定"X难以以实力阻止A的暴力",宣告X无罪。②但二审法院认为,对于不作为的帮助犯来说,不要求行为人"能够几乎毫无悬念地阻止犯罪的实行",在X当时所面临的三种选择即"监视A不要对D实施暴行""以言辞制止A的暴行"以及"以实力阻止A的暴行"当中,选择实施要求较低的行为,即"从本案的具体情况来看,对X而言,上述监视乃至制止行为比较容易,因此,阻止A对孩子的暴行是可能的",据此认定X的行为能够和作为的帮助同等看待③,故撤销原判,改判被

---

① 参见北京市海淀区人民法院(2015)海刑初字第2799号刑事判决书。
② 钏路地判平成11年2月12日判时1675号,第148页。
③ 札幌高判平成12年3月16日判时1711号,第170页。

告人成立伤害致死罪的帮助犯。

上述两个判例中的共同问题是,在认定不阻止他人犯罪的不作为犯的场合,行为人的不阻止行为必须达到何种程度? 换言之,不阻止行为是必须达到阻止正犯结果发生的程度,还是只要达到让正犯行为难以实施即可? 这个问题,涉及不作为共犯,具体而言,不作为帮助犯因果关系的理解和判断问题。以下,分两个层次进行分析。

首先,探讨不作为犯的因果关系判断。在不作为犯因果关系的判断上,由于我国刑法学通说采用了"若实施被期待行为,就能防止结果"的假定因果判断,使得不作为犯因果性的判断具有了二重性的特征,在其判断上,必须区分为两个层次进行:第一层次是对"期待行为"的判断。这层判断,是对作为假定因果关系公式适用前提的"若实施所期待行为"中的"期待行为"是不是具有作为程度的实行行为性的判断,以有无结果回避可能性的分析为中心①;第二层次是被期待行为和现实发生的结果之间的引起和被引起关系的判断。这层判断当中,以有无介入因素、介入因素对结果的发生有无影响、有多大的影响分析为中心。

上述二重性的特点,使得在不作为犯因果关系的认定上,具有了若干不同于作为犯的复杂性。作为犯的场合,在前行为和后结果中间,没有介入因素的场合,经过一次判断即可完成。② 但在不作为的场合,情况就比较复杂。正如人们常说"若没有开枪射中心脏的行为,就不会有死亡结果"的判断容易进行,但说"当时叫救护车的话,被害人100%不会死"的结论却难以得出一样,日本判例在暴力团成员 X 向少女注射兴奋剂导致其陷入精神错乱状态,X 没有采取喊救护车等措施而是径直离去,少女由于急性心脏病发作而死亡的案例("注射兴奋剂事件")中,认为"如果被告人马上请求急救医疗的话,十有八九能够救命。这样的话,该少女的救活,可以说具有超出合理怀疑程度的确定性,具有刑法上的因果关系",因而认定 X 的不救助行为构成保

---

① 结果回避可能性的判断是实行行为性即行为是否具有导致构成要件结果可能性的判断。如在行为人交通肇事之后逃逸,事后发现,被害人因为脑部受伤,即便当时送往医院,最多也只能存活30分钟的场合,绝对不能因为行为人有逃逸行为,加之出现了被害人死亡结果,因而就断定对行为人应当在《刑法》第133条后段即"因逃逸致人死亡的,处七年以上有期徒刑"的范围内处罚。因为,本案中,就当时的情况来看,行为人即便不逃逸,也没有回避被害人死亡结果的可能性,因此,该行为就不能被评价为"因逃逸致人死亡的"行为,而只能在"交通运输肇事后逃逸"的范围之内承担刑事责任。在行为没有结果回避可能性的场合,该行为就不是实行行为,没有成立包括未遂犯、共犯在内的一切犯罪的可能。就上述举例而言,行为人连成立《刑法》第133条后段所规定的交通肇事罪中"因逃逸致人死亡"类型的犯罪的未遂犯的可能性都没有。

② 如甲开枪向乙射击,乙死亡的场合,只要有开枪行为和他人被子弹射中死亡的结果,中间没有其他介入因素(如发现其他人也在向被害人开枪射击),即可判断甲的开枪行为和乙的死亡结果之间具有因果关系,甲构成故意杀人罪既遂。

护责任人遗弃致死罪。从此之后,"十有八九能够救命"便成为判断不作为犯因果关系的一般标准。其意味着,若达不到"十有八九能够救命"程度的话,被告人的不救助行为和被害人的死亡结果之间就没有因果关系。但要注意的是,就本案而言,没有因果关系,只是表明X的不救助行为不构成保护责任人遗弃致死罪,并不意味着该不救助行为不构成任何犯罪。上述案件中,行为人还有可能构成日本刑法中的保护责任人遗弃罪。由于上述判决中没有提及这一点,因而让人形成了一种错觉,即在不作为犯的场合,只要因果关系的判断被否定,行为人就可以不构成任何犯罪。前述我国"杨某某故意杀人案"中被告人的辩解以及日本"钏路劝谏死亡事件"的一审判决结论的背后,都能看到这种理解。应当说,这种理解是错误的。其没有注意到,不作为犯因果关系的判断是二重判断,只有在不作为的实行行为性和不作为行为与侵害结果之间的因果关系同时都被否定的场合,才能彻底地宣告该行为无罪;而仅在不作为行为与侵害结果之间的因果关系被否定时,就马上断定该不作为行为无罪,着实有些言之过早。这一问题,在将日本"注射兴奋剂事件"的案情稍作修改,改为"被告人当时具有杀意"的场合,便能看得一清二楚。在被告人具有杀意的场合,若说"被告人马上请求急救医疗"也难以达到"十有八九能够救命"程度时,虽然可以说被告人的离开行为和被害人的死亡结果之间因为不具有因果关系因而不构成故意杀人罪既遂,但绝对不能据此而得出无罪结论。被告人出于杀意的不救助行为,有可能构成故意杀人罪未遂。同样,在我国的"杨某某故意杀人案"中,如果有确切的证据证明,即便被告人采取"关上房门、开窗呼救、报警或者利用手机拨打110"等措施,也未必能达到"增加犯罪行为被制止和被害人获救的可能性"的效果时,可以说被告人的行为不具有成立帮助犯的实行行为性,只能宣告其无罪。

其次,不作为帮助犯的因果关系也是一个值得探讨的问题。所谓帮助犯,就是为正犯的实施提供方便的行为,虽说其和最终发生的侵害法益的构成要件结果之间具有因果关系,但这种关系也是通过被帮助者即正犯的实行行为而间接实现的。换言之,帮助行为和正犯结果之间,并不要求具有"没有前行为,就没有后结果"之类的条件关系,只要具有"没有帮助行为,就没有正犯的方便实施"程度的正犯促进关系就足够了。将这种观念置换到不作为帮助的场合,就是不要求具有"若实施特定不作为,就一定能'确实'(十有八九)避免结果发生"的事实关系,只要具有"没有不作为的帮助,正犯结果就不会那么容易引起"或者反过来说"不作为使得正犯的犯罪行为变得容易"的关系即可。① 将这种观点贯彻到底的话,就是,就不作为的单独犯而

---

① 参见〔日〕西田典之:《刑法总论(第三版)》(桥爪隆补订),弘文堂2019年版,第390页。

言,结果回避可能性的要求必须达到"确实(十有八九)"的程度。与此相应,在共同犯罪的场合,行为人若实施特定不作为,"确实(十有八九)"能够回避结果的场合,其成立不作为的同时正犯;若在只是使他人犯罪的结果发生变得"不那么容易"或者"有些困难"的场合,就只能成立不作为的帮助。

从这种立场来看,上述"钏路劝诫死亡事件"一审判决存在严重不足。其对不作为正犯和共犯的因果关系等量齐观,而没有分别开来。实际上,如果说在作为帮助的场合,只要具有促进正犯行为或者为正犯行为提供方便,并不要求其一定能引起正犯结果的话,则在作为帮助的相反形态的不作为帮助的场合,为何一定要求"作为义务者几乎能'确定无疑'地阻止犯罪实行"呢? 正因如此,二审判决认为,就当时的情形而言,被告人尽管除以实力阻止之外,还有"监视行为"和"以言语制止"等让正犯行为变得困难的方式,但被告人 X 由于"对 A 还抱有爱情,和 D 等的母亲的立场相比,优先考虑了和 A 之间的同居关系",因此,"对 A 加之于 D 的暴行熟视无睹,予以容忍"[①],法院据此认定被告人"熟视无睹,予以容忍"的行为构成不作为的帮助犯。相反地,在我国"杨某某故意杀人案"中,针对被告人"不能救助"的辩护意见,法院基于"关上房门,开窗呼救、报警或者利用手机拨打 110,理应能增加犯罪行为被制止和被害人获救的可能性,且未必能增加其受人身伤害的风险"的理由,认定被告人当时的辩解不成立。应当说,这种判断是完全符合只要能够使得正犯的犯罪行为变得困难而实施的话,就构成不作为帮助的宗旨的。

当然,上述判例在判定不阻止者的行为构成帮助犯的论述当中,存在一定的不足。在作为帮助的场合,帮助行为和正犯行为之间的因果关系表现为具体的促进关系,如物理上为正犯侵害法益的实行行为提供了方便,心理上强化或者助长了正犯实行犯罪行为的决心。相反地,在不作为帮助的场合,若说该不作为对于被阻止的他人即正犯也具有该种程度的物理或者心理上的促进效果的话,则也应具有一定的具体体现,如严辞呵斥,切实能够动摇正犯的犯罪意念;动作制止,切实能够加大正犯的犯罪难度等,这样便能避免将纯粹的违反义务态度作为不作为加以处罚。

(三) 不作为参与的定性

按照我国《刑法》第 27 条的规定,在共同犯罪中起次要或者辅助作用的,是从犯。对于从犯,应当从轻、减轻或者免除处罚。因此,在行为人有义务且能阻止他人犯罪却不阻止,引起了侵害法益的结果,构成不作为共犯的

---

① 参见札幌高判平成 12 年 3 月 16 日判时 1711 号,第 170 页。

场合,到底是构成共同正犯即正犯还是构成共犯即帮助犯,对于行为人而言,具有重要意义。对此,学说上争议极大,主要有三种观点,即:原则正犯说、原则共犯说和二分说。

1. 学说述评

"原则正犯说"来自义务犯论,这种观点认为,正犯性来自义务违反性,违反义务既是不作为犯的成立要件又是正犯性的要件,因此,不阻止他人犯罪的不作为行为,除不具备如"非法取得"等一些特殊正犯要素场合之外,原则上成立单独正犯。这种见解的主倡者是阿明·考夫曼、克劳斯·罗克辛等德系学者①,日本学者井田良②、我国学者何庆仁③等也持这种观点。一般认为,原则正犯说存在以下问题,即作为义务或许能保证不作为和作为之间的等价性,而不保证其正犯性。正犯说认为,亲权人等的违反保护义务而导致的侵害客体的法益侵害,是其成为正犯的根据。但问题是,仅凭此就可以将其和以作为行为直接侵害保护客体的法益的人一样,以"正犯"看待吗? 正如中、外刑法中均将教唆、帮助等狭义共犯单独加以规定所显示的一样,在通过他人的作为而实行犯罪的场合,只是消极参与其中的人,原则上是不能成立正犯的。④ 另外,按照上述理解还会得出不合理的结论来,即自己的孩子在杀害第三者之际,向孩子提供凶器的行为,是故意杀人罪的帮助犯,但以放任意思旁观的话,反而成立故意杀人罪的单独正犯,显然有处罚不平衡之嫌。⑤

"原则共犯说"来自行为支配犯论,这种观点认为,即便是不作为犯,也应该根据是否存在掌控事态进程意义上的行为支配来区分正犯和狭义共犯。

---

① 转引自〔日〕外木央晃:《共犯の基礎理論》,成文堂 2018 年版,第 107 页以下。
② 参见〔日〕井田良:《講義刑法学·総論》(第 2 版),有斐阁 2018 年版,第 548 页。
③ 何庆仁博士尽管没有明说,但从其认为希望用存在论意义上的因果来区分不作为参加的正犯与参与的做法尤其错误,义务犯法理的发现为我们走出包括不阻止他人犯罪的不作为参与的定性困境指明了新的方向的论述来看,他是从义务犯说的角度主张原则正犯说的。参见何庆仁:《义务犯论》,中国人民大学出版社 2010 年版,第 276、284 页。
④ 当然,有可能成立真正不作为犯的正犯。如在财产管理人眼看盗窃罪犯偷走财物,或者父母放任幼儿被绑架的场合,按照日本学者松宫孝明的看法,分别成立背信罪和保护责任人遗弃罪的正犯。因为,这些规定旨在规范被害法益与不作为之间所存在的特别保护关系。参见〔日〕松宫孝明:《刑法总论讲义(第 4 版补正版)》,钱叶六译,中国人民大学出版社 2013 年版,第 273 页。从日本判例来看,也有将不阻止他人犯罪的不作为者认定为杀人罪正犯的情形。如在同居对象将自己的孩子塞进双层尼龙袋,把口封紧,放进大型体育用品箱子里,导致孩子窒息而亡的时候,法院对和同居对象站在一个立场上,对孩子不闻不问的母亲,认定成立杀人罪的共同正犯。参见广岛高判平成 17 年 4 月 19 日高刑速 3 号,第 312 页。但如此判决,仅此一例而已。
⑤ 参见〔日〕松原芳博:《刑法总论重要问题》,王昭武译,中国政法大学出版社 2014 年版,第 363 页;〔日〕佐伯仁志:《刑法总论的思之道·乐之道》,于佳佳译,中国政法大学出版社 2017 年版,第 364 页。

相比于以作为方式引起结果的人,以不阻止这种不作为的方式对发生结果作出贡献的,通常列在第二顺位,原则上成立共犯(从犯说)。因为在这种场合下,结果发生与否取决于正犯,而不阻止者只是借助于正犯行为间接地对结果产生影响。① 这种观点的主倡者是日系学者②,其在我国也是多数说。③ 对于原则共犯说,批判意见认为,原则和例外的区分标准不明。虽然该说认为,违反结果防止义务的成立正犯,违反正犯阻止义务的成立共犯即帮助犯,但从保护法益的角度来看,阻止义务和防止义务无法区分;而且,按照原则共犯说,不阻止自然现象或者被害人自身原因而引起危险的场合,是正犯;不阻止第三人引起的危险的场合,就是帮助犯,这种区分会导致判断上的失衡。④ 也有学者认为,原则共犯说存在方法论上的缺陷。即原则共犯说将作为其基础的"支配"的内容等同于物理的因果力,然后以因果力的有无和强弱来决定不作为参与者是正犯还是共犯,从而导致对应当规范理解的正犯原理的忽视。⑤

"二分说"是近年来在德、日新起的学说。其根据义务来源和内容,将作为义务分为两类:一类是从行为人与被害法益的关系上看,要求行为人保护法益的"保护义务";另一类是从行为人与危险源的关系上看,要求行为人管理、监督该危险源的"监视义务"。⑥ 德国学者施罗德(Schroder)⑦、日本学者

---

① 参见〔日〕松原芳博:《刑法总论重要问题》,王昭武译,中国政法大学出版社 2014 年版,第 364 页。

② 参见前注①,第 364 页;〔日〕前田雅英:《刑法總論講義(第 7 版)》,東京大学出版会 2019 年版,第 369 页;〔日〕山口厚:《刑法总论(第 3 版)》,付立庆译,中国人民大学出版社 2018 年版,第 386 页;〔日〕大谷实:《刑法讲义总论(新版第 2 版)》,黎宏译,中国人民大学出版社 2008 年版,第 419 页。

③ 陈家林教授认为,一般来说,作为者能够单独实现对犯罪客体的侵害,不作为者则不能直接侵害犯罪客体。因此,应将作为者认定为正犯,将不作为者认定为帮助犯。陈家林:《共同正犯研究》,武汉大学出版社 2004 年版,第 271 页;何龙博士也认为,在不阻止他人故意犯罪的场合,作为者支配着结果的实现进程,不作为者原则上只能成立帮助犯;但是,作为者实行终了后不防止结果发生者,原则上成立正犯。参见何龙:《不阻止他人故意犯罪的行为人性质认定》,载《中外法学》2017 年第 6 期,第 1477 页;何庆仁:《义务犯论》,中国人民大学出版社 2010 年版,第 275 页以下。

④ 参见〔日〕井田良:《講義刑法学・總論》(第 2 版),有斐阁 2018 年版,第 548 页。

⑤ 参见何庆仁:《义务犯论》,中国人民大学出版社 2010 年版,第 269 页。

⑥ 具体介绍,参见前注①,第 363 页。

⑦ 德国学者施罗德(Schroder)将保证人义务按照其性质和内容,分为三种:一是基于不作为人和被保护的法益之间的特别关系而必须承担的保护义务。违反这种义务的,以正犯对待;二是基于阻止特定人的犯罪攻击为目的而设定的保护义务,违反这种义务的,以帮助犯处罚;三是对受威胁的法益制造出危险的先行行为而产生的义务的场合,也只能构成帮助。转引自〔日〕外木央晃:《共犯の基礎理論》,成文堂 2018 年版,第 110—116 页。

中义胜①、平山干子②以及我国学者刘凌梅③持类似观点。对二分说,批判意见认为,将作为义务二分为"保护义务"和"监督义务"的做法本身就不合理。因为,保护义务和监督义务是同一义务的不同侧面,同样的义务既可以表述为"保护义务"又可以表述为"监督义务"。如果认为处罚不作为犯的目的在于保护法益,来自对危险源进行监督的职责所产生的监督义务也应当还原于具体状况下的法益保护义务,对保护义务和监督义务进行形式上的区别没有道理④;而且,按照上述理解,会得出不合理的结论来,如监护人看到精神病人杀人时不予制止的,作为监护人的保证人,只是杀人犯的帮助犯吗?正犯又何在呢?⑤

2. 本文见解——帮助犯说

本文认为,将不阻止他人犯罪理解为不作为参与的场合,实际上是不阻止者和他人一道,共同引起了作为犯的犯罪结果,其中,未被阻止的他人起着主导支配作用,成立主犯即正犯⑥;而不阻止者基于其义务性质以及实际所起作用,只能实质地评价为共犯即帮助犯。以下具体说明。

首先,不阻止他人犯罪的行为,在我国刑法中,只能评价为不真正不作为犯。如前所述,不阻止他人犯罪,包括两种类型,一是不阻止与自己有关的他人面临犯罪侵害,二是不阻止与自己有关的他人实施犯罪。在我国现行刑法没有规定"见危不救罪"或者"不报告罪"之类的真正不作为犯的背景之下,不阻止他人犯罪的行为,若要处理的话,最终便只能论以刑法中的作为犯即不真正不作为犯。如此说来,父母未阻止他人杀害自己孩子的,或者父母未能阻止自己孩子杀害他人的,最终只能以故意杀人罪的条款处罚。这是根据不真正不作为犯的内部构造所推导出来的必然结论。

其次,对不阻止他人犯罪的行为不能以义务犯论为根据,评价为正犯。因为,即便是违反作为义务的行为,也不一定能成立正犯,还有可能成立帮助等狭义共犯,这要从不作为和作为之间的等价性的角度,从不阻止者和实施犯罪的他人之间的作用大小来进行区分。作为义务只是为行为人成立不作为犯奠定了基础,但并不能为其不作为行为成立正犯提供依据。之所以会出现在孩子杀人之际,父亲向其提供凶器的,构成故意杀人罪的帮助犯,但以放

---

① 参见〔日〕中義勝:《講義刑法学·総論》,関西大学出版部1991年版,第356页以下。
② 参见〔日〕平山幹子:《不作為犯と正犯原理》,成文堂2005年版,第171页以下。
③ 参见刘凌梅:《帮助犯研究》,武汉大学出版社2003年版,151页以下。
④ 参见〔日〕松原芳博:《刑法总论重要问题》,王昭武译,中国政法大学出版社2014年版,第363、364页。
⑤ 参见何庆仁:《义务犯论》,中国人民大学出版社2010年版,第276页。
⑥ 我国刑法中没有正犯概念,但通常认为,我国《刑法》第26条所规定的主犯相当于国外刑法中所称的正犯。

任意思冷眼旁观的话,就要构成故意杀人罪的正犯这种轻重颠倒的结局,就是因为没有注意到不真正不作为犯的内部构造的缘故。

再次,对不阻止他人犯罪的行为也不能以"保护义务"和"监督义务"二分为标准,评价为正犯和共犯(帮助犯)。即便是在违反监督义务的场合,行为人也能构成正犯。因为,在猛兽或者精神病人攻击无辜他人的时候,监督义务者是唯一能够对此后果承担责任的人类代表,可以认定为引起犯罪结果的唯一正犯。① 原则正犯说和二分说的失误在于,没有将自然现象和人的行为区别评价。刑法所调整的是人和人之间的关系,不作为犯的作为义务,也要以人和人的关系为出发点。越是不将人的行为和自然现象加以区别,有关不作为责任的认定,就越会从社会关系中脱节。现行刑法之所以将数人共同犯罪的场合区分为(共同)正犯和共犯,而将行为人利用自然力引起结果的场合只是作为正犯,分别进行法律上的不同评价,根本原因就在于此。

最后,在将现行刑法中所采用的正犯与共犯的区分标准即行为支配说适用于以不阻止他人犯罪的不真正不作为犯时,可以进行如下分析:不阻止他人犯罪的场合,不阻止者的义务有"保护义务"和"监督义务"之分。在保护义务的场合,不作为者对于被害法益具有保护义务。这种场合,由于支配犯罪过程、主导侵害法益的是作为犯,不阻止者的不作为只是使作为犯的犯行变得容易而已,因此,不阻止者当然只是成立(片面)帮助犯。即便在第三人将孩子推入水中,孩子的父亲未予救助,以致孩子淹死的场合,也是如此。因为,对于孩子之死,作为需要承担刑事责任的人类代表,除孩子父亲以外,还有将孩子推入水中的第三人。而且,对孩子父亲未予救助的不作为评价,不能改变孩子之死主要是由于第三人将其推入水中的事实。② 相反,在监督义务的场合,不阻止者本来就不承担有保护第三者生命的义务,因此,对于受到犯罪侵害的第三者,其不具有成立正犯的可能性。该不作为人所承担的仅仅是阻止自己孩子实施犯罪的义务。违反这种义务,让正犯即自己孩子的犯行变得容易的场合,由于不是自己亲自实施了故意杀人罪的实行行为,因此只能成立孩子故意杀人罪的(片面)帮助犯。但在孩子属于未成年人或者精神病人的场合,可以考虑间接正犯或者(片面)共同正犯。

---

① 参见〔日〕外木央晃:《共犯の基礎理論》,成文堂2018年版,第126页。
② 只是,对于孩子落水之后,父亲能救而不救助的,另外可以评价为故意杀人罪。也有人主张应评价为(保护责任人)遗弃罪。参见〔日〕松宫孝明:《刑法总论讲义(第4版补正版)》,钱叶六译,中国人民大学出版社2013年版,第206页;参见日高義博:《刑法總論》,成文堂2015年版,第508页。

四、结　语

偌大的刑法学中,不阻止他人犯罪虽然是一个不起眼的现象,但其背后却体现着一个大的方向问题:即在不作为犯的研究和处理上,到底是应当选择义务犯的路径还是支配犯的路径,大而言之,在刑法发展方向上是选择规范论还是法益论的路径。德国学者罗克辛意图将二者结合,承认不作为犯是义务犯,原则上都是正犯,但却又从支配犯的角度得出了作为参与者只能是共犯这个令他本人都难以接受的结论。据此,有见解认为,包括不作为犯在内的义务犯理论,现在已经走到了一个十字路口,面临着是将义务犯的规范化进行到底,还是为消除义务犯寻找理论根据的选择。[①] 本文便是基于后者的立场进行的一个尝试。

按照本文的观点,对现实中发生的不阻止他人犯罪的案件,可以分为两种类型处理:一是作为共犯类型。此时,必须对案发当时的具体背景进行分析,寻找对案件结果具有决定意义的细节,从该细节是否引起或者影响了导致结果发生的因果关系的角度出发,判断该行为是否可以认定为作为。一旦能够认定为作为,则即便案件整体上呈现出不履行特定义务的不作为的特点,则只要不会出现量刑上的偏差,便可将该案以作为犯处理。只有在穷尽一切可能,都难以将不阻止行为处理为作为共犯的时候,才可将其以不作为共犯处理。这样,实务中相当部分被义务犯论认定为正犯的不作为犯,便可以作为犯轻松解决。二是不作为共犯类型。即对不能以作为共犯解决的不阻止行为,可以不作为参与的形式,按照不作为犯的共犯处理。在不阻止者基于法律规定、职务业务要求以及先行行为、事实承担等因素,具有法益保护义务或者危险源监视义务的场合,根据结果回避可能性的要求,判断其不阻止行为是否具有成立不真正不作为犯所要求的实行行为性,然后基于不作为和作为之间的等价性要求,将不阻止行为论以相关犯罪的共犯即帮助犯。

以下,按照以上思路,对本文开头所提及的"洛阳虐童案"中被害女童的母亲刘某利的不阻止行为的性质进行分析。首先,可以肯定,刘某利的行为难以构成正犯赵某飞故意伤害罪的作为帮助犯。因为,从媒体公布的案件事实来看,在赵某飞对其女儿采用透明胶带捆绑、扇耳光、烟头烫等方式进行伤害时,身为母亲的刘某利只有不阻止行为,而没有其他任何的提供工具帮助或者言语鼓励行为,故难以说刘某利的行为构成作为形式的帮助。

但这并不意味着刘某利的行为不构成犯罪。从相关案件事实的说明来

[①] 参见何庆仁:《义务犯论》,中国人民大学出版社2010年版,第23页。

看,刘某利是不满 2 周岁的被害人的生母,对被害人具有法律上的抚养义务;而且被害人之所以能够出现在被害现场,也是拜刘某利和情人约会"所赐",是其将被害人带到宾馆的。从刘某利和正犯赵某飞过往的经历来看,刘某利在其二人幽会期间,因为被害人刘某某哭闹而招致赵某飞的毒打一事,是非常清楚且有预见的。由此可以推断,对于被害人来讲,刘某利和赵某飞幽会的场所,就是自己可能会因为哭闹而招致伤害的危险场所。其母亲刘某利明知这种事实而将尚无独立判断和行为能力的被害人带往这种地方的行为,就是让被害人陷入危险状态的先行行为,按照常理,行为人刘某利此时具有消除被害人所面临危险的义务。因此,无论从被告人与被害人之间所具有的抚养关系,还是从被告人使被害人陷入危险的角度来讲,其都有阻止被害人所面临的伤害的义务。

刘某利具有履行阻止赵某飞犯罪义务的可能性。在不作为帮助的场合,只要行为人实施了让正犯行为不便的举动即可,不要求达到确实能够阻止他人犯罪行为的程度。就本案而言,虽然相关媒体报道说,刘某利接受记者采访时坦言,自己有制止行为,但因为害怕而最终放弃①,但不阻止他人犯罪,并不要求其制止行为能够确定无疑地让他人放弃犯罪,只要使他人的犯罪变得困难即可。从案发地点系宾馆这种公共场所的情景来看,行为人当时完全可以采取呼救或者将孩子带离宾馆的方式制止赵某飞的暴行。但遗憾的是,身为被害人母亲的刘某利在整个案件发生过程中,并没有采取任何让正犯行为变得困难的制止行为。

不阻止他人犯罪,引起严重后果的场合,行为人应当构成正犯的帮助犯。本案中,由于造成被害人严重残疾的伤害结果的直接行为人是赵某飞,刘某利并没有参与对被害人实施的暴行,换言之,引起并掌握导致被害人严重伤害结果的因果流向的是赵某飞,而刘某利只是没有阻止赵某飞,为其肆无忌惮地实施伤害行为提供了方便而已。因此,从整个事件发展过程中二被告人的作用和地位来看,实施殴打行为的赵某飞属于主犯,而刘某利属于起辅助或者次要作用的从犯即帮助犯。如此说来,洛阳市中级人民法院的判决结论值得支持。

---

① 参见王琦:《"洛阳虐童案"宣判 施暴者被判无期 孩子生母获刑 10 年》,载《河南商报》2017 年 4 月 15 日,第 A03 版。

第七章 不阻止他人故意犯罪的行为性质认定

何 龙

内容摘要： 作为义务者不阻止他人故意犯罪的行为性质认定，其核心是判断成立正犯还是共犯。对此，义务犯模式不论是在理论自洽性还是结论合理性方面，都存在致命不足，不宜在我国适用；而因果关系模式，尤其其中的广义行为支配理论则在保证正犯、共犯区分标准适用的一致性和客观性方面，具有其优越性。据此，作为者原则上支配着结果的实现进程，不作为者原则上只能成立片面帮助犯（例外成立片面共同正犯）；但是，作为者实行终了后不防止犯罪结果发生者，则原则上成立正犯。同时，即使刑法中存在"帮助行为正犯化"的特殊规定，也仍需要具体情况具体分析，不排除作为义务人成立片面共犯的可能。

一、问题意识

不阻止他人的故意犯罪（"故意不阻止他人的故意作为犯罪"的简称）是不作为参与的表现形式之一。[1] 德国学者罗克辛曾评价不作为的参与是"现今共犯理论中最晦涩的领域"[2]，反映到我国刑法学中，其体现更为鲜明。从现有资料来看，我国研究该问题的学者寥寥无几，相比于德国和日本在该领域研究的繁荣和成熟，形成明显反差。[3] 因此在我国，围绕该问题展开研究，其理论意义自不待言。

---

[1] 除此之外，理论上还包括故意不阻止他人的故意不作为犯罪、过失作为犯罪以及过失不作为犯罪、过失不阻止他人的故意作为犯罪、故意不作为犯罪以及过失作为犯罪、过失不作为犯罪等情形。

[2] Roxin, Täterschaft und Tatherrschaft, 8. Aufl., 2006, S. 757. 转引自许泽天：《不纯正不作为犯的正犯判断标准》，载公益信托东吴法学基金会主编：《不作为犯的现状与难题》，元照出版有限公司2015年版，第470页。

[3] 借用许乃曼教授的比喻，将不阻止他人故意犯罪的学术风景线在我国比作"塔克拉玛干沙漠"，而在德国和日本则犹如"亚马逊原始森林"，毫不夸张。参见许乃曼：《不纯正不作为犯及以不作为实施犯罪之形式》，王莹译，载梁根林主编：《当代刑法思潮论坛：犯罪体系与犯罪构造》（第一卷），北京大学出版社2016年版，第222页。

不阻止他人故意犯罪的行为性质认定,以不作为者具有作为义务为前提,讨论的核心是不作为者究竟成立正犯还是共犯。当不作为者和作为者之间存在犯意联络或者默示共谋时,由于可以评价为共谋共同正犯,其性质认定并无太多争议。但是,当二者之间既无犯意联络,又无默示共谋时,不作为者究竟成立正犯还是片面共犯,争议颇多。对此,从目前有限的资料来看,我国学者的立场主要有以下两种:一种是义务犯模式。该说以德国的目的行为论以及义务犯理论为基础,要么认为不阻止他人故意犯罪者一律成立正犯,要么就是根据义务内容的不同分别成立不作为的帮助犯和正犯。其中,前者包括"义务犯论"和"管辖理论"①,后者特指"功能性理论"②;另一种是"因果关系模式"。该模式根据支配侧重的不同,内部又分为"不真正不作为犯解消理论"③"行为支配理论"④"结果避免支配理论"⑤以及"结果原因支配理论"⑥等,其中除"不真正不作为犯解消理论"属于极端的因果支配立场,否定不作为的原因力,得出极小部分情形成立遗弃罪等真正不作为犯,其他情形只能成立无罪的结论以外,其他学说基本都认为不阻止他人故意犯罪的,原则上成立帮助犯(个别观点承认例外情况下成立共同正犯)。可见,依据不同的理论模式,或同一模式内的不同理论,对他人故意犯罪的不阻止行为,其性质可能存在"单独正犯""真正不作为犯+无罪""帮助犯""帮助犯+共同正犯"等多种结论。因此,采用何种理论,对结论的形成至关重要。

受制于理论研究的匮乏,不阻止他人故意犯罪的行为的犯罪性这一问题意识在司法实践中尚未真正形成。例如,在著名的"深圳联防队员强奸案"⑦(案例1)中,丈夫躲在储物间,不阻止妻子在家中被联防队员长达一小

---

① 参见何庆仁:《义务犯研究》,中国人民大学出版社2010年版,第284页;耿佳宁:《不作为参与行为的评价与犯罪论根基的改变》,载《当代法学》2015年第2期,第34—35页。

② 参见赵秉志、许成磊:《不作为共犯问题研究》,载《中国刑事法杂志》2008年9月号,第31—32页。

③ 参见黎宏:《排他支配设定:不真正不作为犯论的困境与出路》,载《中外法学》2014年第6期,第1573—1595页。

④ 参见刘士心:《不纯正不作为犯的共犯》,载《国家检察官学院学报》2009年第4期,第99页。

⑤ 参见张明楷:《刑法学》(第六版),法律出版社2021年版,第592页;周光权:《刑法总论》(第四版),中国人民大学出版社2021年版,第387页;温登平:《以不作为参与他人的法益侵害行为的性质》,载《法学家》2016年第4期,第138页;袁彬:《论不作为片面共犯》,载赵秉志主编:《刑法论丛》(第13卷),法律出版社2008年版,第309页;刘瑞瑞:《不真正不作为犯中的正犯与共犯探析》,载《河北法学》2010年第10期,第137页。

⑥ 参见欧阳本祺:《论不作为正犯与共犯的区分》,载《中外法学》2015年第3期,第728页。

⑦ 具体内容参见深圳市宝安区(2012)深宝法刑初字第1778号刑事判决书。案情为:被告人联防队员杨某某手持钢管、警棍闯进被害人王某的家中一通乱砸后,对她进行长达一个小时的毒打和强奸。她的丈夫杨某则躲在几米外不敢作声,眼睁睁看着妻子遭此横祸。杨某身为丈夫,没敢挺身而出制止暴行,也没有冲出门外呼救(社区警务室就在几米开外),只是一个小时后才悄悄报警。

时的毒打和强奸,如果其能挺身而出,或出手阻止或打电话报警,都可能避免悲剧发生,但丈夫并未因为不作为而被追究责任。此外,"蚌埠两警察目睹少女被刀杀案"①(案例 2)亦是如此,目击者称"警察手上有警棍,离得也很近,如果上前制止,说不定能制止住歹徒行凶",但主管部门仅给予两警察"行政记过处分、调离公安机关"的内部处分,并未追究刑事责任。② 类似的案例还有"父亲为收集证据,不阻止智障女儿被强奸案"③(案例 3),该案中父亲为了证明自己的清白,故意不阻止加害人强奸自己的智障女儿,该父亲只是作为证人出庭,对于其可能承担不作为犯罪的刑事责任这一点,也不曾进入司法机关的考虑范围。但是,最近广受关注的"妻子不阻止精神病丈夫杀人案"(案例 4),法院一改传统立场,认为"被告人杨某作为精神病人丁某的法定监护人,且作为二名被害人的儿媳,明知其所监护的精神病人正在实施杀害二被害人的行为,而未及时采取有效的制止、呼救措施,其不作为与二被害人的死亡之间存在因果关系,其行为已构成故意杀人罪"④。并且,在

---

① 《蚌埠两警察目睹少女被杀,近在咫尺不挺身而出》,载人民网安徽频道(http://ah.people.com.cn/GB/227122/355547/index.html),访问日期:2017 年 1 月 1 日。案情为:17 岁的超市收银员胡某(女),在超市内被加害人使劲往边拖拽,与被害人相隔仅两米、身着警服、手持警棍的两名警察没有出手阻止;5 秒钟后,加害人将胡某摁倒在地,不停地用刀疯狂刺向胡某,尽管目击者拽着警察衣服高喊"快去救人",但两名警察却站在原地不动;又过 15 秒后,两名警察拿起购物篮和纸盒扔向加害人;又隔几秒,加害人开始自残,两警察乘机上前摁住加害人,并同时向其喷射辣椒水,但加害人再次爬起来,又捅了胡某几刀;后警察趁加害人再次开始自残,上前制服了加害人。但此时,胡某早已死亡。
② 类似案件中,有的以玩忽职守罪论处。参见河南省南召县(2010)南召刑初字第 198 号刑事判决书。案情为:2010 年 9 月 23 日凌晨 0 时许,加害人褚某和出租车司机程某因乘车费用发生争执。褚某纠集了尚某、李某在县客车站十字路口对程某的出租者进行打砸,并追打程某,褚某持刀朝程某身上连捅数刀,致程某死亡。事发时,辛某等四名巡逻警察,在车站十字路口巡逻执勤,目睹了褚某等人砸车及打人、杀人的全过程却始终未予制止。
③ 桂良:《为拿证据,父亲看着女儿被强暴?》,载《信息时报》2013 年 5 月 22 日,第 G2 版。案情为:父亲李某因自己女儿李某某(系智障残疾人)多次怀孕并打胎,怀疑是被人强奸。某日李某出去放牛,李某跟踪在后,当加害人曾某强奸李某时,李某并未阻止,而是在曾某淫行为实施完毕后,才上前用弹力拉力器打了曾某的面部和背部。李某之所以不阻止曾某,其称是为了拿到曾某强奸的证据,因为同村村民怀疑是李某强奸了自己女儿。
④ 具体内容参见北京市海淀区人民法院(2016)海刑初字第 2799 号刑事附带民事判决书。案情为:被告人杨某和其丈夫丁某(精神病人,经鉴定无刑事责任能力)于某日凌晨 3 时来到两被害人(丁某的父母)家中,双方爆发争吵,后丁某在客厅持菜刀,反复砍击二被害人头面部及双上肢,致二被害人伤倒在地。被告人杨某在明知丈夫丁某患有精神疾病,并正在实施故意杀人行为的情况下,未实施合理的制止、呼救行为,并在明知二被害人尚未死亡时,与丁某关闭室内灯及房门后离开现场,后续亦未有任何施救行为。当日下午 17 时 20 分许,二被害人的女儿丁某某前往看望二被害人,方发现二被害人遇害,遂案发。

引发社会轰动的"母亲不阻止男友虐童案"①(又称"洛阳虐童案",案例5)中,母亲对于男友虐待自己不满两岁的女儿不予阻止,导致女儿重伤,法院判决认为其成立不作为故意伤害罪的从犯。

不阻止他人故意犯罪,从过去不会进入刑法调整视野到逐渐开始认可其犯罪性,司法实务迈出了重要一步。但随之而来的问题是:其一,判决根据及说理仍然固守形式的作为义务根据论,其固有缺陷难以克服。其二,将作为义务作为"不阻止"行为的犯罪性和正犯性根据,是基于义务犯论的单一正犯体系,与我国参与犯体系的共犯制度不相符合。其三,判决根据混杂不清。"不阻止"是对他人犯罪的参与,而"不救助"是他人犯罪实行终了后的单独不作为,二者并不相同。将二者不加区分,糅合评价,明显过于粗糙和随意。

上述理论争议及实践问题的解决,有待以下几个基本问题的厘清:第一,不作为是否存在独立于作为的可罚性根据? 这主要解决"义务犯模式"将义务作为不作为的处罚根据和正犯、共犯区分标准的必要性和合理性。第二,立足于因果关系模式,单纯"不阻止"对"原因"的支配和对"结果"的支配,何者更为重要? 以及,即使肯定对"结果"的支配,仍然需要判断对结果避免可能性的支配和对结果实现进程的支配,何者更为合理? 这主要涉及"因果关系模式"内部各种支配理论的取舍。第三,不阻止他人故意犯罪的行为性质认定与一国实定法的关系。这其中主要涉及(片面)不作为共犯与我国刑法分则所规定的遗弃罪、渎职犯罪等在适用上的区分。

下面,本文将结合以上案例,围绕上述两种模式以及同一模式内部的不同理论展开评析,并立证本文立场。

二、义务犯模式的反思及批判

义务犯模式起初是根据特殊义务的违反来肯定不作为者的犯罪性和正犯性,但随着管辖理论和功能性理论的出现,根据义务性质及内容的不同,不作为者不再总是成立正犯,而是也有可能成立帮助犯。

---

① 具体内容参见河南省高级人民法院2017豫刑终289号刑事判决书。案情为:被告人刘某(女)和赵某(男)存在不正当两性关系。2015年9月二人同居期间,赵某嫌刘某不满两岁的女儿刘某某哭闹,遂采用透明胶带捆绑、扇耳光、烟头烫等方式对刘某某进行伤害,刘某均未制止。9月18日晚,赵某将刘某某捆作一团,提住腰部头朝下倒立在床边半个小时左右。次日,刘某发现刘某某情况异常后,与赵某一同将刘某某送往医院治疗。经鉴定,刘某某所受损伤为重伤一级,构成一级伤残。一审法院以故意伤害罪(主犯)判处赵某无期徒刑,剥夺政治权利终身,以(不作为方式)故意伤害罪(从犯)判处刘某有期徒刑10年。被告人提出上诉,二审维持原判。

(一)义务犯理论

该论由德国学者罗克辛提出,并得到很多学者的支持。① 他认为,不作为的参与行为原则上都是正犯,但应当处以帮助犯之刑。其根据有二:第一,不作为犯的特殊实行行为结构。"不作为犯罪是义务性犯罪,其实行人身份的标准不在于行为控制,而在于违反了说明行为构成根据的阻止结果的义务以及其他行为构成的条件。如果这些标准存在了,那么,这个不作为的行为构成就实现了"。② 第二,不作为参与原本就是帮助犯的"不能犯"。"这个类型的帮助人,就像其在实行性犯罪中构成的惯例那样,在不作为中一开始就是不可能的"。③ 但是,其同时指出,仅限于以下三种情况下,不作为的参与才能成立帮助犯:亲手犯(如父亲不阻止自己的子女之间的乱伦行为)、目的犯(如盗窃罪)和不作为人的保证人地位仅在于应当阻止他人的帮助行为(如父亲不阻止自己孩子为他人的伤害行为提供帮助)。④

该说确立的标准统一且明确,适用简单、直接,但是其理论本身及运用都存在难以克服的弊端:

1. 理论本身不自洽,具体又表现在:

一是认为不存在作为义务者的参与行为也可以成立从犯,与该说坚持作为义务是不作为犯的必要成立要素的基本原理相矛盾。⑤ 根据罗克辛的观点,对他人犯罪的不阻止成立正犯,须同时具备两个条件:"存在不作为的构成要件,参与人能够以不作为单独实施和完成该犯罪",以及"必须存在结果防止义务"。当欠缺其中任何一个要件,例如不具有作为义务时,行为人只可能成立不作为的共犯。⑥ 但是,上述结论只在实行人具有作为义务而参与人不具有作为义务的情形下成立,例如,路人教唆父亲不阻止他人对自己未成年子女的杀害行为,父亲成立不作为的故意杀人罪,路人成立不作为故意杀

---

① 参见〔德〕冈特·施特拉腾韦特、〔德〕洛塔尔·库伦:《刑法总论Ⅰ——犯罪论(2004年第51版)》,杨萌译,法律出版社2006年版,第391页。
② 〔德〕克劳斯·罗克辛:《德国刑法学总论(第2卷):犯罪行为的特别表现形式》,王世洲主译与校订,王锴、劳东燕、王莹等译,法律出版社2013年版,第505页。
③ 同上注,第506页。
④ 同上注,第506页。
⑤ 现在几无争议的是:即使是不作为的共犯,其成立也要求具备作为义务。但是也有极少学者持不同声音,除德国学者罗克辛外,还有日本学者町野朔,他认为作为义务作为对法益侵害危险意义上的违法要素,当行为人之间有意思沟通时,对其他不具有作为义务者也具有连带性。参见〔日〕町野朔:《釧路せっかん死事件について——不真正不作为犯と共犯に不関する覚書き》,载井上正仁、酒卷匡编:《三井誠先生古稀祝賀論文集》,有斐阁2012年版,第307—308页。
⑥ 参见〔日〕神山敏雄:《不作為をめぐる共犯論》,成文堂1994年版,第158页。

人罪的教唆犯。但是,当实行人本身不具有作为义务时,参与人的犯罪性就不可能脱离作为义务要件而得到肯定。例如,邻居甲不阻止加害人越过自家院墙进入邻居乙家实施杀害行为的情形,邻居甲不具有阻止加害人犯罪行为的义务,也不应该成立加害人故意伤害罪或故意杀人罪的共犯。①

二是认为处于作为正犯背后的不阻止行为总是成立正犯,这与将等价值性要件作为不真正不作为犯的处罚前提这一传统理念不相吻合②,容易得出即使不符合"等价值性"要求也可以认定成立犯罪甚至是正犯的结论,变相否定不真正不作为犯中"等价值性"要件的存在必要性。不作为和作为具有等价性,是不真正不作为犯成立的不成文(日本)或者成文(《德国刑法典》第13条)的前提要件。但是根据该论得出的结论是,不作为原则上成立正犯,这就意味着,不作为和作为恒常性地等价,如此的话,就变相导致二者是否等价的判断形同虚设。此外,"等价值性"要件作为判断不作为是否该当作为犯构成要件的重要衡量标准,不仅体现在"可罚性"上的等值,也应当包括"当罚性"上的等值。这就要求,对与正犯等值的须配以正犯之刑,对与帮助犯等值的须配以帮助犯之刑,而不应当出现将不阻止行为评价为正犯却只配以帮助犯之刑的结论。③

2. 具体适用上对不作为者处罚过重,难以保证罪刑均衡,表现在:

一是作为参与尚且存在成立从犯的可能,但不作为参与却一律成立正犯,"这本身也无均衡可言"④,甚至会"导致一定的重刑化结局"⑤。如甲无意中将毒药放在桌上,甲和乙之间并没有合意,但甲内心希望乙能顺利完成毒杀行为时,根据该说,由于可以肯定甲处于对该手枪的"危险源管理保证人义务"地位,因此应认定成立正犯。但是,当甲是故意将毒药手递手拿给乙时,却只能成立对乙的帮助犯。显而易见的是,"这样会使得保证人所实现的事件(异于作为犯地)通常情况下无法成立单纯的参与不法,并加以处罚。较之于主动行事的参加者而言,保证人的处境就更为恶劣了"⑥,反映到刑罚

---

① 有学者认为,根据罗克辛教授的理论,存在导致具有阻止犯罪可能性但不具有作为义务者全部成立不作为共犯,不当扩大处罚范围的风险。参见〔日〕内海朋子:《不作为による幇助をめぐる問題について》,载《法学政治学論究》2003年56号,第6页。本文虽也认为罗克辛教授的理论存在上述弊端,但是内海朋子的批评可能有些言过其实。

② 参见〔日〕松原芳博:《刑法总论重要问题》,王昭武译,中国政法大学出版社2014年版,第363页。

③ 参见温登平:《以不作为参与他人的法益侵害行为的性质》,载《法学家》2016年第4期,第132页。

④ 见前注③,第363页。

⑤ 周啸天:《义务犯理论的反思与批判》,载《法学家》2016年第1期,第159—160页。

⑥ 〔德〕乌尔斯·金德霍伊泽尔:《刑法总论教科书(第六版)》,蔡桂生译,北京大学出版社2015年版,第406页。

上,即保证人无法享受到从犯"从宽"处罚的优遇,"忽视了刑法作为评价规范的一面"①。对此,该说的支持者也承认这种缺陷的客观性。②

罗克辛对此也提出了反驳,其理由有三:一是"一个保证人的不活动绝对不比一种主动的帮助具有更少的刑罚需要性";二是"立法者已经在《德国刑法典》第13条第2款中预先考虑加入了一个相当于帮助的减轻处罚的可能性,因此一个不作为就从来不需要比一个主动的帮助受到更重的刑罚";三是对"不阻止行为"论以正犯并不违反立法者的本意,因为在这个问题上,立法者"并不想表态"。③

但本文认为,这种反驳有些牵强,理由包括以下几点:第一,不作为参与比作为参与需要至少相同甚至更高的刑罚需要性,这一点并不具有当然性。以罗克辛所举例子为例,一个什么都不做放任自己孩子被杀害,与一个不但不救助自己孩子反而提供工具助力实行人完成杀人行为的情形,后者的情形显然更应值得更高的刑罚需要性。第二,不作为参与与作为参与,在刑罚需要性方面,究竟孰轻孰重,该说有自相矛盾之嫌。罗克辛认为,"一个保证人的不活动绝对不比一种主动的帮助具有更少的刑罚需要性",即不作为参与的刑罚≥作为帮助的刑罚;但是又认为立法上已经预设了对不作为参与"相当于帮助犯"的刑罚,明显前后矛盾。而且,即使站在德国立法角度来审视,也存在明显的违和感。《德国刑法典》第13条规定,"不作为行为相当于作为行为完成的法定构成要件时",才能论以不作为犯罪。这就要求,不作为是符合了作为犯的构成要件,根据个案认定的不同,可能存在适用正犯或帮助犯的法律效果两种情形,因此,逻辑上也难以认为"刑法预设了不作为的实行只论以帮助作为的刑罚"。第三,认为不作为保证人原则上成立正犯,难道真不违背"立法原意"吗? 诚然,立法者的"并不想表态"是回避了这个问题,其原因可能是这个问题并没有想象中那么容易作出判断和区分,把本应属于立法解决的任务推给了"信条学",但是,这不正好反过来说明"立法原意"并不确定,或者压根就不存在针对该问题的"立法原意"吗? 如此说来,又谈何"并不违背立法者的原意"呢?

---

① 〔日〕外木央晃:《不作為における正犯と共犯の区別》,载《法学研究論集》2010年9月第33号,第23页。
② 我国台湾地区学者许泽天认为,"论者有关不作为相较下可能处罚过重的批判,不无道理",但同时指出造成这种弊端的原因在于立法(我国台湾地区"刑法"并无对不作为犯从宽处罚的总则性规定),"此问题的根本处理,乃在于修改不作为犯的法律效果,即可参考德国立法改为得减轻其刑,除可符合其较轻的不法与责任非价内涵,并避免将在各种条件下参与的不作为都评价为正犯所产生的处罚过苛现象"。许泽天:《不纯正不作为犯的正犯判断标准》,载公益信托东吴法学基金会主编:《不作为犯的现状与难题》,元照出版有限公司2015年版,第471页。
③ 参见〔德〕克劳斯·罗克辛:《德国刑法学总论(第2卷):犯罪行为的特别表现形式》,王世洲主译与校订,王锴、劳东燕、王莹等译,法律出版社2013年版,第506—507页。

二是在不阻止行为发生未遂的场合,根据该说得出的结论也难以让人接受。实践中,在处罚未遂的犯罪类型中,未遂的作为参与(帮助犯)尚可能不具有刑事可罚性,但未遂的不作为参与却要作为正犯未遂而原则性受到刑罚,明显不公平。《德国刑法典》第 23 条第 1 款规定"重罪未遂一律处罚,对轻罪未遂的处罚以法律有明文规定为限",且第 30 条也只规定对重罪参与的未遂才可罚。① 我国虽然无此明文规定,但考虑到我国同样将处罚未遂犯作为既遂犯处罚的扩张事由这一点,也可认为我国采取了与德国相同的立场;而且,司法实务也正是如此操作的②,即正犯未遂的处罚仅限于重罪场合,帮助未遂原则上不处罚。可见,认定为正犯还是帮助犯,直接决定了不作为者刑事当罚性的有无。

对此,罗克辛反驳称,"人们所说的这种矛盾在现实中根本就不存在",并举例称,在母亲递刀给父亲,要后者杀死新生儿,但后者并没有使用这把刀的场合,母亲既实施了"递刀"的未遂帮助,也同时实施了一个正犯者的不作为的未遂,即使可以否定前者的可罚性,也无法否定后者的可罚性,因为后者的违法性和可罚性是"独立的"。③ 但该反驳恐怕仍难以成立,理由在于:第一,可能导致一种极不合理的结论。当保证人单纯不作为却未遂时,会受到刑事处罚;而当保证人不但实施不作为,而且还积极帮助如提供犯罪工具时,则仍然只成立不作为的实行未遂,此时"提供积极帮助如犯罪工具(递刀)"的行为,在行为性质确定方面,并没有被独立评价,存在明显的评价空白和处罚漏洞。同理,当死亡结果出现,即帮助既遂时,会因为承认不作为杀人正犯既遂,而无视"递刀"行为的存在意义。第二,逻辑推理不合理。根据该说,母亲对于丈夫杀死新生儿不予救助(未死),本身已经被赋予了杀人正犯的可罚性,但是作为行为延续的"递刀"行为由于死亡结果未出现而基于帮助未遂而不被处罚,"什么都不做"是可罚的,在其基础上"又做了点什么"反而是不可罚的,这是很难令人接受的。第三,容易产生主观归罪的后果。对上例稍作修改:当母亲误认为丈夫是想用刀杀孩子(丈夫实际上只是想拿刀吓唬不听话的孩子)时,会根据母亲存在不救助故意和(错误)放任丈夫"杀害"自己孩子的行为,得出母亲成立故意杀人罪(正犯)未遂的结论,但这显然是无视未遂犯作为"紧迫的法益侵害"犯罪的、带有主观主义色彩的刑

---

① 《德国刑法典》第 30 条规定:"(1)力图确定他人去实施重罪或者去教唆重罪者,根据有关重罪的力图的规定予以处罚。但是,其刑罚必须根据第 49 条第 1 款予以轻处。相应地适用第 23 条第 3 款的规定。(2)就实施重罪或者教唆重罪,表示愿意、接受他人的请求或者与他人约定者,同样处罚。"

② 参见黎宏:《刑法学总论》(第二版),法律出版社 2016 年版,第 240 页。

③ 参见[德]克劳斯·罗克辛:《德国刑法学总论(第 2 卷):犯罪行为的特别表现形式》,王世洲主译与校订,王锴、劳东燕、王莹等译,法律出版社 2013 年版,第 507 页。

法观。①

(二) 管辖理论②

雅各布斯在罗克辛义务犯论的基础上,提出"义务犯是违反积极义务的、以制度管辖为基础的犯罪,支配犯是违反消极义务的、以组织管辖为基础的犯罪"③。具体而言,义务犯具有区别于支配犯的正犯原理,支配犯是基于"组织自由和结果责任互换"立场,让破坏组织自由的人对该结果负责,而义务犯是基于维持社会中重要制度的立场,让具有"(源于制度)特别义务"者对该结果负责。这种区别与作为犯和不作为犯的区别无关,不论是支配犯还是义务犯,都可以通过作为或者不作为来实现。支配犯场合,由组织管辖者对被害结果承担正犯责任,"是谁'组织管辖'的结果"以及"组织管辖的'量'"都会成为区分正犯和共犯的考察因素。而在义务犯场合,"特别义务者"对(源于制度)的"特别义务"的侵害是最重要的、"一身专属"的,不存在"量"的问题,只存在"质"的问题,只要存在义务而不履行义务就恒常性地成立正犯,而无"从属性"共犯存在的可能。④ 该说在德国颇具影响力,学者赫茨贝格、金德霍伊泽尔等就明确支持该观点⑤;在我国,也不乏支持者。⑥

"管辖理论"与义务犯理论的不同之处,表现在:一是并非所有的不作为犯都是义务犯,并非所有的不作为犯都是正犯,只有违反积极义务的不作为才是义务犯,而违反消极义务的不作为则成立支配犯,只有在后者的情况下,才存在成立共犯的可能。这样,该说就很巧妙地回避了根据义务犯理论所遭致的诸如"作为方式参与尚可成立共犯,而不作为方式参与却总是成立正犯"等批评。二是正面肯定作为帮助的正犯性。在不作为正犯和作为帮助竞合的场合,不同于被质疑的罗克辛的"后者优先于前者"的观点,雅各布斯不是回避该质疑,而是积极论证"前者"即不作为正犯成立的优先地位。在其看来,虽只是单纯提供作为帮助,但却是因为违反了基于制度管辖的义务

---

① 参见周啸天:《义务犯理论的反思与批判》,载《法学家》2016年第1期,第159页。
② 雅各布斯认为,其管辖理论源于黑格尔法哲学思想,即人类形式世界,"形成"即"组织化",要强化对他人(利益)的考虑,将人格抽象化,作为形式上法的基础,并以法命令形式定型化,"有人格者,要尊重他人的人格";而"制度化"的根源不是抽象的法,而是"共同世界"中"刻有"生活的社会姿态、不存在其他选项的各种制度,这种制度就是黑格尔所说的"基于人伦"的制度,包括家族、团体和国家等制度。参见〔德〕Günter Jakobs:《支配犯および義務犯における関与》,阿部純二、緑川邦夫译,载《法学》1993年3号,第40—42页。
③ 〔日〕平山幹子:《不作為犯と正犯原理》,成文堂2005年版,第132页。
④ 参见前注②,第45页。
⑤ 参见〔德〕乌尔斯·金德霍伊泽尔:《刑法总论教科书(第六版)》,蔡桂生译,北京大学出版社2015年版,第407页。
⑥ 参见何庆仁:《义务犯研究》,中国人民大学出版社2010年版,第284页。

而受罚。① 三是方法论上具有新颖性。"该说是将作为和不作为之间的区别予以相对化处理,在此基础之上,探究二者共同的结果归属根据。"②根据其理论,不作为犯和作为犯的区分意义已经不存在,存在意义的只是何种义务或规范被违反,因此,不作为与作为等价是该说当然的结论。

但是,该说同样存在难以回避的缺陷:

1. 其理论本身带有很大的模糊性

首先,作为义务犯之义务来源基础的"制度"指代什么,并不明确。根据雅各布斯教授的观点,这里的"制度","并不是直接指其他部门法中具体的各种法律制度,而更多的是指抽象的、法哲学意义上的制度,它来源于历史、社会地形成的群体生活实践的要求"③。但是如此认定保证人的义务来源,正如许乃曼教授正确批判的,"只是倒退到陈旧的形式法律义务理论"④。对该批判,雅各布斯也表示认可,"确实,义务犯领域的范围至今仍未得到充分论述,只是得到了个别化认可"⑤,并且,"个别化认可"也总是处于不确定之中。例如,雅各布斯教授在对婚姻关系是否为基于"制度"的特别关系的立场上,其早期持肯定立场,后期改为否定立场。⑥ 其次,"积极义务"和"消极义务"的区别标准不明确,也不合理。例如,将同属于建立在对法益无助状态存在支配的"基于承担所产生的保证人地位"和"基于特别信赖所产生的保证人地位",分别归属于支配犯和义务犯范畴,就是其典型。⑦ 再次,将原本属于社会学概念的"制度管辖"转用到刑法学领域,其本身的抽象性恐怕不会发生改观,"期待会有耀眼的前途,恐怕必然会大失所望"⑧。最后,作为该说核心论据的"作为犯中的标准不完全适用于不作为犯",但是,在支配犯场合,却又将作为犯中区分正犯和共犯的标准运用于不作为事例,认为"基于风险支配的监督者保证人则可以像作为犯中那样来区分正犯和参与"⑨。如

---

① 〔日〕岛田聪一郎:《不作為による共犯について(1)》,载《立教法学》2003年第64号,第42页。
② 同上注,第41页。
③ 何庆仁:《义务犯研究》,中国人民大学出版社2010年版,第28页。
④ 〔德〕许迺曼:《作为学术的刑法释义学》,吕理翔译,载许玉秀、陈志辉合编:《不移不惑献身法与正义——许迺曼教授刑事法论文选集》,新学林出版股份有限公司2006年版,第137页。
⑤ 〔德〕Günter Jakobs:《支配犯および義務犯における関与》,阿部純二、绿川邦夫译,载《法学》1993年3号,第46页。
⑥ 同上注③,第27页引注。
⑦ 参见欧阳本祺:《论不作为正犯与共犯的区分》,载《中外法学》2015年第3期,第724页。
⑧ 陈志辉:《身份犯之正犯认定——以德国义务犯理论为中心》,载《政大法学评论》第130期,第57页。
⑨ 〔德〕乌尔斯·金德霍伊泽尔:《刑法总论教科书(第六版)》,蔡桂生译,北京大学出版社2015年版,第407页。

此表述,无论是从形式上还是从结论上,与其自身理论体系都难以自洽。

2. 该说完全无视不作为与作为在存在论上的构造差异

雅各布斯宣称,"只要人们承认重要的是归属而不是自然,不作为的问题就会得到解决"①。诚然,"归属"固然重要,但"自然"也不得被忽视。因为,"刑法学创造作为和不作为这一对概念的动机在于:后者即不作为的概念是必要的"②。具体而言,不作为与作为的差异,首先表现在构造的不同。对不作为和作为进行等价值判断的努力,是建立在对二者存在构造差异(事实判断)承认的基础之上的,目的是借助规范上的等价值判断来淡化甚至消除因构造差异所导致的不合理影响。因此,不作为与作为的事实判断是等价值判断的前提,事实判断是第一位的,等价值判断是第二位的,二者必然呈现出某种层级。况且,即便立足于规范论角度,也并不意味着不作为和作为的区分就失去意义。因为,站在刑法的行为规范和制裁规范功能共同决定行为的违法评价的角度,正如"在制裁规范的标准上,正犯和共犯的区别成为问题",同样,"在行为规范的标准上,作为与不作为的区别仍是问题之所在"③,仍有区分的必要性。

3. 其贯彻将导致对构成要件定型性功能的淡化甚至破坏④,并与犯罪的法益侵害本质观不相融合

成立正犯还是共犯,必须结合具体行为的方式。详言之,正犯行为必须符合刑法分则规定的个罪的行为类型(如杀人行为或者盗窃行为),共犯行为也必须符合类型性要求(我国刑法规定了教唆犯和从犯)。但是根据管辖理论得出的结论恰恰相反:只要是违反"积极义务"的行为,不论是实行行为还是非实行行为(如教唆、帮助行为),都只成立正犯。例如,父亲故意杀死自己孩子的(杀人)行为成立正犯,父亲递刀给杀人犯杀死自己孩子的(帮助杀人)行为也成立正犯。如此,正如有学者所批判的,"雅各布斯教授把体制管辖带到作为犯,而认为仅提供作为助力的保证人可论以作为正犯,则已过度扩张作为犯正犯的认定范围,偏离了紧缩正犯的基本立场"⑤。另外,还将导致出现在义务犯场合并不存在共犯参与的余地,刑法典关于共同犯罪的规

---

① 〔德〕格吕恩特·雅科布斯:《行为 责任 刑法——机能性描述》,冯军译,中国政法大学出版社1997年版,第85页。
② 〔日〕西原春夫:《犯罪实行行为论》,戴波、江溯译,北京大学出版社2006年版,第86页。
③ 〔日〕高桥则夫:《不作为による帮助犯の成否》,载《现代刑事法》2000年第6号,第105页。
④ 参见欧阳本祺:《论不作为正犯与共犯的区分》,载《中外法学》2015年第3期,第725页。
⑤ 许泽天:《不纯正不作为犯的正犯判断标准》,载公益信托东吴法学基金会主编:《不作为犯的现状与难题》,元照出版有限公司2015年版,第461页。

定将出现选择性部分失效的局面。而且,根据管辖理论,"积极义务"违反同时赋予了行为的犯罪性和正犯性。义务违反(而不是法益侵害)才是行为可罚与否的实质根据,这与论者主张的"刑法保障的是规范的适用,而不是法益的保护"①犯罪本质观一脉相承,但是与当前已经确立的"刑法是法益保护法"的基本理念相背离。

4. 具体适用中往往出现不合理的结论

第一,不作为的保证人有被重罚的风险。例如,父亲甲将刀递给杀害自己孩子(乙)的凶手丙手中的场合,雅各布斯教授会认为甲成立(作为犯)正犯,其理由是甲乙之间处于源于"制度"的亲子关系,甲有保护孩子的义务,却通过其作为侵害了这种义务。同理,当父亲甲将刀递给自己成年的孩子乙助其杀害丙的场合,甲同样有成立帮助犯的余地,但是当乙是未成年人时,根据该说又会得出甲只能成立正犯的结论。可见,某种程度上,处于特殊地位的保证人在受到重罚的风险方面,该说比罗克辛的观点走得更远(根据罗克辛理论,也会认为甲的递刀行为属于作为,有被评价为帮助犯的余地)。

第二,第三者犯罪行为尚未实施时,保证人单纯违反义务的行为就可能被认定为正犯。例如,作为看守金库的甲向同为看守人的乙说自己想拿走金库内的财产,乙不但不阻止,反而在甲犯罪之前就外出旅游,此时根据该说,由于阻止甲犯罪行为的最后机会也丧失了,乙已然成立背任罪正犯(未遂)。② 但是,在犯罪是否实施以及法益是否会受到侵害等都是未知的情况下,让保证人承担正犯责任过于严苛。

第三,还将导致与真正不作为犯处理的不协调。在纯正不作为犯场合,即使符合该身份者,当参与者所起作用仅限于帮助时,也不排除成立从犯的可能,为何违反"基于制度管辖"的义务时却一律成立正犯,而违反法律明文规定的义务(如父母对未成年子女的扶养、赡养义务)时却存在成立从犯的可能,不无疑问。而且,从逻辑上看也是如此。违反抽象的"基于制度管辖"义务的行为的刑事符合性和处罚必要性,本应比违反刑法明文规定的义务的情形,在认定上更加谨慎(在没有明确规定不真正不作为犯的我国,尤其如此),但是该说的适用结论却恰恰相反。

5. 不符合我国特殊的立法规定

第一,不符合《刑法》关于共同犯罪的规定。我国《刑法》第27条第1款

---

① 〔德〕雅各布斯:《刑法保护什么:法益还是规范适用》,王世洲译,载《比较法研究》2004年第1期,第98页。

② 参见〔德〕Günter Jakobs:《支配犯および義務犯における関与》,阿部純二、绿川邦夫译,载《法学》1993年3号,第45页。

规定:"在共同犯罪中起次要作用或者辅助作用的,是从犯"。其中,"起次要作用者"为次要正犯,"起辅助作用"者为帮助犯。该规定应同时适用于作为犯和不作为犯,这是将不作为和作为进行等价值评价的必然结论,也是肯定不作为行为犯罪性的当然要求。但是,根据管辖理论,"积极义务"违反者独立成立正犯,不存在共犯参与的问题①,这就意味着,不存在成立帮助犯的余地,甚至也不存在成立次要正犯的可能,这就变相地否定了共同犯罪的刑法规定在不作为犯领域的适用。第二,也不符合《刑法》关于相关个罪的具体规定。根据管辖理论,单纯的义务违反就构成犯罪,义务犯等同于举动犯②,例如,在遗弃罪事例中,父亲将自己生病的小孩遗留在医院不予接走、不管不问的行为,当然成立遗弃罪③,或至少也是遗弃罪的未遂。④ 并且,在不作为参与的场合也是如此,保证人只要违反了积极义务,就成立正犯。但如此处理,与我国刑法中的个罪规定以及立法和司法所采取的以"行为+结果(情节)"的犯罪规定模式不相符合。包括诸如遗弃罪这样的真正不作为犯在内(我国《刑法》第216条规定的遗弃罪的成立以"情节恶劣"为要件)⑤,犯罪的成立都要求具备某种结果或者情节(立法往往直接规定了结果、数额或情节,即使没有规定,司法解释也会作出限定,即便立法和司法解释都没有规定,司法机关在适用时也会要求达到某种程度),而不可能存在仅有行为而没有"结果"就成立犯罪的可能。

(三) 功能性理论(义务区别说)

以功能性理论作为区分不阻止他人故意犯罪行为成立正犯还是共犯的

---

① 参见〔德〕Günter Jakobs:《支配犯および義務犯における関与》,阿部純二、緑川邦夫译,载《法学》1993年3号,第44—45页。
② 但是,即使认为真正不作为犯属于与举动犯相同的概念,对不真正不作为犯也不应作相同理解,因为前者违反的是命令规范,后者违反的是可以与禁止规范等价评判的作为义务规范,因此,后者不得不同时兼含结果犯的性质。参见陈宏毅:《论过失不作为犯》,元照出版有限公司2014年版,第62页。
③ 此为冯军的观点。详细介绍请参见何庆仁:《义务犯研究》,中国人民大学出版社2010年版,第199页。
④ 何庆仁:《义务犯研究》,中国人民大学出版社2010年版,第199页。
⑤ 2015年3月2日最高人民法院、最高人民检察院、公安部、司法部《关于依法办理家庭暴力犯罪案件的意见》中皆明确规定"对于只是为了逃避扶养义务,并不希望或者放任被害人死亡,将生活不能自理的被害人弃置在福利院、医院、派出所等单位或者广场、车站等行人较多的场所,希望被害人得到他人救助的,一般以遗弃罪定罪处罚",但是实践中具体处理上也并非只要存在上述遗弃行为就构成遗弃罪,而是存在诸如医院民事诉讼判决、法院司法拘留等前置性程序。郭丹:《夫妻诉医院 牵出遗弃病儿案》,载《北京晨报》2016年7月19日,第A13版。

理论基础,最早源于德国学者施罗德①,后得到赫兹贝格等人的发扬②,并在世界范围内得到很多学者的支持。③ 该理论认为,作为义务分为"保护法益义务"(或照料性保证人义务)和"阻止犯罪义务"(监护性保证人义务),违反前者原则上成立正犯,因为保证人对被害人负有"全面保护义务",其义务不履行行为与结果发生之间具有"直接关系";违反后者原则上成立帮助犯,因为保证人对被害法益受到侵害时不承担义务,而仅仅负有监督危险源的"特定保护义务",其义务不履行与结果发生之间具有"间接关系"。简言之,结果回避义务等于正犯义务,犯罪阻止义务等于共犯义务。

确实,根据该理论得出的结论或许具有直觉上的妥当性,容易被人接受④,且客观上通过义务内容来区分正犯和共犯,在标准统一性这一点上也是其长处。⑤ 但是,其立说和论证均存在明显缺陷,而且,其结论也经不起仔细推敲。

1. 义务区分方法本身不尽合理

一方面,从语言学或逻辑学上看,这两种义务本来就是同一义务的不同侧面。"保护某人"可以理解为"为了某人而监督对其发生的危险","监督某危险源"也可以理解为"保护受到该危险源威胁的人"。⑥ 另一方面,相对于"保护法益义务"是站在保证人和法益主体的关系角度,重在防止法益被侵害;"阻止犯罪义务"是站在保证人和危险源的关系角度,重在阻止危险源的法益侵害,但是这不等于该保证人不具有对无关的被害人的"防止法益被侵害"义务。换言之,"在任何保证人地位上都要保护受威胁的法益"⑦,或者说

---

① 不过,功能性理论最早由考夫曼提出,其本身是作为对作为义务从内容或机能角度的区分理论而已。参见〔德〕克劳斯·罗克辛:《德国刑法学总论(第2卷):犯罪行为的特别表现形式》,王世洲主译与校订,王锴、劳东燕、王莹等译,法律出版社2013年版,第536页。

② 施罗德和赫兹贝格的观点介绍,请参见〔德〕克劳斯·罗克辛:《德国刑法学总论(第2卷):犯罪行为的特别表现形式》,王世洲主译与校订,王锴、劳东燕、王莹等译,法律出版社2013年版,第509—510页。

③ 在日本,该说首倡者是阿部纯二,详细介绍请参见〔日〕神山敏雄:《不作為をめぐる共犯論》,成文堂1994年版,第176页;〔日〕中义胜:《刑法上的诸问题》,关西大学出版部1991年版,第356页;〔日〕野村稔:《刑法总论》,全理其、何力译,法律出版社2001年版,第429页;〔日〕山中敬一:《刑法总论》(第2版),成文堂2008年版,第848页;刘凌梅:《帮助犯研究》,武汉大学出版社2003年版,第151页。

④ 〔日〕外木央晃:《不作為における正犯と共犯の区別》,载《法学研究論集》2010年9月第33号,第17页。

⑤ 〔日〕内海朋子:《不作為による幇助をめぐる問題について》,载《法学政治学論究》2003年56号,第8页。

⑥ 见前注③,第7页。

⑦ 〔德〕克劳斯·罗克辛:《德国刑法学总论(第2卷):犯罪行为的特别表现形式》,王世洲主译与校订,王锴、劳东燕、王莹等译,法律出版社2013年版,第510页。

"刑法上的保证人义务的本质在于,无论是从哪种关系来推导保证人义务,最终都会指向结果的发生这一点"①。

2. 以义务的不同来源作为不作为正犯和共犯的区分标准过于形式化②

首先,正犯和共犯同为不作为可能的参与形式,本质上都是不作为犯(二者具有同质性),而且,(某种程度上)不作为是因违反作为义务而导致法益侵害才具有犯罪性,既然如此,不作为犯就应该在作为义务及来源上也具有同一性。否则,将导致不作为正犯和不作为共犯的作为义务来源存在不同的判断标准。其次,无法解决保证人同时违反保护法益义务和阻止犯罪义务的情形。例如,13岁的男孩(哥哥)暴力殴打9岁的女孩(妹妹),母亲明明看到却不及时阻止或救助,致使女孩重伤的事例中,母亲此时既负有监督男孩(危险源)不为危害行为的义务,也负有保护女孩身体法益的义务,此时母亲同时违反该两个义务,该如何处理?根据该理论,显然无能为力。③ 再次,将人为地导致同一构成要件划分为分别适用于保护者保证人和监督者保证人的构成要件。④ 刑法分则中,某罪的构成要件是唯一的,各种行为符合该罪,在构成要件上必然是同一的。但是,根据该理论,具体符合上述两种构成要件中的哪一种,决定了保证人是成立正犯还是共犯。例如,甲目睹自己的孩子乙暴力殴打小女孩丙,丙的父亲丁待在现场观望,甲和丁都未阻止乙的暴行,此时,根据该理论,会因为甲符合监督保证人构成要件成立帮助犯,丁符合保护保证人构成要件成立正犯,但这种推理和结论,又有多少人能接受呢。最后,也是最为重要的,其并没有摆脱形式说的窠臼。正如有论者批判的,"其批判形式说,但并没有完全摆脱形式说的影子"⑤,"(该分类)只是分类,并未对保证人的法理依据提出更进一步的说明,反而还应该先有一定的法理依据,才能进而从事分类"⑥,并且不同的保证人类型对应不同的犯罪参

---

① 〔日〕神山敏雄:《不作為をめぐる共犯論》,成文堂1994年版,第177页。
② 参见张明楷:《刑法学》(第六版),法律出版社2021年版,第591页。相同批评意见,参见〔日〕佐伯仁志:《刑法総論の考え方・楽しみ方》,有斐閣2013年版,第432页;〔日〕松原芳博:《刑法总论重要问题》,王昭武译,中国政法大学出版社2014年版,第363页;〔日〕西田典之:《日本刑法总论》(第2版),王昭武译,法律出版社2013年版,第324页。
③ 类似例子还有,"游泳池的监视人的义务既来源于对游泳池这一危险源的监视义务,也来源于对入场游泳者的保护义务"。参见〔日〕松原芳博:《刑法总论重要问题》,王昭武译,中国政法大学出版社2014年版,第363页;"一家百货商店的保安应当是保卫所有者的财产呢,还是应当警戒与经营一家人人都能进入的百货商店相联系的危险"。参见〔德〕克劳斯·罗克辛:《德国刑法学总论(第2卷):犯罪行为的特别表现形式》,王世洲主译与校订,王锴、劳东燕、王莹等译,法律出版社2013年版,第510页。
④ 〔日〕松生光正:《不作為による関与と犯罪阻止義務》,载《刑法雑誌》1996年第36卷第1号,第154页。
⑤ 周光权:《刑法总论》(第四版),中国人民大学出版社2021年版,第111页。
⑥ 许玉秀:《当代刑法思潮》,中国民主法制出版社2005年版,第682页。

与类型本身也需要实质上的理由。

3. 结论欠缺妥当性

例如,甲看到自家院子里的狗挣脱绳子跑了出去并撕咬路边小孩,同甲看到自家院子里的狗被乙解开绳子带到路边撕咬小孩这两种情形,如果说前者是狗的法益侵害的话,后者则应该看作乙的法益侵害行为。显然,在后者的情形下,将狗主人的不作为与对乙的积极帮助行为同等评价并不合适。换言之,源于对物责任给犯罪阻止义务提供实质根据的,应该仅限于物(上例中的狗)直接发生法益侵害危险的场合更为妥当。① 而且,即使是在所谓保护法益义务场合(如仓库保管员不阻止窃贼偷走所负责保管的财物),从等价值要素来看,也只适宜认定为帮助犯,因此并非所有不保护的情形都一律成立正犯(除非法律明确将这种帮助行为正犯化)。② 最后,在亲手犯场合也是如此。如甲明知自己10岁的小孩作伪证(因为被告人给了小孩一块糖),但是甲却不阻止,根据该理论会认为甲没有履行监视小孩(危险源)的义务,成立不作为的伪证罪(帮助犯)。但是,原本不符合伪证罪"亲手"要件的甲,为何会因为违反监护义务而满足该要求呢? 显然这并不合理。

三、因果关系模式的肯定及发展

因果关系模式坚持将作为犯中区分正犯和共犯的原则适用于不作为犯场合,这就产生两种截然不同的倾向:一种是否定不作为具有与作为相同的因果支配,将对他人故意犯罪的不阻止行为解消在真正不作为犯和作为犯中;一种是原则上肯定不作为的因果支配性,只是在存在作为者时,认为作为者处于因果支配地位,不作为者充其量起促进作用。下文,具体予以展开。

(一) 不真正不作为犯解消理论

该理论为我国学者黎宏首创。其立足于因果一元论,否定不作为的原因力,将传统讨论的不真正不作为犯情形解释为作为犯,将单纯不阻止侵害脆弱法益的行为解释为属于真正不作为犯的遗弃罪,通过这两种出路彻底解消

---

① 参见〔日〕神山敏雄:《不作為をめぐる共犯論》,成文堂1994年版,第93页。
② 〔日〕松宫孝明:《不作為と共犯》,载中山研一等编:《レヴィジオン刑法(一):共犯論》,成文堂1997年版,第190页。

不真正不作为犯概念。① 根据该说，前者如母亲将婴儿生在便池而不予救助，由于将婴儿生在便池本身属于创造危险的作为行为，因此母亲成立作为方式的故意杀人罪，而不是所谓的不真正不作为犯；后者如母亲不阻止他人伤害或杀害自己未成年子女时，将未成年子女解释为"患病的人"，将"不阻止"解释为"遗弃"，母亲构成遗弃罪；而如果只是单纯不阻止脆弱法益主体实施的犯罪行为，则只能是无罪。

该理论存在的问题主要包括以下几点：

1. 如此区分作为和不作为，脱离了"行为"的定型性要求，也有违责任原则

该理论以"法益恶化"为标准来区分作为和不作为，使平稳法益状态恶化者为作为，不阻止已处于危险状态进一步恶化者为不作为。② 这种区分方法本身没有问题，但是必须结合作为和不作为的上位概念即"行为"来理解。作为刑法客观构成要件的行为，其具有实质的内涵，必须是对法益侵害具有具体危险的、类型化的危害行为。如此，对于小孩被父亲带到河边玩耍却不慎掉入河中，父亲能救助却不予救助的情形，父亲带小孩到河边的行为本身确实属于恶化小孩平稳法益状态，具有向实害转移的危险，但是却难以将"带小孩到河边"本身评价为犯罪的实行行为，因为该危险只是抽象危险，而非具体危险。③ 而且，如此提前认定实行行为，也有违反"行为与责任同在"原则之嫌。在父亲将小孩带到河边时，小孩的法益平稳状态已经被打破，面临向实害转移的危险，即使可以将"带小孩到河边"评价为作为，也无法说父亲此时就具有过失甚至故意（哪怕是缓和的过失和故意）。否则，日常生活中，父母亲会因为担心带孩子到河边或湖边玩耍就可能构成犯罪而惶恐不安。

2. 不阻止侵害脆弱法益的行为并不当然成立遗弃罪

首先，行为方式上，不阻止侵害脆弱法益的行为并不等同于遗弃。确实，对脆弱法益的侵害不阻止和遗弃，形式上都表现为"该救不救且能救不救"，但是二者却存在着本质的差别，当不阻止或不救助将使被害人生命或重大身体健康面临立即造成侵害的威胁，只能认定为故意杀人罪。司法实务也

---

① 参见黎宏：《排他支配设定：不真正不作为犯论的困境与出路》，载《中外法学》2014 年第 6 期，第 1589 页。
② 参见黎宏：《刑法学总论》（第二版），法律出版社 2016 年版，第 80 页。
③ 当然这也不是绝对的，还必须结合被害人的年龄、河边的具体危险程度等综合判断。如在大雨过后，河边湿滑，已连续发生多起伤亡事件，媒体也频繁、流动播报，警告禁止前往该区域活动，但父亲仍执意带小孩去玩耍，结果小孩果然掉入河中的，这种情形完全可以理解为作为形态。

采取的是这种立场①,认为"是否立即造成被害人死亡以及被害人对被告人的依赖程度等"都是区分遗弃罪和不作为故意杀人罪的重要参考要素。在不阻止他人故意杀害自己小孩的场合,小孩身体及生命对父亲的依赖不可谓不高,小孩生命会"立即"丧失的可能性也非常高。换言之,父亲此时如果不救助小孩,无异于致小孩于"死地",因此从客观上也无法将这种"不阻止"理解为遗弃。

其次,将不阻止他人犯罪中的被害人包括在遗弃罪的对象之中,虽也并非不可,毕竟"没有独立生活能力的人"根据人身依附程度高低的不同,在依赖性越高的场合,就越靠近甚至等同于"没有独立生存能力的人"(刚出生的婴儿对父母的"生活能力"的依赖,就等同于"生存能力的依赖")。但是,即使作此理解,也仅仅是针对加害行为结束后对被害人的不救助而言的;对之前的加害行为的不阻止行为本身,却无法评价在内,而这正是不阻止他人故意犯罪讨论的核心。再者,即使从主观方面来看,也不宜将对被他人侵害的脆弱法益主体的不救助理解为遗弃,这一点从司法部门的实践操作中也可得到证明,即被告人的主观故意也是区分遗弃罪和故意杀人罪的重要参考标准之一。

最后,从遗弃罪的法定刑设置来看,并无法包括基于故意心态对脆弱法益主体面临的侵害不予阻止的情形在内。根据《刑法》第 261 条的规定,遗弃罪的法定刑为"五年以下有期徒刑、拘役或者管制",且仅设置此一档法定刑;该罪的成立不以造成"严重后果"为必要,只要达到"情节恶劣"标准即可。例如,单纯遗弃"患严重疾病或者生活不能自理的被害人"就已成立该罪,如果将不仅存在上述遗弃行为,而且是对被害人重伤和死亡结果持故意态度的行为也包括在内,也在该较低的法定刑幅度内量刑,有违责任原则。这也是为何司法部门认为"要根据被告人的主观故意"以及"所实施行为的时间与地点、是否立即造成被害人死亡,以及被害人对被告人的依赖程度等"进行综合判断来区分遗弃罪和故意杀人罪的原因所在。

3. 容易得出明显不合理甚至荒唐的结论

父母不阻止第三人杀害自己未成年子女,该说认为父母构成遗弃罪,但对于父母不阻止未成年子女杀害他人,该说又会认为未成年子女是加害人,父母什么都没有做,子女的犯罪行为与其无关,因而得出父母无罪的结

---

① 2015 年 3 月 2 日最高人民法院、最高人民检察院、公安部、司法部发布的《关于依法办理家庭暴力犯罪案件的意见》第 17 条规定,"准确区分遗弃罪与故意杀人罪的界限,要根据被告人的主观故意、所实施行为的时间与地点、是否立即造成被害人死亡,以及被害人对被告人的依赖程度等进行综合判断……对于希望或者放任被害人死亡,不履行必要的扶养义务,致使被害人因缺乏生活照料而死亡……应当以故意杀人罪定罪处罚"。

论。但是,这是典型的"只许州官放火、不许百姓点灯"式思维。自己的孩子面临法益的侵害或威胁时,父母必须予以阻止,否则构成犯罪;但自己的孩子去侵害或威胁到他人的法益时,父母却可以放任不管,不构成犯罪,从结论妥当性角度来看,也有违民众朴素的法感情。而且,也存在违反定罪之"举轻以明重"的基本逻辑。例如,父母对未成年子女正在面临的轻伤害不予阻止,可能成立不作为帮助犯;但当未成年子女正在面临的是抢劫等严重暴力行为时,由于无论如何也不可能把受到抢劫的子女解释为"患病的人",因而可能对父母的不阻止行为无法定罪。但是,父母不阻止轻伤害暴力行为尚且构成犯罪,而不阻止更为严重的暴力行为却无法成立犯罪,同样在逻辑上难以成立。

(二)行为支配理论

因果支配模式的主流立场,还是承认不作为的行为支配力的。只不过,在其内部,"统一帮助人理论"认为,在不作为参与作为犯的场合,其支配力让位于作为者;而"兼顾义务区分的因果支配理论"则认为需要根据义务内容来判断不作为者的行为支配力。

"统一帮助人理论"由德国学者加拉斯(Wilhelm Gallas)确立。该理论认为,不作为的保证人总是只能在主动的实行行为人身边作为一个帮助人。① 具体来讲,"于作为者尚支配着行为过程时,保障者并未阻止作为犯之行为,则保障者成立帮助犯"②。其理由是:"对于处于保证人地位的不作为人来说,面向可罚结果的直接通道就被阻断了,此时,不作为人只是'消极的促进者'"③。但是,该理论同时认为,特殊情况下,保证人也可能成立正犯。例如,"当被保护者的祸福完全依赖于保证人保护机能的实现时,保证人的不作为与由作为正犯者惹起的结果在社会重要性上相等同,可以作为成立帮助

---

① 详细介绍参见〔德〕克劳斯·罗克辛:《德国刑法学总论(第2卷):犯罪行为的特别表现形式》,王世洲主译与校订,王锴、劳东燕、王莹等译,法律出版社2013年版,第508页。在我国,也有学者持该观点。参见刘代华、齐文远:《帮助行为因果关系研究》,载林维主编:《共犯论研究》,北京大学出版社2014年版,第454页。

② 陈子平:《刑法总论》(第三版),元照出版有限公司2015年版,第669页。

③ 〔日〕内田文昭:《〈論説〉不真正不作为犯における正犯と共犯》,载《神奈川法学》2001年第34卷(3),第665页。此外,保条成宏也认为,加拉斯和内田文昭在将不阻止作为犯的犯罪而成立帮助的处罚根据方面并不明确,但其肯定二人提出的不真正不作为犯的"帮助性格",认为从存在论的角度看,"帮助性"是不真正不作为构造的实体。可以说保条成宏和加拉斯以及内田文昭的观点是完全相同的,只不过保条成宏对加拉斯和内田文昭的论述进行了细化而已。参见〔日〕保条成宏:《児童虐待に対する刑事処罰とその限界(1):"不作为による帮助"の事案をめぐって》,载《中京法学》2003年第38卷第2号,第86—88页。

犯的例外"①。

该理论遭致多方质疑②,但其中核心的问题是:承认根据被保护者对保证人的依赖程度来决定保证人成立正犯还是共犯,无异于根据身份或义务来决定保证人成立正犯还是共犯,这与其主张的不作为保证人的"帮助性"明显相冲突。具体来讲,该理论认为,"当丈夫是精神上健康且自由地下定决心自杀时,妻子的自杀不阻止行为成立自杀的帮助;但是当丈夫不是处在自杀事实上的支配时,妻子违反其义务不行使其'潜在行为支配',就必须承认妻子成立正犯"③。但是,显然此时根据丈夫是"精神健康、自由决意"的自杀时对妻子依赖程度低,而是"精神恍惚、意识弥留"的自杀时对妻子依赖程度高,来区分妻子成立正犯还是共犯,标准未免过于形式和恣意。况且,依赖程度的高低与作为义务程度的高低,本身并无不同,以此为标准,无疑又倒退回了义务犯模式。

"兼顾义务区分的因果支配理论"认为,在不作为参与场合,相比于不作为,作为者对结果发生具有最终的决定权。换言之,作为者只要不实施作为,结果就能确定不发生,因此具有防止他人犯罪义务的保证人,包括违反"犯罪阻止义务"和"法益保护义务",原则上成立不作为帮助犯。④ 该理论的特点在于:第一,虽然以是否能够"直接改变因果流程"作为不作为参与的正犯和共犯的区分标准,但是在形式上仍固守义务区分理论。⑤ 第二,在不可能参与作为犯的实行行为时,保证人成立正犯。例如,他人从远距离以红外线枪瞄准屋内的小孩,小孩的父亲虽然无法参与正犯者的行为,但其只需要拉下百叶窗就可以救助小孩却未采取该措施,导致小孩被射杀时,父亲成立故意杀人罪的正犯。第三,在作为者实行行为已经终了导致无法参与的场合,保证人也成立正犯。

该理论在将因果关系作为区分不作为正犯和共犯的根据这一点上,是值得肯定的,但是其仍采用义务区分模式则略显不足,因此上述关于义务区分

---

① 〔日〕神山敏雄:《不作為をめぐる共犯論》,成文堂1994年版,第63—64页。
② 罗克辛教授对加拉斯的观点提出了六点批判意见,详细介绍参见〔德〕克劳斯·罗克辛:《德国刑法学总论(第2卷):犯罪行为的特别表现形式》,王世洲主译与校订,王锴、劳东燕、王莹等译,法律出版社2013年版,第508—509页;见前注①,第64—65页。此外,小林宪太郎还评价称,将不作为参与统一认定为帮助犯,这与"不作为犯是该当与作为犯同一的构成要件"这一点,欠缺"整合性"。参见〔日〕小林宪太郎:《不作為による関与》,《判例時報》2015年第2249号,第8页。
③ 见前注①,第64页。
④ 参见〔日〕大塚仁:《刑法概说(总论)(第3版)》,冯军译,中国人民大学出版社2003年版,第274页;〔日〕大谷实:《刑法讲义总论(新版第2版)》,黎宏译,中国人民大学2008年版,第420页。
⑤ 陈子平:《刑法总论》(第三版),元照出版有限公司2015年版,第670页。

理论的批判同样适用于该说。而且,将"直接改变因果流程"还是"通过阻止作为者或者作为危险源的人来间接改变因果流程"作为正犯和共犯的区分标准,也并不妥当。上例中,加害人对小孩实施射杀行为时,父亲不管是直接击倒加害人,还是夺走加害人使用的枪支,抑或是拉下百叶窗阻挡加害人的射击视线,都有可能直接阻止加害人的杀人行为,在"直接改变因果流程"这一点上没有不同,都属于对阻止作为者之实行行为具有等同效果的措施。当父亲不实施这些阻止措施时,理应获得相同的评价,与"是否可能参与作为犯的实行行为"无关。

(三)结果原因支配理论

该理论最早由许乃曼教授提出。其立足于德国不作为犯立法的"对等性"要求,认为"仅有当不作为人针对造成法益受侵害之事实的法律地位,以对于结果归责具决定性的观点与作为行为人的法律地位可加比较时,那么以作为犯的构成要件处罚不作为才属适当"[1]。具体言之,"在不作为犯中,不作为犯行为人的保证人地位必须对整体事件进程的关键性部分具有现实的支配力,才能认定不作为与结果之间具有与作为犯所类似的联系"[2]。这里的"对整体事件进程的关键性部分具有现实的支配力",指的是对造成结果的原因的支配。在我国,欧阳本祺支持该观点。[3]

该理论将"结果原因支配"作为作为和不作为对等处罚的"上位"根据,作为犯场合表现为行为支配,不作为犯场合表现为保证人地位支配,而保证人地位支配的来源,"不是针对危险源就是针对法益无助性的两种在物本逻辑上可能的控制形式"[4]。确实,该理论在试图突破单一的规范论视角,从存在论角度发展出"支配原则"作为不作为犯处罚的根据,方法论上的创新性是值得称赞的。但是,如果从根据该理论得出的结论来判断,会发现在危险源监督和法益无助状态场合,与根据义务区分说理论得出的结论完全一致,即肯定不作为者成立正犯。但是,如果该结论在单独犯场合尚可成立,但是在不作为参与场合,是否仍然能够成立,存在疑问。

对此,山口厚提出,在单独犯场合,应当从"对结果惹起的支配"视角,根

---

[1] 〔德〕许乃曼:《德国不作为犯学理的现状》,陈志辉译,载陈兴良主编:《刑事法评论》(第13卷),中国政法大学出版社2003年版,第397页。
[2] 许乃曼:《不纯正不作为犯及以不作为实施犯罪之形式》,王莹译,载梁根林主编:《当代刑法思潮论坛:犯罪体系与犯罪构造》(第一卷),北京大学出版社2016年版,第228—229页。
[3] 欧阳本祺:《论不作为正犯与共犯的区分》,载《中外法学》2015年第3期,第728页。
[4] 〔德〕克劳斯·罗克辛:《德国刑法学总论(第2卷):犯罪行为的特别表现形式》,王世洲主译与校订,王锴、劳东燕、王莹译,法律出版社2013年版,第539页。

据"结果原因支配"的有无,来判断行为人是否具有保证人地位。① 在不阻止他人犯罪场合,也应该"准照"单独犯场合认可保证人地位所需的"结果原因支配",来判断行为人不阻止行为的性质。具体来讲,"故意实现构成要件该当事实的直接作为者支配着结果发生的原因,与此相对,对此以不作为参与者,原则上应否定对结果原因的支配,因此不能成立不作为的正犯,而仅限于成立作为正犯者的共犯……在不作为帮助场合成为问题的是,作为义务并非直接防止和回避结果发生的义务,而是阻止正犯之实行的义务,当怠于履行该义务使得正犯实行变得容易时,可以认为成立不作为的帮助"②。

可见,结果原因支配,作为一种因果流程启动之前的"事前支配",在单独犯场合赋予行为人"正犯性",但在犯罪参与场合却只能让位于行为支配,保证人原则上仅成立帮助犯。因此,从这个角度来说,许乃曼教授的结果原因支配理论,在犯罪参与领域并没有得到真正贯彻。而之所以导致这样的局面,很大一部分原因在于论者所使用的抽象概念"结果原因支配"本身。而且,从得出的结论与根据传统义务区分说得出的结论高度一致这一点来看,"结果原因支配"在专业术语上的意义更大于其实质意义。同时,这也从侧面说明,将"支配性"提前到因果进程之前,将保证人地位支配也理解为对构成要件该当事实的"支配"本身就不妥当。况且,由于该理论将保证人支配也作为结果原因支配的一种,因此其判断"具有一定的模糊性和不确定性,因过于宏观,甚至连支配概念都难以界定清楚"③。

(四)结果(实现或避免)支配理论

顾名思义,该理论指的是保证人的不作为在多大程度上导致了侵害结果的发生;或者说,如果保证人实施作为,结果在多大程度能够避免,确定避免者,成立正犯;只是延缓结果实现时,则成立帮助犯。该理论在日本和我国颇有市场。西田典之认为,只有着眼于"因果关系的质的差异",才可能区分不作为的正犯和共犯,"如果不作为者实施作为则本应'确实地'避免了结果发生之时,属于不作为的同时正犯;如果是'有可能使得结果的发生更为困难',则属于不作为的帮助"④。我国学者张明楷也持该立场:"保证人的不作为是成立帮助犯还是成立正犯或者共同正犯,取决于该不作为在共同犯罪中

---

① 〔日〕山口厚:《刑法总论》(第3版),有斐阁2016年版,第90页。
② 同上注,第389—390页。
③ 谢望原:《刑事正义与学者使命》,中国人民大学出版社2016年版,第120页。
④ 〔日〕西田典之:《不作为的共犯》,王昭武译,载《江海学刊》2006年第3期,第33页;此外相同的立场还见于〔日〕佐瀬惠子:《不作為の共犯に関する一考察》,载《創価ロージャーナル》2015年第8号,第149页。

所起作用的大小;反过来说,取决于履行作为义务对防止结果发生所起的作用大小。所以,在只要履行作为义务就'确实'能够避免结果发生的场合,应认为该不作为对结果的发生起到了重要作用,不履行义务的保证人成立不作为的正犯或者共同正犯。一般来说,在保证人不履行阻止犯罪的义务时,实际上只是使正犯或共同正犯的行为更为容易,因而认定为帮助犯较为合适。但是,如果公安人员对他人的犯罪不予组织,则应认定为正犯或者共同正犯。基于同样的理由,没有履行法益保护义务的行为人,既可能成立正犯或共同正犯,也可能成立帮助犯"①。周光权也持相同立场②,所不同的是,周光权认为,如果不作为者是警察,则原则上成立玩忽职守罪,只是在特殊情况下综合考虑到现场的情况和警察的犯罪心态,可能与作为的故意杀人行为具有等价值性时,才成立不作为的故意杀人罪。③

该理论的最大优点是便于实践操作、简单易行,但是单纯追求适用上的简捷必然带来理论构建的不精细,以至于说理和结论上的不完善甚至自相矛盾,表现在:

1. 该理论的适用和贯彻将落入行为人刑法的窠臼

论者的逻辑是"能避免结果实现者成立正犯,只是使得结果实现变得困难者成立帮助犯",如此说来,面对成年第三者暴力殴打自己的小孩,身强力壮的父亲出手阻止则伤亡结果必然不会出现,成立正犯;而娇小柔弱的母亲即使出手阻止,对孩子被打死的结果实现也可能于事无补,则只能成立帮助犯。此时,同为保证人的父亲和母亲,仅仅因为自己或者加害人身体、力量的原因,其不救助行为的刑法评价竟然如此天差地别,这样的结论会有多少人可以接受呢?而且,还有可能出现对"母亲是否可以打得过加害人"这种无关紧要的事实无法判断,而导致死亡结果是否"确实"能被避免而无法判断

---

① 张明楷:《刑法学》(第六版),法律出版社2021年版,第592页。需要指出的是,张明楷虽然自称采取的是"重要作用理论",以"不作为在共同犯罪中所起作用大小"作为不作为正犯和共犯的区分标准,但是其仅仅将"重要作用"理解成了"防止结果发生的作用",与日本学者龟井源太郎所称的"重要作用理论"并非同一概念。此外,温登平认为西田典之所采取的立场也是重要作用理论,参见温登平:《以不作为参与他人的法益侵害行为的性质》,载《法学家》2016年第4期,第138页。但这显然误读了西田典之的观点。因为:第一,西田典之明确反对重要作用理论,因为"重要作用理论无法区别不作为的'共同正犯'和共犯"。〔日〕西田典之:《日本刑法总论》(第2版),王昭武译,法律出版社2013年版,第324页;第二,西田典之认为的"本应切实避免结果发生的,是正犯;只是有可能使得结果发生更为困难的,则属于帮助犯"的观点,是从对结果防止角度来讲的,而不是从保证人在犯罪中的作用来讲的。

② 对此立场,周光权也表示同意。参见周光权:《刑法总论》(第四版),中国人民大学出版社2021年版,第387页。与张明楷所不同的是,周光权否定片面共同正犯概念,认为对不作为的片面正犯行为应当按照不作为的单独正犯定罪。

③ 参见周光权:《刑法总论》(第三版),中国人民大学出版社2016年版,第116页。不过周光权教授在其第四版教材中,删除了上述表述。

的局面,最终无法区分正犯和帮助犯。更为关键的是,"根据结果回避可能性程度来区分正犯和帮助犯,仅仅根据结果发生的概率作为区分标准,与作为犯中正犯和共犯的区别标准相比,有失均衡"①。

2. 该理论论证根据有自相矛盾之嫌

论者的结论是,结果避免可能性的大小是区分不阻止他人犯罪成立正犯还是共犯的关键所在,但同时认为,"如果公安人员对他人的犯罪不予阻止,则应认定为正犯或者共同正犯"②。这里判断公安人员不阻止行为成立正犯还是共犯的标准,是公安人员的特殊身份以及特殊的作为义务违反,而不是结果避免可能性的大小。父母有保护未成年子女的(亲子)义务,公安人员有保护国民的(职责)义务,二者虽然义务来源不同,但在阻止犯罪、保护法益这一点上并无差别。因此,论者不见理由的自我限定没有道理。而且,论者本身也认为以作为义务的来源区分不作为的正犯和共犯,过于形式化③,但是在己说论证上,却又采取了根据不同身份者区分正犯、共犯的双重标准,岂不自相矛盾!

3. 将不作为的帮助犯限于"保证人在场且作为者对此明知"的情形,不当缩小了不作为共犯的成立范围

周光权认为,"以不作为方式帮助作为犯,强化作为犯的心理,使其犯罪变得更容易,则是有可能的"④,并举例称警察路遇暴行,驻足观看一眼后随即离开并未制止暴行的,警察的不作为"客观上起到了强化现行犯犯罪心理的作用",因此成立帮助犯。从周光权的观点及事例说明来看,其言下之意,不作为参与行为成立帮助犯是可能的,但仅限于"保证人在场且作为者对此明知"的场合。但是如此处理,将造成极大的处罚空隙。实际生活中发生的案例,很大一部分是正犯者正在实施犯罪,保证人对此亲眼目睹却无动于衷,同时正犯者并未意识到保证人在的场合。如行凶者甲在楼下对未成年人丙暴力殴打20分钟,丙的父亲乙在楼上阳台看到这一幕却不下楼阻止,结果酿成惨剧。此时,根据论者的观点,父亲并不在犯罪现场,很难说父亲的不下楼救助行为"客观上起到了强化甲的犯罪心理的作用",因此无法认定成立帮助犯。但是,从父亲不出手阻止这一点来看,看不出父亲是在楼下还是楼上,对其不阻止行为的性质认定有何本质的影响。

---

① 〔日〕山中敬一:《刑法总论》(第3版),成文堂2015年版,第966页。
② 张明楷:《刑法学》(第六版),法律出版社2021年版,第592页。
③ 同上注,第591页。
④ 周光权:《刑法总论》(第四版),中国人民大学出版社2021年版,第387页。

4. 该理论的运用可能得出不合理的结论

例如,行为人丙正欲将未成年人乙推入河中,而丙的父亲甲不阻止时,相对于"丙正在将乙推入河中""丙正准备将乙推入河中"时父亲阻止行为的结果避免可能性更高,甚至可以达到"确实避免"的程度。父亲此时不阻止的,成立正犯;而当父亲是在"丙正在将乙推入河中"时不予阻止的,则成立帮助犯。显然,这无异于变相鼓励父亲甲不要在后者的情形下实施阻止行为,而要尽量推迟到前者的情形下再出手阻止,以获得更轻的处罚,该结论显然比较荒唐。而且,这种不合理性,在徐行犯的场合更为明显。例如,假设投毒100克可以致人死亡,行为人丁每周都往被害人戊的牛奶中注入5克毒药,预谋分20次完成。此时,如果保证人己从丁第一次投毒时就发现了,那么从避免结果角度来看,显然越早揭发或阻止丁的行为,戊获救的概率越大,或者说如果在前几次投毒时就阻止的,戊死亡的结果"确实地"可以被避免。那么,越早阻止,保证人成立正犯;越晚阻止,保证人反而成立帮助犯,这明显不具有合理性。

5. 认为警察不阻止他人的犯罪行为原则上成立玩忽职守罪并不妥当

依本文来看,警察不阻止他人的犯罪行为,没有成立玩忽职守罪的余地。诚然,警察的"不阻止"行为客观上属于"不履行职责"的典型表现方式,符合玩忽职守罪的客观构成要件,但是无法满足其主观构成要件。如本文开头部分所举事例,实践中受到刑法关注的不阻止他人故意犯罪的,作为义务者在主观方面往往表现为故意,而根据我国《刑法》第397条的规定,玩忽职守罪的主观方面只能是过失(与主观方面是故意的滥用职权罪相对应)。而且,以玩忽职守罪论处难免处罚过轻。玩忽职守罪的法定刑和过失致人死亡罪一样,最高刑为7年有期徒刑,如果将对被害人死亡结果持故意态度的不阻止或不救助行为,与传统的对被害人死亡结果持过失态度的行为作相同评价,显然难以实现处罚均衡。再者,根据相关规定①,在人身伤害案件中,成立玩忽职守罪以"造成死亡1人以上"等后果为要件,当未出现死亡结果时,例如只造成1人重伤或轻伤,如果只考虑玩忽职守罪的成立与否,必然得出保证人无罪的令人无法接受的结论,难免形成处罚漏洞。

(五)事实规范结合理论

除上述纯事实支配的考察路径以外,学说上还有一些兼顾事实和规范判

---

① 2013年1月9日最高人民法院、最高人民检察院《关于办理渎职刑事案件适用法律若干问题的解释(一)》第1条。

断的立场①,代表学者是神山敏雄。

神山敏雄指出,"保证人不防止作为者惹起的侵害结果的场合,首先对作为者具体地发布规范命令,他的态度如何决定了法益是否被侵害,因此无论是从规范上还是事实上,作为者都发挥了重要作用。与此相反,保证人的不作为态度场合,以作为者违反对其规范命令为前提,向保证人发布防止该当法益侵害的第二次的规范命令。当违反第二次命令规范时,无论是规范上还是事实上,保证人不是延缓作为者的行为进程,而是发挥了促进的作用"②。具体来讲,该说认为应以规范命令的发出顺序以及不作为者和作为者所处的具体状况为基础,对保证人的不作为和作为者的作为,根据价值论的考察最终评价各方发挥的是"主要作用"还是"次要作用";负担"主要作用"者为正犯,负担"次要作用"者为帮助犯。我国学者陈家林支持这种观点。③

但是,该理论的问题在于:第一,作为者和第一次规范命令、保证人和第二次规范命令,并不总是处于一一对应关系。例如,在第三人教唆保证人不予履行作为义务时,保证人才是所谓的被发布第一次规范命令的人,此时保证人成立正犯。第二,在神山敏雄的理论体系中,作用是重要还是次要,并不具有判断上的独立性。神山敏雄认为,作为者和第一次规范命令、保证人和第二次规范命令是一一对应的,作用重要与否是根据规范命令违反的顺位所推导出来的,并无独立判断作用重要与否的具体规则或者考察要素。第三,也是最为关键的是,倘若系以保护法益为目的之规范,为何对作为者之规范较对不作为者之规范优先,或"不作为作为'劣后'于作为的'防止法益侵害的第二次规范命令'之违反"④,并无实质的根据。而且,在方法论上,只要承认不作为的正犯和不作为的共犯二者作为义务的同质性,就无法区分义务

---

① 此外,我国台湾地区学者黄荣坚立足于统一正犯概念,认为期待可能性是有责性判断的核心和基础,而并非与故意、过失并列的独立的有责性判断要素,并且将保证人地位和帮助犯均视为涉及"罪责"的问题,因此推导出从期待可能性高低的角度来判断不作为参与人是成立正犯还是共犯。具体言之,"必须依个案之期待可能性作论断,例如具备对价关系而产生的保证人地位(例如公务员职务上或契约保全人员的作为义务),保证人地位正是对价关系的核心,自然应该认为保证人对于侵害的防止具有高度期待可能性,所以其不作为不适用帮助犯的减轻规定……至于其他保证人之不作为,基本上犹可能是一般惰性所使然(父母亲放任小孩窃取邻居之财物),可能适用帮助犯的规定"。参见黄荣坚:《基础刑法学》(下),元照出版有限公司2012年版,第736页。但该观点的本质在于根据身份来确定不作为者是成立正犯还是共犯,并不可取。
② 〔日〕神山敏雄:《不作為をめぐる共犯論》,成文堂1994年版,第182页。
③ 参见陈家林:《共同正犯研究》,武汉大学出版社2004年版,第271页。
④ 〔日〕山中敬一:《不作為による幇助》,载〔日〕渥美東洋等编:《齋藤誠二先生古稀記念"刑事法学の現実と展開"》,信山社2003年版,第345页。

的重要性,否则就有自相矛盾之嫌。①

四、己说的展开及运用

在本文看来,行为支配作为区分正犯和共犯的标准,不仅应适用于作为犯,而且应同样适用于不作为犯,这是作为和不作为等价值性的必然要求。同时,立足于结果无价值论立场,结果归属的判断至关重要,这就要求行为对结果的作用力或影响力必须作为区分正犯和共犯的考察要素。将单纯的行为支配作为正犯和共犯的区分标准,是不可取的;而应该综合考察行为和结果进行判断:当对行为和结果同时具有支配力时,自然属于实质层面的"行为支配";当无法对行为进行支配,而只能对结果实现进行支配时,同样应当肯定结果的归属。② 这种广义的行为支配理论(或者称之为因果实现进程支配理论)不仅适用于作为犯,也同样适用于不作为犯。

具体而言,"即便是不作为犯,也应根据是否存在掌握事态进程这种意义上的行为支配,来区别正犯与(狭义的)共犯"③,而其中的"行为支配""支配"的对象不是介入者或者被利用者的'行为',而是'犯罪实现过程'"④。例如,当小孩被疯狗咬伤时,母亲却故意不将小孩送医导致孩子因传染狂犬病而死亡的,此时小孩死亡的事态进程掌控在母亲手上,母亲应成立不作为的正犯。但是,在不阻止他人故意犯罪的场合,由于作为者直接支配着事态的发展,不作为者原则上应否定具有支配地位,而成立帮助犯⑤;而只有对结果的发生(与作为者)共同起支配作用者才成立片面共同正犯。并且,这种支配性,始于发生结果的原因,终于实行行为终了。

除上述等价值要件的考虑外,本文支持广义行为支配理论的理由还包括以下两点:

---

① 参见〔日〕西田典之:《不作为的共犯》,王昭武译,载《江海学刊》2006 年第 3 期,第 33 页。
② 此处强调结果支配的重要性,不在于否定单纯行为支配对结果实现的支配作用,而在于说明无(狭义)行为支配但存在结果支配的场合,同样应当肯定广义的行为支配的存在。
③ 〔日〕松原芳博:《刑法总论重要问题》,王昭武译,中国政法大学出版社 2014 年版,第 361 页。
④ 〔日〕松原芳博:《刑法总论重要问题》,王昭武译,中国政法大学出版社 2014 年版,第 284 页。
⑤ 这里的"事态发展的直接支配",或许会让人产生等同于"结果避免可能性"的疑问,但正如本文前面对"结果实现(或避免)支配理论"的批驳,笔者明确反对该主张。所谓"事态发生的直接支配",在有作为者的场合,作为者启动和控制着事态发展进程,原则上肯定其直接支配性,成立正犯;在仅仅存在不作为者或者作为者已经实行终了的场合,不作为者对事态发展进程具有直接支配性,成立正犯。

1. 我国特殊的立法现实。德国学界主张原则正犯说,日本学界主张原则从犯说,这是与各自国家的刑事立法现状相吻合的。《德国刑法典》第 13 条规定,对于不作为犯减轻处罚,因此即使采取原则正犯说,对不作为的参与者也会论以轻于正犯的刑罚;而《日本刑法典》并无像德国刑法的类似规定,因此只有采取原则从犯说,才可以同样达到对不作为参与人从宽处罚的效果。而我国与日本类似,立法并无处罚不真正不作为犯的规定,因此根据行为支配理论得出的原则从犯结论更为适宜。而且,正是鉴于这种立法现实,在根据教义学路径所得出的结论可能存在扩大化和处罚上的重刑化时,更有必要从客观的角度,立足于行为支配的有无来限制不作为参与成立正犯的可能。

2. 坚持结果无价值理念的必然要求。正犯和共犯属于不同的犯罪参与形态,其区别在于客观面,必须立足于违法性阶段才能作出判断。根据传统的"违法是客观的,责任是主观的"基本理念,在违法性有无及程度判断上必须坚持判断的客观性,不允许添加任何主观性要素。这就要求,在区分不作为的正犯和共犯时,也必须从纯客观角度进行分析,因此义务论、价值论以及规范论的考察方法在方法论上就出现了偏差或者错误。① 只有站在行为支配角度,将作为犯中区分正犯和共犯的理论适用于不作为犯,才具有方法上的一致性以及判断上的客观性。

(一) 具体展开

不阻止他人故意犯罪的行为,以广义上来讲,可以分为"阻止犯罪行为"和"防止犯罪结果发生"两个阶段。其中,"阻止犯罪行为"阶段,只存在单纯的"不阻止"行为,作为义务者原则上成立片面帮助犯,例外成立片面共同正犯;而在"防止犯罪结果发生"阶段,根据作为义务者介入时点的不同,又存在单纯"不防止犯罪结果发生"行为以及"不阻止且不防止犯罪结果发生"行为两种情形。其中第一种情形,因不存在犯罪参与问题,直接按照不作为单独正犯来处理;第二种情形,作为义务者成立片面帮助犯和单独正犯的竞合,根据吸收犯的处理原则,成立单独正犯。

1. 阻止犯罪行为阶段

在第三人实施作为犯罪的场合,当实行行为已经开始、尚未结束时,面向结果的因果流程是被第三者所掌控的,保证人原则上只能是处于边缘性地位,成立帮助犯。例如,某公司仓库保安人员看到第三人进入仓库盗窃,却假

---

① 高桥则夫教授认为,"在以正犯和共犯的区分为核心的正犯论中,应将参与者的利益、动机等要素考虑在内,从刑罚目的视角来综合判断"。〔日〕高橋則夫:《不作為による幇助犯の成否》,载《現代刑事法》2000 年第 6 号,第 105 页。

装睡着,不管不问的场合①,盗窃行为是否实施、如何实施以及盗窃数额等都是由窃贼本人所决定,盗窃行为及结果实现的整个流程都由窃贼控制,因此,保安充其量只能成立帮助犯。此外,本文开头部分提到的案例3和案例5也是如此。智障女儿是否被强奸以及强奸的时间、地点以及方式等结果实现过程,全部掌控在加害人手中,父亲躲在一旁的行为充其量也只是便宜了加害人强奸行为的实施;同样,孩子是否被虐待以及虐待的时间、强度等均由加害人(母亲的男朋友)来控制,母亲的不阻止行为也充其量只是提供帮助。因此,两案例中的作为义务人仅仅成立帮助犯。当然,不阻止他人的犯罪行为,不排除理论上不作为和作为同时达到功能性支配程度,而成立片面共同正犯的可能(尽管可以设想的情形不是很多)。

此外,在不具有刑事责任能力者实施作为犯罪侵害无关第三人的场合,作为义务者原则上也只成立帮助犯。对此,有力观点认为,在诸如无结果发生认识、欠缺期待可能性以及无是非辨别能力和行为控制能力的场合,不作为的参与人成立间接正犯。② 但是,从行为共同说的立场来看,不具有刑事责任能力者实施作为犯罪的场合,其符合不法层次的犯罪概念,对其负有监视义务的保证人不阻止其犯罪行为时,一般情况下,保证人的不阻止行为至少对不具有刑事责任能力者的作为及结果实现具有促进或便利作用,因此,认定保证人成立不作为的片面帮助犯是比较容易的。如案例4中妻子明知丈夫患有精神病,妻子有监护作为危险源的丈夫的监视义务,丈夫的杀人行为完全符合客观不法层面的犯罪,其实际掌控着杀人行为的整体进程,成立正犯(但由于不具有刑事责任能力而不承担刑事责任),而妻子却不予阻止,妻子充其量也只是促进了丈夫的杀人行为,宜成立帮助犯。同样,当作为义务者和不具有刑事责任能力者各自的行为达到可以评价为功能性支配的程度时,将其评价为不作为的片面共同正犯,也未尝不可(只是生活中很难发生而已)。

2. 防止犯罪结果发生阶段

相比于阻止犯罪行为阶段不作为参与行为认定的简易性,作为者实行终了后,不作为者不防止犯罪结果发生的,认定存在很大分歧。

---

① 对此,松宫孝明认为,在这种情况下,保安构成背信罪,而不是盗窃罪的不作为帮助犯。同样,在"父母放任幼儿被绑架的场合",父母应成立保护者遗弃罪的正犯,而不是故意伤害致死罪的不作为帮助犯。参见〔日〕松宫孝明:《刑法总论讲义(第4版补正版)》,钱叶六译,中国人民大学出版社2013年版,第206页。

② 参见〔日〕岛田聪一郎:《不作为による共犯について(1)》,载《立教法学》2003年第64号,第50页。

有的认为成立正犯,代表学者是加拉斯以及岛田聪一郎等。① 加拉斯认为,"当不作为人看到的不再是行为控制的操纵,而仅仅是面对这样一种操纵还具有的可以改正的作用,那么在他保持不活动时……就应当同样作为行为人来看待"②;岛田聪一郎也同样认为,"作为者的犯罪行为终了以后,不作为者的不作为和结果之间不存在任何介入者,因此不作为者成立直接正犯"③。有的认为成立帮助犯,代表学者是神山敏雄和内海朋子。神山敏雄认为,不阻止作为规范主体的作为者引起的法益侵害的保证人,此时与作为者是否实行终了且从现场离开无关,都应统一评价为不作为的帮助犯。④ 内海朋子也赞成该结论,但是不同于前者所采用的"规范的、价值的"视角,其仍立足于行为支配说立场,认为实行终了后的结果实现进程仍由作为者操控,"即使作为者实行行为已经终了,故意行为引起的因果控制并未到此终了,故意惹起的全部因果进程控制仍可以获得承认,直至结果发生的行为支配仍然掌握在作为者手中"⑤。

后一种观点显然难以成立,理由在于:第一,可能导致对"第一次规范违反"和"第二次规范违反"本身作限定性理解。神山敏雄的逻辑是:在作为者直接侵害法益的场合,间接参与其中的保证人被发布"第二次规范命令"。如果是这样,那么当作为者实行终了后,保证人可以"直接"参与其中,对之后的结果防止过程,保证人是出于被发布"第一次规范命令"的地位,应当成

---

① 除此之外,学者基尔魏因(Gerhard Kielwein)和山中敬一等也采取该立场。详细介绍参见〔日〕神山敏雄:《不作為をめぐる共犯論》,成文堂1994年版,第60页;〔日〕山中敬一:《不作為による幫助》,载〔日〕渥美東洋等編:《齋藤誠二先生古稀記念"刑事法学的現实与展開"》,信山社2003年版,第358页。山口厚应该也持该立场,即"在不作为帮助场合成为问题的是,作为义务并非直接防止和回避结果发生的义务,而是阻止正犯之实行的义务,当怠于履行该义务使得正犯实行变得容易时,可以认为成立不作为的帮助"。〔日〕山口厚:《刑法总论》(第3版),有斐阁2016年版,第389—390页。从该论述来看,山口厚亦认为,不作为者不阻止正犯之实行,成立帮助犯;言下之意,当属于"直接防止和回避结果发生"时,应成立正犯。
② 〔德〕克劳斯·罗克辛:《德国刑法学总论(第2卷):犯罪行为的特别表现形式》,王世洲主译与校订,王锴、劳东燕、王莹等译,法律出版社2013年版,第508页。
③ 〔日〕岛田聪一郎:《不作為による共犯について(1)》,载《立教法学》2003年第64号,第51页。
④ 唯一例外成立正犯的情形是,当作为者是精神病或幼儿的场合,由于无法根据刑法规范期待其不破坏法益,因此,规范上看承担法益侵害的主要作用的只能是保证人。参见〔日〕神山敏雄:《不作為をめぐる共犯論》,成文堂1994年版,第182页。与神山敏雄采相同表述者还有学者松宫孝明,松宫孝明亦认为,"在对结果应当负担第一罪责的正犯存在的场合,不防止犯罪实行终了后的结果时,(保证人)宜认定成立帮助犯"。〔日〕松宫孝明:《不作為と共犯》,载中山研一等编:《レヴィジオン刑法(一):共犯論》,成文堂1997年版,第191页。
⑤ 〔日〕内海朋子:《不作為による幫助をめぐる問題について》,载《法学政治学論究》2003年56号,第12—13页。

立正犯才符合逻辑。① 但显然神山敏雄是反对该结论的,因此只有对其理论本身作限定性理解,即规范命令发出顺位只适用于作为者实行终了前,才能避免这种结论的出现。第二,在实行终了后,为何作为者对结果的发生仍居于支配地位,理由并不明确。毕竟,实行终了后,已经无所谓"行为",又谈何"因果控制"?

本文支持"正犯说",必然无法回避这么一个问题,如佐伯仁志质疑的,在第三者将自家孩子推入湖中的场合,在落水现场观望行为全程的成立帮助犯,而事后赶来目睹这一切却放任不管不予救助的反而成立正犯,这明显不均衡。② 不得不承认,这种所谓的"不均衡"现象是客观存在的。但是,这种情况是完全可以避免的。如后述,当"不阻止"行为和"不防止犯罪结果实现"行为可以明确分开的场合(如佐伯仁志所举事例),作为义务者同时存在这两个行为,属于不作为帮助犯和不作为单独正犯的竞合,应按照吸收犯的处理原则,对其以不作为正犯论处。但是,当"不阻止"行为和"不防止犯罪结果实现"行为无法明确区分,而是发生重合时(当第三者将自家孩子推下悬崖时),由于只存在犯罪参与的情形,因此只能成立不作为的帮助犯。这种区别处理看似"不均衡",但这并非源于不作为参与本身属性的差异,而是由存在一行为还是数行为决定的。

在第三者实行终了、结果发生之前的阶段,保证人的不作为成立正犯,这一结论在作为者已经离开现场的场合,比较容易理解和接受。可能存在疑虑的是作为者仍停留在现场的情形,如丙将甲的孩子乙推入河中后,并未逃跑,而是待在现场残忍地看着痛苦的乙挣扎着慢慢死去,此时在背地里目睹这一情况的甲,是成立乙故意杀人罪的片面帮助犯还是成立单独正犯,争议颇大。有观点认为,在这种场合下甲"一次也没有单独地将事情控制在自己手中,无法承认具备排他支配性,因此应否定单独正犯的成立"③。

但是,根据本文立场,即使可以肯定留在现场的丙对乙死亡结果的实现具有支配地位,但也不影响肯定甲也同时具备该支配地位,亦即甲成立不作为的单独正犯,并不以自己的支配地位具有排他性为限。换言之,第三者实行终了后,其不论是离开还是留在现场,作为义务者均成立正犯。下面,本文将以作为义务者的介入时点为标准,将不防止犯罪结果分为"作为者实行终了后介入"和"作为者实行终了前介入"两种情形,分别予以论证。

---

① 〔日〕岛田聪一郎:《不作為による共犯について(1)》,载《立教法学》2003 年第 64 号,第 52 页。
② 参见〔日〕佐伯仁志:《刑法総論の考え方・楽しみ方》,有斐阁 2013 年版,第 433 页。
③ 见前注①,第 51 页。

(1)作为者实行终了后介入

所谓"作为者实行终了后介入",主要指的是作为者的加害行为已经实行终了以后,结果未发生之前,作为义务者介入的情形。不防止犯罪结果发生的案件大多发生于这一阶段。此时,作为者已经实行终了,客观上已不存在犯罪参与的可能,因此不作为者不可能成立共犯。作为义务者此时只是单纯不防止犯罪结果的发生,应成立不作为(单独)正犯。对该结论,争议并不大。存在争议的是,保证人成立正犯的实质根据是什么。对此,有以下几种代表性观点:

"转移说"认为,"只有当行为人不再控制行为过程时,行为控制才会转移到不作为者那里"①,即保证人因获得"行为控制"而成立正犯。显然,该主张是意图恪守行为支配理论,但作如此缓和理解很难行得通。首先,为何在作为者实行终了后,原先被作为者掌握的"行为控制"会转移到不作为者一方,理由并不明确。其次,无法解释保证人留在现场的情形。当作为者实行终了并逃离现场时,保证人事实上(与作为者在场时对比而言)支配着结果的实现进程,此时或许可以勉强称之为保证人处于行为支配地位;但是当作为者留在现场时,犯罪结果的避免完全可能由于他的中止行为而实现,而不是依赖于保证人的作为,此时,称作为者的"行为控制"转移到了保证人,显然不符合事实。

此外,"依赖说"认为,"如果刑法上结果的发生只依赖于保证人的行为,保证人就直接控制了因果进程……例如当作为者实行终了后离开现场,结果侵害的因果进程正在进行,只有保证人可以支配该进程,因此保证人成立正犯"②。但是,本文认为,如果说结果发生与否只依赖于保证人时就成立正犯,同时依赖于保证人和作为者时则成立帮助犯,这无疑还是"排他性"思想在作祟。正如前文讨论过的,作为者实行终了后,不论是离开现场而失去对结果实现的支配,还是留在现场仍保留对结果实现的支配,到达现场的不作为人对结果发生与否已具有支配力,据此就可以判断成立正犯,而与不作为人是否独自拥有支配权无关。

最后,"潜在行为支配"理论也很有影响力,值得注意。该说认为,可将不作为参与犯罪进行类型化,分为"知晓作为者犯行计划阶段""作为者已开始实施犯行阶段""作为者实行已终了并退出现场且结果可防止阶段"以及"作为者准备着手阶段"。其中在"知晓作为者犯行计划阶段"和"作为者实

---

① 〔德〕汉斯·海因里希·耶赛克,〔德〕托马斯·魏根特:《德国刑法教科书》(总论),徐久生译,中国法制出版社2001年版,第845页。
② 此为大多数学者的观点。详细介绍请参见〔日〕神山敏雄:《不作為をめぐる共犯論》,成文堂1994年版,第54页。

行已终了并退出现场且结果可防止阶段",不作为者拥有潜在性支配,因此原则上成立正犯;但在"作为者已开始实施犯行阶段"和"作为者准备着手阶段",因作为者实际掌握着行为支配,排除了不作为"潜在支配"的可能性,故只能成立帮助犯。① 本文认为,这种观点同样存在难以解决的问题,即如果将"潜在的行为支配"限定在上述两种场合,将导致这里的"潜在行为支配"不再是行为支配,而是对"结果防止可能性"的支配,在自己的支配范围内能防止结果的,就认为存在潜在行为支配,在他人支配范围内需要通过介入他人行为的,则不认为存在潜在行为支配。显然,对"潜在行为支配"作如此限定,并无合理根据。

"转移说"和"依赖说"都将保证人实际控制了结果实现的进程,作为保证人成立正犯的根据,只是这种控制性的来源不同:前者转移自作为者,后者产生于被害结果防止的现实依赖。但是这种意图从事实或因果关系角度寻找根据的做法,终归是徒劳。因为,作为者已实行终了而失去行为控制,保证人什么都不做更谈不上对结果实现控制。在本文看来,此时不得不借助规范的考虑,即从某种限定的法义务来源来确定保证人的正犯性根据。具体而言,当基于身份或者社会性地位而处于恒常性保护、监护的场合,保证人的不防止结果发生行为一律成立正犯。不过,"承认这种社会关系上的、制度上的义务,在某种程度上,会使得不真正不作为犯的成立范围归于不明确,这一点的确不可否认"②,但如果承认这种义务来源本身不是为了扩大义务的成立范围而是限缩的话,则这种标准的"不明确性"在某种程度上也是被允许的。

(2)作为者实行终了前介入

所谓"作为者实行终了前介入",主要指的是保证人在第三者实行作为犯罪时已经可以履行阻止义务但却未履行,直到第三者实行终了后结果尚未发生时仍未防止结果发生的情形。在这种场合下,根据作为者身份的不同,也可以分为对无关第三人作为犯罪的犯罪结果的不阻止和对作为危险源的自然人作为犯罪的犯罪结果的不阻止两种情形。但不管是在哪种情形下,保证人均成立正犯。只是与犯罪实行终了后介入的情形不同的是,保证人同时存在不阻止他人实行行为和不防止犯罪结果发生行为两个行为,分别对应成立不作为的片面帮助犯和不作为的单独正犯,此时应根据吸收犯的处理原则,对保证人以不作为正犯论处。如在案例 4 中,当患

---

① 参见〔德〕Woerner, Täterschaft und Teilnahme,1958,S. 57 ff. 转引自〔日〕神山敏雄:《不作為をめぐる共犯論》,成文堂 1994 年版,第 57—59 页。
② 〔日〕松原芳博:《刑法总论重要问题》,王昭武译,中国政法大学出版社 2014 年版,第 75 页。

有精神疾病的丈夫杀害自己父母时,妻子有阻止丈夫杀人的义务,其不阻止行为成立不作为的故意杀人罪的帮助犯;而当丈夫已经将父母砍倒在地准备离开时,妻子明知二被害人尚未死亡,有采取拨打120或呼救等方式防止二被害人死亡的义务,其不防止行为亦可能成立不作为故意杀人罪的单独正犯。此时,妻子存在数个行为:不阻止行为和不防止行为,前者是后者实施的必经阶段,可以评价为广义的不防止法益被侵害的手段行为,两者存在吸收关系,可以按照吸收犯的处理原则,对妻子以不作为故意杀人罪的单独正犯予以处理。

(二) 司法适用

如上,根据本文前述立场,本文"问题意识"部分提及的案例,其中案例1、案例2、案例3、案例5中的作为义务人,因只存在单纯的犯罪不阻止行为,而不存在犯罪结果的不防止行为,因此均成立不作为的帮助犯,而案例4中的作为义务人则由于先后存在上述两个行为,属于"犯罪实行终了前介入的"不防止犯罪结果发生的行为,应成立不作为的(单独)正犯。此外,前述实践中常发的,诸如具有扶养义务的人对他人故意杀害脆弱法益主体的行为不予阻止,也并不成立遗弃罪(单独正犯),而是原则上成立不作为故意杀人罪的帮助犯。而且,在作为义务者是警察的情况下,也并不成立玩忽职守罪(单独正犯),而是同样原则上成立不作为故意杀人罪的帮助犯。

同时需要注意的是,上述结论是以刑法没有特殊规定为前提的。当刑法中就某种行为存在"帮助行为正犯化"的特殊规定时,这一标准是否仍然适用呢?在本文看来,不管刑法有无此特殊规定,该标准都同样适用,只不过与没有特殊规定的情形相比,在有特殊规定的场合,除该标准的适用之外,还需继续判断犯罪竞合的问题。因此,当存在"帮助行为正犯化"的特殊规定时,结论自然不是绝对的,而是需要具体情况具体分析,可能有时成立(单独)正犯,有时则以不作为帮助犯论处更为妥当。前者以放行偷越国(边)境人员罪为例,当边防、海关等国家机关工作人员,明知是偷越国(边)境的人员,仍予以放行的,成立该罪;同时,该行为也成立偷越国(边)境罪的不作为共犯。此时,二者发生竞合,应以处罚更重的放行偷越国(边)境人员罪定罪处罚。① 后者以监管失职导致环境污染"后果特别严重"情形为例。② 根据相

---

① 前者法定刑为"三年以下有期徒刑或者拘役;情节严重的,处三年以上七年以下有期徒刑";后者法定刑为"情节严重的,处一年以下有期徒刑、拘役或者管制,并处罚金"。

② 类似的罪名还包括徇私舞弊不征、少征税款罪,徇私舞弊发售发票、抵扣税款、出口退税罪,放纵走私罪,放纵制售伪劣商品犯罪行为罪,不解救被拐卖、绑架妇女、儿童罪等。

关司法解释的规定①,环境监管失职罪和污染环境罪在作为成立要件的"严重后果"方面完全相同,但是前者却并没有针对类似于后者的"后果特别严重的"情形作出规定。这就意味着,当发生"严重后果"时,对污染环境者和监管者在相似的法定刑幅度内量刑(前者为"三年以下有期徒刑或者拘役",后者为"三年以下有期徒刑或者拘役,并处或者单处罚金");而在"后果特别严重"时,对污染者在"三年以上七年以下有期徒刑,并处罚金"幅度内量刑,对监管者却仍然只能在"三年以下有期徒刑或者拘役"幅度内量刑。显然,这并不具有形式合理性。在本文看来,立足于体系解释,根据竞合理论,对监管者以污染环境罪的不作为共犯论处,在与环境污染者适用相同的法定刑幅度内量刑,才能消除这种不合理性,才是保证处罚均衡的最佳途径。

五、结　语

诚然,正如许乃曼教授所言,"基于严谨的学术观点而言,在不作为的正犯性判断问题上没有通说才是正确的"②。但是,在该问题上没有立场则是不应该的,并且固守现有刑法分则体系寻找不阻止他人犯罪行为的犯罪性根据,更是不可取的,而有必要兼顾共犯体系、运用共犯理论,在贯彻罪刑法定原则的前提下,找寻对此类行为均衡处理的最佳途径。本文只是对不阻止他人故意犯罪行为的认定进行了粗浅的探讨,希望能引起学界同人对该问题的注意和重视。

---

① 2016 年 12 月 23 日最高人民法院、最高人民检察院《关于办理环境污染刑事案件适用法律若干问题的解释》第 1、2、3 条的规定。

② 参见许乃曼:《德国不作为犯学理的现状》,陈志辉译,载陈兴良主编:《刑事法评论》(第 13 卷),中国政法大学出版社 2003 年版,第 389 页。

第八章　先前行为与实行过限下知情共犯人的刑事责任[*]

姚　诗

内容摘要：明知实行犯实施超出共同谋议的行为，共犯人既不参与也未阻止的，对共犯人刑事责任的认定应舍弃容忍说而采取义务说，即以共犯人是否有阻止义务来判断其应否承担不作为的刑事责任。共犯人的作为义务源自先前行为，有必要准确把握先前行为的性质和特征，以合理确定义务范围。先前行为理论上存在因果关系说和义务违反说的对立，原则上宜采取义务违反说；在先前行为的主观方面，不要求行为人对危害结果有预见可能性；在客观方面，应将先前行为分为监督危险源和保护法益两种类型分别考察：对前一类型，应根据共犯行为与过限行为是否具有直接违法关联，共犯行为是否促使过限行为发生来判断共犯人有无作为义务；对后一类型，应以共犯人是否使被害人陷入需保护状态来判断其有无作为义务。

我国刑法理论认为，实行过限是指在共同犯罪中实行犯故意或者过失地实施了超出共同犯罪故意的行为。[①] 根据共犯人对实行过限是否知情，可将具体案件分为两类：一类是共犯人对实行犯超出共同谋议的行为一无所知，此时共犯人对该行为不承担刑事责任。例如，甲在客厅盗窃，不知乙在卧室将被害人杀死，甲仅承担盗窃罪的刑事责任，无需对乙的杀人行为负责。另一类则是共犯人明知实行犯正在实施超出共同谋议的行为，但既不积极参与也不阻止。在这类案件中，知情共犯人对实行犯的过限行为应否以及如何承担刑事责任是理论和实践上的难题。本文将对此问题进行探讨。[②]

---

[*] 本文原载《法学研究》2013年第5期。
[①] 参见叶良芳：《实行过限之构成及其判定标准》，载《法律科学》2008年第1期，第88页。关于如何进一步界定实行过限，参见王昭武：《实行过限新论》，载《法商研究》2013年第3期，第101页。
[②] 本文所称共犯人是指共同实行犯，本文的研究结论仅适用于共同实行犯。对于帮助犯和教唆犯是否有阻止过限犯罪的作为义务，在此不予讨论。

一、现有学说的疑问及启示

从我国目前的研究来看,对知情共犯人的归责存在两种思考路径。

第一,以共犯人与实行犯是否构成作为的共同犯罪来判断共犯人应否对过限行为承担刑事责任,代表学说是容忍说。该说由陈兴良教授于20世纪80年代提出①,现已成为我国学界的通说。该说认为,若共犯人对实行犯所实施的超出谋议的行为是知情的,即表明其主观上对该犯罪行为的容忍态度,尽管没有亲手实行,也应该承担刑事责任。此后,又有学者提出"精神支持说"予以补充,主张不管行为人表面上是作为(积极参与、予以协助)还是不作为(不予制止、袖手旁观),都对实行犯产生了精神支持或者鼓励,对被害人造成了心理压力或恐惧,说明其对过限行为持积极追求或放任的主观心态,从而与过限者构成临时起意的共同犯罪。②

第二,以共犯人是否具有避免过限行为发生的义务、是否成立不作为犯来判断共犯人的刑事责任,代表学说是义务说。该说认为,即使共犯人知情,也不能简单地认为其与实行犯之间形成新的共同故意;追究共犯人的刑事责任必须以其负有作为义务为前提。义务说中又有两种观点,其中否定说认为,由于共犯人对实行犯不负监督义务,故不应要求其承担不作为之责③;折中说认为,不应全盘肯定或否定共犯人的责任,而应区别判断:负有作为义务而没有阻止犯罪的,应对该犯罪承担刑事责任;反之则不应归责。④ 在笔者看来,上述观点要么存在疑问,要么有待完善。

(一)容忍说的缺陷

根据容忍说所采取的归责路径,由于共犯人并未实施任何积极参与行为,不可能与实行犯构成共同正犯,故应以共犯人和实行犯对过限行为是否达成共同故意、共犯人是否实施帮助行为来判断二者是否成立共同犯罪。但是,容忍说无法对这两点作出合理论证。

首先,"知情"的事实不能说明共犯人与实行犯达成共同故意。如所周知,对于实行犯超出谋议所实施的行为,共犯人的同意必须是双边的,共犯

---

① 参见陈兴良:《论共同犯罪中的实行过限》,载《法学杂志》1989年第6期。
② 参见赵丰琳、史宝伦:《共犯过限的司法认定》,载《法律适用》2000年第8期。
③ 参见聂昭伟、吴郁槐:《共同犯罪中的实行过限与一体转化》,载《人民司法》2009年第4期。
④ 参见夏强:《过限犯认定问题研究》,载《法制与社会发展》2002年第4期。

人单方面的知道和同意并不能构成共同故意。① 根据容忍说,若共犯人在一旁目睹实行犯实施超出谋议的行为,即便内心并不同意,其容忍的态度也体现了事实上的同意,与实行犯达成了新的共同故意,因而成立共同犯罪。简言之,"知情"等同于"容忍","容忍"即可拟制为"同意"甚至是"犯意沟通"。但是,这一论断有偷换概念之嫌。"知情"充其量只是"单方面知道",即使按照容忍说将其拟制为"同意",也不能代表"双边同意"或者"沟通后的同意"。不仅如此,该论断也不符合事实。共犯人袖手旁观时,对实行犯的行为可能并不赞同,亦不打算帮助;实行犯也可能明显感觉到同伴"不干涉、不加入"的态度;若认为此时双方又重新达成了共同故意,显属牵强。

其次,"在场"的事实不能表明共犯人实施了帮助行为。容忍说一再表示,共犯人"知情"这样一种容忍的态度就足以使其承担刑事责任,但这仅仅涉及对共犯人主观方面的拟制。如上文所述,这种拟制并不合理;即使合理,也必须考察共犯人是否实施了帮助行为,否则,经过犯罪现场的路人也能成立犯罪。因此,当知情共犯人并未实施望风、言语刺激、眼神鼓励等传统的帮助行为时,容忍说必须将"在场"这一事实本身评价为一种心理帮助,唯此才能认定共犯人实施了帮助行为。但是,这一评价难获肯定。

第一,如"精神支持说"所言,只要共犯人在场,就会对实行犯产生精神支持或者鼓励,对被害人造成心理压力或恐惧,但仅凭此并不能说明共犯人实施了帮助行为。假设甲、乙二人一起出游途中,甲突然起意抢劫,乙只在一边观看。对甲来说,乙的存在提供了某种程度的精神支持;对被害人来说,乙会被视为与甲一伙,从而给被害人带来更大的心理压力,可是我们不会就此得出乙成立帮助犯的结论。这一点从国外学说和判例中亦能得到印证。例如,美国学者约书亚·德雷斯勒总结判例后认为,"出现在犯罪现场"并不构成对犯罪的鼓励,不是一种心理帮助,甚至当在场者有"在需要时提供帮助"这种隐藏的意图时,亦不足以认定其行为成立帮助。② 德国联邦最高法院也在判例中否定了这一点。③

---

① 参见〔德〕约翰内斯·韦塞尔斯:《德国刑法总论》,李昌珂译,法律出版社2008年版,第299页。
② 参见〔美〕约书亚·德雷斯勒:《美国刑法精解》,王秀梅等译,北京大学出版社2009年版,第435页以下。
③ 被告人A与另两名被告人B和F商议,趁K女士领取失业救济金的那天,去她家拿走这笔钱,必要时使用暴力。B和F还决定利用这个机会强奸K。A对B与F的行为表示不满,但B与F并未改变主意。当A离开客厅时,回头看见B对着K的脸打了一拳,使K停止了反抗。B脱K的裤子时,K的钱包从裤子口袋里掉了出来;于是A走过去,拾起钱包(转下页)

第二,将"在场"这一事实视为帮助行为,会令共犯人承担不公平的责任。诚然,若行为人与实行犯协议后主动去犯罪现场为其"造势",即使没有实施任何行为,也应肯定行为人的共犯责任。但在共同犯罪中,实行犯临时起意实施新的犯罪时,共犯人的"在场"是其参与前一个共同犯罪的附随状态,不应对此再次论责。此外,认为"在场"就成立犯罪,会不当加重共犯人的刑事责任。例如,甲、乙相约对丙进行伤害,但甲另有强奸的故意,乙有非法占有财物的目的;二人对丙实施了伤害行为后,甲对丙实施了奸淫行为,而乙将丙身上的财物取走。根据共同犯罪理论,甲、乙成立共同犯罪,甲成立强奸罪,乙成立抢劫罪。但是,若根据容忍说,只要甲、乙目睹了对方的后续行为,即可直接认定甲、乙构成强奸罪和抢劫罪的共同犯罪,这一结论显然不合适。

第三,容忍说并没有对"在场"是否属于帮助行为作出说明,反而指望借助义务说来论证知情共犯人的刑事责任,殊有不当。容忍说提出,若共犯人采取了"不容忍"的措施,就无需承担责任。问题是,什么情形属于"不容忍"。共犯人目睹过限犯罪发生后可能实施四种行为:在场观看、继续实施原定犯罪、离开现场、阻止犯罪行为。前两种情形无疑属于容忍说所指的"容忍"。在第三种情形中,共犯人离开现场最多表明其不同意该犯罪,而远未达到"不容忍"的程度;共犯人不加干涉,使实行犯顺利实施该行为也应属于"容忍"。于是,只有上述第四种情形才是容忍说所谓的"不容忍"。① 但要求

(接上页)并继续翻找 K 的裤子口袋。A 清楚地知道 B 正在违反 K 的意志强行与 K 发生性关系,也知道自己正在利用这个机会获取财物。B 因数次尝试勃起不成功而没能强奸 K,于是 A、B 和 F 三人拿走价值 100 多马克的钱财离开 K 家。对于在现场的 A,多特蒙德地方法院认为 A 构成强奸罪的共犯,但德国联邦最高法院认为,A 既没有实施强奸罪的意图,也没有实施帮助行为。BGH,15.04.1997,4 StR 116/97.

① 司法实践中的认定更为严苛,认为没有实施"明确、有效的制止行为"的都是"容忍"。以王兴佰、韩涛、王永央故意伤害案为例。被告人王兴佰与被害人逄孝先各自承包了本村的沙地售沙,王因逄卖沙价格较低,影响自己经营,于是预谋找人教训逄。2003 年 10 月 8 日 16 时许,被告人王兴佰得知逄孝先与妻子在地里干活,即纠集了被告人韩涛、王永央和崔某某、肖某某、冯某某等人。在地头树林内,被告人王兴佰将准备好的 4 根铁管分给被告人王永央等人,并指认了被害人逄孝先。被告人韩涛、王永央和崔某某、肖某某、冯某某等人即冲入田地殴打被害人逄孝先。其间,被告人韩涛掏出随身携带的尖刀捅刺被害人逄孝先腿部数刀,致其双下肢多处锐器创伤致失血性休克死亡。被告人王永央看到韩涛捅刺被害人并未制止,后与韩涛等人一起逃离现场。法院在判决书中指出,被告人王永央实施伤害行为时,发现被告人韩涛持刀捅刺被害人也未予以制止,故被告人韩涛的持刀捅刺行为并非实行过限的个人行为。裁判理由对该问题进一步分析道:"在共同实行犯罪的情形下,判定实行行为过限的基本原则是看其他实行犯对个别实行犯所谓的'过限行为'是否知情。如果共同实行犯罪人中有人实施了原来共同预谋以外的犯罪,其他共同实行犯根本不知情,则判定预谋外的犯罪行为系实行过限行为,由实行者本人对其过限行为和后果承担责任;如果其他实行犯知情,除非其有明确、有效的制止行为,则一般认为实行犯之间在实施犯罪当场临时达成了犯意沟通,其他人对实行者的(转下页)

共犯人阻止犯罪,必然以承认共犯人的作为义务为前提。在此,容忍说实际上已经抛弃了自己的立场,向义务说转变。

在笔者看来,容忍说之所以存在不能容忍的缺陷,乃在于该说所依循的归责路径存在根本疑问。以共犯人是否与实行犯构成作为的共同犯罪来判断共犯人应否承担刑事责任的思路值得反思。当实行犯实施超出谋议的行为时,在场的共犯人倘若没有通过言语、动作、眼神等对实行犯进行心理上的鼓励,与实行犯达成新的犯罪协议,仅凭其"在场"的事实,无论如何不可能成立共犯。因此,容忍说应予抛弃。

(二) 义务说的启示

义务说主张,判断共犯人是否承担刑事责任的关键在于考察其是否具有作为义务。若共犯人有阻止实行犯的义务而不履行,未避免法益侵害结果发生的,应承担不作为的刑事责任。然而,无论是义务说中的折中说还是否定说,都存在理论上的缺陷,更无法运用于司法实践。例如,折中说仅仅以"共犯人有作为义务就承担刑事责任,反之则不承担"这样的空洞表述为观点,而没有说明共犯人何时有义务、何时没有。否定说以"共犯人没有监督其他共犯人的作为义务"为由全盘否定共犯人责任,但是,即使共犯人没有这类义务,也可能基于其他原因产生作为义务,该说的考虑显然欠周全。总之,义务说虽然在归责逻辑上清晰可行,但其内容远未完善。

折中说和否定说的缺陷表明,采取义务说必须解决两个问题:第一,知情共犯人阻止过限行为的作为义务来源是什么;第二,知情共犯人在何种情况下能成立作为义务。

在第一个问题上,可以肯定的是,共犯人并不具有"监督他人的义务"。该类义务是指,当行为人缺乏答责能力或者答责能力有限时,或当监督者和行为人之间具有某种等级关系时,监督者有防止行为人犯罪的义务。① 在共同犯罪中,共犯人之间结合的同盟关系既不会使任何一个共犯人的答责能力

(接上页)行为予以了默认或支持,个别犯罪人的行为不属于实行过限,其行为造成的危害结果由各实行犯共同承担责任。"显然,法院在采取容忍说的基础上,为了给共犯人提供出罪机会,而提出了构成"不容忍"的条件,即是否存在"明确、有效的制止行为"。但是,这一标准很难得到满足。在过限行为突然发生,共犯人虽然想制止或者实施了制止行为,但不可能做到有效制止的情况下,按该标准也应否定实行过限,成立共同犯罪。如此高的要求使得实际案件中"没有犯意沟通"的情况少之又少,共犯人几乎都以入罪告终。参见牛传勇:《王兴佰、韩涛、王永央故意伤害案——共同故意伤害犯罪中如何判定实行过限行为》,载中华人民共和国最高人民法院刑事审判第一、二、三、四、五庭主办:《刑事审判参考》(总第 52 集),法律出版社 2007 年版,第 5 页以下。

① Vgl. Claus Roxin, Strafrecht AT Band 2, Besondere Erscheinungsformen der Straftat, Beck, 2003, ss. 745-755.

降低,也不会使相互间产生监督与被监督的关系,故共犯人不可能基于此而产生作为义务。检视不作为犯的义务来源①,值得进一步考察的是先前行为。先前行为理论的思想基础是,行为人实施的某种行为有导致法益侵害发生的危险时,行为人有义务避免该结果发生。例如,驾驶者撞伤路人,即因该行为而承担救助义务;过失导致起火者应承担灭火义务。在共同犯罪中,虽然过限行为由某个实行犯直接造成,但若共犯人之前参与的犯罪行为给侵害的发生提供了客观助力,其亦可能因此承担结果回避义务。无疑,这一义务的履行内容既包括阻止其他共犯人实施过限行为,也包括在阻止不及的情况下对被害人予以救助。

据此,在第二个问题上,有必要借助"先前行为"来判断具体案件中共犯人是否有作为义务。我国学者对先前行为作过恰当的表述,如先前行为是"制造了法益侵害的危险"的行为②,先前行为"使某种合法权益处于遭受严重损害的危险状态"③,等等。德国司法界则认为,当行为人违反义务地制造了临近某个构成要件结果发生的危险时,即应承担作为义务。④ 但是,仅凭这类抽象的概念还难以对具体案件作出准确判断,而应深入研究先前行为理论以寻找答案。

二、先前行为的理论展开

在大陆法系刑法学理上,关于先前行为已经发展出一套较为成熟的理论体系,具体包括先前行为的实质化根据、基本性质与特征、成立范围等。其中,先前行为的实质化根据与先前行为保证人地位的存废问题相关;先前行为的基本性质与特征为具体案件中先前行为保证人地位成立与否提供判断标准;先前行为的成立范围则是在对前两个主题进行充分探讨的基础上,对先前行为能否为不作为、过失犯罪、故意犯罪等问题进行的补充讨论。解决本文问题的关键在于准确把握先前行为的基本性质和特征。⑤

(一)先前行为的性质之争

关于先前行为的性质,在德国存在因果关系说(Verursachungstheorie)和

---

① 参见〔德〕约翰内斯·韦塞尔斯:《德国刑法总论》,李昌珂译,法律出版社2008年版,第434页以下。
② 参见张明楷:《刑法学》,法律出版社2021年版,第200页。
③ 参见陈兴良:《本体刑法学》,中国人民大学出版社2017年版,第209页。
④ BGHSt 34,82,84;BGHSt 37,106,115;BGHSt 44,196.
⑤ 目前来看,支持先前行为保证人地位的学说仍是主流,本文也持这一观点。在此,本文不打算详细讨论先前行为的实质化根据;先前行为的成立范围讨论的问题,后文略有涉及。

义务违反说(Pflichtwidrigkeitstheorie)的对立。① 因果关系说认为,先前行为不应限定为违法行为,只要某行为因果性地产生对被避免的结果来说"逼近"且"相当"的危险,行为人就负有避免结果发生的义务。该说主张,每个人都有对由其行为甚至合法行为产生的非其所愿的影响承担责任的"责任感",因此,法律上进行义务设定时必须考虑这种责任感,而不必要求行为必须"违法"。该说进一步论述道,一些保证人地位在来自先前行为的同时也可能来源于"自愿的责任承担"或"对实际危险源的控制",但后两者常常不具备义务违反性,故不应要求先前行为违反义务。例如,行为人一旦购买了恶犬,就取得了对该危险源的控制地位。行为人防止恶犬侵犯他人的义务既来自先前的购买行为,也来自其所处的控制危险源的地位。由于对恶犬的实际控制并不违法,故作为先前行为的购买行为也不可能违法。义务违反说则认为,危险的先前行为必须是违反义务地或者说违法地制造了某种程度危险的行为。针对因果关系说的主张,该说反驳道:首先,每个人都会有的"责任感"是生活中的责任感,并且每个人的责任感程度并不相同,直接套用在刑法领域过于随意。其次,因果关系说对先前行为的理解过于宽泛,该说所描述的保证人地位既来自先前行为又来自其他义务的情形并不存在。例如,行为人购买恶犬后确实形成了对实际危险源的控制,但购买行为本身并非先前行为,行为人的保证人地位仅来自"危险接受"。②

两说在先前行为是否必须是"违法的""违反义务的"这一点上存在根本分歧。具体来说,争议焦点在于:第一,客观上没有法益侵害的行为能否产生保证人义务。因果关系说对此持肯定回答。例如,在正当防卫的情形下,若不将正当防卫限制在一定的限度内,等于对侵权者判了死刑,因此防卫人也应承担保证人义务。义务违反说则主张,行为本身合法时,就不可能基于该行为产生刑法上的义务;在正当防卫的情况下,若被害人还必须基于其合法的防卫行为承担保证人义务,保护侵权人,这难以让人接受。第二,客观上虽然造成了某种侵害,但行为人主观上对此没有认识,能否产生保证人义务。例如,行为人合法驾驶却造成了交通事故的,产品制造人不违反任何产品检验标准却给消费者带来损害的,是否成立保证人地位。因果关系说认为,没有过失地制造了法益侵害,也应承担避免该侵害扩大的义务。义务违反说则

---

① 在德国,还有少数学者反对先前行为理论。例如,许乃曼就实质保证人理论采"事实支配说",认为先前行为人因对其所造成的损害缺乏支配而不承担保证人义务。参见许迺曼:《德国不作为犯法理的现况》,陈志辉译,载许玉秀、陈志辉合编:《不移不惑献身法与正义——许迺曼教授刑事法论文选辑》,台北春风煦日学术基金 2006 年版,第 629 页以下。

② Vgl. Thomas Hillenkamp, 32 Probleme aus dem Strafrecht, Allgemeiner Teil, Luchterhand, 1996, ss. 228-232.

主张,先前行为必须是违法行为,所谓的违法既包含客观的违法,也包括主观的违法,因此,行为人主观上至少应对自己造成的危害有过失。当行为人实施了合法的交通行为、产品制造行为时,由于行为人并没有违反主观的注意义务,先前行为缺乏主观违法性,也就不能产生保证人义务。① 在德国,因果关系说和义务违反说都获得了许多著名学者的支持。② 需要注意的是,站在不同阵营的学者对一些具体问题的看法并不是泾渭分明的。由于彻底坚持因果关系说可能导致处罚范围过广,而完全主张义务违反说也会使先前行为的范围过窄,所以,学者通常在各自阵营的基础上,对具体问题作必要的修正。例如,持因果关系说的学者基本认为正当防卫人不具有保证人地位,而主张义务违反说的学者则开始承认攻击型紧急避险者的保证人义务。③

因果关系说和义务违反说是关于先前行为违法或合法这一根本性质的讨论。但是,在具体案件中探讨某个行为是否成立先前行为时,仅凭该行为合法或违法的事实尚不足以作出判断。无论是持因果关系说还是义务违反说,都有必要从其所确定的先前行为基本性质出发,进一步探讨先前行为主客观方面的特征,合理界定先前行为的范围。

(二)先前行为的主观方面

因果关系说和义务违反说的对立揭示出先前行为主观方面的讨论焦点,即"是否要求行为人对其所引起的法益侵害有预见可能性"。基于刑事政策的需求,德国法院对此倾向于持否定回答,在一些判决中直接运用了因果关系说。例如,被告人将一把折刀交到 S 手中,S 在被告人不可预见的情况下将折刀捅入 V 的身体,给其造成了生命危险;被告人没有救助 V。法院认为,被告人递折刀的行为和 V 的死亡有自然因果关系,因此被告人有义务避免 V 的死亡;被告人是否能预见这一危险并不重要。④ 在另一些案件中,判决即使表面采取义务违反说,也抛弃了对行为人预见可能性的要求。例如在皮革喷雾剂案中,法院虽然查明,厂家在生产喷雾剂的过程中根据当时的技术对产品做了各种检验,没有检测出任何违禁成分,也未检测出任何对人体有害的物质,因此生产时没有违反任何注意义务,但是仍然主张,厂家

---

① Vgl. Thomas Hillenkamp, 32 Probleme aus dem Strafrecht, Allgemeiner Teil, Luchterhand, 1996, ss. 228-232.
② 因果关系说和义务违反说都有有力的支持者。Roxin, Rudolphi, Schmidhäuser, Wessels, Blei, Mezger 等坚持义务违反说,而 Jakobs, Welp, Arthur Kaufmann, Arzt, Freund 等则主张因果关系说。
③ Vgl. Thomas Hillenkamp, 32 Probleme aus dem Strafrecht, Allgemeiner Teil, Luchterhand, 1996, ss. 229-231.
④ BGHSt 11, 353.

生产销售喷雾剂的行为客观上制造了危险,进而认定有关人员基于先前行为成立保证人地位。① 法院对此进一步解释道,先前行为所要求的"客观义务违反"和过失犯所要求的"侵害注意义务"并不一样,前者不包括主观违法,后者则包含主观违法;虽然仅违反客观义务并不一定符合过失犯罪的行为构成,但已经足够使刑法对危险结果进行法律上的谴责;先前行为是否违反注意义务、能否在责任意义上被谴责,并不重要。②

然而,学界对此持完全相反的观点,并对法院的判决进行了有力抨击。如罗克辛认为,在递折刀一案中,被告人递折刀的行为虽然与V的死亡结果有因果关系,但由于被告人没有预见到S的伤害行为,亦即没有违反主观上的注意义务,该行为并非违法行为,所以被告人不具有结果回避义务。③ 就皮革喷雾剂案,罗克辛指出,行为的主客观不法不能分离,先前行为中所谓的"客观义务违反"和"侵害注意义务"两者是同一的,不可能只有前者而没有后者;义务违反必须是在先(刑法前的)而不是事后从危险结果中确定,行为人不可能在制造不被允许的危险的同时又不违反注意义务;法院把注意义务和责任摆在一起,其实是混淆了不法和责任;行为人有没有责任,其过失是否可避免,已经是另外一个问题了。④ 罗克辛的批判得到了多数学者的肯定,现在,"先前实施的行为只应为它所产生的可以预见的危险承担责任"这一规则已经获得德国学界的基本赞同。⑤ 义务违反说在预见可能性的问题上取得了通说的地位。

---

① 皮革喷雾剂案(Lederspray-Fall):A公司生产皮革喷雾剂并由其子公司销售。1980年秋,该集团接到消费者在使用皮革喷雾剂过程中受到损害的通知,消费者呈现呼吸急促、咳嗽、恶心、发抖、发烧等症状,并且必须进行治疗,诊断结果为肺水肿。公司内部开始对回收的产品进行检验,但检验结果认为并没有制造上的过错,只是Silikonöl这种成分过高。1981年该公司降低了Silikonöl的比例,又或者采用其他药品替代,但是仍然有消费者发回的损害通知。公司曾经一度作出停止制造和销售的决定,但不久后又再度制造。在公司专门的临时会议上,受邀列席的专家表示根据检验结果产品并不包含有毒物质,并建议委托外国机构作进一步检验以及在产品外部作出警告标示。会上大家一致认为,只有在检验结果显示确实存在制造上的错误或者可以证明对消费者存在风险的时候,才作出停止销售和回收产品的决定。之后公司继续销售皮革喷雾剂,损害也不断发生。BGHSt 37,106。
② Vgl. Claus Roxin, Strafrecht AT Band 2, Besondere Erscheinungsformen der Straftat, Beck, 2003, s. 778 f.
③ Vgl. Claus Roxin, Strafrecht AT Band 2, Besondere Erscheinungsformen der Straftat, Beck, 2003, s. 767.
④ Vgl. Claus Roxin, Strafrecht AT Band 2, Besondere Erscheinungsformen der Straftat, Beck, 2003, s. 779 f.
⑤ 参见〔德〕冈特·施特拉腾韦特、〔德〕洛塔尔·库伦:《刑法总论I——犯罪论(2004年第5版)》,杨萌译,法律出版社2006年版,第366—367页。

(三) 先前行为的客观方面

采因果关系说的学者必须确定"什么样的合法行为能够成为先前行为",持义务违反说的学者也必须对"义务违反""违法"作出解释。这里解决问题的关键在于界定先前行为的客观特征,亦即明确"先前行为所制造的危险与最终法益侵害结果间的关联度"。当然,对先前行为的基本性质持何种看法,为回答这一问题奠定了基调。以下介绍三位学者的观点:

1. 不被允许的风险说

罗克辛认为,先前行为应为违法行为,但"违法"这一表述还不够清晰,因此,其提倡以是否制造了"不被允许的风险"来界定先前行为的违法性。罗克辛指出,刑法要求先前行为人履行结果回避义务,乃是基于刑法对其所实施的先前行为的谴责,所以,先前行为必须提供这样一个谴责的基础,即其必定制造或者升高了法益风险;先前行为与侵害结果之间若只存在条件关系而无归责关联,就无法提供刑法发动谴责所要求的"非价"。① 以此为指导思想,罗克辛运用客观归责理论提出了以下判断先前行为的标准:第一,先前行为是否制造或升高了不被允许的风险。例如,乙邀请甲散步,甲应邀出门却不幸遭遇车祸。乙的邀请行为只是产生了一个日常生活中的危险,与甲的损害并无归责关系。法律既然不能谴责乙,就不能要求其承担救助甲的义务。第二,先前行为制造的危险并未在最终的法益侵害结果中实现时,应否定保证人地位的成立。这就是所谓的规范保护目的关联性要求。例如,屋主搜寻窃贼时摔下楼梯受伤,窃贼不成立保证人地位,因为,避免财产所有人的身体伤害并不是刑法规定盗窃罪的目的。第三,先前行为制造的危险在被害人的答责范围内时,不成立保证人地位。②

2. 特殊风险说

作为因果关系说的支持者,雅各布斯认识到完全采取因果关系说会不当扩大先前行为的范围,因此提出用"特殊的风险"(Sonderrisiko)概念来界定先前行为。雅各布斯认为,先前行为需要制造一个与法益侵害结果相关的、

---

① Vgl. Claus Roxin, Strafrecht AT Band 2, Besondere Erscheinungsformen der Straftat, Beck, 2003, ss. 764-766.
② 罗克辛还运用该说得出了以下结论:当先前行为制造的危险通过正当防卫被合法化时,不成立保证人地位;当先前行为制造的危险通过紧急避险被合法化时,成立保证人地位;当合法的先前行为继续的过程中,合法前提丧失时,成立保证人地位;先前行为是违反保证人义务的不作为时,也能成立保证人地位;先前行为是故意犯罪行为时,有结果回避义务,成立保证人地位。Vgl. Claus Roxin, Strafrecht AT Band 2, Besondere Erscheinungsformen der Straftat, Beck, 2003, ss. 766-777。

临近的、足够的危险,才能产生作为义务,但是,并非只有"违法行为"才满足这一条件。既然如此,不如直接抛弃"违法"这一标准,用"特殊风险"作为先前行为的本质要素。具体而言,若某行为制造了比必要的日常行为更高的危险,该行为即使是合法的,也应产生作为义务。雅各布斯进一步解释道,一些行为虽然得到了法律的许可,但只是因为这些行为对于社会发展确有必要,法律才允许实施;而由于行为人实施的是法律特别允许的行为,比一般人享有更多的自由,故应比一般人承担更多的义务。至于"特殊风险"的判断标准是什么,雅各布斯并没有明言。但其指出,像皮革喷雾剂案这样的合法生产导致损害的情况,以及合法驾驶、紧急避险等情形,都属于法律特别允许的行为,制造了高于日常生活的"特殊风险",行为人有义务避免这类行为可能造成的损害。①

3. 二元说

德国学者奥托认为,先前行为应分为监督危险源和保护法益两种类型。对于前者,即使是合法行为制造或者提高了法益损害发生的机会,引发了一个导向法益侵害的因果流程,行为人也必须切断该流程以避免法益侵害的产生或扩大。② 但是,奥托对此限定道,若危险并不是由先前行为制造的,或者行为引起了第三人犯罪的危险或被害人自损的危险,后者又独立地导致最终侵害结果发生时,应采用自我答责原则否定先前行为人的保证人地位,将侵害结果完全归责给第三人或被害人。奥托举例说,A 合法地驾驶车辆,撞上了未尽注意义务的路人 B,没有救助 B 即离去,B 被后来的车辆轧过而死亡。在这一案件中,导致结果实现的危险来自 B 的行为,A 并没有制造或者提高法益损害的危险,因此 A 不具备保证人地位。再如,在共同殴打被害人的过程中,若其中一名共犯人独立地作出杀人的决定,并实施杀人行为的,其他共犯人并没有监督共犯人的义务。③

对于后一类型,奥托认为,当行为人通过先前行为使被害人陷入一种无助的状态(Hilflosigkeit)或者需保护的状态(Schutzbedürftigkeit)时,行为人就自动成为被害人的保护屏障,必须使其免受新的侵害,不论这种侵害是来自

---

① Vgl. Jakobs, Vorangegangenes Verhalten als Grund eines Unterlassungsdelikts – Das Problem der Ingerenz im Strafrecht, http://www. akademienunion. de/_files/akademiejournal/2002 – 2/AKJ_2002-2-S-08-10_jakobs. pdf.

② 奥托认为,义务违反说有时会使先前行为的范围过宽,有时又会过窄,并不合适。Vgl. Harro Otto, Grundkurs Strafrecht, neubearbeitete Aufl. 6, Walter de Gruyter, 2000, S. 170。

③ Vgl. Harro Otto, Grundkurs Strafrecht, neubearbeitete Aufl. 6, Walter de Gruyter, 2000, s. 169 f.

第三人的行为或是其他原因。① 据此,虽然奥托以自我答责原则对监督危险源类型的先前行为范围进行限定,但其所主张的保护法益类型却从另一渠道扩大了先前行为的范围。

(四) 本文的观点

过去,我国刑法学界对先前行为的研究缺乏体系性,还停留在问题思考的阶段。学者们略过对先前行为实质化根据和基本性质的探讨,而热衷于划定先前行为的成立范围。于是,"先前行为是否必须是违法的"这一问题,在德国本属于先前行为基本性质的研究,在我国却一直与先前行为的成立范围相关。不仅如此,学者们的讨论也缺乏深度,多数文献仅仅以"合法行为也能产生危险"为理由,认为先前行为应包括合法行为②;所采用的论据也极其单一,均以"甲带邻居家的小孩乙去游泳不属于违法行为,但若乙溺水,甲仍有救助义务,因此先前行为也可以是合法行为"等类似情形为例进行说明。③

近年来,我国也出现了探讨先前行为性质的文献。如张明楷教授明确支持因果关系说,并对义务违反说进行了如下批判:第一,肯定先前行为成为作为义务来源并不是将先前行为作为处罚根据,因此没有理由将先前行为限定为违反义务的行为;很多合法行为也应产生作为义务,例如阻却违法的紧急避险行为,再如"X 抢劫未遂后逃走,甲、乙、丙为了将 X 抓获归案而追赶,X 在前方无路可逃时坠入深水中,甲、乙、丙的追赶行为并不违法,但的确给 X 的生命制造了危险",因此有救助义务。第二,义务违反的界限并不明确,德国目前的学说也没有对义务违反提出一个明确的标准。第三,义务违反说最有力的论点是正当防卫不产生作为义务,但是,正当防卫产生了过当的危险时,一样应产生作为义务。第四,从我国相关法律规定来看,行为人基于先前行为引起作为义务时,不以违反义务为前提。如道路交通安全法中规定,车辆驾驶人应在发生交通事故后立即抢救伤者,但这里并不要求驾驶人违反交通运输管理法规。④

为界定先前行为的范围,我国学者对先前行为的特征也作了一定研究。在先前行为的主观方面,由于我国学者一般认为合法行为也能产生作为义

---

① Vgl. Harro Otto, Grundkurs Strafrecht, neubearbeitete Aufl. 6, Walter de Gruyter, 2000, s. 168 f.
② 参见熊选国:《刑法中行为论》,人民法院出版社 1992 年版,第 185 页;高铭暄主编:《刑法学原理》第 1 卷,中国人民大学出版社 2005 年版,第 544 页;陈兴良:《刑法哲学》,中国人民大学出版社 2017 年版,第 288 页。
③ 参见刘士心:《不纯正不作为犯罪中先行行为引起的义务研究》,载《北方法学》2007 年第 6 期;郑进:《论不作为犯中先行行为引起的义务》,载《人民检察》1997 年第 4 期。
④ 参见张明楷:《不作为犯中的先前行为》,载《法学研究》2011 年第 6 期。

务,故均主张不要求行为人对侵害结果的发生有预见可能性。① 在先前行为的客观方面,学者们的说法也大同小异,一般以先前行为是否对具体法益因果性地造成了紧迫、现实的危险为考虑重点②;张明楷教授在此基础上还强调"行为人是否对危险向实害发生的原因具有支配",即是否没有其他人更应当优先保护法益。③ 然而,上述学说仍较为笼统,尚未进一步整理出具体的判断要素。

本文认为,关于先前行为的性质,原则上可采义务违反说,即先前行为应为违法行为。首先,法律已经确定某个行为合法后,又因行为人实施该行为而强令其承担由刑罚威慑所保障的作为义务,是前后矛盾的做法。从这个意义上说,义务违反说更具有合理性。其次,"义务违反"的界限虽然不明确,但已经很好地对先前行为进行了类型上的限定,足以说明其行为之性质。当然,义务违反说在具体运用时有标准不明的问题,但即便采因果关系说,也需要发展具体的判断标准来界定先前行为。再次,在合法行为中,除紧急避险之外,大多数情况下都应否定作为义务的成立:(1)一些作为义务看似由合法的先前行为产生,但实际上属于其他义务类型,应正确区分先前行为和其他法义务。例如,甲带邻居家的小孩乙去游泳,当乙溺水时甲确有救助义务,但这并非由"带往游泳"这一合法行为产生;而应认为,当甲带小孩去游泳时,就在这期间承接了小孩监护人的保护义务。(2)正当防卫不宜被认定为义务来源。对于正当防卫应否产生作为义务,持正反两种观点的学者都无法找到对方法律逻辑上的漏洞,毋宁说这是一个价值选择问题。因此,有必要遵循民众的法感情和一般的法观念来判断。要求防卫人救助侵害人,这显然是强大多数人之所难;刑法理论和司法实践也都普遍主张否定正当防卫产生作为义务。④ (3)合法行为一般不会给法益带来危险,往往是被害人自己的行为造成危险,此时应由被害人自己承担责任。在前述甲、乙、丙追赶抢劫

---

① 参见齐文远、李晓龙:《论不作为犯中的先行行为》,载《法律科学》1999 年第 5 期;许成磊:《不纯正不作为犯理论》,人民出版社 2009 年版,第 295 页;刘士心:《不纯正不作为犯罪中先行为引起的义务研究》,载《北方法学》2007 年第 6 期。论者多用以下案例来加以说明:仓库管理员下班前经巡视后认为无人在仓库,将大门锁死,但离开前听到仓库内有人呼喊;管理员知道有人在内却故意不开门,导致被锁在仓库内的人窒息而死;该管理员应基于其无过失的先前行为产生作为义务。

② 参见栾莉:《刑法作为义务论》,中国人民公安大学出版社 2007 年版,第 179 页;刘士心:《不纯正不作为犯罪中先行为引起的义务研究》,载《北方法学》2007 年第 6 期。

③ 参见张明楷:《不作为犯中的先前行为》,载《法学研究》2011 年第 6 期。

④ 美国判例如 King v. Commonwealth,285 Ky. 654,148 S. W. 2d 1044(1941)。参见 Graham Hughes, Criminal Omissions,67 The Yale Law Journal 624(1957-1958),德国近期的判例如 BGH 2 StR 582/99 2000。

犯的案件中,追赶行为本身并不会给抢劫犯的生命法益带来危险①;抢劫犯在被追赶的情况下选择了跳水及其可能带来的危险(而不是束手就擒),这显然是他自由选择的结果②;在这种情况下,不宜将义务分配给合法行为者。

在先前行为的主观方面,本文主张,虽然义务违反说一般要求行为人对侵害结果有预见可能性,但有必要从我国的理论传统和现实需求出发,对义务违反说进行一定的修正,否定预见可能性的要求。首先,我国与德国的违法性理论并不一致。德国学界对预见可能性的强调,与其二元的违法性理论紧密相连。自韦尔策尔提出目的行为论以来,不法不再单独地建立在侵害结果之上,而是由行为无价值与结果无价值共同决定③;故意和过失也不仅仅是责任要素,还同时是违法要素。因此,当义务违反说主张先前行为必须"违法"时,不仅要求该行为造成了法益侵害,还包括行为人主观上对规范的违反,即行为人的反规范态度;若行为人对侵害结果没有预见可能性,则不存在主观违法,其行为也就不会产生作为义务。但是,我国刑法理论并未受到目的行为论根深蒂固的影响,二元的违法性理论也并非我国通说。相反,主张违法性的本质是结果无价值、行为客观上侵害了法益时就满足了"不法"故意和过失应按责任要素来理解的观点非常有力。④ 从这一理论现状来看,我们无须将"行为人有预见可能性"视为先前行为作为义务的成立条件。其次,从我国社会治理的现状来看,更有必要在先前行为的成立上抛弃"预见可能性"的要求。我国正处在公共安全责任事件频发的阶段,通过赋予关键的社会角色以作为义务,令其承担不作为责任来遏制风险的做法是刑事治理的必然发展方向。但是,若对先前行为人提出"预见可能性"的要求,则难以达到这一目标。以产品安全治理为例,由于我国产品生产的安全细则并不完善,在众多领域缺乏明确的安全标准,或者即使有标准也并不科学,所以,当我们无法确定企业的生产行为因违反标准而存在过失时,即便产品给消费者带来法益损害,也难以使企业承担因不回收产品而产生的刑事责任;而只有承认先前行为人对侵害结果无预见可能性情况下的作为义务,才能合理解决

---

① 当然,如果甲、乙、丙不仅仅追赶,而且手持刀、棍砍打,有威胁抢劫犯人身安全之虞的,三人的行为就不再是正当的权利行为,而属于违法行为。
② 试想两种情形:第一,抢劫犯甲对欲抓其扭送至公安局的公民乙说,"如果你再追赶,我就跳河";第二,不愿分手的女性甲对男友乙说,"如果你要分手,我就自杀"。这两种情形本质上是一样的,乙都没有制造侵犯对方法益的危险,甲也都是基于自己的意志作出了损害法益的决定。
③ 参见〔德〕克劳斯·罗克辛:《德国刑法学总论(第1卷):犯罪原理的基础构造》,王世洲译,法律出版社2005年版,第154页。
④ 参见张明楷:《行为无价值论的疑问——兼与周光权教授商榷》,载《中国社会科学》2009年第1期,第104页;黎宏:《行为无价值论批判》,载《中国法学》2006年第2期,第170页。

这一问题。

在先前行为的客观方面,考虑到先前行为明显呈现出两种类型,有必要分别探讨。首先,先前行为使法益处于脆弱的需保护状态时,先前行为产生保护义务。在这一类型中,不要求行为和最终的法益侵害有直接的、紧迫的、类型性的因果关系,只要行为使被害人处于需保护状态,被害人的自我保护功能丧失,行为人就产生保护义务。例如,在绑架犯罪中,被害人被剥夺了基本的生存能力,因此绑架者有义务向被绑架者提供食物和水等基本生活需求。[①] 再如,共犯人对被害人实施了捆绑行为后,被害人丧失了对新的侵害的反抗能力;此时共犯人之一又独立地产生了杀人故意,杀死被害人的,其他共犯人对被害人有保护义务。其次,当先前行为本身作为危险源,开启了一个导向法益侵害的因果流程时,行为人即应承担安全义务。在这里,重点应考察行为是否不被允许地制造或者升高了法益侵害发生的风险。例如,在交通事故中,若驾驶者因违规驾驶而撞伤路人,就属于"不被允许地"给路人的生命法益制造了风险,肇事者有切断该行为引发的法益损害流程,防止危险进一步扩大为实害的义务。在这一类型中,当先前行为引起第三人的犯罪行为时,不宜简单适用自我答责原则排除先前行为人的作为义务。如下文所述,满足一定条件时,行为人仍有可能承担阻止他人犯罪的义务。

三、共犯人作为义务的确定

当实行犯超出共同谋议实施其他犯罪行为时,共犯人是否承担避免结果发生的作为义务,应以其所参与的共同犯罪行为是否属于"先前行为"来决定。根据上文对先前行为性质及主客观特征的讨论,可着重从以下两方面展开分析。

(一)共犯行为的主观方面

根据德国通行的观点,当先前行为人对其制造的风险有预见可能性时,才能产生作为义务。据此,在共同犯罪中,也应要求共犯人在实施原定犯罪行为时,对实行犯超出共同谋议所实施的犯罪有预见可能性。例如,罗克辛指出,当某个抢劫犯违反共同计划强奸被害人,如果其他共犯人在共同实施抢劫的过程中即能认识到该人有实施强奸的倾向,就应成立保证人地位;

[①] 这是西班牙学者所举的案例。他表示,当行为人剥夺了他人的自我保护途径时,就破坏了他人的"自治领域",行为人应中断这种风险。参见 Jacobo Dopico Gómez-Aller, Criminal Omissions: A European Perspective, New Criminal Law Review, 2008, Vol. 11, Number 3。

反之,则不应要求行为人承担结果回避义务。① 但是,根据本文的观点,先前行为人在无过失的情况下制造了法益侵害危险的,也应有义务避免结果发生。因此,在共同犯罪中,若共犯人无法预见实行犯将实施超出共同谋议的犯罪,亦不妨碍共犯人作为义务的成立。对于上述案例,共犯人即使无法从言语、暴力方式、眼神等预见到实行犯将实施强奸,也不会因此被免除阻止强奸发生的义务。再如,在共同抢劫的过程中,行为人之一超出事先谋议,打算杀死被害人的,其他共犯人即使在抢劫时无法预见该行为,但只要共犯行为符合先前行为客观方面的要求,共犯人也应承担结果回避义务。

(二)共犯行为的客观方面

先前行为分为监督危险源与保护法益两种类型,这里结合各类型的特点分别讨论。

1. 监督危险源的先前行为类型

根据监督危险源的先前行为理论,先前行为制造了危险源,开启了导向法益侵害的因果流程时,行为人有义务切断该流程,防止法益侵害的产生。在共同犯罪的场合,若共犯人的共犯行为类型性地引发了实行犯实施新的犯罪,则该共犯行为即先前行为,共犯人必须因此承担阻止新的犯罪的义务。这里,义务存否的关键在于确定共犯行为与过限行为是否存在"类型性的引发"关系。本文主张按照以下流程进行判断。

首先,应进行法益关联度的考察。若共犯行为与过限犯罪所侵害的法益之间并无关联性,则不应认为共犯人有结果回避义务。这是因为,先前行为人只应对其行为性质所可能涉及的法益侵害承担责任,当过限行为制造的法益侵害不在此范围内时,不应要求先前行为人对此负责。在德国,持义务违反说的学者对这一点已达成共识②,法官亦普遍遵循此点来判断作为义务。例如,数被告人进入一昏暗的房间盗窃时点燃火柴照明,离开房间时丢弃了火柴(法院不能确定是哪一名被告人将火柴丢弃),结果引起火灾,但被告人没有救火即径行离去。在这个案件中,共犯行为是盗窃,丢弃火柴引起火灾属于某个共犯人过失超出共同谋议的实行过限行为;盗窃行为能否产生灭火义务是追究各被告人不作为放火罪的前提。石勒苏益格高等法院认为,判断

---

① Vgl. Claus Roxin, Strafrecht AT Band 2, Besondere Erscheinungsformen der Straftat, Beck, 2003, S. 768.
② 德国学者以"义务违反关联性"(又称"规范保护目的关联性")来强调这一点。更详细的研究,参见 Michael Kahlo, Das Problem des Pflichtwidrigkeitszusammenhanges bei den unechten Unterlassungsdelikten, Duncker & Humblot, 1990。

本案中各共犯人是否负有救火义务的关键在于,"数被告人实施的盗窃行为是否包含引发火灾的危险,以及盗窃行为是否'直接'导致了火灾结果"①。由于共同盗窃行为侵犯的是财产法益,该行为无论如何不可能侵犯公共安全法益,火灾的发生与盗窃行为无关,因此共犯人没有灭火的义务。②

其次,若上述判断得出肯定结论,再考虑共犯人的行为是否"促使"过限行为发生,即是否为该行为的发生提供了较大的可能性。过去德国法院认为,只要先前行为和过限结果之间存在自然因果关系就肯定作为义务,但这样的观点已被德国联邦最高法院所否定。例如,被告人醉酒后,在另一被告人W的住所内,与多人一起共同殴打被害人T。后被告人因酒意发作而睡着,没有继续参与殴打。T被殴打了几个小时后,一些共犯人注意到T不再有生命迹象,W主张把T丢出去。此时被告人醒来。当T被拖出屋外,弃至车库边时,被告人正站在旁边,发现T还没有死,但其没有采取任何措施,而是和其他共犯人饮完酒后回家。青少年法庭认为,虽然被告人短暂的殴打行为不负"殴打致死"的责任,但只要其一开始积极参与了殴打就应处于保证人地位。但是,德国联邦最高法院否定了这一判决,认为被告人参与殴打的行为并没有促使其他共犯人实施更长时间的可能致人死亡的殴打,因此被告人不应因其行为承担结果回避义务。③ 可见,先前行为是否对过限行为的发生起了较大的推动作用是问题的关键。在具体判断上,本文认为可从以下两方面考虑:

(1) 共犯行为侵害法益的程度是否严重。从客观上说,共犯行为本身越严重,过限犯罪发生的可能性也越大。以生命法益为例,轻微的殴打和严重的殴打以致伤害这两种情形比较起来,后者更易促成对生命法益的侵害。不仅如此,共同侵害行为越严重,使被害人陷入越软弱的状态,就越有可能引起同伴的攻击欲望④,越容易促使其实施新的犯罪。关于这一点,笔者举以下两个案例进行对比说明。

---

① Joerg Brammsen, Die Entstehungsvoraussetzungen der Garantenpflichten, Duncker & Humblot, 1986, S. 325.
② 当然,丢弃火柴的共犯人基于丢弃行为而产生灭火义务。在可以证明丢弃者的情况下,灭火义务的归属没有疑问。在无法查明是哪一共犯人丢弃火柴的情况下,由于丢弃火柴的行为不能视为所有盗窃犯共同的行为,全体共犯人均不能因未灭火而被归责。
③ BGH 4 StR 157-00-23_Mai 2000. 类似的案件还有前文提及的抢劫强奸案。多特蒙德地方法院认为,由于被告人是抢劫犯罪的起始者,因此有义务干涉事件的发展,阻止其他共犯人实施强奸行为。但德国联邦最高法院指出,被告人与其他共犯人共同商议实施抢劫行为,并没有为强奸行为的发生制造临近的、紧迫的风险,被告人无需承担不作为强奸的责任。
④ Vgl. Jakobs, Vorangegangenes Verhalten als Grund eines Unterlassungsdelikts – Das Problem der Imgerenz im Strafrecht, http://www.akademienunion.de/_files/akademiejournal/2002-2/AKJ_2002-2-S-08-10_jakobs.pdf.

例1：二被告人 B 和 W 商议一致，对被害人实施严重的殴打行为。在这个过程中，W 又决定继续实施更严重的侵害行为，并在没有 B 参与的情况下，最终杀死了被害人。①

例2：A 和 M 在 A 的住所内殴打 T，但并未危及 T 的生命。由于 M 的暴力非常严重，A 向 M 表示，他并不想有什么麻烦。M 产生杀死 T 的想法，尽管 A 可以阻止这个行为，但是他什么也没有做。M 杀死了 T。②

在这两个案件中，被告人都实施了共同殴打行为，被害人也最终被另一名被告人杀死，但例1中 B 一开始实施的就是严重的殴打行为，而例2中 A 参与的殴打行为是较轻的、"未危及生命"的。德国法院在例1中肯定了 B 的保证人地位，在例2中则否定了 A 的保证人地位。法院指出，共犯人实施的殴打行为是否向被害人死亡的方向创设了较高的风险是判断的关键。③ 在例1中，由于先前行为属于严重的暴力行为，制造了一个值得法律注意的向死亡方向升高的危险，另一被告人则在此基础上"顺势而为"地实施了杀人行为，因此，先前行为人必须承担结果回避义务。在例2中，A 的行为虽然也侵犯了被害人的身体法益，但鉴于其侵害程度，对被害人的生命法益来说并没有创造一个值得注意的风险。④

（2）共犯行为客观上是否起到引导过限行为发生的作用。即使共犯行为侵犯法益的程度并不非常严重，但当该行为本身的一些特质客观上促使实行犯实施更严重的犯罪时，共犯人的作为义务也应成立。例如，共犯人虽然实施了较轻的暴力，但其通过言语或者行为攻击的方式，令实行犯产生强奸被害人的故意，对此也应肯定共犯人有阻止强奸的作为义务。再如，在共同殴打过程中，乙通过演示殴打方式、为甲的殴打行为叫好等做法，促使甲决意实施更长时间的殴打行为，甚至产生杀害被害人的意图进而杀死被害人的，即使乙只参与了部分时段的殴打，也要承担阻止被害人死亡的作为义务。

---

① BGH NStZ 1985, S. 24.
② Vgl. Harro Otto, Grundkurs Strafrecht, neubearbeitete Aufl. 6, Walter de Gruyter, 2000, S. 169.
③ BGH NStZ 1985, S. 24.
④ 奥托对例2中法院的判决作了批评。他认为，M 的杀人决定并非从之前的共同殴打中产生，死亡结果属于 M 的自我答责范围，因此，A 并无对 T 的保证人地位；同样持此立场的 Kühl 认为，A 的殴打行为只是具有某种行为倾向（Tatgeneigtenheit），而利用这一倾向实施故意犯罪行为的人，在完全的答责状态下作出了杀人的决定，故应否定 A 的保证人地位。然而，这一主张受到学界的有力批评。罗克辛即认为，自我答责原则不足以排除作为义务。例如，倘若乙应甲的要求递刀给正在打斗的甲时能够认识到甲要用刀子实施犯罪，乙的认识并不会改变甲的"自我答责"，但乙必须因此承担保证人义务。Vgl. Harro Otto, Grundkurs Strafrecht, neubearbeitete Aufl. 6, Walter de Gruyter, 2000, S. 169; Kristian Küh, Strafrecht Allgemeiner Teil, neubearbeitete Aufl. 3, München: Verlag Franz Vahlen GmbH, 2000, S. 687; Vgl. Claus Roxin, Strafrecht AT Band 2, Besondere Erscheinungsformen der Straftat, Beck, 2003, S. 767。

2. 保护法益的先前行为类型

根据保护法益的先前行为理论,在共同犯罪中,当共犯人使被害人陷入无法抵抗侵害的状态,而实行犯利用该状态实施新的犯罪时,共犯人的行为即符合保护法益的先前行为类型,应对被害人承担保护义务。例如,甲、乙二人共同入室抢劫,甲将被害人丙女的手脚捆绑住,乙则在一旁搜索钱财。若乙又打算强奸丙女,由于甲捆绑丙的行为使丙陷入无法反抗乙之强奸的状态,因此甲有义务阻止乙的行为。同样,若甲、乙一起对丙实施暴力,乙再对因受伤而无力抵抗的丙实施强奸,甲也应承担阻止乙的义务。但是,若甲只是对丙女使用了一般的暴力或者胁迫,则不构成对丙女保护能力的剥夺,甲的行为不符合保护法益的先前行为类型。① 德国判例亦持此观点。例如,A 和 K 抢劫 F,对其实施了严重暴力后离去。当二人再次从 F 家经过时,听到 F 的呻吟。二人进入 F 家,K 起杀意并通过殴打、掐脖子等方式杀死 F。A 仅仅要求 K 停手,但没有阻止其行为。对于此案,法院认为 A 通过其先前行为使 F 丧失了自我保护能力,因此 A 应承担对 F 的保护义务。②

需要说明的是,与监督危险源的先前行为类型要求先前行为与过限行为之间存在类型性的引起与被引起的关系不同,保护法益的先前行为类型不要求共犯行为与实行犯的过限行为之间具备这样的关联。当共犯行为剥夺了被害人的自我保护能力时,即使实行犯超出共同谋议侵犯的法益与共犯行为侵犯的法益无关,或者实行犯的行为完全不是由共犯行为所"促成"的,也应肯定共犯人的保证人地位。例如,甲、乙二人对丙实施非法拘禁,将丙困在封闭的房间里。若乙又起了放火烧死丙的犯意,则甲应对此有阻止义务。在这一案件中,虽然甲开始实施的共犯行为只是侵犯丙的人身自由,与乙另打算实施的杀人行为之间并无法益上的关联,但甲参与剥夺了丙的自我保护能力,使丙无法抵抗新的法益侵害,故应对丙的生命法益承担保护义务。③

综上,当共犯行为符合监督危险源或保护法益的先前行为类型时,共犯人即对实行犯的过限行为有结果回避义务,共犯人不履行该义务时可追究其不作为的责任。值得注意的是,从作为犯的角度看,共犯行为本身已经构成犯罪,因此在讨论共犯人的刑事责任时必然涉及罪数问题。无疑,若后一阶段的不作为侵犯的法益与前一阶段的作为侵犯的法益不同,则应对共犯人数罪并罚。但是,若不作为侵犯的法益包含作为侵犯的法益,或者两者侵犯的

---

① 可根据甲的暴力、胁迫情形来判断甲是否成立监督危险源的保证人类型。
② Vgl. Harro Otto, Grundkurs Strafrecht, neubearbeitete Aufl. 6, Walter de Gruyter, 2000, S. 168.
③ 至于义务履行的内容和程度则是另一个问题。甲有义务松开捆绑住丙的绳索,但是否有义务把丙救离火场,还要根据捆绑时间、被害人的身体情况、火势情况等作具体讨论。

法益相同,由于最终只有一个法益遭到侵害,按重罪处理即可。例如,共同故意伤害他人后不阻止实行犯杀死被害人的,共犯人既成立作为的故意伤害罪,又成立不作为的故意杀人罪,按后者定罪处罚。① 共同故意伤害他人时对实行犯导致他人死亡的行为有预见可能性,有能力阻止该结果发生而没有阻止的,共犯人既构成作为的故意伤害(致死)罪,也构成不作为的故意杀人罪。在这种情况下,虽然故意伤害(致死)罪和故意杀人罪的法定刑相当,但后者的罪质更重,因此宜对共犯人按不作为的故意杀人罪论处。②

四、我国司法实践中的具体应用

从我国司法实践来看,很多共同犯罪案件中都涉及知情共犯人对过限行为是否存在阻止义务、是否构成不作为犯罪的问题,本文拟就下面二则案例进行具体说明。

例1:胡某、李某、陈某(女)因经济拮据,三人共谋由陈某到车站以女色勾引男子至预先租用的暂住房,以为男子敲背为由窃取财物。2002年8月6日上午,陈某按预谋将张某从车站骗到暂住房,骗张某脱下外裤,欲由埋伏在后半间的胡某、李某实施盗窃。但张某因故未脱下外裤。胡某、李某见无法通过盗窃取得财物,就从后半间冲出,采用拳打脚踢的暴力方法劫得张某人民币2万元。陈某见胡某、李某冲出对张某实施暴力劫财,既未参与也未阻止。事后陈某、胡某从劫得财物中分得赃款15000元,李某分得赃款5000元。③

李某与胡某在盗窃不成的情况下以暴力劫取被害人财物的行为已构成抢劫罪。有疑问的是,在场的陈某是否也成立抢劫罪,对此可从两种途径进行考察。一种是从作为犯的角度,认定陈某和胡某、李某成立抢劫罪的共犯。根据前文介绍的容忍说的观点,陈某在场并且知情,对胡某和李某的行为采取了放任态度,应成立共同犯罪。但是,陈某的"知情"不表示其有抢劫故

---

① 关于共犯人(不作为)和实行犯(作为)是否成立故意杀人罪的共同犯罪,有不同的观点。一种观点认为,不作为犯属于义务犯,和作为犯无法构成共同犯罪,因此共犯人和实行犯均成立故意杀人罪的正犯。另一种观点则认为,不作为和作为可以构成共同犯罪,因此,实行犯为故意杀人罪的正犯,共犯人为该罪的共犯。在后一观点下,适用从一重处罚的原则对共犯人论以罪质更重的故意杀人罪(共犯)时,应在考虑"故意伤害罪的正犯所处刑罚"之后,以此为最低限确定故意杀人罪的刑罚,以避免量刑不公。
② 在德国则多以"不纯正竞合"理论来讨论这一问题。详细的论述参见张明楷:《不作为犯中的先前行为》,载《法学研究》2011年第6期。
③ 参见覃俊:《合谋盗窃不成改有人选择抢劫 同伙不作为是否同罪》,载法邦网(https://www.fabao365.com/xingshi/146733/),访问日期:2022年10月24日。

意,陈某的"在场"也不能说明其对抢劫提供了客观上的帮助,故不能据此认定陈某构成抢劫罪。另一种是从不作为犯的角度,认定陈某未阻止胡某、李某的抢劫行为,与二人构成共同犯罪。这里的关键是判断陈某是否有作为义务。根据本文前面的分析,陈某并不具有阻止犯罪的义务,不构成抢劫的共犯。首先,虽然陈某共谋盗窃以及将被害人诱骗至暂住处的行为与胡某、李某的暴力取财行为都侵犯了财产法益,但前者本身不包含引发侵犯人身法益的危险,两种行为间不具有违法关联性;而且,陈某的行为并没有起到"促使"另两名被告人实施抢劫的作用,因此,其不属于监督危险源的先前行为类型。其次,陈某虽然将被害人带至暂住处,但并没有使被害人陷入软弱的需保护状态,也不属于保护法益的先前行为类型。

根据上述分析,实践中经常讨论的事后抢劫的共犯问题也有了答案。例如,甲与乙共同入室盗窃,乙在里屋行窃,甲在外屋行窃。适逢室主 A 回家,甲为了抗拒抓捕,对 A 实施暴力,将 A 打昏。乙知情但没有参与实施暴力。对于乙而言,不论从作为犯角度还是不作为犯角度,都不能认定其构成事后抢劫的共犯。①

例 2:2005 年 8 月 12 日上午 8 时 30 分许,被告人廖某携带一把单刃尖刀,同被告人周某、被告人王某前往王某的邻居郑某家抢劫。廖某指使王某以自家停电为由敲开被害人的家门,发现只有郑某和两个儿子在家,廖某于是决定实施抢劫,三人还分了工。随后,三人一起到被害人郑某家门口,王某以邻居的名义敲开郑某家的防盗门,廖某即持刀和周某、王某进入郑某家。在郑某家中,廖某将郑某带进主卧室取存折,并要周某捆绑郑某的两个儿子。周某找来围裙、毛巾等在客厅将郑某两个儿子的双手捆绑,交给王某看守,自己也进入主卧室。主卧室内,廖某以持刀刺杀郑某的儿子相要挟,威逼郑某交出了存折并说出了密码,周某则从抽屉内搜出了一叠人民币。之后,廖某又要周某将郑某捆住,周某就用一根手机充电器的电线将郑某双手反绑,然后拿着郑某的存折到上饶市中行胜利路营业部取钱。大约 20 分钟后,周某返回被害人家里,告知廖某取到了 4.2 万元现金,廖某便决定杀人灭口。之后,廖某一人进入主卧室,将门关上,杀死了被害人郑某,随即回到客厅指使周某、王某杀死郑某的两个儿子,周某、王某二人均表示不敢杀人。于是,廖某返身又将

---

① 张明楷教授亦通过否定容忍说和共犯人义务,认定此类情形不构成事后抢劫的共犯。参见张明楷:《事后抢劫的共犯》,载《政法论坛》2008 年第 1 期。

郑某的两个儿子分别带进主卧室,将两人杀死。之后,三人迅速逃离现场。①

本案中,被告人廖某的行为较易认定,其在实施抢劫之后再杀人灭口,应以抢劫罪和故意杀人罪并罚。周某、王某也参与了抢劫行为,无疑成立抢劫罪的共犯;有疑问的是,二人应否对被害人的死亡负责,若需负责应承担何种责任。法院认为,周某、王某二人虽然明确拒绝廖某提议的杀人行为,但其"在抢劫犯罪阶段中实施的大量行为,已延续到故意杀人犯罪阶段,所以应按故意杀人罪来处理"。显然,法院所说的"抢劫行为延续到故意杀人阶段",实际上强调的是二人在抢劫罪中所实施的行为对廖某后来的杀人行为起到了客观上的帮助作用;再加上本案性质恶劣,不让二被告人承担故意杀人的责任似乎不符合情理,因此,法院综合考虑,作出周某、王某二被告人成立故意杀人罪的判决。但是,这一判决不符合法理。被告人廖某有杀人的故意且实施了杀人行为,这对于另外两个仅想实施抢劫罪的被告人来说属于过限行为。若要认为周某、王某二人与廖某就故意杀人罪成立共同犯罪,必须证明二人有杀人的故意和行为。但是从案情来看,周某、王某二人在廖某要求其杀人的情况下都表示不敢杀人,说明其并无杀人的故意,且二人仅实施了抢劫行为,没有参与廖某的杀人行为。因此,法院的判决值得商榷。

本文认为,有必要从不作为的角度考虑二被告人的刑事责任。被告人周某在共同抢劫的过程中,实施了捆绑被害人的行为,周某应基于这一行为对被害人的生命法益承担保护义务。首先,周某的行为剥夺了被害人的反抗能力,属于应承担保护法益义务的先前行为,周某有义务防止被害人遭受更严重的侵害;其次,周某将被害人捆绑起来,后者由此陷入无力抵抗的状态,这不仅使廖某的杀人行为更容易得逞,且更易激发其杀死被害人的故意,客观上起到了促使廖某实施杀人行为的作用。因此,周某有结果回避义务,在可以履行的情况下却没有履行,根据案情可综合考虑成立不作为的故意杀人罪。至于被告人王某,从案情描述来看,虽然王某在抢劫罪中实施了为同伙提供作案对象、骗开被害人家门、看守被捆绑的被害人等行为,但这些行为和廖某的杀人行为之间仅存在自然意义上的因果关联;其整个过程中没有实施暴力行为,也没有实施任何促使廖某杀人的行为。因此,王某先前参与的共犯行为并不会产生阻止廖某杀人的义务,对王某以抢劫罪处理更为合适。

---

① 参见谢俊:《上饶母子三人家中被杀 歹徒劫财后连刺67刀灭口》,载江西新闻网(https://jiangxi.jxnews.com.cn/system/2006/10/10/002349734.shtml),访问日期:2022年10月24日。

不作为与缺陷产品不召回

不作為犯論 の 再展開
Neue Entwicklung der
Lehre vom Unterlassungsdelikt

第九章　缺陷产品不召回的刑事责任

黎　宏　常康爽

内容摘要：对于缺陷产品不召回的刑事责任问题，应通过不真正不作为犯的理论进行分析。排他支配设定说从对因果进程设定排他性支配的角度，来限定不真正不作为犯的成立范围，能够合理地解释产品召回义务：生产者是通过左右消费者对缺陷产品危险性的认知，而主动设定了对"缺陷产品处于流通领域进而引发安全事故"这一因果进程的支配；企业内部发生人事变更的情况下，继任者是根据其任职期间的地位和权限，以中途介入的方式对因果进程的发展方向起到支配作用；产品缺陷致人损害的因果进程并不指向特定的消费者，因而无论是亲自购买产品的消费者还是其他第三人，都应当在保护范围之内。

一、问题的提出

在民事侵权法或者产品责任法的领域，生产者、销售者对于既已投入流通的"缺陷产品"[①]负有召回义务，这一点已经被我国实证法明确认可。[②] 尽管民法上已经明确规定了相应的补救义务，但是生产者、销售者也可能会因为各种利益的权衡而缺乏采取补救措施的动力，甚至可能在发现产品缺陷后故意隐瞒、放任危害发生。[③] 那么，缺陷产品的召回义务是否能够成为刑法

[①]　《产品质量法》第46条规定："本法所称缺陷，是指产品存在危及人身、他人财产安全的不合理的危险；产品有保障人体健康和人身、财产安全的国家标准、行业标准的，是指不符合该标准。"

[②]　参见《民法典》第1206条，《消费者权益保护法》(2013年修正)、《食品安全法》(2015年修正)等法律中也存在相关规定。

[③]　例如，20世纪七八十年代，美国福特公司生产的Pinto小型汽车一度非常流行，但是后来发现其位于后座的油箱存在问题，在少数碰撞情况下，油箱会爆炸并导致人员重伤或死亡。在案件调查过程中，人们发现福特公司很早以前就已经知道油箱存在缺陷，但是公司作了成本效益分析：对每部Pinto汽车进行安全性改造所需费用为11美元，所有车辆总计1.37亿美元；如果不召回，结合事故发生概率进行计算，需要承担的人身损害赔偿和汽车修理费用约为5000万美元，反而可以节省8700万美元，因此福特公司没有采取召回措施。后来印第安纳州法院对其判处了惩罚性赔偿金。参见 Frank J. Vandall, *Criminal Prosecution of Corporations for Defective Products*, 12 Int'l Legal Prac. 66, 72 (1987).

上的一项义务,亦即,在本来能够通过采取召回措施防止缺陷产品的危险转化为实害结果的情况下,相关主体是否可能因其不召回的行为而承担某种刑事责任(构成犯罪),则成为问题。①

关于缺陷产品不召回的刑事责任问题,国外学说的讨论和争议主要体现为两个层次:

首先,对于此类问题,应采取何种理论模式(过失犯模式或是不作为犯模式)分析解决。20世纪90年代以来,德国和日本相继出现了相关判例,对不召回缺陷产品的行为追究了刑事责任,罪名主要涉及过失伤害罪、业务过失致死伤罪等伤害型犯罪。但是,两国的裁判理由却呈现出两种不同的论证思路:德国有关判例主要是根据不真正不作为犯的理论认定被告人具有先前行为的"保证人地位",进而需要对未实施召回的"不作为"承担责任②;而日本的有关判例则是从过失犯中的注意义务的角度,论证被告人负有采取召回措施等防止事故进一步发生的业务上的"注意义务"。③ 由此可见,产品召回义务究竟应当从不作为犯中的作为义务进行论证,还是从过失犯中的注意义务的角度加以理解,也不无疑问。

其次,如果认为需要从不真正不作为犯的视角解释产品召回义务,那么作为义务的来源(保证人地位的根据)何在?对于这一问题的理解,可谓众说纷纭、争议重重。例如,危险物品支配说往往面临这样的质疑:当产品已经进入流通领域乃至消费者手中时,是否还能够认定生产者、销售者存在支配;而先前行为说面临的困难是:在单位内部人事变更的情况下,如何妥当地说明继任者的作为义务。

其实,我国也曾出现对缺陷产品未予召回的案件。在2008年的"三鹿奶粉事件"中,三鹿集团相关负责人在调查得知其婴幼儿系列奶粉中含有三聚氰胺的情况下,非但没有采取召回措施,反而继续生产、销售问题奶制品。④ 然而,"不召回"的问题在当时并未成为该案的焦点,法院是根据"继续生产、销售"的行为,追究了被告单位及相关人员生产、销售伪劣产品罪的责任。尽管如此,问题奶粉导致婴幼儿患病甚至死亡的结果,因证据不足而未

---

① 例如,交通运输部令2015年第23号令《铁路专用设备缺陷产品召回管理办法》第31条规定:"生产企业未按规定召回缺陷产品,未采取措施消除缺陷的,国家铁路局应当责令其改正,拒不改正的,按下列规定处罚……构成犯罪的,依法追究刑事责任。"其中的"追究刑事责任",是否指"不召回"而导致的刑事责任?

② Marcus D. Dubber and Tatjana Hörnle, *Criminal Law: A Comparative Approach*, 296 (1st ed. 2014).

③ 〔日〕甲斐克则:《缺陷车辆制造与刑事过失:以三菱自工货车轮胎脱落事故的最高裁决定为契机》,载《北九州市立大学法政论集》2013年第40卷第4号,第57页。

④ 参见河北省高级人民法院刑事裁定书(石家庄三鹿集团股份有限公司及相关责任人员生产、销售伪劣产品案),载《最高人民检察院公报》2009年第4号(总第111号)。

能归属给被告人"继续生产、销售"的行为。但是如果能够将"不召回"的相关事实也纳入评价范围,理论上则有可能将部分伤害或死亡结果归属给被告人,这样便能够实现更加全面的评价。而且,随着科学技术尤其是人工智能的发展,人类所面临的新型产品风险层出不穷,产品责任问题也变得更为复杂。近年来,自动驾驶引发的交通事故被接连报道,便可以作为一种体现。[①] 因此,探讨如何能够从不作为犯的角度追究"不召回缺陷产品"的刑事责任,以及产品召回义务在刑法上的成立根据何在等问题,具有一定的现实意义。

二、缺陷产品刑事责任的现有处理模式

关于缺陷产品刑事责任的问题,结合域内外司法实践及学说观点来看,现有的处理思路大体上可以分为三种模式,即故意的作为犯模式、过失犯模式以及不作为犯模式。

(一) 故意的作为犯模式

所谓故意的作为犯模式,是指以产品的生产、销售等行为作为主要的规制对象。例如,我国《刑法》第三章第一节"生产、销售伪劣商品罪"中的各个罪名,基本属于故意的作为犯。进一步地,故意的作为犯模式中还有可能存在"抽象危险犯+结果加重犯"类型的犯罪,例如生产、销售假药罪(《刑法》第141条),生产、销售有毒、有害食品罪(《刑法》第144条)。这种类型的作为犯,在逻辑上能够将一部分的不召回行为概括地评价在内。

诚然,故意生产、销售缺陷产品的,完全可以通过生产、销售伪劣商品相关犯罪对其进行处罚;过失生产、销售伪劣商品,对他人生命健康和公共安全造成侵害的,也存在构成过失致人死亡罪、过失危害公共安全相关犯罪的空间。尽管相对而言,故意生产、销售伪劣商品的行为仍然是我国刑法重点关注的对象,但现代科技在推动产品日新月异发展的同时,也埋下了各种新型

[①] 特斯拉公司于2016年7月1日通报了一起交通事故致死事件,参见特斯拉公司网站(https://www.tesla.cn/blog/tragic-loss),访问日期:2017年10月30日。但据媒体报道,关于特斯拉自动驾驶的交通事故致死事件,有更早的一起于2016年1月在我国境内发生:"23岁的高姓车主在部队从事司机工作,并有上万公里的安全行驶记录。但据事故后行车记录仪中的视频分析,事故发生时,特斯拉处于'定速'的状态,并未能识别躲闪而撞上前车。现场交警调查,碰撞发生前,涉车祸特斯拉并没有进行任何躲避和减速,而是保持车速撞上前方正在施工作业的道路清扫车尾部。"但该事故直到同年9月才见诸报道,参见《央视曝特斯拉自动驾驶事故 国内首次致死:不减速撞前车》,载新浪网科技频道(http://tech.sina.com.cn/it/2016-09-14/doc-ifxvukhv8402791.shtml),访问日期:2022年2月26日。

的未知风险;对于事后发现的产品缺陷,应当由谁来承担消除风险的义务,违反义务者将承担何种责任,终究是无法回避的问题。如果忽视不召回这一不作为的独立意义,只追究生产、销售行为的责任的话,便可能无法使事实得到充分评价,至少在以下三个方面会存在疑问:

首先,缺陷产品所导致的危害结果,并非在所有情况下都能够归咎于输出产品的"作为"。在缺陷产品最初的生产、销售阶段,行为人可能并不存在故意或过失。例如,产品投入流通时,依照当时科学技术水平尚不能发现缺陷的存在,但随着产品的实际使用和科技的进步,该缺陷在事后才被发现。如此一来,生产、销售的行为无法成立相应的故意作为犯,不召回的不作为也就无法被一体评价。而无论在生产、销售产品时是否存在故意或过失,在产品缺陷能够被及时发现并得到补救的情况下,法律也不可能对此完全放任不管。尤其是在信息传播更加便利和高效的当今社会,即便是事后才发现已经流通的产品存在缺陷,如果及时采取公告、警示、召回等措施,仍然能够有效地降低或消除缺陷产品所带来的危险,并防止危险进一步演变为实害。

其次,即便能够认定先前的生产、销售行为存在过失,但发现产品缺陷后的"不作为"的责任程度比过失更重的情况,也并非毫无存在的可能。例如,事后发现产品存在缺陷,行为人明知会产生致人死亡的危害结果,仍然隐瞒危险情况不予召回,就他人的死亡结果而言,生产、销售行为的主观责任可能只是过失,而不召回的主观责任则有可能是故意。此时如果仅考虑生产、销售行为的过失责任,会导致评价不够全面。

最后,实施生产、销售行为的主体与负责召回的主体可能并不一致。例如,缺陷产品生产、销售之后,企业负责人发生变更,对后任的负责人难以论以生产、销售伪劣产品罪;如果后任者有义务采取召回措施而未予召回,其不作为责任也就无法依附于相应的作为犯,而需要单独考察。

以下将结合"三鹿奶粉案"进行具体说明。① 本案中,法院判决认为,被告单位三鹿集团,被告人田文华、王玉良在得知奶粉中含有三聚氰胺以后继续进行生产和销售,同时符合生产、销售有毒食品罪和生产、销售伪劣产品罪的构成要件,依法应当依照处罚较重的规定定罪处罚。但是,"因现有证据不

---

① 2007年年底,三鹿集团开始陆续接到消费者投诉,反映有部分婴幼儿食用三鹿奶粉后尿液中出现红色沉淀物等症状。三鹿集团于2008年5月对此事展开初步调查后发现,奶粉中"非乳蛋白态氮"含量明显过高,怀疑含有三聚氰胺;2008年8月1日,检疫中心出具了正式的检测报告,确认送检的奶粉样品中几乎全部含有三聚氰胺。至此,全国已有众多婴幼儿因食用三鹿奶粉出现泌尿系统结石等病症,并有多人死亡。然而,三鹿集团在此之后只是决定停止销售三聚氰胺含量较高的奶粉,对于经检测三聚氰胺含量在10mg/kg以下的奶粉仍继续销售;同时,还决定将收购的不合格原奶继续用于生产乳酸菌饮料等其他乳制品。石家庄市中级人民法院作出有罪判决后,被告人进行了上诉,最终河北省高级人民法院裁定维持原判。

足以证实被告单位及各被告人在2008年8月1日得知其产品中含有三聚氰胺以后,继续生产、销售的奶制品流入市场造成了危害结果",所以无法适用生产、销售有毒食品罪的加重法定刑;但是由于销售金额巨大,能够适用生产、销售伪劣产品罪的加重法定刑,故最终论以生产、销售伪劣产品罪进行处罚,其中处罚最重的被判处了无期徒刑,最轻的被判处了五年有期徒刑。①

判决将继续进行生产和销售的行为以作为犯论处,在这一点上,可以说和德国联邦最高法院在"皮革喷雾剂案"中认定作为犯的部分思路是大致相同的。尽管这样的处罚结果已经远远重于一般的过失致人重伤或死亡的犯罪,但是本案重判的法律依据仍然是销售金额,而并非已造成的死伤结果。换言之,"三鹿奶粉案"中的被告人并不是在为众多婴幼儿的伤亡的结果负责。

不得不说,本案中"不召回"的问题未能得到充分的评价。一方面,三鹿集团及相关责任人员由于在2008年8月1日之前对奶粉质量问题欠缺认识,难以成立生产、销售有毒、有害食品罪,死伤结果也难以归责于此前的生产、销售行为;另一方面,现有证据又难以证明死伤结果与2008年8月1日之后的生产、销售行为存在因果关系。那么,本案中的死伤结果真的无法得到归责吗?其实不然。至少在2008年5月初步怀疑奶粉中含有三聚氰胺时,三鹿集团便可通过召回措施避免事故进一步扩大;更何况其于2007年12月便已经陆续接到相关投诉,却时隔半年之久才正式展开调查。如果根据伤亡婴幼儿的病例、所服用奶粉的生产日期等证据,再结合存疑有利于被告人的事实认定规则,将死伤结果归咎于三鹿集团的"不召回",也并非毫无可能。

(二)过失犯模式

过失犯模式将产品事故中的"作为"和"不作为"统摄为过失犯中的"违反注意义务"。亦即,在产品不召回的问题上,过失犯模式将产品召回义务解释为过失犯中的注意义务。如果行为人被认定为负有召回的注意义务而未采取召回措施,最终因产品缺陷造成他人伤亡的,则行为人将构成相应的过失犯罪(例如过失致人死亡罪)。

日本的"约害艾滋案""三菱货车轮胎脱落案""开水器一氧化碳中毒案"等产品致害案件中,均是通过过失犯的注意义务来说明被告人负有采取召回措施的义务,并未直接论及不真正不作为犯的问题。例如,"三菱货车轮胎脱

---

① 参见"石家庄三鹿集团股份有限公司及相关责任人员生产、销售伪劣产品案",河北省高级人民法院刑事裁定书,载《最高人民检察院公报》2009年第4号(总第111号)。

落案"中,三菱汽车市场品质部负责人在得知已发生若干起轮胎脱落事故的情况下,仍未对问题货车实施召回;之后,相同原因的事故再度发生,造成一人死亡、两人受伤。对此,日本最高裁判所主要从过失犯中违反注意义务的角度,论证其构成业务过失致死伤罪:"根据两名被告人的地位、职责和权限,应当肯定其负有采取以实施召回等改善措施为目的的必要措施、避免因轮毂强度不足造成的轮胎破损事故进一步发生的业务上之注意义务。"①

对于判例的做法,有学者持肯定态度。稻垣悠一便认为,不真正不作为犯是故意犯里面才需要专门探讨的问题,在过失犯中并没有讨论不作为的必要;制造物的刑事责任问题,凭借过失犯的理论本身即可予以解决。其理由在于:其一,在产品的生产、销售阶段,认定作为行为的过失即可。其二,在产品进入流通领域之后的阶段,可根据"监督过失"或者"行为基准"的判断使问题得到解决,没有必要再引入保证人地位。其三,在规范构造上,过失犯的行为样态本身就同时包括了作为和不作为,没有必要讨论不真正不作为犯的等价值性问题。②

然而,有力观点认为,在过失犯罪中仍然必须严格区分注意义务和作为义务。③ 本文也认为,将过失的不作为消解在纯粹的过失犯理论中的做法,其依据的理由并不能成立;即便是在过失犯中,也仍然有必要专门讨论不作为问题。

在生产、销售阶段的过失,根据"输出产品"的行为认定成作为即可,无需通过不作为犯的模式进行解决,稻垣悠一的这一论点值得赞同。只要产品还在生产商或销售商手中,尚未进入下一个流通环节,缺陷产品的危险就尚未输出,因此无需考虑不作为的可罚性。④ 汽车制造过程中究竟在哪一道工序上必须安装安全气囊,是行业技术规范的问题,这在刑法看来并不重要;刑法上的要求应该是,只要其在出厂时是安全、完好的就可以了。如果汽车出

---

① "三菱货车轮胎案"于2002年起诉,2012年作出最终决定。参见〔日〕谷井悟司:《刑事判例研究:最高裁第三小法庭平成24.2.8决定》,载《法学新报》2015年第122卷第3—4号,第339页。在此之前,日本还发生过"药害艾滋案",该案于1996年起诉,绿十字公司负责人、厚生省相关行政官员分别于2002年、2008年受到终审裁决;参见〔日〕山中敬一:《刑事制造物责任论中作为义务的根据》,载《关西大学法学论集》2011年第60卷第5号,第999—1071页。

② 〔日〕稻垣悠一:《刑事过失责任与不作为犯论——以刑法上的制造物过失相关事例为中心》,张光云译,载《四川师范大学学报(社会科学版)》2015年第2期,第67页。

③ 〔日〕神山敏雄:《过失不真正不作为犯的构造》,载《福田平·大塚仁博士古稀祝贺——刑事法学的综合检讨(上)》,有斐阁1993年版,第46页。转引自〔日〕北川佳世子:《缺陷制品回收义务与刑事责任》,载《神山敏雄先生古稀祝贺论文集》(第一卷),成文堂2006年版,第182页。

④ 这涉及多重含义举出的问题,例如"山羊毛案"中交付未消毒羊毛的行为,如果没有交付羊毛的行为,也就不存在"未消毒"的问题。参见吕翰岳:《作为与不作为之区分的目的理性思考——以德国判例与学说为借镜》,载《环球法律评论》2017年第4期,第102页。

厂时对"未安装"安全气囊所导致的危害结果具有预见可能性,那么讨论"产品输出"的作为的可罚性即可。

但是,用行为基准或者监督过失来解释产品召回的"注意义务",不能有力地说明召回义务的成立根据。

其一,如后所述,与"不得制造和输出危险"的消极义务不同,召回义务实际上是一种要求行为人付出力量去消除危险的积极义务。消极义务可以普遍地适用于每一个人,但积极义务的成立则需要特殊的理由。将积极义务与消极义务不加区分地统合到"注意义务"之中,实质上容易导致"积极义务"的范围被不当扩大。例如,稻垣悠一在说明制造业者的"行为基准"时,便进行了这样的表述:"在与消费者的社会生活关系上,制造业者就负有这样的义务——在制造物被按照规定地使用的情况下,留意不使其产生任何危害。"① 可见其本质上是把产品的召回义务归结到"社会生活关系"上。用本身就不明确的社会生活关系来肯定"刑法上"更加不明确的积极作为义务,会使作为义务的范围变得模糊。刑法规范所调整的本身就是社会生活关系,从这个意义上来说,社会生活关系恐怕只是刑法规范的同义反复。

其二,以社会一般人为标准的行为基准说,主要是用于判断行为人是否存在"过失",而不是用以说明积极义务的成立根据。虽然在不作为犯中也存在过失的问题,但是如果没有充分论证行为人的积极义务而将其在过失的认定中一体把握,则是对国民行动自由的忽视。如果用"行为基准说"代替了积极义务的论证,最终就很有可能导致这样的结果:以社会一般善良之人的标准,去处罚一个相对没有那么善良的人,尽管他并没有"作恶"。

其三,"监督过失"同样不能完全替代作为义务的判断。监督过失的逻辑是,危险虽然是因第三人的行为而设定,但由于怠于行使对第三人的监督管理权限,因而追究监督上的过失责任。但"怠于监督"本质上仍然是对危险不阻止的"不作为",从这个意义上说有点类似于监督型保证人的构造;而不作为犯论意图解决的主要问题之一正是如何限制和明确保证人的范围。

其四,刑法条文对于行为样态的描述,也不能成为过失犯中忽视不作为问题的理由。稻垣悠一一方面承认故意犯中需要讨论等价值性的问题,另一方面却以过失犯条文的行为样态中既包括作为也包括不作为为由,认为过失犯不需要讨论等价值性的问题。这未免有些矛盾,至少无法用于解释我国刑法的情况。因为,某种犯罪的行为样态(是纯粹结果犯还是举止关联犯),与故意犯或过失犯本身没有必然联系。故意犯中当然有纯粹结果犯

---

① 〔日〕稻垣悠一:《刑事过失责任与不作为犯论——以刑法上的制造物过失相关事例为中心》,载《专修大学法学研究所纪要》2015年第40卷,第20—21页。

(例如故意杀人罪),过失犯中也当然存在举止关联犯(例如过失投放危险物质罪)。如果认为故意犯中需要讨论不真正不作为犯的问题,那么在过失犯中也没有理由予以忽视。作为义务属于客观要素,而故意或过失是主观要素,不作为犯中的作为义务问题不因故意或过失而有所不同。

总而言之,一般的不作为在法益危害结果的因果进程中所起到的作用,与作为犯并不相同。并非所有刑法条文中都清楚地包含着命令规范,刑法上并非对所有人都科以了积极的作为义务,也并非所有不作为都符合《刑法》分则某一条文的构成要件,因而在不真正不作为犯中需要特别讨论保证人地位、等价值性等问题,以避免处罚范围过大。更何况,刑法本身以处罚过失犯和不作为犯为例外,那么过失的不作为犯则应当是例外的例外,更加需要限制处罚范围。将不作为犯的问题湮没在纯粹的过失犯中,不利于使过失不作为犯的处罚范围得到明确。

(三) 不作为犯模式

不作为犯模式,顾名思义,所针对的主要是"不召回"等不作为,其关注重点在于缺陷产品输出之后、实害结果发生之前的阶段,将产品输出后的"不作为"也纳入刑法评价的范畴。不作为犯模式中又包括真正不作为犯和不真正不作为犯。关于二者的区分,我国刑法理论上一般采取的是形式区分标准,即某种"不作为"被《刑法》分则明文规定为某个犯罪的构成要件要素的,是真正不作为犯;《刑法》分则没有明文规定,但行为人"以不作为方式实施通常由作为实施的构成要件行为的",则属于不真正不作为犯。①

1. 真正不作为犯模式

真正不作为犯,由于是刑法本身对特定类型的"不作为"及相关构成要件要素进行了明文规定,其作为义务存在实定法依据,因而通常不会招致违反罪刑法定原则的非难。在处理产品不召回的问题上,真正不作为犯相对来说是一种较为理想的模式。例如,我国台湾地区的"食品安全卫生管理法"②第 7 条、第 49 条规定,食品业者于发现产品有危害卫生安全之虞时,应立即主动停止制造、加工、贩卖并办理回收,通报有关主管机关,否则将构成相应故意犯罪(包括危险犯、结果加重犯)或过失犯罪,依情节最高可判处无

---

① 参见张明楷:《刑法学(上)》(第六版),法律出版社 2021 年版,第 193 页。
② 该文件自 1975 年公布施行,迄今经历多次修正,现行最新版本为 2019 年 6 月 12 日修订。

期徒刑或 7 年以上有期徒刑。①

然而,我国刑法中的真正不作为犯主要见于安全事故类犯罪与渎职类犯罪②,例如《刑法》第 138 条(教育设施重大安全事故罪)中的"不采取措施或者不及时报告",第 402 条(徇私舞弊不移交刑事案件罪)中的"不移交",其中尚无相关条款可以直接适用于生产者、销售者不召回缺陷产品的情形。

2. 不真正不作为犯模式

不真正不作为犯模式下,不作为犯与作为犯适用同一条款进行处罚。发现产品存在缺陷后,如果能够及时采取召回措施而未予召回,并导致他人伤亡的结果,则有可能论以过失致人重伤罪或者过失致人死亡罪,甚至可能构成故意伤害罪、故意杀人罪。

尽管一直有学者对不真正不作为犯的处罚提出违反罪刑法定原则的质疑,而且我国《刑法》也没有像《德国刑法典》那样设置处罚不真正不作为犯的总则性条款,但司法实务与学界通说均认可对不真正不作为犯的处罚。

事实上,全面否定不真正不作为犯的想法也不切实际。诚然,从保障行为自由的立场出发,会认为刑法上的义务原则上应当都是消极义务,即不侵害他人的义务,这一点在约翰·密尔关于伤害原则的那句法谚中便可以体现。根据伤害原则,刑法原则上只能要求一个人不给外界造成伤害,而不能强制要求一个人给外界带来好处。但是,如果从功利主义的立场出发,就完全有可能以"利他"为理由要求一个人为此付出或牺牲自己的力量,《德国刑法典》第 323c 条的"不救助罪"便是一个例证。而且,真正不作为犯的存在,表明刑法对于不作为这种特殊的"因果力"予以了肯定,不然我们就无法理解"逃逸致人死亡"这种表述,也无法理解教育设施重大安全事故罪的罪状中,"不及时报告"为什么能够"致使"发生重大伤亡事故。只是,对于某一个具体发生的危险,刑法并不是广泛地对每一位公民都附加了积极义务,只有特定的一部分人才需要为法益侵害结果的发生承担不作为的责任。

由于作为义务(保证人义务)的重点在于防止结果发生,而防止结果发生的手段通常不止一种,所以作为义务的内容也是因具体情形而异的。具体到缺陷产品的情形,召回义务只能是一种泛称,其重点主要在于防止产品因缺陷问题而对他人的生命或健康造成损害。因此,警示、公告也好,召回、修理也好,无论采取哪种方法,只要足以将缺陷产品所造成的危险予以"消除"

---

① 参见林永晨:《论食品安全刑事规范之适当性——以食品安全卫生管理法第 49 条为中心》,我国台湾地区 2015 届硕士学位论文,2015 年 6 月提交,第 53—75 页。

② 参见白建军:《论不作为犯的法定性与相似性》,载《中国法学》2012 年第 2 期,第 115 页。

或者"隔离"即可,而不仅仅限于狭义上的召回。只不过,生产者、销售者根据民事法律的规定通常需要对缺陷产品采取召回措施,于是在刑事责任问题的讨论中也列举性地使用了"召回义务"这个概念,在整体上用于指代将缺陷产品的危险进行消除或者隔离的"作为义务"。①

三、关于产品召回义务的现有学说

在生产、销售伪劣商品犯罪等作为犯的处罚范围有限,过失犯理论难以解释积极义务,而真正不作为犯又有赖于立法规定的情况下,采用不真正不作为犯的模式来处理缺陷产品不召回的问题,应属相对合理的选择。在不作为犯模式下,召回义务实质上就是一种作为义务。而作为义务依据什么而成立,哪些主体负有作为义务,也是不作为犯理论中最为复杂、争议最多的问题。关于作为义务来源,学说上几乎是各执一词。这一现象也同样体现在产品召回义务的问题上。

德国学者许乃曼教授曾经对产品召回义务持全面否定态度,认为对于既已进入流通领域的缺陷产品,生产者或销售者已经失去支配,根据其主张的结果原因支配说则无法归入任何一种保证人类型之中,除非构建一种新的保证人类型。所以,生产者和销售者最多只负有《德国刑法典》第 323c 条所规定的一般保证人义务。② 日本的堀内捷三也基于其主张的"事实承担说"得出了类似的结论。③

但是,许乃曼教授后来又改变了之前的观点,其根据一种保护型保证人推导出了召回义务。目前的绝大多数观点,也几乎都是对召回义务的存在持肯定态度,并为其寻找实质上的成立根据。确实,就实际个案而言,肯定召回义务的成立并非毫无可能,重要的是依据什么样的标准。在肯定产品召回义务的观点中,主要有以下几种:一是难以归入传统类型的"效率性说";二是基于结果原因支配说中的保护型保证人的"保护功能承担说";三是基于二元机能说或者结果原因支配说中的监督型保证人的"危险源监督说";最后是"先前行为说"。

---

① 另外需要说明的是,产品召回义务不等于事故发生后的救助义务。在一般的不真正不作为犯的案件中,我们通常所讨论的情形之一是:已经存在一种伤害结果,行为人没有实施救助,进而产生更加严重的死亡结果。与之不同的是,在产品不召回的情形中所讨论的,主要是截止到事故发生时、在此之前的阶段上的不作为。至于事故发生后何者负有救助的义务,则是另外一个问题。

② 〔德〕许迺曼:《德国不作为犯学理的现况(下)》,陈志辉译,载《军法专刊》2003 年第 6 期,第 4—5 页。

③ 〔日〕堀内捷三:《制造物缺陷与刑事责任》,载《研修》1993 年第 546 号,第 8 页。

(一) 效率性说

日本学者镇目征树认为,作为义务的成立需要同时符合两个条件:第一,行为人能够最有效率地采取结果回避措施①;第二,为了在事前保障行为人的行为选择自由,不作为之前的阶段,还需要行为人基于自己的意思,使其自身和实现结果的危险之间,存在一种"减少了第三者的介入可能性"的特殊关系。②

效率性说的积极意义在于,不是从物理上的支配关系,而是从对产品的安全性信息的独占性出发,并结合"基于自己的意思而使他人的介入可能性减少"这一点考虑生产者和销售者的作为义务。同时,在企业内部人事变动、行政官员的作为义务方面,也能够自圆其说。但是,该说在理论基础上,尤其是"效率性"方面,存在如下问题:

其一,事实上的效率性不能证成法规范上的义务性。能够最有效率地采取结果避免措施,只是说明行为人有很大的作为可能性,即作为的容易性,这虽然能够更好地起到法益保护作用,但正由于其本身的功利主义色彩,有可能导致给无关第三人赋予过重的义务,同时又放纵了真正应当承担义务的人。正如山中敬一所指出的,根据效率性说,对于溺水的儿童,在一旁看到并能够马上实施救助的路人,由于不符合"行为选择自由的事前保障"而不具有保证人地位;带小孩去河边玩耍但不知其溺水的保姆,由于欠缺效率性也不具有保证人地位,这样的结果恐怕是难以令人接受的。③

其二,是否掌握产品危险性相关信息,是预见可能性的问题,而与效率无

---

① 关于第一个条件,镇目征树结合"皮革喷雾剂案"和"药害艾滋案"指出,在商品危险性的调查信息集中在企业手中、只有在企业内部才能够看清产品的危险性的情况下,应当将效率性作为重要的判断因素。在能够采取召回措施的若干个主体之中,掌握产品危险性相关信息的人,可以说就是能够最有效率地采取结果回避措施的人。即便是产品已经流入市场,有可能否定"作为可能性"要件,也依然不能否定因掌握信息而具有的效率性。相反,即使是对危险产品进行着物理上的支配的仓库管理员,由于对危险信息并不知情,就不能说是最有效率的人。此外,对召回命令具有实际决定权的行政官员,当其掌握了与制造、销售企业内部相当程度的危险信息后,也能够认可其效率性。参见〔日〕镇目征树:《刑事制造物责任中不作为犯论的意义与展开》,载《本乡法政纪要》1999 年第 8 卷,第 366—368 页。

② 对于第二个条件,镇目征树解释道:可以认为,企业在基于自身的意思决定制造或销售产品的同时,也将产品的安全性信息集中在自己手中,这类信息是一般消费者难以接触到的;在企业对信息进行独占的情况下,也不可能期待第三人会介入并阻止结果的发生,因此可以说是企业基于自己的意思而使第三人介入的可能性减少。另外,在企业内部人事变更的场合,继任者也因掌握了产品的安全信息而具备效率性条件,而且是基于自己的意思决定选择了这种地位,因而也能够肯定其保证人地位。参见〔日〕镇目征树:《刑事制造物责任中不作为犯论的意义与展开》,载《本乡法政纪要》1999 年第 8 卷,第 369—370 页。

③ 参见〔日〕山中敬一:《刑事制造物责任论中作为义务的根据》,载《关西大学法学论集》2011 年第 60 卷第 5 号,第 58 页。

关。其实,对产品销售渠道、产品流向、消费者联系方式等信息的掌握情况,才会对召回措施效率的高低产生影响。对产品危险状况不了解,至多是欠缺对危害结果发生的现实的认识,和效率的高低并无直接关系。否则,根据其观点,售后服务工作不完善、对产品危险状况丝毫不予关注的生产者或销售者,则不符合效率性要件,反而可以逃避责任,这并不合理。

其三,第二个要件中,所谓"基于自己的意思使第三人的介入可能性减少",其含义也不够明确;与之前的先前行为说、事实承担说或者排他性支配说相比,实际上也并没有增加新的内容。

(二)保护功能承担说

许乃曼原本认为,生产者或销售者对于已经流入市场的产品至多负有《德国刑法典》第323c条所规定的一般救助义务。但之后,许乃曼又根据"保护功能的承担"这一"保护性支配"类型,重新肯定了生产者或销售者的召回义务。其理由在于,现代社会中,消费者没有能力来检验商品存在的潜在危险,因而不得不信赖生产者遵守了所有的安全标准,并且相信生产者会将事后发现的危险及时告知消费者;消费者对生产者的信赖,"与病人面对家庭医生或者汽车主人面对修车厂时没有两样,他把保证产品不具有危险性的任务……放在了生产者的手中"①。

保护功能承担说的积极意义在于,说明了消费者系基于对生产者的合理信赖,而陷于对产品危险性的无知状态,并由此肯定了生产者对于结果原因(即消费者对于危险情状的知和无知)的支配作用。② 而且,该说还有如下优势:这种"保护功能的承担",主要来源于行为人在企业中所承担的具体职责,而不是输出商品的先前行为,所以即使企业内部发生了人员调动,也能够认定继任者的保证人地位。

但是,保护功能承担说最重要的缺陷是,仅能说明生产者对"消费者"的保护义务,难以说明消费者之外的其他人是否属于被保护的对象。因为,与"危险源特定、保护对象(潜在受害者)不特定"的监督型保证人不同,保护型保证人的特征就在于,其产生的根据是与特定对象的特定关系,保证人需要保护的对象也限于这种特定关系之内。尽管能够基于消费者与生产者之间的信赖关系,将消费者作为保护的对象,但消费者之外的人由于和生产者之

---

① Schünemann, BGH-FG, 2000, Bd. IV, 640. 转引自〔德〕克劳斯·罗克辛:《德国刑法学总论(第2卷):犯罪行为的特别表现形式》,王世洲主译与校订,王锴、劳东燕、王莹等译,法律出版社2013年版,第586—587页。许乃曼的这种思路也得到了罗克辛的基本赞同。

② 参见〔德〕许乃曼:《德国不作为犯的学理现况(上)》,陈志辉译,载《军法专刊》2003年第5期,第654—655页。

间不存在特殊关系,因而被遗漏在保护范围之外。同样是缺陷产品招致的损害,在刑法上没有理由只保护消费者而忽视其他受害者,否则便不当地局限了法益保护的范围。

(三) 危险源监督说

1. 危险物品支配说

德国学者布拉姆森(Brammsen)认为,制造者对于危害他人健康的产品负有召回义务,这种义务来源于对物品的一种有形的、现实的支配关系,但这种支配关系并不取决于产品是在企业手中还是在消费者手中。① 即使在商品销售出去之后,也能够肯定生产者对于该商品存在着一种监督义务,因为在考虑监督型保证人地位的成立基础时,不仅要考虑纯粹的事实支配关系,也需要考虑法律上的影响乃至处分关系。②

日本的松原芳博也提出了类似的观点。针对"药害艾滋案"③,松原芳博认为,虽然血液制剂在物理上已经脱离了绿十字公司的掌握,但药剂不同于一般商品,制药公司对于供给医院使用的药剂仍然掌控着销售渠道;而且,由于医生对制剂危险性不具有充分的了解和判断能力,也不能期待医师会停止使用。因此,能够认定绿十字公司对属于"危险物品"的药剂存在"排他性支配"。④ 亦即,该说认为对危险物的支配不仅要考虑纯粹的事实支配关系,也需要考虑法律上的影响乃至处分关系。但是,如何理解其所说的"法律上的影响乃至处分关系",仍有较大的疑问。

首先,在产品已经出售、完全处于他人的实际占有之中的情况下,仍然肯定生产者存在"支配",这恐怕已经超出了上述理由能够解释的范围。至少在消费者基于对物品的所有权而享有事实上的支配的情况下,似乎难以想象其他主体在此基础之上还可以对该"物品"建立一种怎样的支配。如果认为生产者对于自己制造的所有产品在整体上都存在一种支配的话,这种支配至

---

① 参见姚诗:《先前行为问题研究》,清华大学2010年博士研究生学位论文,第143页。
② Vgl. Joerg Bramsen, Strafrechtliche Rückrufpflichten bei fehlerhaften Produkten, GA1993, S. 112. 转引自〔日〕神例康博:《德国法中的刑事制造物责任》,载《松山大学论集》2003年第15卷第5号,第146页。
③ 日本绿十字公司销售了含有艾滋病毒的非加热血液制剂,该公司董事长与日本相关行政官员(厚生省生物制剂课长)发现有关情况后消极不作为;之后,有患者使用了该制剂而罹患艾滋病而死亡。公司董事长和行政官分别在不同的判决中被认为负有防止该制剂造成危害的义务,最终构成业务过失致死罪。具体案情参见〔日〕稻垣悠一:《刑事过失责任与不作为犯论——以刑法上的制造物过失相关事例为中心》,张光云译,载《四川师范大学学报(社会科学版)》2015年第2期,第65—66页。
④ 参见〔日〕松原芳博:《刑法总论重要问题》,王昭武译,中国政法大学出版社2014年版,第77页。

少是经过了相当程度的缓和和抽象。对于已经出售的产品,生产者在法律上是否还存在某种权限,不无疑问;尽管生产者实际上可以向消费者"召回"从而重新取得占有,但这本质上仍然是民法施加的义务,而不是赋予生产者这种权限。

其次,基于对销售渠道的掌握、对危险信息的了解等因素而肯定生产者的"排他性支配",存在着与前述"效率性说"相同的问题。亦即,对危险信息的掌握,是预见可能性的表现;而对销售渠道的掌握,是作为可能性较高的表现。况且在信息传播越来越便利的情况下,是否掌握销售渠道对于避免损害的发生来说,已经没有那么重要,通过公告的方式将危险告知给社会公众,甚至更加高效和便捷。

2. 危险源安全义务说

日本学者山中敬一基于二元机能说中的"危险源监督型"保证人,在产品的作为义务问题上提倡"危险源(制造物)安全义务说"。结合组织体责任的理念,山中敬一在分析既有判例的基础上,进一步将该种类型的作为义务的成立条件归纳为以下四个:(1)法律上的期待状况;(2)具体的危险状况的发生的认识(缺陷或事故信息的收集);(3)所负责机关的职责与事实上的管辖;(4)组织体机关内部的地位与职能的继承。①

危险源安全义务说的主要优势在于最后两点,即借鉴了组织体责任的理念,以组织体(企业)的机关作为安全保障义务的载体,因而无论后任者是否存在危险前行为,都可能根据其在组织体内的地位和职能而肯定其作为义务,这有利于解决企业内部人员变更情况下作为义务的认定。

但是,该说也存在着若干问题。

首先,在安全保障义务的根据上,该说要求存在法律上的期待状况,在本

---

① 具体而言:其一,所谓法律上的期待,未必需要由某部法律作出个别的、具体的义务性规定,而是指出于法秩序的基本考虑,一般而言要求生产、销售商品的企业,对于缺陷产品对人体生命健康产生的危害,负有某种安全义务。其二,仅仅在客观上存在危险状况还不够,还需要行为人对具体危险状况的发生有所认识。当收集到安全事故信息,对事故发生系因产品缺陷造成而产生较强的怀疑时,生产者、销售者则应当向消费者发布或传达相关消息,以告知其危险。其三,责任人员,原则上应当是负责收集消费者反馈、监测产品事故发生情况、分析产品安全性之类事宜,具有采取召回、修理措施等职能的部门负责人。不过,在因产品缺陷而需要实施大规模召回的情况下,基于各项费用支出以及企业形象、消费者流失等顾虑,决策权通常掌握在更高层的领导手中,此时内部某个科室的负责人只不过是起到辅助作用。其四,组织体机关内部的地位和职能也可以被继承。在发现产品存在危及人身安全的缺陷时,企业产品安全部门作为一个机关,而承担着防止该危险进一步波及消费者的职责;后来才上任的部门负责人,其对这一职位的继承,就是对该部门所承担的产品安全保障任务的继承。同样地,这种继承关系也能够适用于行政官员离任更换的情况。参见〔日〕山中敬一:《刑事制造物责任论中作为义务的根据》,载《关西大学法学论集》2011年第60卷第5号,第64页。

质上还是没有脱离"社会期待说"的窠臼,因而,前文对于社会期待说的质疑也能够适用于此处。因为,产品召回义务在成立根据上的首要问题仍然是,哪一部分人、基于什么原因而负有防止缺陷产品造成危害结果的义务,例如为什么是生产者而不是其他人。该说虽然把握住了危险源监督型保证人的特征,但是在说明为什么生产者需要对已经出售的产品进行"监督"时,只是将其归结于法律的期待,这种说法未免有些形式化。

其次,将"对具体的危险状况的认识"也作为召回义务的成立要件之一,实际上是将预见可能性的问题混入作为义务的问题中,本文认为并无此必要。危险状况的"存在"本身是客观要素,而且是作为义务发生的前提性事实;而对危险状况的认识,显然是主观要素,"情报的掌握"这种客观的描述,也只是体现其主观认识或者预见可能性的证据材料。对危险状况是否具有现实的认识,不影响作为义务的成立。例如,在池塘边的父亲由于过于专心钓鱼,而没有察觉到年幼的儿子跌落水中的事实;但只要父亲符合了保证人地位的其他条件,就能够肯定其作为义务,不会因其欠缺认识而在法律上得到免除。否则的话,就会导致一个人越是疏忽大意,反而越容易使自己免于承担作为义务,进而逃避责任。因为,对客观危险事实欠缺认识,只是不知道法益面临危险状况而需要被救助,这虽然能够阻却行为人的主观故意,但仍然有可能肯定过失的责任。

综上,当危险状况客观存在时,原则上就需要一个"作为"的介入来避免结果的发生;如果等到对危险状况具有现实的认识才肯定作为义务的成立,不仅使保证人的范围大大缩小,对法益的保护也为时过晚。

(四) 先前行为说

在皮革喷雾剂案的判决中,德国联邦最高法院根据先前行为肯定了产品生产者和销售者负有召回义务。① 根据先前行为说,能够通过因果链条快速

---

① 本案中,生产、销售商的负责人在得知消费者使用产品后患肺水肿的若干事件后,由于在科学实验上尚未能确认产品中含有致害成分,于是董事会认为暂时没有必要停售或者召回,进而使喷雾剂继续流通而引发了更多消费者患病。德国联邦最高法院以公司董事会作出不召回决定的时点为界,区分了作为的责任和不作为的责任:该次董事会召开之后继续生产和销售出厂的产品,所导致的伤害结果应归责于生产和销售的"作为";而在此时点之前已经投入市场但尚未销售到消费者手中的产品,由于出厂时并不存在故意或过失,因此所造成的伤害结果仅有可能归责于"不作为"。针对"不召回"的事实,德国联邦最高法院最终根据不真正不作为犯的理论,认定其同样构成过失伤害罪和危险伤害罪。判决认为,被告人把能够损害他人健康的喷剂投入市场的先前行为,给他人制造了危险,客观上违反了义务,这是其保证人地位的依据;先前行为需要具备客观的义务违反性,但并不要求主观不法,因此被告人的先前行为是否具有"过失",在所不问。参见 Marcus D. Dubber and Tatjana Hörnle, *Criminal Law: A Comparative Approach*, 296 (1st ed. 2014)。

锁定先前行为人,进而筛选出保证人。如果将其适用到产品缺陷的案件中,不仅能够肯定生产者的召回义务,也有可能比较容易地肯定销售者的召回义务。但是,如果危害结果发生的时点向前追溯的话,形式上必然存在着很多个先前行为;如果不对其范围加以限制,先前行为说仍然无法摆脱较强的形式色彩。正是因此,该说引起的争议也最大。关于先前行为的争议至少包含三个层面:

首先,虽然多数观点仍然肯定先前行为能够成为作为义务的产生根据①,但同时也存在一种有力的观点认为,先前行为不能成为作为义务的根据。主张结果原因支配说的许乃曼和山口厚均持此观点。山口厚指出,先前行为人只是在危险创设阶段对危险源存在支配,但难以认为这种支配在危险已经产生后仍然存在。例如驾车将他人撞伤之后,在被害人伤情继续恶化的过程中,汽车驾驶人的作用与"与恰好在场和事故无关的人一样",因而难以认定其存在支配。②

其次,在肯定先前行为的观点中,关于先前行为是否需要具有义务违反性,也存在相互对立的观点,由此在产品召回义务的问题上又可能得出不同的结论。一方面,少部分学者(德国学者雅各布斯、弗洛伊德等)认为,先前行为不必具有义务违反性,重点在于其是否"提高"或"加重"了风险;即使是被允许的风险,也可能产生作为义务。③ 我国亦有学者持类似观点,指出"承认先前行为是作为义务的来源,有利于解决产品召回责任的问题",而且,先前的生产、销售行为并无过失时,也能够产生作为义务。④ 但另一方面,德国的多数观点认为,先前行为具有义务违反性时,才能够成为作为义务的来源。据此,制造商在生产产品时如果已经尽到审慎义务,那么对于流通之后才发现的产品缺陷,则难以肯定其作为义务。尽管德国联邦最高法院在"皮革喷雾剂案"中,将义务违反性理解为无需考虑主观要素的"客观的义务违反

---

① 也有学者将先前行为归入"对危险源的支配"的类型中,并认为不作为、具有阻却违法事由的行为、过失犯罪行为、故意犯罪行为均可能成为先前行为;参见张明楷:《刑法学(上)》(第六版),法律出版社2021年版,第198—203页。另有学者认为,先前行为是作为义务的唯一来源,"处罚作为犯是因为行为制造并实现风险,处罚不作为犯是因为其先前的行为使法益陷入风险",所谓其他类型的作为义务,也是在先前行为造成危险时才有讨论的空间;参见周光权:《刑法各论》,中国人民大学出版社2016年版,第113页。

② 〔日〕山口厚:《刑法总论(第3版)》,付立庆译,中国人民大学出版社2018年版,第93页。

③ 参见张丽卿:《台湾地区缺陷食品刑事责任之探讨》,载梁根林、〔德〕埃里克·希尔根多夫主编:《中德刑法学者的对话(二)——刑法体系与客观归责》,北京大学出版社2015年版,第192页。

④ 参见张明楷:《不作为犯中的先前行为》,载《法学研究》2011年第6期,第144页。类似看法参见吕英杰:《风险社会中的产品刑事责任》,载《法律科学(西北政法大学学报)》2011年第6期,第152页。

性",但相当多的学者对此提出了反对意见。反对意见认为,德国联邦最高法院在本案中不应将"义务违反性"和"过失"割裂开来,一个没有创设法不容许风险的先前行为不具有过失不法,也就不具有义务违反性,因此不能产生作为义务。①

最后,即便认为先前行为不需要义务违反性,或者仅需要客观层面上的义务违反性,将其运用到产品召回义务上时,也存在一个难题:企业的相关负责人离任的情况下,如何认定离任者和继任者的作为义务?根据先前行为说,可能会得出离任者负有作为义务、继任者没有作为义务的结论;尤其是,如果认为先前行为是唯一的作为义务来源,也无法通过其他类型来肯定继任者的作为义务。如此一来,根据先前行为而建立的产品召回义务就很容易落空——离任者由于失去权限而实际上难以履行召回义务,继任者又因为不存在先前行为而不负有召回义务。即使是在设立了单位犯罪制度的我国,也不能贸然地说完全不存在这一问题。因为我国只是部分犯罪才处罚单位,倘若以不真正不作为犯的模式处罚不召回的行为,通常也只限于故意伤害罪、过失致人死亡罪等自然人犯罪。

综上所述,先前行为类型的作为义务,虽然受到国内学说的广泛接受和认同,但形式意义上的先前行为毕竟只是一个线索,最终仍必须通过实质标准的检验。至于如何把握其实质标准,才是疑问所在。如果对先前行为作过于形式化的理解,就有可能导致因果链条上每个环节的人都负有作为义务。因而实质作为义务论下的各种学说,对先前行为产生作为义务的条件进行了一定程度的限制。

四、排他支配设定说的选择

如果要处罚不真正不作为犯,而且是与作为犯适用同一条款处罚,那么不作为的不法和有责的程度,也需要和相应条款的法定刑相协调。然而,由于不作为犯与作为犯在因果力(不法层面)上存在差异,若对二者适用同一条款进行处罚,则需要特殊的理由。从因果论的角度来看,如果结合因果流程中的其他事实要素(例如特定空间、他人介入的可能性等),则并非所有的不作为都具有同等意义。值得受到刑法处罚的,理应是那些和作为犯那样,能够左右因果进程方向的不作为。那么进一步的任务,就是筛选出后面这一类不作为。于是,讨论作为义务的问题,也可以说是在探讨不作为的因

---

① 参见〔德〕克劳斯·罗克辛:《德国刑法学总论(第2卷):犯罪行为的特别表现形式》,王世洲主译与校订,王锴、劳东燕、王莹等译,法律出版社2013年版,第584页。

果关系问题。

基于上述想法,本文认为应选择"排他支配设定说",从对"因果进程"的排他性支配设定着手,进一步对产品召回义务进行说明。需要说明的是,本文所理解的"排他性支配",是指与作为犯中的"作为"程度相当的支配,并不一定要求绝对的、完全的排他。

(一)从因果论角度填补不作为犯的结构空隙

不作为犯的因果力不同于作为犯。要理解作为犯和不作为犯的结构差异,首先需要明确作为和不作为的区分标准。关于作为与不作为如何区分,存在着不同的见解。本文认为,较有意义的观点主要有以下三种:(1)能量投入说,即以在特定方向上是否有能量投入为标准,在特定方向上有能量投入的是作为,在特定方向上没有投入能量的是不作为。① (2)规范类型说,即以行为违反的是禁止性规范还是命令性规范为标准,违反禁止性规范的是作为,违反命令性规范的是不作为。(3)法益因果关系说,即根据在法益状态变化的因果进程中所起的作用进行区分,使法益状态得到恶化的是作为,而对法益恶化的事态进程不予阻止的行为是不作为。② 与之类似的观点还有,"法律必然是对于自然未存在的风险期待行为人不作为,亦即期待行为人不要制造新风险;同时,对于自然已经存在的风险,期待行为人作为,亦即积极抑制既有风险"③。其实,制造新风险就是使法益状态得到恶化,不积极抑制既有风险也就是对法益恶化的事态进程不予阻止,二者只是分别从起因和结果的角度进行了不同描述,其背后的含义是相同的。

本文认为,不真正不作为犯问题产生的根源,正是在于不作为对法益的危害结果的原因力(因果关系)上,因此,"法益因果关系说"更有说服力。上述三种观点虽然看似不同,但从"刑法的根本目的在于保护法益"这一立场出发,三者只是侧重于不同角度进行了描述,实际上可以通过"法益保护"建立起共通的联系。

首先,能量投入说的关键点在于强调了"特定方向",所谓的能量投入与否是需要结合"特定方向"进行判断的;从刑法的角度来理解,"特定方向"就应当是指向法益侵犯或者法益保护的方向。

其次,规范类型说只是形式上的同义反复和循环论证,而且混淆了"作

---

① 关于该学说更加详细的介绍,参见吕翰岳:《作为与不作为之区分的目的理性思考——以德国判例与学说为借镜》,载《环球法律评论》2017年第4期,第97—101页。
② 参见〔日〕曾根威彦:《交通事犯与不作为犯》,黄河译,载《当代法学》2007年第6期,第141页。
③ 黄荣坚:《基础刑法学(下)》(第四版),元照出版有限公司2012年版,第676页。

为"和"作为犯"的概念;因为作为既有可能是侵犯了法益,也有可能是保护了法益,只有在侵犯法益的情况下才能说是违反了规范。但其积极意义在于强调了罪刑法定原则,即无论是对作为还是不作为的追责,都应当以存在相应的规范基础为前提。既然刑法规范的目的在于保护法益,那么某种作为之所以受到规范的禁止,是因为其从无到有地创设了针对法益的危险;某种作为之所以为规范所期待,是因为其有助于消除或降低法益所面临的危险。

最后,从自然意义上看,作为是对事态进程的积极介入,并能够造成或好或坏的影响;而刑法正是关注到人的"能量投入"对于因果流程所起到的作用,才会在一定限度下对人的行为作出强制性要求(即禁止性规范和命令性规范)。为了保护法益,刑法一方面要禁止对法益状态的恶化起到促进作用的"作为",另一方面也会在一定范围内要求对既有的危险进行消除或降低的"作为",后者便衍化出了不作为类型的犯罪。

由此可见,在作为犯的结构中,可以"通过锁定行为来锁定具体的行为人"[①];而不作为犯则恰恰相反,在其因果进程中,行为人只要"什么都不管"地不加介入,危害结果就能够发生了。所有"不作为"的人"在侵害或者威胁法益的客观表现上"并无区别,问题仅在于谁需要为此承担责任。[②]

重视自由的学者,往往会把密尔的伤害原则作为限制处罚的理由,即"权力能够违背个人意志而正当地向文明共同体的任何成员行使的唯一目的,便是防止对他人造成损害"[③]。亦即,刑法原则上只能要求一个人不给外界造成伤害,而不能强制要求行为人给外界带来好处。而刑法究竟是否可以为了"给他人带来好处"而发动制裁,显然不是传统意义上的伤害原则所能解决的。那么,什么样的人基于何种原因而负有"给他人带来好处"的义务,成为需要进一步明确的问题。

的确,孤立地看,所有的单纯"不作为",在表面上对结果的发生都没有促进作用。但是,如果结合因果流程中的其他事实要素(例如特定空间、他人介入的可能性等)来看,并非所有的不作为都具有同等意义。值得受到刑法处罚的,理应是那些和作为犯那样,能够左右因果进程方向的不作为。

---

① 杨绪锋:《条件说的困境与结果归责的类型化》,载《中国刑事法杂志》2015年第4期,第22页。
② 参见黎宏:《不作为犯罪研究》,武汉大学出版社1997年版,第96页。
③ John S. Mill: On Liberty, 80 (David Bromwich and George Kateb ed., 2003). 转引自劳东燕:《危害性原则的当代命运》,载《中外法学》2008年第3期,第399页。

(二)排他支配设定与产品召回义务

排他支配设定说认为,作为义务的实质根据在于"行为人主动设定了对法益的排他性支配"。在危险发展为对法益的现实侵害的因果进程中,无论是在行为人制造了面向法益的危险的场合(例如交通肇事的情形),还是在行为人主动介入因果进程的场合(例如医生接手救治病人的情形),均需要行为人对因果进程具有排他性的支配,否则不能成立不真正不作为犯。①

本文对此的理解是,在行为人亲自设定了对因果进程的排他性支配时,法益的存续实际依赖于行为人,危害结果是否发生,现实地取决于行为人是否实施相应的作为;此时,行为人的不作为对事态的发展,起着与作为同等程度的支配作用。就像铁路岔道口的扳道工一样,通过支配自己是否扳动扳手,决定着火车能够开往哪个方向。因此,仅仅存在先前行为或者介入行为,并不能肯定作为义务,还需要能够左右"危险现实化"的过程。

在产品召回义务的问题上,也可以借由排他支配设定说得到解释。首先,这种支配,主要是指对"产品处于流通领域并随时可能引发事故"这一危险状态的支配。生产者通过左右消费者对缺陷产品危险性的认知,而使自己处于支配地位。这是因为,产品缺陷在通常情况下都是"看不见"的,安全事故也都是使用者在对危险处于无知的状态下造成的。如果使用者明知产品存在缺陷,例如明知汽车制动系统存在问题仍然驾驶上路,那么就可以基本否定生产者对因果进程的支配了,因为此时汽车制造商并没有左右汽车司机对汽车缺陷的认知。司机在已对危险性有所认识的情况下,仍基于自己的意志将危险扩散到其他场所,这已经不是生产者能够支配的了。其次,在企业负责人变更的情况下,对于后来的继任者,可以认为是通过中途介入的方式,亲自设定了这种支配。

以下将从"创造并支配危险"和"中途介入因果进程"两个方面进行说明。

1. 创造并支配危险的情形

创造并支配危险,是指行为人通过其先前行为而创造了面向法益侵害的危险源,并且左右了危险变为现实侵害的因果进程,即行为人主动设定了对因果进程的排他性支配。此处关注的重点并不在于"创造"危险过程,而是后续的危险现实化的过程。只是,由于先前行为和之后的支配通常是连续存在的,所以能够通过先前行为快速地锁定问责对象。

---

① 参见黎宏:《结果本位刑法观的展开》,法律出版社2015年版,第107页。

首先，创造危险的先前行为是否违反了注意义务，在所不问。在类似于皮革喷雾剂案的情形中，即便产品中有害物质的成分均符合了有关标准，但该产品的实际使用的确会造成人体伤害，所以仍然能够认为，生产并销售缺陷产品的行为属于创造危险的行为。由此，只要能够将危害结果发生的原因归咎于产品本身的问题（例如消费者已经按照规定方法用于合理用途，不存在滥用的情况），就可以认为生产者实施了一种创造危险的先前行为。实际上，"缺陷"一词本身就涵盖了这层意思，即系产品本身对他人的生命健康存在一种不合理的危险。

其次，对因果进程的支配，不需要行为人物理性地支配着危险实现的每一个环节，能够在重要的环节上左右危险的发展方向即可。因为即使在作为犯的因果关系中，也不需要行为人的作为物理性地支配着因果进程的每个环节。之所以能够说生产者支配了"产品处于流通领域并随时可能引发事故"这一危险状态，是因为产品在社会生活中本身就是为了被使用，消费者在对缺陷产品的危险性毫不知情的情况下，对产品进行正常使用，是自然而然的事情。这就好比实行终了的作为犯，在实行终了之后的阶段，行为人虽然没有现实具体地支配着因果进程，但是也不需要再进行额外的介入，只要等待结果的发生就好了。例如妻子在准备好的饭菜中下毒，等待丈夫日常下班后回家食用。尽管是丈夫自己把饭菜送入口中，我们还是会认为是妻子支配着整个事件的因果进程。类似的道理，对于产品在消费者手中被使用的环节，生产者不需要存在物理性的支配，因为在产品被销售出去的那一刻，就几乎注定会被使用了。

由此也可以解释，在产品缺陷导致的安全事故已经发生后、较轻的伤害结果转化为更重的伤害结果甚至死亡结果时，生产者并不负有救助的作为义务。因为，对于之后这一阶段的因果流程，生产者并不存在排他性支配。而根据先前行为说，则有可能得出生产者也负有救助义务的结论，这恐怕并不妥当。

进一步地，消费者对产品的使用，前提是基于对产品安全性的信赖。生产者恰恰是在这个重要环节上，决定了消费者是否会实际使用产品。这种决定作用，在根本上是因为生产者因掌握产品信息而具有的优势地位。对于产品的设计、构造、原料、成分，以及个别事故发生的具体原因，都不可能要求消费者有清楚的了解。尽管可能有个别媒体或专家对产品质疑，部分消费者可能会因此放弃使用，但是也不可能期待所有消费者都完全相信媒体或者专家的推断。在不能确信产品存在缺陷的情况下，消费者仍然会基于其对产品安全性的信赖继续使用。能够破除这种信赖的，只有作为产品生产者的企业本身，或者一个有公信力的政府。另一方面，也不能因为结果可以通过其他力量的介入得到避免,就否认生产者的支配。因为所有危害结果在普遍意义上都有可能因其他因素的介入得到避免,排他并不是要求绝对地排除他人介入的可能性,而是与作为犯程度相当的排他。

最后,生产者是否掌握了一定数量的关于产品危险性的信息,不是作为义务成立的前提,而是判断其对危险状况是否存在认识的资料。由于缺陷产品一经售出,就有极大的可能性被投入使用,危险状况已经客观存在,此时就能够肯定生产者的召回义务。至于生产者是否实际地掌握了产品危险性的相关信息,是否有能力发现产品缺陷,是预见可能性的问题。不能因为生产者没有了解到危险状况,就直接排除其作为义务,否则就会造成越不负责、义务越少的局面。因此,即使生产者对产品安全性的监测、跟踪极不重视,进而没有认识到客观危险状况的存在,也有可能因为存在预见可能性而肯定其过失责任。

2. 中途介入因果进程的情形

中途介入因果进程的情形,是指行为人基于自己的意思而介入因果进程,并对后续的危险实现具有支配作用。此时的介入,并不要求行为人出于防止结果发生的目的。这种情形主要用于说明企业负责人变更之后的作为义务问题。

尽管我国存在单位犯罪制度,但对于缺陷产品不召回的行为,仍然难以作为单位犯罪进行处罚。一方面,难以将"不召回"解释为不作为的生产或销售行为,因而无法适用生产、销售伪劣产品罪等罪名;另一方面,可能考虑适用的故意伤害罪、过失致人重伤罪或者过失致人死亡罪等罪名,其中又不存在单位犯罪的相关规定。所以,通过单位的"先前行为"和单位的"作为义务"解释离任者和继任者的作为义务的方案①,存在理论上的障碍。在没有规定可以由单位构成的犯罪中,或许有可能承认"单位行为"或者认可单位存在作为义务,亦即相关行为本来也有可能由单位实施,只是刑法不想在这个罪名上追究单位的责任。即便理论上存在这种可能,但如果根据单位的先前行为而肯定继任者的作为义务,继任者的作为义务根据就不是其自身的先前行为,而是他人的先前行为,这恐怕并不是先前行为说原本的含义。因此,对于继任者的作为义务,还是需要再寻找另外的根据。

排他支配设定说中的"中途介入因果进程",则能够较好地说明上述问题。因为缺陷产品不召回的情形中,支配的存在与否,是与其在企业中的地位和权限密切相关的。离任者对于企业之后所掌握的信息并不了解,也没有

---

① 参见吕英杰:《风险社会中的产品刑事责任》,载《法律科学(西北政法大学学报)》2011年第6期,第153页。

权限再代表企业作出任何决定,实际上失去了作为可能性。在此之后,消费者仍然由于没有认识到缺陷产品的危险性而继续使用产品,使产品的危险暴露于流通领域中,对后一阶段的因果进程的支配,就转移到继任者手中了。

和之前的离任者一样,继任者同样是基于其在任期间的地位和权限,而享有对因果进程的支配。继任者在接管职位的同时,也接管了该职位所享有的信息优势地位和决策权、执行权等权限,并且据此支配着产品流通和被使用的状态。虽然危险状态不是因继任者的先前行为而产生的,但是继任者的接管行为使其取代了离任者的地位而成为新的支配者,且系出于其自愿,因此可以说继任者是主动介入并设定了对因果进程的排他性支配。

(三) 等价性及从宽处罚问题

排他支配设定说从不作为的因果力角度,为作为义务的成立提供根据。在肯定作为义务成立之后,还可能存在进一步的等价性判断,以及是否从轻或减轻处罚的问题。

关于等价性问题,现有的讨论内容至少包括两个层面:

一是从实质的角度理解作为义务与等价性的关系,讨论如何用作为义务论去填补不作为与作为在结构上的差异。等价性问题可以追溯到德国学者考夫曼针对"保证人说"提出的批评。在保证人说看来,保证人的不作为与作为犯中的作为,同样都是违反了禁止规范(禁止构成要件结果的发生)的行为,因而可以做相同的处理。但考夫曼、韦尔策尔等人则强调:不真正不作为犯的不作为无法与作为犯适用相同的理论,因为二者在结构上存在本质差异——不作为对结果的发生没有原因力,不能包括在"行为"的概念之中;但如果能够"在违法性、有责性领域里,通过对不真正不作为犯和作为犯进行等价值性判断,就会承认不真正不作为犯具有可罚性"[①]。20 世纪 70 年代,日本的日高义博对等价性问题进行了介绍和研究,对当时试图通过主观要件解决等价问题的观点(利用意思说)进行了批评,并进一步提出"构成要件等价值"的理论,主张以犯罪构成要件的特别行为要素、该行为事实、不作为人的原因设定等客观要素来填补不真正不作为犯在结构上的空隙。但在自然现象、被害人或第三人的故意、过失的情形下,不作为人没有设定原因,不成立不真正不作为犯。例如在交通肇事后逃逸致人死亡的,肇事者的不作为与作为的杀人具有等价性;在妻子不小心落水而丈夫不予救助的情形下,丈夫的

[①] 〔日〕日高义博:《不作为犯的理论》,王树平译,中国人民公安大学出版社 1992 年版,第 31—32、77 页。

不作为则与作为杀人不等价。① 我国学者也指出,"不真正不作为犯的场合,不是处罚所有的不作为,如果只是处罚从价值上能够与作为同样程度看待的不作为,那就不违反罪刑法定的旨趣"②。

这种对"不作为能够与作为同样程度看待"的要求,也是我国通说所理解的等价性。而且较多观点认为,等价性是对不真正不作为犯提出的一般性要求,是对作为义务进行实质解释的指导原理,并不是一个单独的要件;而实质作为义务论的观点,实际上是将等价性的问题内化在了作为义务的判断中。例如,日本学者松原芳博认为,等价性实际上是将作为义务本身予以具体化的指导原理,以便于能够"恰如其分地选出能与作为包摄于共同的构成要件之中的不作为"③。从这层意义上说,作为义务问题也是等价性问题的一个侧面。

二是从形式的角度,以构成要件行为的类型化来限制不真正不作为犯的处罚范围。行为造成了特定的法益侵害结果,即便能够肯定因果关系的成立,也并不能直接得出犯罪成立的结论。要构成相应的犯罪,还需要通过特定的方式、手段实施相应行为,即符合构成要件行为。不同的方式、手段也意味着不同的不法类型,例如同样是非法占有他人财物,但行为类型可能是盗窃、诈骗或者侵占。据此,如果是以特定行为方式实施的犯罪,能否由相应的不作为构成,则需要在刑法各论中根据具体犯罪的构成要件进行判断。我国台湾地区学者黄荣坚也指出,等价条款涉及的实质内容也只是刑法分则各罪的构成要件的解释问题。④ 例如在不作为的传播淫秽物品的场合,要判断不作为是否和积极的"传播"行为具有等价性;在不作为的猥亵的场合中,要判断不作为是否和积极的"猥亵"行为具有等价性。而缺陷产品不召回的行为,并不是以不作为的方式实施了生产、销售行为,难以认为其与生产、销售的作为行为等价,因而难以认定符合生产、销售伪劣产品罪的构成要件。

此外,也有观点认为,不作为犯在性质上比作为犯轻,因此在处罚上也通常比作为犯更轻。⑤ 然而,如果不真正不作为犯的成立真的都符合了上述等价性要求,只处罚和作为"同等价值"的不作为,那么不作为犯的处罚力度也理应和作为犯基本相当。那么,又该如何理解不作为犯的处罚比作为犯轻的

---

① 参见〔日〕日高义博:《不作为犯的理论》,王树平译,中国人民公安大学出版社1992年版,第112—114页。
② 马克昌:《比较刑法原理——外国刑法学总论》,武汉大学出版社2002年版,第171页。
③ 〔日〕松原芳博:《刑法总论重要问题》,王昭武译,中国政法大学出版社2014年版,第73页。
④ 参见黄荣坚:《基础刑法学(下)》(第四版),元照出版有限公司2012年版,第706页。
⑤ 参见〔日〕日高义博:《不作为犯的理论》,王树平译,中国人民公安大学出版社1992年版,第13页。

主张呢？关于该问题，我国有学者介绍了德国刑法的情况：《德国刑法典》中并没有采取等价值性的用语，而是设置了"相当于"条款，而且主要适用于举止关联犯中，这与减轻条款并不矛盾；况且，减轻条款在德国也需要根据案件具体事实决定是否适用，并非普遍适用。亦即，"相当于"条款的作用主要是检验"不作为"的样态是否与具体罪名中的构成要件行为相当，防止过于实质的解释造成对罪刑法定原则的突破；是否减轻处罚也要根据案件具体情节，减轻条款也并非必然地适用于每个个案。①

根据本文的见解，对不真正不作为犯从轻或者减轻处罚的理由原本在于，不作为的原因力和作为不同，作为犯违反的是消极义务，而不作为犯违反的是积极义务；处罚作为犯只是要求行为人不要对外界造成伤害，而处罚不作为犯其实是要求一个人付出力量去消除既有的风险。整体而言，与违反消极义务的作为犯相比，违反积极义务的不作为犯在不法和责任方面相对更轻。然而，在排他支配设定说的判断之下，不真正不作为犯的成立范围已经大幅缩小，只有对因果进程的支配达到与作为犯相当程度的不作为犯才值得处罚，故而原则上也应适用与作为犯相当程度的刑罚。只不过，作为犯中也存在情节较轻的情况，这些理由同样也有可能适用于不作为犯。因此，无须再单凭其属于不作为犯这一理由进行从轻或者减轻处罚。当然，也更不应该因为不作为犯在事实上处罚都比较轻，而主张扩大或者缓和不真正不作为犯的成立范围。

五、结　语

在处理缺陷产品不召回的问题上，不真正不作为犯模式应当是当前较为合理的一种选择。故意的作为犯模式能够涵盖的范围有限，尤其是在缺陷产品出售之前的阶段并无故意或过失的情况下，对于已经出售的产品所造成的危害如何处理的问题，故意的作为犯模式则显得束手无策。而过失犯模式的主要问题在于，以注意义务的判断代替作为义务的判断，容易导致处罚范围过宽；而且在故意不作为的情形下，该模式不能自洽。在我国尚未在产品召回方面设立真正不作为犯模式的处罚条款的情况下，应借助不真正不作为犯的理论进行分析，为缺陷产品不召回的处罚限定范围。

在不真正不作为犯模式下，需解决的首要问题是召回义务的成立根据。效率性说、社会期待说、保护功能承担说、危险源监督说以及先前行为说等观

---

① 参见吕翰岳：《作为与不作为之区分的目的理性思考——以德国判例与学说为借镜》，载《环球法律评论》2017年第4期，第94—95页。

点在解释产品召回义务时都存在一定的局限性；要么难以说明消费者之外的其他人是否属于被保护的对象，要么难以回答企业内部人事变动情况下继任者是否应当承担召回义务，要么难以妥当地解释生产者对缺陷产品如何"支配"。不过，上述几种观点在"结果原因支配""组织体责任"等理念方面的阐释，具有一定的启发意义。因此，应当在借鉴这些学说优点的基础上，进一步为召回义务寻找合理根据。

排他支配设定说从对因果进程设定排他性支配的角度，来限定不真正不作为犯的成立范围。该说也能够较好地解释产品召回义务：其一，生产者是通过左右消费者对缺陷产品危险性的认知，而主动设定了对"缺陷产品处于流通领域进而引发安全事故"这一因果进程的支配。其二，在企业内部发生人事变更的情况下，继任者是根据其任职期间的地位和权限，以中途介入的方式对因果进程的发展方向起到支配作用；而且，产品缺陷致人损害的因果进程并不指向特定的消费者，因而无论是亲自购买产品的消费者还是其他第三人，都应当在保护范围之内。进一步地，结合对等价性的理解，缺陷产品不召回的行为并不是以不作为的方式实施了生产、销售行为，因而难以认为其与生产、销售的作为行为等价；但是，在缺陷产品出售之后，如果生产者对"产品继续处于流通领域进而引发安全事故"这一因果进程具有支配作用，则有可能将"不召回"视为不作为形式的伤害或致死行为，进而认定其成立故意伤害罪、过失致人重伤罪或过失致人死亡罪，并根据具体情节处以与作为犯相当程度的刑罚。

此外，国家工作人员的责任，可以通过玩忽职守罪解决。由于一般均认为玩忽职守罪的行为方式包括"不履行职责"，因而可以认为该罪在构成要件中本身就包括了不作为，亦即对于"不履行职责"中的不作为，刑法条文本身已经设定了处罚依据。当然，"不履行职责"同时也可能表现为作为；但就不作为的部分，仍然可以说是真正不作为犯。至于最终是否构成玩忽职守罪，仍须结合该罪的其他要件进行判断。

第十章 经营者对缺陷产品的召回义务探研

——以不真正不作为犯的认定为视角

邓毅丞

内容摘要：关于缺陷产品的召回义务的发生根据，不能以形式说和机能说作为分析路径。经营者对法益状态的支配性地位是召回义务存在与否的思考起点。在支配说中，规范支配说并没有克服形式说和机能说遗留的问题，且背离了"支配"概念应有的实质内涵，并不可取。以事实支配为视角，危险前行为和事实承担是产生召回义务的事实根据。危险前行为必须以客观的违反义务性为要素，而事实承担则以不作为者主观的保护意愿为要素。经营者对缺陷产品的召回义务发生根据应由危险前行为和事实承担共同构筑，同时适用于故意不作为犯和过失不作为犯。但是，应区分召回义务与不履行召回义务的刑事责任。

引 言

我国学界对产品刑事责任的研究大多集中在作为犯。之所以如此，很可能是因为我国刑法规定了生产、销售伪劣产品罪等涉及产品刑事责任的犯罪。在司法实践中，这些规定可以解决大部分缺陷产品的刑事责任问题。如下例：

自2007年12月起，柳立国从四川、江苏、浙江等地收购地沟油加工提炼成劣质油脂，在明知他人将向其所购的劣质成品油冒充正常豆油等食用油进行销售的情况下，仍将上述劣质油脂销售给他人，从中赚取利润。柳立国先后将所加工提炼的劣质油脂销售给经营食用油生意的山东聊城昌泉粮油实业公司、河南郑州宏大粮油商行等。前述粮油公司等明知从柳立国处购买的劣质油脂系地沟油加工而成，仍然直接或经勾兑后作为食用油销售给个体粮油店、饮食店、食品加工厂以及学校食堂，或冒充豆油等油脂销售给饲料、药品加工等企业。法院认为："柳立国利用餐厨废弃油加工劣质食用油脂，销往粮油食品经营户，并致劣质油脂流入食堂、居民家庭等,供人食用,其行为已构成生产、销售有毒、有害食品罪。柳立国还明知下家购买其用餐厨废弃油加工的劣质油脂冒充合格豆油等,仍予以生产、销售,流入饲料、药品加工等企业,其行为又构成生产、销售伪劣产品罪,应予二罪并罚"①。

在本案中,柳立国生产、销售劣质油脂的行为危害食品安全,当然可以构成生产、销售有毒、有害食品罪和生产、销售伪劣产品罪。然而,柳立国对其生产的缺陷产品不予召回的不作为,是否应当评价为不真正不作为犯,值得深究。在不作为构成故意杀人罪或者故意伤害罪的场合,即使经营者对缺陷产品的经营行为构成生产、销售伪劣商品罪等犯罪,也会产生不同犯罪之间的竞合问题。因此,有必要从不真正不作为犯的角度考虑经营者的产品责任。② 更重要的是,经营者很可能在事前不具有主观罪过,而在事后发现相关产品对购买者或者使用者隐藏重大危险。因此,经营者对缺陷产品的召回义务直接影响到刑事责任的追究。

在产品已经流向市场而脱离生产者和销售者的物理控制的场合,是否仍然可以对生产者和销售者课以召回产品的作为义务,存在重大的理论争议。关于作为义务的发生根据,学界有形式义务根据说(以下简称"形式说")和实质义务根据说(以下简称"实质说")之争。在实质义务根据说中,又可以进一步划分为机能义务根据说(以下简称"机能说")和支配根据说(以下简称"支配说")。这些不同的分析路径,对于召回义务的认定有重要意义。根据不同的作为义务,可能会得出截然不同的结论,在不真正不作为犯中有理论检讨的必要。

基于此,本文拟对缺陷产品的召回义务进行研讨,以探明生产者和销售者的作为义务,从而合理划定不真正不作为犯的成立范围。本文分四部分:第一部分对形式义务根据说(简称"形式说")和机能义务根据说(简称"机能说")进行驳斥。第二部分对支配的内涵进行探讨,反对规范支配说将支配概念进行泛化理解的做法,而提出以事实支配作为召回义务的理论基点。第三部分和第四部分对危险前行为和事实承担这两种不同的事实支配类型中的召回义务予以分别认定。

---

① 最高人民检察院第四批指导性案例第12号。
② 关于不及时召回缺陷产品的行为定性,德日刑法有诸多判例。德国判例包括"皮革喷雾剂案""木材防腐剂案""齿科填充材料案"等;日本判例包括"三菱自工制货车轮胎脱落案""药害艾滋病——绿十字会案"和"Paroma 瓦斯烧水器一氧化碳中毒案"等。围绕这些判例,大部分学者都是站在不真正不作为犯的角度展开讨论(罗克辛、许乃曼、北川佳世子、神例康博、甲斐克则等)。也有部分学者直接从过时不作为的角度进行分析(日高义博、稻垣悠一等)。

一、形式说和机能说之批判

关于保证人地位的发生根据,有诸多学说的争议。其中,本文反对形式说和机能说,具体理由如下:

(一)形式说及其批判

根据传统的形式说,对于召回义务的认定并非难题。一直以来,不真正不作为犯的作为义务被理解为有特定的形式特征,包括法律规定的义务、法律行为产生的义务、职务或者业务范围内的义务以及先行行为引起的义务。[1] 日本学者高山加奈子认为,只能从规范关系来寻找作为义务的基础。作为义务统一的发生根据应当限于法规范。既然作为义务是法义务,作为义务根据以一定形式在法令上得以明示,具有积极意义。我国已经有法律对召回义务作明确规定。《消费者权益保护法》第 19 规定:"经营者发现其提供的商品或者服务存在缺陷,有危及人身、财产安全危险,应当立即向有关行政部门报告和告知消费者,并采取停止销售、警示、召回、无害化处理、销毁、停止生产或者服务等措施。采取召回措施的,经营者应当承担消费者因商品被召回支出的必要费用。"《民法典》第 1206 条规定:"产品投入流通后发现存在缺陷的,生产者、销售者应当及时采取停止销售、警示、召回等补救措施;未及时采取补救措施或者补救措施不力造成损害扩大的,对扩大的损害也应当承担侵权责任。依据前款规定采取召回措施的,生产者、销售者应当负担被侵权人因此支出的必要费用。"从形式作为义务说来看,上述法律规定足以证成作为不真正不作为犯中的召回义务。但是,形式说仅仅关注作为义务的表现形式,而忽略了实质内容的重要性,因而在以下方面存在疑问:

第一,形式说的立论根基的薄弱。根据形式说所言,不作为义务具有法律性和特定性[2],然而,法律性和特定性如何推导出相应的四个义务发生根据却不明朗。就法律性而言,法律所涉及的范围极为广泛,除刑法外,还存在宪法、民商法、行政法、诉讼法、社会法等法律部门。那么,法律性里的法律究竟是仅仅包括刑法,还是包括其他所有的部门法,就不无疑问。我国通行的形式说所罗列的若干根据,显然超出了单纯的刑法界域:"法律明文规定的义务"中的"法律"可谓无所不包,就连《民法典》婚姻家庭编、继承编规定的抚

---

[1] 参见高铭暄:《新编中国刑法学》,中国人民大学出版社 1998 年版,第 116—118 页。
[2] 参见赵秉志:《当代刑法学》,中国政法大学出版社 2009 年版,第 158 页。

养义务也计算在内;"职务或业务行为产出的义务"涉及的法律包括行政法、民法等方面的内容;"法律行为引起的义务"主要是民法的范畴。那么,"法律行为产生的义务"和"职务或业务行为产出的义务"同样出自民法,为什么要将其划分为两个不同的作为义务根据?而"职务产生的义务"来自行政法,"业务行为产生的义务"来自民法,为何他们又同时被归类到同一作为义务根据当中?实在让人费解。同时,通说一方面坚持作为义务发生根据的法定性,另一方面却承认"先行行为引起的义务",且认为"先行行为"不仅包括违法行为,还包括合法行为,似乎已经脱离了作为义务的法律性。

第二,形式说与罪刑法定主义貌合神离。从表面上看,形式说提供的作为义务根据都有现实法律依据。然而,如前所述,形式说所主张的作为义务根据不仅涉及刑法明文规定的义务,还包括其他法律规定的义务乃至先行行为引起的义务。这些刑法外的义务和刑事责任的关联性如何产生,是不清不楚的。众所周知,"法无明文规定不为罪"中的"法"是指刑法。那么,在作为犯的场合,行为人违反了其他法律的规定,不一定会触犯刑法。同样的道理,在不作为犯的情状,行为人违反了其他法律的作为义务,当然也不一定就会产生刑事责任。因此,在形式说直接将若干非刑法义务归类到不纯正不作为犯的作为义务发生根据时,似乎已经扼杀了刑法与其他部门法的界限,也否定了不作为犯的成立以违反刑法义务为前提的要求。那么,形式说就存在违反罪刑法定主义的嫌疑。

第三,形式说很容易不当地扩大不真正不作为犯的处罚范围。根据形式说,不真正不作为犯的作为义务完全取决于形式要件的具备与否,很容易扩大处罚范围。例如,基于夫妻之间的法律关系可以产生作为义务。那么,如果站在形式说的立场,丈夫遗弃妻子的行为就可以构成不真正的故意杀人罪。但是,一般来讲,此时原则上只构成遗弃罪。[①] 也就是说,形式说会导致真正的不作为犯和不真正的不作为犯界限不明,从而将一些本应构成轻罪的真正不作为犯的情形也会认定为重罪的不真正不作为犯。如此一来,所有生产、销售伪劣产品的行为都会引申出不真正不作为犯意义上的召回义务,显然是难以让人接受的。

可见,形式说提供的作为义务根据仅仅是一个大概的框架,且不说这个框架设立的合理性,就该框架内部的内容如何提炼成最后的作为义务而言,就存在极大的疑问。《消费者权益保护法》《民法典》等法律的规定不能直接成为缺陷产品经营者在不真正不作为犯意义上的召回义务发生根据。

---

① 参见黎宏:《刑法学》(第二版),法律出版社2016年版,第83页。

刑法的作为义务只能通过刑法独自的视点作为探寻的根据①,而不能委任于其他法律的形式特征。因此,有必要立足于刑法目的及实质的不法观念,对不真正不作为犯中的召回义务展开讨论。

(二)机能说及其批判

针对形式义务的上述缺陷,学界致力于从实质的角度考察不真正不作为犯的义务发生根据。其中,主要有机能说和支配说之争。其中,支配说又分为规范支配说和事实支配说。关于这些学说的合理性检讨,见如下分析:

机能说认为,作为义务的各种发生根据相互排斥,只是有些根据相对而言比较稳定。应按照作为保证人义务的机能进行分类。首先,作为义务是不作为犯中的行为规范。行为规范的机能是保护法益,那么,作为义务的发生根据也应当在法益关系中被理解。具体而言,可以分为应当直接保护法益的场合和间接保护法益的场合。前者对应保护处于危险状态的法益的义务,而后者则对应管理使得危险发生的危险源的义务。最终,直接义务和间接义务都根据保护相关法益的社会期待来判断,而社会期待则由行为人的社会角色来决定。其判断资料包括:法令等形式要素,排他性(支配性)等实质要素。②

因此,规范的必要性和预防的必要性是机能说判断保证人地位的逻辑起点。德国学者库伦就认为,关于制造企业应当有毫无例外的尊敬市民的责任。对于其企业成员来说,民事责任的处罚风险是严厉的。③ 该风险面向他们自身,但没有约束效力。因此,对于损害健康的制造物进行贩售或者对上市后被判明有危险性的商品进行回收,即使企业要付出高昂的费用,也是以企业成员高度担心在充足由刑罚保证生产者的义务的情况下受到处罚的风险为前提。④ 关于刑法上制造物责任的必要性检讨,一言蔽之,即比较新的判例,特别是通过德国联邦最高法院的判例赋予特色的刑法上的制造物责任,在规范的意义上进行理解是妥当的,对于消费者的身体、生命的保护来讲也实现了补充性的贡献。⑤ 根据机能说,对物、设备等支配型的管理与对贩售完毕的制造物的管理形态存在实质性的差异,因此,对于已经贩售的缺陷

---

① 参见〔日〕北川佳世子:《欠陥製品回収義務と刑事責任》,载〔日〕斉藤豊治等:《神山敏雄先生古稀祝賀論文集第 1 巻(過失犯論・不作為犯論・共犯論)》,成文堂 2006 年版,第 192 页。
② 参见〔日〕高橋則夫:《刑法総論》,成文堂 2010 年版,第 156—157 页。
③ 参见〔日〕ロター・クーレン:《刑法上の製造物責任の必要性と限界》,神例康博译,载《松山大学論集》2002 年第 14 卷第 5 号,第 86—87 页。
④ 同上注,第 87 页。
⑤ 参见〔日〕ロター・クーレン:《刑法上の製造物責任の必要性と限界》,神例康博译,载《松山大学論集》2002 年第 14 卷第 5 号,第 87 页。

产品不能以结果原因支配说以及排他性支配说作为保证人地位的发生根据。

关于机能说的上述见解,本文不敢苟同,理由如下:

第一,机能说很容易不当地扩大不真正不作为犯的处罚范围。机能说以预防犯罪的机能作为保证人地位的判断基点,很难有效地对作为和不作为之间的等价性作出合理的判断。事实上,机能说近年来将观察的重点放置在社会秩序内部的需要上。其视角下的作为义务来源,已经由刑法保护任务扩展到实质的社会义务,甚至扩充到密切的共同生活信赖关系之上。① 按照机能说的发展趋势来看,该说不仅不会对形式说向来认可的作为义务进行缩限处理,反而会在维护社会秩序的目标下追求更加多元化的作为义务形式。这将严重威胁国民的自由和权利。

第二,机能说的立论理由存在疑问。机能说认为不同类型的作为义务相互冲突,不能归结为统一的上位概念(原因支配或者排他性支配),因而只能从机能的角度出发理解各种保证人地位。的确,如果完全从机能说所承认的作为义务类型来看,就无法完全从支配性原理的角度得出妥当的说明。问题是,社会安全义务保障说所提倡的处罚范围是否适度,并非无可争议。机能说和支配说从不同的角度分析作为义务的发生根据,当然会在处罚范围上有所不同。例如,机能说将"生活共同体"作为产生作为义务的根据,"这些共同体的产生是具有目的性的产生,人员之间由此构成的信赖关系,也包含在共同体生活中出现的典型性危险情况里相互提供的帮助和关心,比如类似于夫妻关系的同居生活共同体"。② 然而,就算自愿共同生活可以产生遗弃罪意义上的扶养义务,也很难说关系人已经具有故意杀人罪意义上的救助义务。正如德国学者施特拉腾韦特和库伦所说,"鉴于此类关系在紧密程度上的极大差异,这一观点很难得到精确表达,而使得该观点以一种几乎不能接受的方式丧失法治国的信誉"③。因此,这种类型的作为义务能否产生保证人地位,值得商榷。换言之,机能说以其自以为合理的作为义务类型作为支配说的批判理据,有循环论证之嫌。

第三,机能说所提倡的"社会期待性"这一保证人地位的判断标准模糊不清。社会期待性说的模糊性一直饱受诟病。什么是社会期待的行为,很难有一个明确的标准,甚至可以说很难形成共识。而且,以社会期待性作为保证人地位的发生根据,混淆了道德和法律之间的关系。实际上,因为社会期

---

① 参见苏俊雄:《刑法总论Ⅱ》,台湾大学法学院图书部1998年版,第565页。
② 〔德〕约翰内斯·韦塞尔斯:《德国刑法总论:犯罪行为及其构造》,法律出版社2008年版,第435页。
③ 〔德〕冈特·施特拉腾韦特、〔德〕洛塔尔·库伦:《刑法总论Ⅰ——犯罪论(2004年第5版)》,杨萌译,法律出版社2006年版,第370页。

待性说过于强调法益的保护必要性,因而不自觉地将理应属于作为义务衍生效果的社会期待性视为判断作为义务的根据。再者,根据社会期待说,不真正不作为犯的处罚范围往往会随着不作为的预防必要性的提高而扩大。那么,只要解释者觉得关于被害人的法益结果必须通过施以刑罚的惩处而得到预防,就很有可能认定作为义务的存在。因此,机能说对于不真正不作为犯的成立范围难以起到有效的限定作用。

二、事实支配说视角下的召回义务

支配说认为,不真正不作为犯的作为义务来源在刑法中没有明文规定。即使从不得侵害他人的整体义务理解刑法规范,也必须要求作为的侵害方式和不作为的侵害方式在法律上具有同等的违法性。而且,作为具有推动法益恶化进程的物理力量,而不作为则是不阻止现存的法益侵害因果流程而已。两者之间具有构造上的差异。因此,只有在不作为者对于发生结果的原因具有支配力时,才可以认定不真正不作为犯的作为义务。本文认为,不真正不作为犯和作为犯之间存在重大的结构差异。那么,为了达到处罚上的平衡,就必须要求两者之间具有等价性。① 由于作为犯的实行行为对法益侵害流程具有支配性的作用,那么,不真正不作为犯的可罚性理应在支配因果流程方面具有相似性,才可能弥补其与作为犯在结构上的差异。正如日本学者西田典之所说:"不作为要与作为具有构成要件性等价值,不作为者就必须将正在发生因果进程控制在自己掌中"②。因此,支配说是妥当的。

所谓"支配",只是说明行为人对引起危险的原因或者危险的现实化处于控制状态,并不能由此得出行为人有权力引起危害结果。否则,在作为犯的判断中,行为对法益侵害结果的支配性也逐渐成为通行的标准。首先,如果说支配就意味着权力,就必然导致作为犯的不可罚,显然是不妥当的。其次,以支配说作为判断保证人地位的根基不意味着不真正不作为犯是与作为犯等同的支配犯。"支配说"很容易跟"支配犯"捆绑在一起。在适用统一的支配犯概念时,支配说视角下的不真正不作为犯将与作为犯毫无区别。这不仅不符合两者构造存在重大差异的事实,还会人为地给"支配说"设置现实障碍。实际上,支配说正是为了弥补不真正不作为犯和作为犯之间在行为支配上的构造差异而提出对于保证人地位以行为人对法益状态的支配性作为判断标准。也就是

---

① 参见刘士心:《不纯正不作为犯的等价性问题研究》,载《法商研究》2004年第3期,第110页。
② 〔日〕西田典之:《日本刑法总论(第2版)》,王昭武、刘明祥译,法律出版社2013年版,第106页。

说,作为犯的支配是行为的支配,而不作为犯的支配则是状态的支配。两者不可混淆。再次,不作为的"支配性"与保证人地位的"支配性"具有互通性。不作为是不作为者不阻止法益侵害的开始或者进一步恶化的行为。表面上看,不作为不可能在物理上支配事物的发展。但是,如果保证人地位的成立以一定的支配性为前提,就会使得行为人在某种意义上已经支配了法益侵害的流程。而且,这种支配力会一直伴随着不作为的实施而延伸下去。因此,不作为犯的支配性并不是完全不能确定,而只是不能以作为犯的方式进行确定。

总的来说,"支配性"是贯通于作为犯和不真正不作为犯的等价性要素。对于召回义务的分析,必须以支配说为指导。但是,对于"支配性"的解读有重大分歧,因而经营者对于缺陷产品的危险是否具有支配地位,以及如何确立支配地位等问题具有多种解读路径。从物理的事实支配观念出发,很可能否定经营者对于已经脱离其物理掌控的缺陷产品具有支配地位。相反,如果对支配进行高度规范化的理解,就有可能通过先前行为或者其他支配状态肯定召回义务的成立。大致来讲,关于召回义务的判断基础,有规范支配说和事实支配说两种路径。规范支配说又可以分为物的支配理论和情报的支配理论。物的支配理论为德国学者布雷姆森(Brammsen)、希尔根多夫(Eric Hilgendorf)等人所提倡。该说认为,将监视型保证人的地位归结为现实的事实支配,可能是妨碍符合回收问题的实际状态得以体系性解决的最大原因。缺陷产品经营者通过危险源的设置和经营获得利润,具有控制危险的独占地位,理应被期待承担相关危险的责任。① 因此,与纯粹的事实支配关系一样,法的影响乃至处分关系也应当援用为监视型保证人地位的基础。在产品销售后,应肯定经营者对其有产品监视义务。②

物的支配理论表面上解决了事实支配说在召回义务上的适用难题,但是,该说在以下方面则存在疑问:首先,物的支配理论容易导致刑罚的滥用。该说企图以刑法手段积极地使社会生活安定化,从而保证社会成员在心理上感到安心。这样的社会系统思考方法存在刑法大幅度介入社会生活的危险。假如基于产品经营者的特殊地位而科以其苛刻的作为义务,无异于将刑罚作为所有生活领域的适用基准,有违反罪刑法定主义之嫌。③ 其次,物的支配

---

① 参见〔日〕北川佳世子:《製造物責任をめぐる刑法上の問題点——ドイツ連邦通常裁判所の皮革用スプレー判決をめぐる議論を手掛かりに》,载《早稲田法学》1996 年第 72 卷第 2 号,第 198 页。

② 参见〔日〕神例康博:《ドイツにおける刑事製造物責任》,载《松山大学論集》2003 年第 15 卷第 5 号,第 146 页。

③ 参见〔日〕北川佳世子:《製造物責任をめぐる刑法上の問題点--ドイツ連邦通常裁判所の皮革用スプレー判決をめぐる議論を手掛かりに》,载《早稲田法学》1996 年第 72 卷第 2 号,第 200 页。

理论忽视了"支配"具有事实性和规范性的双重面向。该说将事实支配说视为召回义务的成立障碍,提出从规范支配的角度来理解保证人地位。诚然,事实支配说中不乏强调对危险具有物理上的控制性的论说,更有人以此作为否定召回义务的理由。但是,事实支配说不等于必须以纯粹有形力的掌控作为保证人地位的成立前提。完全从存在论的角度理解支配性,不仅在不作为犯领域中不可行,就连在作为犯的判断中,也不具有现实性。实际上,在事实支配说中,大部分论者也会以规范目的作为分析保证人地位的导向。因此,以事实支配说妨碍不作为犯的规范体系一致性为由,彻底地脱离事实根据而将"支配"概念作规范化的理解,不无矫枉过正之嫌。

效率支配说是立足于产品经营者在收集情报方面的优越地位而肯定其对缺陷产品的召回义务。德国学者冈特·施特拉腾韦特和洛塔尔·库伦认为:"通常只有生产者才能充分了解危险,比如药品的副作用,是能够影响企业运作、召回产品的人。这一理由应该足以让生产者承担相应的特别责任。但这一点在刑法上没有任何意义,因为,生产者大多是法人(比如有限责任公司或者股份有限公司),而根据现行刑法,法人不受刑事处罚。但是,生产者的保证人地位决定了企业中的具体个人可能为伤害或者杀人承担不作为犯罪的责任。"[①]日本学者镇目征树也认为:"作为保证人地位的制约原理,应当适用于可以最有效率地实施结果回避措施的主体。也就是说,就法益救助而言,如果立足于谁最有效的地位这一点,应当在与他人比较中考虑哪一个结果回避措施(也就是'回收')是最有效率的。从这个'效率性'的观点出发,对刑事制造物责任中的作为义务加以检讨。"[②]

对于上述效率支配说的见解,有以下地方值得商榷:首先,效率性作为召回义务的判断基准存在疑问。日本学者岛田聪一郎指出:"最具效率性的主体承担责任的想法,是基于成本·效益考量的一种经营学的视点,而不适用于刑事责任的追究。"[③]日本学者北川佳世子认为:"排除法律的平等性、明确性、伦理、道德的考量等,而着重于'效率性'的观点,以效率性最优先的经济理论确定保证人地位,在刑法理论和经济学视角中都是不适合的,难免会让人抵触。"[④]不能否认,效率作为经济分析的因素,用于评价性的刑法解释中实在不合时宜。刑法解释作为一项价值评价活动,面对的是各种不同价值的

---

① 〔德〕冈特·施特拉腾韦特、〔德〕洛塔尔·库伦:《刑法总论 I——犯罪论(2004 年第 5 版)》,杨萌译,法律出版社 2006 年版,第 374—375 页。
② 〔日〕镇目征树:《刑事製造物責任における不作為犯論の意義と展開》,载《本郷法政紀要》1999 年第 8 号,第 366 页。
③ 〔日〕岛田聪一郎:《不作為犯》,载《法学教室》2002 年第 263 号,第 116 页。
④ 〔日〕北川佳世子:《欠陥製品回収義務と刑事責任》,载〔日〕斉藤豊治等:《神山敏雄先生古稀祝賀論文集第 1 巻(過失犯論・不作為犯論・共犯論)》,成文堂 2006 年版,第 196 页。

碰撞。有无效率只体现行为的经济价值,而不能反映其他法益的内在关联性,显然不能成为评价作为义务的有力根据。其次,关于效率的明确性也备受质疑。如果效率性是召回义务的发生根据,就应当重视关于产品危险性的情报的集中程度。那么,以此作参照,实施结果回避措施时的付出同等乃至更高的程度,就是召回义务的重要判断因素。① 但是,究竟在哪种程度的范围内可以认定效率性,恐怕很难有明确的标准。尤其是在复数行为人涉及危险产品的生产、销售活动的场合,效率性的判断就显得格外困难。再次,效率性说并不具有普遍的适用意义。不难发现,效率性仅仅是针对召回义务而量身定做的学说。如果将该说适用于其他领域,就可能得出极不合理的结论。例如,医生甲在偏僻的森林里看到身受重伤的乙,旁边空无一人。假若甲施予援手,乙就会得救。从效率性的角度来看,甲理应有救助义务。然而,这种情形最多只会构成德国刑法中的见危不救罪②,而不可能构成故意杀人罪的不真正不作为犯。可见,效率性说无法对其他作为义务作出有说服力的解说。最后,效率性与作为能力有内在的一致性。镇目征树在分析效率性时,强调情报和职位的意义。根据镇目征树的观点,如果没有掌握情报,就不具有召回产品的可能性。同理,如果不具有召回产品的决定权,也就同样不能实施召回缺陷产品的行为。效率性的判断因素正反映了履行召回义务的能力。作为能力是不作为犯的构成要素,但是,并不能直接决定作为义务的成立与否。因此,效率性说有混淆不作为犯的不同要素之嫌。

综上,基于作为犯和不作为犯之间的构造差异,提倡对于不真正不作为犯必须以"事实支配"作为保证人地位的成立前提。因此,必须以事实支配说作为解读刑法中召回义务的发生根据。当然,事实支配说内部也存在不同的见解。当然,关于"支配性"的解读,有各种说法。有学者将行为人对结果的支配地位作为保证人地位的发生根据。③ 有的学者认为,行为人对法益侵害的原因支配必须以排他性作为前提。④ 有的学者认为,行为人对被害法益的事实承担,是产生保证人地位的唯一根据。⑤ 有的学者将创造危险或者增

---

① 参见〔日〕塩见淳:《瑕疵ある製造物を回収する義務について》,载《刑法雑誌》2003年第42卷第3号,第89页。
② 《德国刑法典》第323条c规定:"意外事故、公共危险或困境发生时,根据行为人当时的情况救助有可能,尤其对自己无重大危险且又不违背其他重要义务而不进行救助的,处1年以下自由刑或罚金刑"。我国刑法并无类似规定,因而一般的见危不救不会构成犯罪。
③ 参见张明楷:《刑法学》(第6版),法律出版社2021年版,第198页。
④ 参见黎宏:《排他支配设定:不真正不作为论的困境与出路》,载《中外法学》2014年第6期,第1588页。
⑤ 参见堀内捷三:《不作为犯論》,青林書院新社1978年版,第255页。

加危险的先前行为视为保证人地位的发生根据。① 本文认为,鉴于作为和不作为在事实构造上的先天不平等,因此,有必要对不作为进行事实上的补充。就此而言,以一定作为的存在限制保证人地位的发生,是有道理的。② 那么,创造危险源的先前行为理应属于作为义务的发生根据之一。另外,行为人对脆弱法益或者特定危险源自愿地现实控制,实际上是对法益状态的持有。因此,事实承担也应当具有产生保证人地位的功能。关于这两种保证人地位发生根据的具体内容以及对召回义务的发生机理,下文将作出详细的分析。

三、危险前行为与召回义务

(一)危险前行为视角下召回义务的发生可能性辨析

在支配说中,不少学者认为,贩售缺陷产品的先前行为是召回义务的发生根据。此说可以称之为危险前行为根据说。该说以危险前行为可以产生保证人地位的理念为前提,在避免处罚漏洞的实践目的下,将生产、销售伪劣产品的行为视为对消费者的危险前行为,从而肯定经营者的保证人地位。例如,张明楷教授认为:"先前行为使法益处于脆弱的、需要有人保护的状态时,如果不采取有效措施,危险就会现实化。在此意义上说,先前行为产生的是保护义务。"③同时,他又认为:"制造者虽然制造了危险产品,但制造、销售时并无过失,事后才发现所制造的产品具有侵害生命、身体的危险时,由于先前行为并无过失,如果不将先前行为当作作为义务的来源,就不能以犯罪论处。这便形成了不应有的处罚漏洞……不难看出,以危险的先前行为为根据要求危险产品的制造者履行回收义务是最恰当的。"④

但是,支配说的部分支持者认为,先前行为是危险状态出现以前的行为,因而很难承认行为人对于结果发生的因果流程具有控制地位,因而先前行为也就往往被排斥在作为义务的发生根据范围之外。日本学者山口厚认为,在基于先前行为创造或者增加危险的事例中,作为其自身的理由,不得肯

---

① 参见〔日〕佐伯仁志:《保障人的地位の发生根拠について》,载〔日〕内藤谦、〔日〕芝原邦尔、〔日〕西田典之:《刑事法学の课题と展望(香川达夫博士古稀祝贺)》,成文堂1996年版,第108—110页;周光权:《刑法总论》(第4版),中国人民大学出版社2021年版,第111—113页以下。
② 黎宏、常康爽:《缺陷产品不召回的刑事责任》,载《上海政法学院学报(法治论丛)》2018年第5期,第50—52页。
③ 张明楷:《不作为犯中的先前行为》,载《法学研究》2011年第6期,第140页。
④ 同上注,第144页。

定结果原因的支配性。在危险创造或者危险增加的操控阶段,即使可以基于危险源的支配而肯定保证人地位(作为义务),在错误的行为导致危险之后的阶段,很难说是对导致结果的原因继续支配。例如,对于驾驶汽车中的人来说,在发生事故的时候,需要适当地进行手刹等操作(危险源的支配),但是一旦事故发生,使人负伤,就不再支配伤势恶化的原因。这意味着,先前行为不应当作为保证人地位或者作为义务的发生原因。① 德国学者许迺曼则指出,危险前行为无法与其他真正以支配关系为基础的保证人地位相比较,以及欠缺其中所产生的与作为的对等性。② 因此,这些学者对于危险前行为根据说持排斥态度。

诚然,先前行为对因果关系的支配不能完全等同于产生作为义务的支配。但是,如果将不作为犯中的"支配"视为行为支配,在先前行为结束后,行为支配也就结束,那么,行为人对于先前行为所创造的危险状态就很难说有支配地位。在不作为犯中,作为保证人地位根据的"支配"不能套用作为犯的行为支配概念。我国学者黎宏明确指出,排他性支配设定包括"实施了导致法益面临危险的先行行为"且"维持侵害法益危险最终变为现实侵害结果"的场合。③ 从先前行为属于危险源的角度来看,行为人对于危险源所产生的高度危险状态也可以视为处于支配地位,那么,先前行为成为保证人地位的发生根据也不是没有道理。德国学者耶赛克和魏根特明确将先前行为列入产生保证人地位的危险源之一。他们认为:"产生于先前实施的危险行为的保证人义务是建立在禁止侵害他人的基础之上的。如果造成了损害他人的危险(先前行为),必须负责确保此等危险转变为构成要件该当的结果……将一个危害健康的皮肤喷雾剂参与流通,公司经理有义务予以回收。"④ 笔者认为,先前行为创造的危险状态对于结果的发生而言具有支配地位。从行为做出及其后来的危险恶化处于连续不断的一个过程。那么,行为人对于基于先前行为创造的危险源的支配性也就从未中断。先前行为完全可以成为保证地位的发生根据。

---

① 参见〔日〕山口厚:《刑法总论(第3版)》,付立庆译,中国人民大学出版社2018年版,第87页。
② 参见〔德〕许迺曼:《德国不作为犯法理的状况》,陈志辉译,载许玉秀、陈志辉合编《不疑不惑献身法与正义:许迺曼教授刑事法论文选辑》,新学林出版股份有限公司2006年版,第641—642页。
③ 参见黎宏:《排他支配设定:不真正不作为犯论的困境与出路》,载《中外法学》2014年第6期,第1588页。
④ 〔德〕汉斯·海因里希·耶赛克、〔德〕托马斯·魏根特:《德国刑法教科书(总论)》,徐久生译,中国法制出版社2001年版,第752—754页。

(二)经营缺陷产品的违反义务性辨析

危险前行为根据说能够解决相当一部分的缺陷产品的召回义务问题。在行为人故意将伪劣产品置于市场流通的场合,如果给产品使用者创造危险,就应当承担召回义务。但是,关于危险前行为的判断,则存在争议。

违反义务必要说认为,产生保证人地位的先前行为不仅要造成损害发生的紧迫的(相当的)危险,而且先前的行为必须在客观上是违法的(即使是无责任的)。这种违反义务性还必须存在于对为保护相关法益的规范的违反之中。① 违反义务不要说认为,产生作为义务的先前行为不必违反注意义务。即使产品的生产、出售不存在对注意义务的违反,也可以成为召回义务的发生根据。该说理由如下:其一,在法治国的条件下,由于互相尊重行动自由的需要,对他人法益创设危险的人必须承担回避危险的义务。如果不履行该回避义务,就与故意地直接侵犯他人法益的行为没有什么区别。日本学者神例康博认为,生产、销售产品的行为"伴随高度危险",是采取相当的危险回避措施的条件。无论生产者等在生产、销售的时点是否对该危险具有认识的可能性,或者产品是否已经流向市场,他们的"特别答责性"都可以被主张。② 其二,现代科技导致风险的发生具有不确定性、不可预测性,即使是日常行为也可能伴随高度的危险。如果先前行为的成立以行为人对先前行为伴随的高度危险具有客观的预见可能性为准,就必然导致新型风险转嫁给一般国民,这是不公平的。日本学者平山幹子认为:"产品的生产、销售行为是生产、销售者的自由组织化。因此,关于流通的危险产品安全性顾虑,不应当由消费者来负责承担。作为该顾虑内容的消除危险是作为基于自由组织化的'消极义务',应当由自由的实施产品制造、销售行为的生产、销售者负担……因此,在使得危险发生的场合,产品召回义务作为'基于组织化'的义务被认定"③。其三,先前行为不是实行行为。我国学者吕英杰认为,不必以实行行为的违反义务性来要求先前行为。只要实行行为本身违反注意义务且行为人主观上有过错,就不会与责任主义冲突,也不会导致刑事责任不当扩大。④

---

① 参见〔德〕汉斯·海因里希·耶赛克、〔德〕托马斯·魏根特:《德国刑法教科书(总论)》,徐久生译,中国法制出版社2001年版,第752—754页。
② 参见〔日〕神例康博:《欠陥製造物の回収とその限界に関する覚書——いわゆる薬害エイズ・ミドリ十字事件刑事判決を契機として》,载板倉宏博士古稀祝賀論文集編集委員会:《現代社会型犯罪の諸問題》,劲草書房2004年版,第191—192页。
③ 〔日〕平山幹子:《不作為犯と正犯原理》,成文堂2005年版,第181页。
④ 参见吕英杰:《风险社会中的产品刑事责任》,载《法律科学(西北政法大学学报)》2011年第6期,第151—153页。

违反义务不要说的确能够尽可能扩大召回义务的成立范围,但是,就法秩序的一致性而言,先前行为与以之为基础的不作为都应当对客观义务具有违反性。先前行为在完全合法(没有任何行为不法和结果不法)的情况下,对法秩序并没有造成任何破坏性的影响,那么,行为人与无关的第三人并无实质性的区别。需要注意的是,正当化的危险和允许的危险并非等同概念。在刑法理论中,允许的危险往往被视为阻却过失的事由。[①]据此,允许的危险并非正当化的危险或者没有危险。允许的危险和客观义务的违反并不矛盾。允许的危险不能直接说明先前行为的成立与否,而最终仍然需要以违反义务性作为判断标准。

由此可见,违反义务性应当是危险前行为发生作为义务的前置性要素。但是,这里所讲的违反义务性,不是指构成要件过失中的违反义务性。过失是主观的责任要素,而非不法要素。谨慎义务的违反与否是作为主观要素的预见可能性的内容,不宜成为判断客观违反义务性的标准。刑法中的客观义务,实际上是避免损害规范保护范围内的法益的义务。只要是刑法规范禁止或者命令的事项,都属于客观义务的范围。例如,行为人对于其无过错地生产、销售的缺陷产品,也应当承担召回义务。但是,法律规范不能超越时代发展水平。参考《产品质量法》第43条第2款第(三)项的规定,在产品的缺陷是现代科技无法发现的情况下,不宜将生产、销售行为视为违反刑法义务的行为。

四、事实承担与召回义务

(一)事实承担视角下召回义务的发生可能性辨析

所谓事实承担,是指行为人自愿承担防止被害法益进一步恶化或者防止危险源转化为现实危害结果的职责。事实承担行为在不作为者和结果之间形成依存关系,或者不作为者对于法益有密切的事实控制关系,从而使得相关法益依存于不作为者的保护。[②] 在缺陷产品业已到达购买者手上的场合,学界对于生产者或者销售者是否可以通过事实承担对缺陷产品的危险形成事实支配状态的问题存在重大分歧。有学者认为,生产、销售行为本身就表现出行为人对产品安全性的保证,因而行为人应承担缺陷产品的危险责

---

① 参见〔德〕乌尔斯·金德霍伊泽尔:《刑法总论教科书》(第6版),蔡桂生译,北京大学出版社2015年版,334—335页。

② 〔日〕堀内捷三:《刑法総論》(第2版),有斐阁2004年版,第60页。

任。德国学者罗克辛认为:"生产者的保证人地位最好能够用接管保护功能来说明。在现代商品社会中,购买者一般都没有可能性来检验所买的商品对健康的无害性与其他无害性。因此,他必须迫不得已地信任生产者不仅遵守了所有安全标准,而且也向他告知了在事后才能得知的风险。这是一种社会现实,这一点从民法上的产品观察义务与召回义务中表现出来。从这些义务中,不能直接推导出一种保证人地位,但是的确能够表现出那些应当归咎于生产者的保护功能所具有的各种要素。生产者作为第一个对事后出现的缺陷获知完整信息的人,通过重新设计生产方法来找到错误的根源,并且由于自己对销售渠道的了解而立即对这些商品'踩刹车',同时有途径能够找到受威胁的购买者。这种情况就支持了这一点:客户必须信赖生产者居于优势的商品知识,并且,生产者必须相应地在可能的范围内接管自己的保护任务"①。

与上述观点不同,有学者将事实支配理解为在物理上的有效控制。德国学者尼古拉·哈特曼认为,如果基于皮喷雾剂案的销售、贩卖等先前行为来认定制品回收义务,就不得不放弃先前行为的"违反义务性"要件。而且,为了肯定产品责任而必须使得刑法柔软化,就刑罚法规的预告机能而言也存在问题,因而对刑法上产品回收义务的根据采取怀疑的立场。②

本文认为,生产、销售行为及其伴随的质量保证行为应当属于产生召回义务的事实承担行为。在产品交易领域,信赖关系是促成交易完成的重要因素。以产品使用为目的的购买行为,必然建立在对产品的信赖基础之上。如果产品购买者明知产品存在重大的安全性隐患,就很可能不会选择购买。那么,生产、销售者对他们推向市场的产品至少存在默示的质量保证承诺。而且,现代技术产品基本上都有相应的说明书,在说明书没有明示危险因素的场合,产品购买者不可能自己进行研究考察。换言之,既然产品生产者和销售者要求产品购买者在说明书指引的范围内使用产品,就表示产品使用在此情形下处于安全可靠的范围内。至于没有说明书的产品更是如此,因为说明书中的注意事项就是用于提醒产品购买者在使用产品时可能存在的危险因素。那么,说明书的缺乏,对于产品购买者而言,意味着产品没有可预见的危险。因此,产品交易本身可以被视为产品生产、销售者已经对产品购买者的安全作出事实的承担。

简言之,事实支配与纯粹自然意义上的物理控制并非一回事。在经营者

---

① 〔德〕罗克辛:《德国刑法学总论(第2卷):犯罪行为的特别表现形式》,王世洲主译与校订,王锴、劳东燕、王莹等译,法律出版社2013年版,第586—587页。
② 〔德〕ヴィンフリート·八せまー:《現代刑法における製造物責任》,〔日〕山中敬一、〔日〕前嶋匠译,载《関西大学法学論集》1997年第47卷第4号,第118页以下。

主动承担了保证产品安全性的职责时,无异于接受了保护购买者的生命安全的监护义务。经营者对产品的质量监控,以及在说明书中对产品安全使用的指引等行为,都意味着其对法益状态的现实支配状态。如果缺陷产品对购买者造成危险,经营者就应当承担相应的召回义务。

(二)事实承担中的召回义务成立范围

事实承担的成立范围对缺陷产品的召回义务有重要影响。一般认为,事实承担必须是以行为人自愿地将法益保护纳入自己的控制范围之中。[①] 问题是:如果行为人本身并无法益保护的意图,而只是通过表面的事实承担行为来谋取利益或者逃避责任,是否可以成立事实承担类型的保证人地位?如果持肯定回答,对于故意生产、销售伪劣产品的行为人就不可能负担召回义务。反之亦然。

本文认为,不作为者关于持续救助法益的主观意图可以左右事实承担的成立。经营者以持续、反复保护法益意图承担法益的保护责任,是法益承担行为形成对法益排他性的要素。事实承担是救助法益的行为。善行反而成为负担,应当以排他性为限制要素。但是,偶然的援助行为不足以证明排他性的存在。例如,甲偶尔给受到冻饿的邻居小孩提供食物和衣物,不形成对该小孩的排他性。只有在甲以救助该小孩为意图而将其置于自己的保护之中,排他性才能够成立。当然,也有学者指责排他性要件与过失同时犯冲突,不当地缩小了作为义务的成立范围。[②] 但是,排他性对于不作为的危害程度有重要意义。例如,将小孩置于医院门口的行为只能构成遗弃罪,而将小孩置于鲜有人烟的荒地的行为则可能构成不作为的故意杀人罪。而且,排他性是指在特定时点排除他者介入的可能性,而不是泛泛而谈地排除一切介入。[③] 在数个主体对法益安全具有共同支配性的场合,应当形成共同的排他性。简言之,以排他性为基础的事实承担不能忽略不作为者救助法益的意图。伪劣产品的经营者对于产品质量并不重视,不可能具有反复、持续保护消费者安全的意识。换言之,不能基于事实承担而对伪劣产品经营者课以召回义务。

需要注意的是,并非只有知名产品的经营者才具有持续、反复保护法益的意图。德国学者许乃曼认为,消费者可以期待制造者对产品监视以及对事

---

① 参见〔日〕堀内捷三:《刑法総論》,有斐阁2004年版,第58页。
② 参见〔日〕山口厚:《刑法总论(第3版)》,付立庆译,中国人民大学出版社2018年版,第89页。
③ 参见〔日〕佐伯仁志:《保証人の地位の発生根拠について》,载〔日〕内藤谦等:《刑事法学の課題と展望:香川達夫博士古稀祝賀》,成文堂1996年版,第110页。

后的危险进行事后判别的原因来自生产者在品牌构筑及其宣传上的态度。根据所有的宣传,制造者在技术产品中明示或者暗示其生产、控制的产品具有特别的可信赖性,这使得名牌产品和非名牌产品的差别可以被区分开来。而且,名牌产品通常比起非名牌产品的价值更高,顾客受到产品宣传上明示或暗示的约束而支付特别的报酬,也使得顾客对生产者的产品监视义务有正当的信赖。① 诚然,知名产品具有更高的社会知名度,可以获得消费者更高的信赖,而其价格也因此通常比较昂贵。然而,产品知名度只是市场营销的客观效果,而并不完全出于产品的质量,更不是判断经营者对于产品质量承诺的决定性因素。例如,三鹿奶粉在当年可谓是奶粉中的一线品牌,但该产品的经营者故意添加超标的三聚氰胺,引发了大规模的食品安全事故。另外,产品价格也不是判断事实承担的合理因素。虽然知名产品很可能在价格上高于非知名产品,但是,产品质量并非决定价格的唯一因素,而可能附加诸如营销等方面的成本。因此,不能因为经营者卖的产品便宜就否定他们愿意接受产品质量的保证义务。

总的来讲,经营者在符合国家规范和行业规范的前提下对其生产、销售的产品进行质量上的控制,意味着他们愿意承担保障产品购买者安全的责任。就此而言,经营者接受了保护法益安全的保证人地位。在产品有缺陷而威胁到购买者的生命健康时,经营者应当承担相应的召回义务。

五、必要的说明

关于本文的立场,有以下三个方面必须说明:

(一)危险前行为和事实承担是召回义务的共同发生根据

根据本文观点,危险前行为和事实承担都可以产生保证人地位,两者相辅相成,互不冲突。经营者既可能基于生产、销售缺陷产品的危险前行为而承担召回义务,也可能因为经营活动中接受了保护产品购买者的法益安全而负有对产品质量的监视职责。例如,在生产、销售行为并没有创造禁止危险的场合,不能以危险前行为作为召回义务的发生根据。但是,在此场合下,经营者通常对产品安全尽了谨慎义务,因而能够以主动接受对产品质量的保证职责作为召回义务的发生根据。又如,在企业发生人员变动的场合,继任者并没有实施生产、销售缺陷产品的危险前行为,因而不能基于危险前行为而承担保证人地位。但是,继任者出于其自身的意愿担任企业中的相关职务。

---

① 参见〔日〕岩间康夫:《製造物責任と不作為犯論》,成文堂2010年版,第107页。

如果继任者承担的职务包含对已售产品的质量监视,就可以对其课以召回义务。再如,在故意生产、销售伪劣产品的场合,经营者并无接受产品质量安全的意愿,因而不能基于事实承担而产生召回义务。但是,生产、销售伪劣产品的行为必然创设刑法禁止的危险,属于引起保证人地位的危险前行为,因此,经营者也具有召回缺陷产品的义务。

(二)召回义务同时存在于过失犯和故意犯之中

关于不真正不作为犯的讨论范围是否包括过失犯的问题,也有不同看法。一般认为,故意犯和过失犯中都可能存在不真正不作为犯。但是,也有学者认为,在不作为的过失犯中,不需要以作为和不作为的等价性为不作为犯的构成前提。[①] 日本学者稻垣悠一立足于新过失论,对作为注意义务内容的结果回避义务进行考察,提出故意犯和过失犯的作为义务区分说。他认为,违反此义务,在客观上偏离基准行为的行为属于过失行为。[②] 在稻垣悠一看来,过失犯的基准行为是,以法益侵害结果为发生前提,追溯因果经过,在具有客观的预见可能性和结果回避可能性的阶段,所应当实施的行为。[③] 这意味着,过失犯是对客观行为要求的违反。[④] 因此,在过失犯的场合,不同于故意犯的规定形式,行为样态并非限定为作为。那么,在过失犯的规范构造上,因为假定为基于不作为来完成,因而"过失的不作为犯"或者"过失的不真正不作为犯"不必然成为不作为样态的过失犯的问题。[⑤] 在基于偏离基准行为而认定过失的场合,即使存在如何设定基准行为的问题,导入保证人说而甄别行为人的做法也是没有必要的。[⑥]

根据上述观点,对于不作为的过失犯没有必要以严格的保证人地位进行限制。那么,关于召回义务的讨论当然也不能适用于不作为的过失犯。但是,这种观点存在以下疑问:首先,新过失论存在疑问。上述观点以新过失论的基准行为偏离作为过失犯的本质内容,并以此否定不作为的过失犯的独立意义。但是,新过失论本身并不是可靠的论据。新过失论所提倡的行为基准并不明确。而且,所谓客观注意义务和结果回避义务都是客观不法的内容。那么,新过失论就会存在一种"只要是由违反取缔法规的行为导致了结果,就

---

① 参见〔日〕稲垣悠一:《刑事過失責任と不作為犯論:とりわけ刑法上の製造物過失事例に関連して》,《専修大学法学研究所紀要》2015 年第 40 卷,第 22 页。
② 同上注,第 19 页。
③ 同上注,第 19—20 页。
④ 同上注,第 20 页。
⑤ 同上注,第 21—22 页。
⑥ 同上注,第 22 页。

直接肯定存在过失"①的倾向。另外,行为人对于结果的预见可能性,只是用于理清客观注意义务的线索,因而其包含的主观面向也会被淡化。② 简言之,新过失论最终有走向结果责任的危险。那么,以新过失论为前提区分不作为犯在故意犯和过失犯中的意义,不具有说服力。其次,对过失不作为犯的处罚范围应当予以严格限制。与故意犯相比,过失犯属于例外处罚的情形。也就是说,过失犯的成立范围本来就比故意犯狭窄。再者,与作为犯相比,不真正不作为犯也是法律的特殊规制模式,通常会被处以较轻的刑罚。可以说,不作为的过失犯是两种相对较轻的犯罪形态的叠加,因而应对其处罚范围进行严格限制。如果连故意不作为犯的作为义务发生根据都被严格限定,过失不作为犯的保证人地位至少应当得到相同的限制。

(三) 召回义务的成立不等于不作为犯的成立

召回义务的成立与否与经营者是否成立不作为犯有密切关系。如果召回义务被否定,就必然排除经营者在缺陷产品对购买者造成侵害的情况下构成不真正不作为犯。但是,这并不代表本文主张只要经营者不回收缺陷产品就立即构成不真正不作为犯。不作为犯的行为构造包括不作为者承担作为义务、具有作为能力、认真履行作为义务以及结果回避的可能性。另外,不作为者应当对危害结果有故意或者过失。因此,肯定经营者对缺陷产品有召回义务,只是说明不作为犯成立的可能性,而非现实性。关于经营者的不作为犯认定,至少有以下几个方面值得注意:首先,不作为犯的实行行为也应当以法益受到紧迫的侵害为标准。也就是说,只有在缺陷产品对具体购买者已经产生现实侵害的场合,才能够认定不作为的着手。但是,一般来讲,缺陷产品的危险性是不确定的。在何时或者对何人产生危险,司法工作人员很难提供证据予以证明。因此,通常都是在已经发生了实害结果的场合,被害对象才真正特定化。也就是说,除非刑法立法对不召回缺陷产品的行为进行惩处,否则原则上来讲这种不作为犯应当是实害犯。

其次,经营者履行召回义务的方式应当根据其所处的社会角色以及实际能力进行确定。现代产品流通往往具有多个层级。生产者应当承担召回缺陷产品的主要职责,而分销商和零售商原则上扮演召回辅助人的角色。这是因为,一般的销售者并不具有检测产品危险因子的能力。当然,在缺陷产品对使用者业已产生侵害且销售者已经收到相关反馈的场合,销售者应该停止

---

① 参见〔日〕松原芳博:《刑法总论重要问题》,王昭武译,中国政法大学出版社2014年版,第214页。
② 同上注。

销售并向检测机构或者生产者提请鉴定。如果生产者对于明显具有危险性的产品不予召回,销售者有义务在其销售的范围内召回缺陷产品。

最后,经营者对于产品缺陷应当有认识或者认识的可能性。经营者获悉产品质量存在问题,是不作为犯的罪责要素。一般来讲,经营者可以通过内部自查、消费者反馈、第三方机构或者个人通报等方式获取有关产品质量问题的信息。如果经营者收到有关产品质量的投诉或者质疑,就应当立即展开尽职调查。需要注意的是,内部调查结果不能作为经营者绝对免责的理由。在现实中,即使经营者尽最大的努力进行内部调查,也未必能够查明使用产品的消费者出现损伤是否是由于产品的危险因子所造成的,而使用产品的消费者可能不断地出现损伤。那么,经营者除自己检测以外,还应当委托有检测资质的第三方机构进行鉴定,而不能就其自身的检测报告断定产品质量没有问题。否则,经营者对其产品造成的危害结果仍然具有故意或者过失。

Neue

不作為犯論

Entwicklung

の

不作为与见危不救

不作為犯論 の 再展開
Neue Entwicklung der
Lehre vom Unterlassungsdelikt

der Lehre vom

再展開

Unterlassungsdelikt

第十一章 "见死不救"行为定性分析

——兼论不真正不作为犯的作为义务的判断

黎 宏

内容摘要：对"见死不救"行为的处理，必须从不真正不作为犯的角度来考虑。成立不真正不作为犯，必须立足于实质的作为义务论的立场，从行为人和被害法益之间的关系的角度来加以考虑。只有在不作为人和结果之间具有紧密的防止结果发生的关系，即不作为人将面向结果的因果发展掌握在自己手中，现实、具体地支配了因果经过的场合，才能说行为人具有成立不真正不作为犯的义务，其不防止结果发生的不作为和故意引起结果发生的作为之间等价。

一、问题的提出

在我国，不作为犯的问题，其实就是不真正不作为犯的问题，其争议集中在"见死不救"是否构成故意杀人罪的问题上。对此，刑法理论和法院判决之间呈现出较大的差距。

就法院判例而言，近年来的一个普遍的倾向就是，将夫妻之间或者恋人之间的一方自杀、另一方见死不救或者特定情况下的见死不救、引起死亡结果的行为作为不作为的故意杀人罪处理。如 2007 年 8 月 10 日，甘肃省武威市凉州区村民刘某与其妻王某在家中因琐事发生争吵，气愤不已的王某即口服农药自杀。刘某没有当场阻止，亦没有送她去医院救治。后王某被他人送到医院后，因抢救不及时死亡。法院认为，刘某放任了王某中毒死亡结果的发生，其不作为行为已构成故意杀人罪，对其判处有期徒刑 5 年。又如，2007 年 5 月 25 日中午，浙江省湖州市 17 岁的周某，因偷了自行车被失主颜某等人抓获。颜某等 3 人用扳手和石块殴打周某。周某为挣脱围殴，跳河逃跑，却因体力不支溺死。颜某等人见死不救，自行离去。后当地法院审理认定：颜某等 3 人负有救助义务却不作为，构成故意杀人罪，分别判处颜、韩等 3

人有期徒刑3年9个月、3年3个月和有期徒刑3年缓刑4年。① 在这些案件当中,法院之所以判处被告人成立不作为的故意杀人罪,理由是被告人对于被害人具有救助义务,能够履行该义务而没有履行,因此,构成不作为的故意杀人罪。

相反地,刑法理论则采取了比较克制的态度。多数学者认为,虽说行为人在有义务且能够履行该义务时不履行以致造成了危害结果的场合就可以构成不作为犯,但在法定义务之中,也有层次之分,具体来说,就是父子之间的赡养义务,或者夫妻之间的抚养义务之中,不包括救助生命的义务。因此,在夫妻或者恋人一方自杀,另一方不阻止或者不救助的场合,不能仅仅因为存在特定关系,就马上将其不阻止或者不救助的行为认定为故意杀人罪。② 只有在履行义务的行为能够与作为行为在价值上相当,具有等价性时,才能说行为人的行为构成故意杀人罪,否则充其量只能认定为遗弃罪。③

确实,在法律明文规定有遗弃罪即"对于年老、年幼、患病或者其他没有独立生活能力的人,负有扶养义务而拒绝扶养,情节恶劣的,处五年以下有期徒刑、拘役或者管制"(《刑法》第261条)的情况下,将夫妻之间一方自杀、另一方见死不救的行为一概认定为故意杀人罪,显然是不合适的。那么,什么情况下,可以说行为人的不救助行为可以评价为故意杀人罪中的杀人行为?对此,学者们似乎没有提出一个很明确的参考标准,这无疑使学者们的见解的说服力大打折扣。这种现实迫使我们对我国刑法中的不作为犯理论进行反思。

本文首先将对我国刑法学者的有关不真正不作为犯的成立条件学说进行分析,然后试图对我国的不真正不作为犯的处罚范围提出一个可操作的限定标准。

二、相关学说及其评价

和日本一样,我国学说也认为,刑法上的犯罪,通常是以积极的身体动作即作为的形式来实现的,但是,侵害法益的效果也能以不为一定的被期待的行为即不作为的方式加以实现,如母亲用不给婴儿喂奶的方式杀死婴儿就是如此。只是这种以不为被期待的一定行为的方式来实现法益侵害的行为,在

---

① 参见朱海兵:《小偷溺水 浙江湖州三市民见死不救被提起公诉》,载中国新闻网(http://www.chinanews.com.cn/sh/news/2007/09-25/1035482.shtml),访问日期:2022年10月24日。
② 参见王作富主编:《刑法分则实务研究》(中),中国方正出版社2007年版,第859页。
③ 参见张明楷:《刑法学》(第6版),法律出版社2021年版,第1131页;何荣功:《不真正不作为犯的构造与等价值的判断》,载《法学评论》2010年第1期,第105页以下。

处罚上,是按照故意杀人罪之类的、通常理解为作为犯的条款来进行的,而作为和不作为之间由于在结构上存在巨大差别——作为是主动引起侵害法益结果,而不作为是利用某种已经存在的因果关系来引起侵害法益的结果①——因此什么样的不作为才能被作为作为犯处理,值得研究。

(一) 传统见解

对这个问题,传统见解认为,不真正不作为犯,尽管在形式上是按照作为犯的条款加以处罚的,看似作为犯的一种表现形式,但在本质上依然是不为一定作为义务而造成某种法益侵害结果的类型,属于不作为犯的一种,因此,在其成立上,摆脱不了不作为犯的成立要件的限制。

按照我国刑法学的通常理解,所谓不作为犯,是指行为人负有实施某种积极行为的特定义务,并且能够履行而不履行该种义务的行为,因而构成的犯罪。② 据此可以得出,所谓不作为的故意杀人罪,是指行为人负有实施阻止被害人死亡结果发生的义务,客观上能够履行该种义务而故意不履行,结果造成被害人死亡的情况。成立不作为的故意杀人罪,除在主体、主观要件方面符合我国《刑法》第 232 条所规定的故意杀人罪的一般要求之外,在客观要件上,还必须具备以下三个条件:首先,行为人负有阻止被害人死亡结果发生的特定义务;其次,行为人具有履行该阻止被害人死亡结果发生的义务的能力和条件;最后,行为人由于没有履行该义务而造成了被害人死亡的结果。其中,以行为人具有阻止被害人死亡结果发生的特定义务最为重要,它是构成不作为故意杀人罪的前提。对于这些大家都没有异议。问题只在于,成立不作为犯的前提的作为义务的内容该怎么理解。

我国刑法学的通说认为,首先,不作为犯中的作为义务是法律上的义务,而不是伦理上的义务。③ 其次,这种作为义务来自以下三个方面:一是法律的明文规定,二是职务或者业务上的要求,三是先行行为即行为人使某种合法利益处于危险状态的时候有义务消除该种危险。④ 这种将作为义务在形式上分类,并予以列举的方式,在理论上被称为"形式的作为义务论"。其特征在于:使所谓作为义务这种发生法律效果的要件,其根据总是能在法规即法源中寻求得到。

---

① 参见黎宏:《不作为犯研究》,武汉大学出版社 1997 年版,第 84 页。
② 参见马克昌:《犯罪通论》,武汉大学出版社 1999 年版,第 167 页;许成磊:《不纯正不作为犯理论》,人民出版社 2009 年版,第 62 页。
③ 参见高铭暄主编:《新编中国刑法学》(上册),中国人民大学出版社 1999 年版,第 116 页。
④ 参见高铭暄、马克昌主编:《刑法学》,中国法制出版社 2007 年版,第 87 页。

但是,在以上述理论指导司法实践的时候,经常遇到以下三个问题:

一是,除上面列举的作为义务的发生根据之外,还有没有其他的引起作为义务的发生根据。近年来,我国学者在关于不作为犯的义务发生根据的问题上,有扩张的倾向。如有的学者将先行行为产生的义务的范围作了扩大理解,认为除由于行为人的某种行为使法律所保护的合法利益处于危险状态时,行为人有义务消除该种危险状态的义务之外,行为人的先行的法律行为所产生的作为义务,如基于签订合同行为所产生的法律义务、基于行为人的自愿承担行为而产生的义务也包括在内。① 更有甚者,有的学者认为,在特殊场合下,公共秩序和社会公德要求履行的特定义务也是作为义务的发生根据。②

如果仅从字面上来理解的话,将公共秩序和社会公德要求履行的行为作为特定义务的发生根据,显然有违反不作为的特定义务只能是"法律义务"的原则之嫌。但是,若问"为什么要将作为义务的来源限定于法律的明文规定等"的话,就会发现,要求扩大作为义务的发生根据的见解并不是在无理取闹。因为,我国刑法中对于不作为犯(特指不真正不作为犯)的成立条件并没有作具体的规定,当然,对于不作为的义务来源问题也没有进行限定。如此的话,为什么不可以将作为义务的发生根据作进一步的扩大呢? 所以,在我们一再强调不作为犯中的作为义务必须是法定义务的时候,应当注意到,这一提法本身是有问题的,因为现行刑法中并没有对不作为犯的义务根据作出明确规定。

二是,即便退一步讲,将作为义务限定于上述三种情况,但仍然存在许多不明确的地方。如根据上述通说的见解,法律规定是作为义务的来源之一,宪法是法律规定之一,那么,可以说,宪法规定也是不作为犯的义务根据。如我国《宪法》第53条规定公民具有"遵守社会公德"的义务。如果按照这一条规定,则公民的"遵守社会公德"的义务就是法律规定的义务,行为人的违反道德义务的行为,就是违反作为义务的行为。这种结论显然和前述不作为犯的义务必须是法定义务的前提之间互相矛盾。同样,我们虽然可以从法律行为的角度,推论出先行行为是作为义务的来源之一,但是,先行行为的内涵如何,外延有多大,并没有一致的结论。如先行行为能否为犯罪行为,刑法理论界有"肯定说""否定说"和"折中说"之分。肯定说认为,既然违法行为都可以是先行行为,那么,否定犯罪行为是先行行为,于情理不合,也不利于司法实践③;相反地,否定论者认为,先行行为不应包括犯罪行为,无论是故

---

① 参见高铭暄、马克昌主编:《刑法学》,中国法制出版社2007年版,第87页。
② 参见马克昌主编:《犯罪通论》,武汉大学出版社1999年版,第172页。
③ 参见高铭暄主编:《新编中国刑法学》,中国人民大学出版社1999年版,第118、119页。

意犯罪还是过失犯罪,都不另负防止结果的义务,主张行为人实施犯罪后,有义务承担刑事责任,没有义务防止危害结果的发生,否则,就会使绝大多数犯罪从一罪变为数罪。① 折中说认为,不能一概否认犯罪行为成为先行行为的可能性,但必须明确其作为先行行为的性质,否则就可能出现否定说所说的一行为变数行为,出现违反禁止重复评价原则的情形。不作为犯罪中的先行行为可以是过失犯罪行为,但不包括故意犯罪行为。② 或者说犯罪行为是否是先行行为,基于罪责刑相适应的原则,应以行为人所放任发生的危害结果是否能为前罪的犯罪构成(包括加重构成)所包括作为区分标准;能包括的,没有作为义务,依据前罪的法定刑幅度定罪处罚即可;超出前罪犯罪构成范围而触犯更为严重犯罪的,则具有作为义务。③ 根据上述不同学说,有关不作为犯的处罚范围也不一致。

三是,即便有不履行上述作为义务的行为,但也并不能马上断定行为人的行为构成何罪。按照我国刑法学的通常见解,具有作为义务的人能够履行该义务而不履行,以致造成某种结果的,就成立不作为犯。④ 但这种理解是否适用于不真正不作为犯,还值得探讨。如《民法典》第 1067 条规定,父母对子女有抚养的义务,子女对父母有赡养的义务。但是,母亲不尽抚养子女义务,将婴儿抛弃的行为,并不马上就构成故意杀人罪;反过来,在子女对父母不尽赡养义务,对父母不给饭吃、不给衣穿,父母有病也不给医治,即便因此而造成父母死亡的,也并不马上就构成故意杀人罪,而是构成遗弃罪(《刑法》第 261 条)。同样的情况在有关放火罪的认定中也能看出。如《消防法》第 5 条规定:"任何单位、个人都有维护消防安全、保护消防设施、预防火灾、报告火警的义务。任何单位、成年公民都有参加有组织的灭火工作的义务。"但是,任何公民和单位在能够履行这一义务而不履行时,并不马上就构成放火罪,而通常只是按照《消防法》第 5 章的规定,承担有关行政责任而已。同时,从《刑法》第 133 条的规定来看,行为人在交通肇事之后逃逸,不履行保护现场、向有关部门报警、保护受害人的义务,即便造成了被害人死亡的结果,也并不马上就构成故意杀人罪,而仅仅是构成交通肇事罪的加重处罚形态而已。只有行为人在交通肇事之后为逃避法律追究,将被害人带离事故现场后隐藏或者遗弃,致使被害人无法得到救助而死亡的,才可以故意杀人罪

---

① 参见蔡墩铭主编:《刑法总则争议问题研究》,五南图书出版公司 1988 年版,第 60、61 页。
② 参见徐跃飞:《论不作为犯罪中的先行行为》,载《时代法学》2006 年第 2 期,第 44 页。
③ 参见赵秉志:《不作为犯罪的作为义务应采四来源说——解析不作为犯罪的作为义务根据之争》,载《检察日报》2004 年 5 月 20 日,第 6 版。
④ 参见马克昌主编:《犯罪通论》,武汉大学出版社 1999 年版,第 167 页以下。

定罪处罚。①

可见,我国刑法通说所主张的形式的作为义务论不仅在作为义务的发生根据上存在不明确之处,而且在适用上也难以对司法实践提供实际的指导。

(二)现在的学说

由于以上问题的存在,从20世纪末期开始,我国学者就开始尝试避开形式的作为义务论,而从不作为人与被害人之间的特殊关系,或者不作为人与侵害法益结果之间的关系出发,探讨作为义务的发生根据,这种方法被称为"实质的作为义务论"。其中代表性的见解有以下几种:

一是"支配行为说"。认为不真正不作为犯发生义务来源的实质标准是,行为人为防止结果的发生自愿实施了具有支配力的行为。即首先需要行为人实施了一个自愿行为,其次需要行为人自愿实施的行为具有防止结果发生的目的性,再次需要行为人自愿实施的行为具有支配力,即行为人控制了结果发生的进程。如在交通肇事逃逸的场合,只有在驾驶者为防止受伤的行人死去采取了抢救措施之后,又中途停止能够继续进行的抢救,并且控制了致受伤的行人死亡的进程时,才能成立不作为的故意杀人罪。②

这种观点避开了传统学说形式地看待作为义务的不足,完全从实质的立场来判断作为义务的发生根据,值得评价。但是,批判意见认为,这种观点可能缩小不作为犯的成立范围。因为,这种观点强调自愿行为的目的性即"具有防止结果发生的目的",但"我们看不出交通事故中的肇事者基于救助的意思而将被害人搬进车中之后又产生杀意将其弃置在人迹罕至的场合,与肇事者非基于救助意思而是直接基于逃避追究之意图将被害人搬进车内另移至他处,在结论上应当有所不同"。③笔者也同意这种批判意见。上述学说的最致命缺陷就在于,在不真正不作为犯的实行行为的判断上,加入了行为人的主观目的,从而导致行为判断上的任意性,对同样的行为会作出不同的评价。

二是"两层级考察说"。认为不作为和作为在因果结构上和行为动量上存在差异,为了弥补这种差异,必须从两个方面努力,即只有通过对作为义务的层级程度和违反程度的限定,才能实现作为和不作为的等价值达到等置于同一刑法条文之下予以处罚的目的。详言之,作为义务的层级程度限定是不

---

① 参见最高人民法院于2000年11月21日颁布的《关于审理交通肇事刑事案件具体应用法律若干问题的解释》第6条的内容。
② 参见冯军:《刑事责任论》(修订版),社会科学文献出版社2017年版,第47页。
③ 参见许成磊:《不纯正不作为犯理论》,人民出版社2009年版,第336页。

作为和作为等价值的要求,作为义务强而行为人不履行义务时,其社会危害性就重,不作为就能和作为等价值。作为义务违反程度的限定是不作为成立作为犯在量上的要求,只有在违反作为义务即不履行义务的程度达到严重级别时,消极不履行义务的不作为才等于积极侵害的作为。①

但是,作为义务的层级程度和违反程度之间到底是什么关系,二者如何判断,并不清楚。按照上述观点的说明,判断作为义务的程度可以从作为义务与合法权益的关系来进行,具体考虑法益面临侵害的危险性、法益对行为人具有依赖性、行为人对法益具有支配性;在判断作为义务的违反是否达到紧迫程度时,要考虑紧迫性即法益面临侵害威胁的危险程度,以及排他性即行为人支配权益的程度。② 但是,作者在说明"法益对行为人具有依赖性、行为人对法益具有支配性"时,其具体内容和有关排他性的说明在内容上基本上没有什么实质差别。③ 实际上,具有高度作为义务者的不作为,就可以直接将其判定为不真正不作为,和作为犯等价值,按照作为犯的条款处理就够了,没有必要另外单独考虑违反作为义务的程度。对违反作为义务的程度的判断,也取决于作为义务等层级程度,将二者分别开来,没有什么实际意义。

三是"区别情况具体判断说"。认为作为是以积极的物理力量设定原因,引起法益侵害的结果;不作为是不履行特定义务,不阻止侵害法益结果的发生。不真正不作为犯与作为犯等置的事实契机在于:这种"不阻止"与"引起"对危害结果的发生,在法律视野中具有同等的支配力。在不真正不作为犯中,直接导致结果发生的事实原因力以及不作为与结果之间的因果联系方式多种多样,因此,对等价性的判断也应区别情况具体分析。④

---

① 参见李晓龙:《论不纯正不作为犯的等价性》,载《法律科学》2002 年第 2 期,第 43 页以下。

② 同上注,第 51 页以下。

③ 如在说明有关作为义务层级程度的法益对行为人具有依赖性时,指出判断作为义务层级的高低取决于行为人法益是否具体地而事实地依赖于行为人。如在交通肇事后逃逸的案件中,只有当被害人重伤,丧失自我救护能力,其生命完全依赖于他人救助的情况下,肇事人才能产生高度作为义务,相反地,如果被害人只是面临一定危害,但仍能实施自我救护(如自行到医院或者打电话呼救),则不能形成依赖关系,肇事人的作为义务程度较低。但是,在说明有关作为义务的违反程度中的紧迫性时,指出法益所面临威胁的危险程度决定了作为义务违反程度的强弱,法益所面临的危险越紧迫,不作为人违反作为义务的程度就越高;反之,法益所面临的危险越迟缓,不作为人违反作为义务的程度就越低。实际上,上述有关依赖性和紧迫性的说明完全无法区分开来。参见李晓龙:《论不纯正不作为犯的等价性》,载《法律科学》2002 年第 2 期,第 51 页。

④ 参见刘士心:《不纯正不作为犯研究》,人民出版社 2008 年版,第 199 页以下。这种观点认为,对于在行为人实施不作为之前已经形成某种法益侵害状态,行为人的作为义务仅仅是排除这种状态的不真正不作为犯中,不作为行为与法益侵害结果之间具有必然、直接的因果关系,对法益侵害拥有当然的因果支配力,一经实施便具有当然的因果支配力;在行为人的不作为按照自然规律,在事后直接引起某种危害结果发生的场合,不作为与作为是否等价,(转下页)

这种观点看到了不作为和作为之间的区别所在，即作为是以积极的物理力量设定原因，引起法益侵害的结果；不作为是不履行特定义务，不阻止侵害法益结果的发生。但在把握不作为和作为之间的因果关系的差别上，没有找到合适的角度，即没有意识到不作为和作为在"现实具体地把握了引起结果的因果关系的发展流向"这一点上存在相同之处，因此，在不作为和作为的等价性的判断上，才出现了要根据具体情况加以判断的结论，从而把问题不作为与作为的等价判断弄得非常复杂。仔细考察之下，可以看出，这种观点所列举的几种具体类型当中，存在相互重叠之处。如这种观点认为公安人员已查清被拘留审查的嫌疑人没有任何犯罪事实，却故意迟迟不予释放，就构成侵害在先型的不作为的非法拘禁罪。① 但是，这种观点后面又列举有一种所谓他因在先型的不作为犯，即利用自然原因、第三人或者受害人的非故意行为、行为人的先前行为的不作为犯罪类型，并且说这种类型的不作为犯的认定标准和其他类型的不作为犯的判断标准不同。但是，公安人员先将他人拘禁，查清被拘留审查的嫌疑人没有任何犯罪事实却故意迟迟不予释放，不正好就是利用行为人的先前行为的不作为犯的类型吗？另外，这种观点认为在所谓利用他人或者受害人的故意行为类型的不作为犯的场合，如"丈夫发现妻子上吊自杀而不阻止的场合属于不作为的帮助行为，不构成犯罪"②的观点，也与我国目前的司法实践的理解相差较远。③

四是"先行行为说"。认为所谓作为与不作为的等价性，从因果关系的角度看，实际上是因果进程中原因力的相当、等价。当法益侵害的结果是行为人利用自然现象、被害人的故意、过失或者第三人的故意、过失行为产生的危险所导致的时候，由于其分担了现实法益侵害结果的原因力，因此，该种情形下的不作为就不可能再与作为行为等价。而只有基于自己故意或者过失行为导致保护法益面临危险的不作为才可能作为等价值性判断的资料；也只

（接上页）取决于不作为行为是否已经对法益安全构成现实危险，要考虑危险的具体性、迫切性和防止结果发生可能的排他性；在利用自然原因、第三人或者受害人的非故意行为、行为人的先前行为的场合，从"他因"对法益的现实危险性和作为义务防止结果发生的可能性的角度判断行为人对危害结果的支配力；在利用他人或受害人的故意行为的场合，不作为者的不作为不能等同于相应作为犯的实行犯；在行为人先实施某种不作为行为，而后在不作为状态下，产生威胁法益的原因事由并导致危害结果发生的场合，不作为是否具有等价性；取决于不作为行为与危险事由之间的因果关系的盖然性程度。高的话，肯定等价性。反之则不能肯定。

① 参见刘士心：《不纯正不作为犯研究》，人民出版社2008年版，第200页。
② 同上注，第203页。
③ 帮助或者教唆他人自杀，在我国是要作为故意杀人罪处理的。1999年10月20日最高人民法院、最高人民检察院《关于办理组织和利用邪教组织犯罪案件具体应用法律若干问题的解释》第4条规定："组织和利用邪教组织制造、散布迷信邪说，指使、胁迫其成员或者其他人实施自杀、自伤行为的，分别依照刑法第二百三十二条、第二百三十四条的规定，以故意杀人罪或者故意伤害罪定罪处罚。"

有基于该种情形下的不作为才可能与作为等价,成立特定类型的犯罪。① 换言之,只有行为人不阻止自己先前的故意或者过失的不作为所引起的侵害法益结果危险时,才能成立不真正不作为犯。

上述先行行为说重视先行行为和法益侵害之间的因果关联,意图通过事实判断来明确不真正不作为犯的处罚范围。但是,这种见解之中也有以下两个问题:一是理论体系上存在前后冲突。先行行为说认为不作为不具有原因力,按照这种前提,应当否定不作为的因果性才对。但同时,先行行为说又从"价值观点"出发肯定了不作为犯的因果性,这样理解,存在前后冲突之处。二是会不当扩大或者缩小不作为犯的成立范围。先行行为说的基本意思是,不作为人只要具有故意或者过失的先行行为,其之后的不作为就成立不作为犯。但这明显地会扩大不作为犯的成立范围。如过失引起交通事故之后,行为人只要出于希望或者放任被害人死亡的心态而逃离现场,就一律构成故意杀人罪。依此类推,在过失犯或者结果加重犯的场合,只要对防止结果的可能性或者发生结果具有认识,马上就要转化为故意的不作为犯;而且,教唆犯和帮助犯也马上要转化为不作为犯的正犯,这明显扩大了不真正不作为犯的处罚范围。相反地,如果说没有先行行为,就不成立不作为犯的话,又会存在使处罚范围过于狭窄的不合理之处。如婴儿的母亲在使婴儿饿死的场合,在不喂食的不作为之前,由于不存在可能导致结果发生危险的原因设定行为(先行行为),所以,不成立不作为的故意杀人罪,这显然和通常的理解不一致。

以上是目前我国学界有关不真正不作为犯的成立范围的讨论,尽管还存在各种各样的不尽如人意之处,但上述观点表明,在我国,有关不真正不作为犯的成立范围的判断标准,也在从形式判断向实质判断的方向转变。总的发展趋势是,在维持不作为犯的本质是违反作为义务的基本理论的同时,又积极避开传统的列举作为义务的发生的方法,而试图对作为义务的发生根据作某种客观上的限定;换句话说,在维持作为义务违反说的本质前提下,将形式的作为义务内容形式化、空虚化,而从在该不作为中寻找对于结果具有某种直接关系的要素,并以此为根据,来对作为义务进行限定。从此意义上讲,不真正不作为犯的作为义务,已经从形式的义务转变为实质的义务了。

---

① 参见何荣功:《不真正不作为犯的构造与等价值的判断》,载《法学评论》2010 年第 1 期,第 105 页以下。

三、实质作为义务论的展开

关于不真正不作为犯的作为义务的判断，笔者的观点是，在研究不真正不作为犯的作为义务时，不能只考虑被害人与行为人之间所具有的法律规定、职务或者业务上的职责、先前行为等规范要素，更重要的是行为人与危害结果之间是否存在现实的支配关系或者排他的支配关系。只有在行为人现实、具体地支配了侵害法益的因果流向的场合，才能说该行为人的不作为构成作为犯。①

众所周知，真正不作为犯的成立是以不作为者具有一定的作为义务为前提的，即作为义务是真正不作为犯的本质要素，这自不待言。即便是不真正不作为犯，虽然从规范结构上讲，按照作为犯的条款处罚，具有作为犯的特征；但从存在结构上看，它仍然是以行为人不为一定被期待的作为，换言之，是以行为人不履行一定的应当履行的义务为前提的，因此，它在本质上仍然属于不作为犯。既然如此，就应当说，通过对作为义务内容的考察来解决不真正不作为犯的问题的见解，在方法论上是妥当的。

从现实的立法中也可以看出，同样的不履行一定作为义务的行为，由于其法定的作为义务的程度不同，所成立的犯罪的性质也不一样。如不履行救火义务的行为，对于一般公民来说，只是违反一般道德规范的行为，但是，对于负有特殊职责的人，如对于消防队员来说，则可能构成玩忽职守罪或者放火罪的帮助犯。再如，医生因害怕染上传染病而拒绝出诊，造成病人死亡的，只可能是懈于履行职责的行为，而不可能构成故意杀人罪；但是，医生在治疗病人的过程中，因某种情况而故意放弃救治，致使病人死亡的，则可能构成故意杀人罪。在上述救火例中，对于一般公民来说，其应当救火只是出于一般道德上的要求，不具有法律强制性，因而不可能产生承担法律责任的后果；但是，对于消防队员来说，救火则是其职责上的要求，是法律上的义务，具有强制性，必须履行，不履行这种义务则须承担一定的法律责任。在救治病

---

① 参见黎宏：《刑法总论问题思考》（第2版），中国人民大学出版社2016年版，第125页以下。这种观点的提出，受到日本学者西田典之的启发。参见西田典之：《不作为犯论》，载芝原邦尔等：《刑法理论的现代展开》（总论Ⅰ），日本评论社1988年版，第89页以下。类似的观点，我国也有其他学者提倡。如许成磊认为，对不真正不作为犯作为义务的确定可以从以下几个方面加以考虑：第一，被害人的重大法益（如生命、身体）面临现实的、具体的、迫切的危险，这是行为人开始产生作为义务的客观条件；第二，不作为人具有排除这种作为危险的法律上的义务，这种义务不限于法律规定的作为义务的情形，基于特定的身份、地位和事实所引起的行为人与被害人之间的特殊关系，也应考虑在内；第三，被害人的法益处于不作为行为人的现实排他性支配关系之中。参见许成磊：《不纯正不作为犯理论》，人民出版社2009年版，第354页以下。

人例中,医生的不出诊,即不履行应当救治病人的义务,只是违反医疗规则的行为;而对正在就诊的病人,医生则负有保护其生命安全的职责,在这种情况下,医生拒绝治疗,致使病人死亡的,则可能构成故意杀人罪。可见,在不同场合下,作为义务的程度不同,所构成的行为的性质也不一样。从这一意义上讲,是否成立不作为犯、成立何种不作为犯,完全取决于不作为人应当履行的义务的实质内容。

如前所述,在作为义务的实质内容上,我国目前存在两种研究方法:一是传统的、从行为人和被害人之间所具有的人身关系的角度加以探讨的研究方法,二是现在的、从行为人和所保护的法益之间的事实关系的角度加以探讨的研究方法。上述两种研究方法中,应当说,后一种研究方法更为合适。因为,不作为人和被害人的关系在很大程度上是由法令已经规定好了的,不遵守法律就是不履行法定义务,这就已经违法,因此,从不作为人和被害人的关系当中把握作为义务的实质内容的话,就会将作为义务的判断和社会危害性的判断混为一谈。而且,从不作为人和被害人的关系中来探讨作为义务内容的方法,其根本目的在于维持和保护各种既定的社会关系,这种既定的关系又是建立在社会伦理、社会期待或者相互信赖这样一些带有评价性的一般规则之上的,因此,在这种规则上研究作为义务内容,必然要回到作为义务的发生根据是法令、合同、先行行为等定论中去,不能解决现行的不作为犯论中所存在的问题。因此,现在学者们在研究不真正不作为犯的作为义务的根据时,一般是倾向于从不作为和结果的关系来研究作为义务的内容。因为,即便是在被害人对不作为人具有依存关系的场合,这种依存关系仍是建立在消除对被害人的利益侵害及其危险性,维持和发展这种利益的基础之上的。①

笔者也主张这种从不作为人和结果的关系来研究作为义务实体内容的见解。如前所述,作为义务是有程度的,因此作为义务的内容也不尽相同。在不作为犯中,之所以认为某种不作为同作为具有相同的社会危害性,是因为该不作为人同被害人或者被害利益之间具有特别关系,在一般观念上,该被害人或者被害利益的存在或者维持全部依赖于不作为人的行为,而不作为人对于被害人或者被害人利益的生存或者持续保护则是体现在及时消除已经产生的对被害人或者被害利益的实际危害结果上的。因此,只有从不作为同被害人或者被害利益之间当时的具体情况的分析中,才能判断出不作为人应有的作为义务的内容。如从一般意义上讲,医生和患者之间是治疗和被治疗的关系,即医生具有救治患者的法定义务。但是,仅仅具有这种抽象义务,还不能说医生和患者之间具有维持生命的依存关系,只有在患者已经被

---

① 参见黎宏:《刑法总论问题思考》(第2版),中国人民大学出版社2016年版,第126页。

送入医院,医生已经着手实施抢救治疗,患者的生命安危已经完全依赖于医生的治疗的时候,才能说医生和患者的关系已经不是一般意义上的关系,而是一种具体的依存关系了。只有这种关系才能说明作为义务的实体内容,因此,研究作为义务的内容必须从不作为人和结果之间的关系来探讨。

从不作为人和结果的关系来探讨作为义务,也就是从结果的发生原因中来推断不作为人的作为义务,这里最大的难题是如何确定谁的不作为是导致结果发生的原因。因为,在许多情况下,危害结果的发生是同众多的不作为因素直接相关的。

在刑法理论上,原因的确定一般是通过"结果的发生是谁的作为引起的"这样的归属原则来进行的,但是,不作为当中,由于其因果关系的表现形式与作为的场合不同,因此,在判断结果发生的原因时,是通过"结果的发生是谁的不作为引起的"这一原则来确定的。只要可以确认不为某一行为同结果的发生之间具有条件关系的话,那么,便可以肯定不作为的因果性了。那么,如何确定不为某一行为同结果的发生之间具有条件关系呢?例如,甲带 A 去游泳,A 因不谙水性而被淹死,其时,会游泳的 A 的父亲乙和行人丙两个人都同时看见 A 在水中挣扎而没有伸出救助之手。在本例中,如果 A 的死亡是由于没有得到及时救助的话,则甲、乙、丙三人的不作为都可以确定为 A 死亡的原因。但是,这样的话,本案中的不作为的归属主体就无法确定。假如 A 的死亡是因为去海里游泳的话,则带 A 去游泳的甲便负有保证 A 生命安全的责任,这样就可以确定 A 死亡原因的归属主体了。但是,在有的情况下,即使可以确定引起结果的条件,也不能确定原因主体。如在饿死婴儿的事例中,假定不给婴儿喂奶是婴儿死亡的原因,则孩子的祖母、母亲以及周围的邻人都是死亡的原因,这当然是没有任何意义。因此,在这种场合下,确定归属条件并不难,但是,确定归属主体,即谁的不作为构成不作为犯,这便是难题。在这里,确定归属主体的唯一条件是作为义务,即具有一定作为义务的人的不作为才能构成不作为犯的主体。从此意义上讲,不作为犯是一种身份犯。①

刑法中的身份,按照一般的理解,是指行为人所具有的影响定罪量刑的特定资格或者人身情况,它可以分为三种类型:第一种类型是事实身份,是指根据客观事实而形成的身份。如强奸罪的主体只能是男子,女性只能成为共犯,而不能成为正犯;同样,背叛祖国罪的主体只能是具有我国国籍的人,外国人和无国籍人不能成为本罪的犯罪主体。第二种类型是法律身份,是基于法律规定所形成的身份,如渎职罪的主体只能是国家工作人员,贪污罪的主

---

① 参见陈兴良:《教义刑法学》(第 3 版),中国人民大学出版社 2017 年版,第 262 页。

体只能是从事公务的人。第三种类型是选择的身份,即国家根据法益保护程度的需要而确定的身份。这种情况在《刑法》第251条所规定的"非法剥夺公民宗教信仰自由罪"和"侵犯少数民族风俗习惯罪"中体现得格外明显。这两种犯罪,法律明文规定只有国家机关工作人员的行为才能构成。但在客观事实上,非法剥夺宗教信仰自由及侵犯少数民族风俗习惯的行为,一般的普通公民也能实施。也就是说,对于有身份和没有身份的人都能实施并能引起相同后果的行为,法律只处罚其中具有身份的人的行为。在这一点上,其与在不防止结果发生的众多行为中,只处罚具有作为义务的人的不作为的情况具有一致性。

那么,在第三种类型的身份犯中,为什么只有有身份的人的行为才能构成犯罪呢?除说有身份的人和没有身份的人相比,其行为的社会危害性更大之外,很难找到其他理由了。仍以《刑法》第251条的规定为例加以分析。一般认为,在本条之中,"国家工作人员滥用职权或者利用身份非法剥夺他人宗教信仰自由,其危害性广而严重","只有国家工作人员才可能滥用职权,进行较大范围的侵犯少数民族风俗习惯的活动,引起民族隔阂和纠纷,损害政府威信,造成较大的损害结果,而非国家工作人员不可能给民族团结造成很大的危害"①。但是,笔者认为,除上述理由以外,有身份者同无身份者相比,有身份者同某种被侵害的法益之间具有更加亲密的关系,其行为更加容易给法益造成侵害。因为,有身份的人同被保护的法益之间关系更加紧密,而且,这种关系是现实的、具体的。如在《刑法》第253条规定的私自开拆、隐匿、毁弃邮件、电报罪当中,"只有国家邮电部门的干部、营业人员、分拣员、接发员、投递员、押运员等,才负有与信件、电报、邮袋、包裹有直接联系责任,才能构成本罪的犯罪主体。非邮电工作人员或虽在邮电部门工作但不与邮件、电报接触的人员,则不能成为本罪的犯罪主体"②。可见,在第三种类型的身份犯当中,之所以规定一部分特定的人才能成为犯罪主体,一方面是因为具有身份的人"以其在社会上或法律上因具有人的关系,取得地位或资格,而负担特定义务"之外,另一方面,是因为具有特定身份的人同某一特定法益具有很密切的关系。

但是,必须说明的是,这种身份犯中限定身份的要素并不能直接成为限定作为义务的要素,因为,在身份犯中,身份只是代表人的一定人身情况或者资格,而在不作为犯中,并非只有具有一定地位者或者资格者才能成为作为义务人。例如,先行行为是基于一定的事实要素而成为作为义务根据的。但

---

① 中国刑法词典编委会:《中国刑法词典》,学林出版社1989年版,第632—633页。
② 高铭暄主编:《中国刑法学》,中国人民大学出版社1989年版,第625页。

是，从立法者创立身份犯这一制度当中，我们可以受到某些启发，即具有身份的人同某种被保护的法益之间具有密切关系，这可以帮助我们理解不作为犯中作为义务的本质。

如前所述，身份犯中的身份同所保护的法益的紧密性，是在同侵犯某种法益的立场上来把握的（身份犯的身份只有在危害事实发生之后的定罪量刑中才会被考虑），而在不作为犯中，不作为者同所保护的法益之间的紧密性是在其与所维持的某种法益的方向上来把握的，即不作为者如果不为一定作为的话，就会发生危害社会的后果，换言之，不作为者已经具体地掌握了趋向发生结果的因果进程，即不作为者具体地、现实地支配着这种能够引起结果发生的因果关系。例如，母亲不给婴儿喂食便会造成对婴儿生命权利的侵害。这一关系并非只是因为民法中规定了亲子之间的抚养义务的行为之后才有的，相反，是因为存在只有母亲给婴儿喂食的行为才能维持婴儿的生命活动这一事实性要素，才有了上述法律上的规定。这种事实上的依存关系的产生，并非完全基于不作为者和被害人之间的人身关系，而是由于不作为人和结果之间在事实上存在一定的依赖关系。因此，笔者也同意从法益和不作为人之间的紧密关系出发，考虑作为义务的发生根据的见解。

从这种观点出发来考虑不真正不作为犯的作为义务的时候，可以说，首先，不作为人必须确实可以根据作为防止危害结果发生。不真正不作为犯之所以成为问题，是因为在引起结果方面，一定的不作为和作为具有同等程度的原因力，对于这一点，换个角度来看，就是要求行为人在事实上处于能够支配因果经过的立场。因此，在存在行为人实施一定作为就能确实防止危害结果发生的因果关系的场合，可以说，行为人具有成立不真正不作为犯程度的作为义务。因此，在见死不救的场合，即便实施积极作为，采取救护措施，也难以救活被汽车撞倒的被害人的话，尽管没有救助而导致了被害人的死亡，也应当将死亡的原因归结于交通事故，而不能归之于他人的不救助行为。

那么，什么样的场合，可以说行为人处于实际上控制了因果关系的发展流向的地位呢？总结我国有关不真正不作为犯的研究成果和相关判例结论，在行为人将已经发生的危险实际控制在自己手中的时候，行为人实际支配或者控制了引起结果的原因，其不作为应当构成故意杀人罪。

所谓"行为人将已经发生的危险控制在自己手中"，包含两方面的内容：

一是行为人处于实际支配侵害法益结果发生的地位。这种地位，是通过行为人有意反复连续实施支配结果的行为而形成的，其是形成实际支配因果关系的基础。如父母给刚出生的婴儿进行维持生命不可缺少的喂食行为，当然意味着其和孩子的生存之间形成了事实上的依赖关系；毫无关系的邻居出于善意，帮助照看孩子的场合，也可以说其和孩子的生存之间形成了事实上的依赖关系。因此,一旦孩子在因为没有被喂食而面临生命危险的场合,处于控制结果发生原因状态的人就具有作为义务。相反地,医生或者消防队员等在职务或者业务上负有某种职责的人,尽管从抽象的职责立场上看,具有救死扶伤或者灭火的职责,但在没有亲赴医疗或者火灾现场的时候,就不是处于实际控制引起结果的原因的场合,这时候,其所具有的法定义务还只是一种抽象的义务,无论如何不能说其具有成立不真正不作为犯所要求的具体的现实的作为义务。

同时,这种对结果的实际支配,还必须具有排他性。这里所谓的"排他性"是指行为人在对结果进行控制之后,其他人便无法干预,因而形成的对结果的独一无二的控制地位。如对无依无靠的孤寡老人,出于善意而对其进行抚养,由于这种抚养关系的存在,就形成了事实上的排他关系。在交通肇事之后,肇事者将被害人搬入车内并将车开走,在这种情况下,也排除了其他人对被害人进行救助的可能性。事实上的排他性关系在受空间影响的情况下比较容易确认,如在车内、室内等,但也并不限定于此。如父亲带着孩子在公园里散步等,也具有这种关系。因为在这种场合,社会一般观念排除了父亲以外的其他人对孩子的支配。从这种意义上说,所谓排他性支配,就是独自对因果进程进行支配。如果这种因果关系不能由行为人独自进行支配,尚有其他人能够进行支配的话,则不能说形成了结果支配关系。我国刑法学的通说认为,在判断遗弃婴儿和老人(神志不清、行动困难的老人)是构成遗弃罪还是故意杀人罪时,要具体分析,如将上述被害人遗弃在容易被人发现的地方(如车站、别人家门口等),便于及时得到救助的,仍然应当以遗弃罪论处;如果将上述被害人遗弃在野兽出没的深山偏野或者少有人烟的冰天雪地,便应以故意杀人罪论处。① 这里的分析,便是采用了排他性的见解。在车站或者别人家门口,老人或者小孩容易得到救助,当然不具有排他性支配;但是,野兽出没的深山偏野或者少有人烟的冰天雪地,将老人或者小孩遗弃在那里,除行为人自己可以支配被遗弃者的生命之外,其他人是无能为力的,因此,可以说行为人对结果的发生具有排他性支配。

二是对于结果的发生而言,行为人事实上处于控制危险源的地位的场合。这种对危险源的控制地位,不是行为人有意形成的,而是由于行为人的身份或者社会地位等规范要素的要求而形成的。该种场合下的作为义务的认定,是以该危险源正现实地对被害人造成某种危险为前提,而不是以存在某种抽象的规范要素为前提。如管理危险物品或者设备的人,在因为疏于履

---

① 参见高铭暄、马克昌主编:《刑法学》,北京大学出版社、高等教育出版社2022年版,第494页;张明楷:《刑法学》(第6版),法律出版社2021年版,第1131页。

行职责而对被害人造成现实危险的场合,就有作为义务,故意不履行该种义务造成严重后果的场合,必须承担作为犯的刑事责任。如公园的管理人员,看见逃出笼子的老虎正在咬游客,能够制止而不制止的时候,就成立故意伤害罪;旅馆的经营者,尽管发现旅馆的设施漏电有起火危险,但心想起火也无所谓,于是放任不管,结果导致多人死伤的场合,旅馆业者就要成立放火罪。同样,对具有监督危险行为义务的人而言,也同样如此。能够制止他人故意或者过失实施违法行为的人,在对他人负有监督义务的场合,能够以不作为的方式成为他人的正犯或者共犯。当然,在这种情况下必须慎重判断。如五岁的小孩放火烧别人家的房子,父亲看见后故意不制止的情形,成立放火罪;但银行的保管人员,在盗窃犯进来的时候,因为害怕,假装睡着没看见,让盗窃犯顺利地将金库中的东西拿走的情形,就不构成盗窃罪,而是构成玩忽职守罪。另外,在不可罚的先行行为的场合,即行为人由于自己的不可罚的先行行为而使他人处于危险状态的时候,行为人具有消除该种危险的义务;能够履行该种义务而故意不履行,以致引起了严重后果的,成立不真正不作为犯。如过失将他人锁在房子里,事后尽管发现了自己的失误,但故意不将他人放出来的场合,就构成非法拘禁罪;不小心将他人推入水中,但事后故意不采取救助他人的措施,以致他人被淹死的,行为人构成故意杀人罪。

在我国的司法实践当中,对于见死不救行为的处理之所以争议极大,往往就是因为对于不作为犯的作为义务的理解出现了偏差。如夫妻或者恋人吵架之后,一方上吊自杀,而另一方漠然置之、放任不管,结果上吊者死亡的场合,对于不救助者,我国的法院常常是以故意杀人罪来处理的。在这种场合下,夫妻或者恋人之间是不是具有相互救助的义务,成为争议的焦点。在笔者看来,之所以存在这种争议,主要是因为,我国迄今为止的不作为犯论,在成立要件上仍然是以形式的作为义务论为判断不作为犯成立前提的结果,但从实质上考虑不作为犯的成立条件,即为什么夫妻之间、父母子女之间具有相互救助义务的话,情况可能就完全不同了。如果说行为人在处于能够控制法益侵害结果发生的因果进程的地位而不制止的情况下,就能将该不作为评价为作为的话,那么,恋人之间到底有无道义上的救助义务或者夫妻之间的相互扶助义务当中是否包括救助生命义务的争论,就变得无关紧要了。尽管在上述案件当中,二人之间的争吵是引起一方自杀的重大原因;争吵双方存在密切关系,社会一般人对其中一方救助他人存在期待;在相对封闭的环境即家里自杀,不可能期待其他人前来救助;行为人当时也很容易阻止他人自杀等,从以上因素来看,似乎可以说,行为人支配了被害人的生命,可以认定为故意杀人罪。但是,按照这种理解,就会得出:处于婚姻或者恋爱关系中的人,要时时注意不能让对方自杀,否则要承担故意杀人罪的责任;进一步地说,对于任何一个闯到自己家里自杀的人,行为人必须救助,否则要构成故意杀人罪。这种结论显然是不合理的。实际上,上述观点当中忽视了以下要素,即行为人在当时只是见危不救而已。这种不阻止他人自己引起生命危险的行为,和自己主动引起他人生命危险的故意杀人之间,从因果关系的角度来看,不能相提并论,将其论作故意杀人罪显然不合适。在我国刑法没有规定见危不救罪的现实之下,对上述不救助行为,从行为人和死者之间存在夫妻或者恋人关系、二人之间的争吵是引起一方自杀的重大原因等事实来看,可以将其评价为没有履行扶养义务的行为,考虑构成《刑法》第261条所规定的遗弃罪,处5年以下有期徒刑、拘役或者管制,而没有必要作为故意杀人罪处理。

根据以上理论,我们再对以下案例进行探讨。

洪某驾驶出租车在大街上揽客,何某将一大量失血并已昏迷的老人抱上车,说是自己撞伤的,要求洪某驱车前往医院抢救。当车行驶10分钟之后,何某要求停车,找借口离开。洪某等候30分钟后,见已经到了深夜,就怀疑何某已经逃逸,便将重伤老人弃于附近大街。第二天交警发现老人尸体,经法医鉴定是因失血过多而死亡。检察机关以故意杀人罪对何某和洪某提起公诉,法院最后对何某作了故意杀人的有罪判决,宣布洪某无罪。

笔者认为,法院的判决是妥当的。在上述案件当中,就出租车司机洪某的行为而言,尽管被害人身在其车厢之内,其在事实上对于被害人的生死具有排他性支配,但是,这种排他性支配的取得并不是基于洪某本人的意愿形成的,而是由于乘客何某带人上车这种极为偶然的原因而形成的,实际上,就像自己的院子里突然有一个受伤的人闯进来了一样;同时,对于被害人之死而言,洪某也不具有控制危险源的地位。控制危险源地位的形成,必须是基于法律规定、职务、职业的要求或者是先行行为的要求。在本案当中,出租车司机在法律上并没有救死扶伤的义务,同时,被害人所处生命垂危的危险状态也不是出租车司机本人的先前行为所造成的。因此,本案当中,出租车司机的行为尽管在道义上值得被强烈谴责,但是,和自己主动剥夺他人生命的杀人行为相去甚远,不构成故意杀人罪。

总之,成立不真正不作为犯,必须立足于实质的作为义务论的立场,从行为人和被害法益之间的关系的角度来加以考虑。只有在不作为人和结果之间具有紧密的防止结果发生的关系,即不作为人将面向结果的因果发展掌握在自己手中,现实、具体地支配了因果经过的场合,才能说行为人具有成立不真正不作为犯的义务,其不防止结果发生的不作为和故意引起结果发生的作为之间等价。

第十二章　见危不救入刑研究

黎　宏

内容摘要：尽管多数说认为，见危不救不能入刑，但其理由均不具有说服力。陌生人之间的见危不救之中，有"见义不为"型的见危不救和"举手不劳"型的见危不救之分。对自身或者第三人没有现实危险的救助他人生命的"举手不劳"型的"见危不救"，不仅不会给自己增加负担，还会救助刑法中最为重要的保护法益即他人生命，增加社会整体利益，属于己他两利的行为，无论是在保护法益上还是维持社会生活秩序的最低限度上，都有入刑的必要。这种行为入刑，属于没有风险的行为，不违背人性，与刑法义务道德化无关，不会导致偶然责任，也不会违反刑法谦抑性原则。不仅如此，在本罪设立之后，还可将历来被作为作为犯处罚的部分见危不救行为吸收进来，使得有关不救助行为的处罚更加完善合理。

刑法学中，见危不救能否入刑即便不是最让人纠结的问题，但至少也是让人纠结的问题之一。现在，尽管多数人认为，刑法不能逼人行善，见危不救入罪的本质是将道德义务刑法化，因而对见危不救入刑持十分审慎的态度①，但遗憾的是，人们内心深处的焦虑和纠结并未因此而消除。一有风吹草动，出现刺激人性中最为脆弱部分的敏感案件时，各种对见危不救所表现

---

① 其中的代表性文献有：叶慧娟：《刑法框架下见危不救犯罪化的具体考量》，载《西南政法大学学报》2008年第2期；王振：《道德的救赎："见危不救"现象的刑法学检视》，载《江西公安专科学校学报》2010年第2期；刘泉：《增设见危不救罪的冷思考》，载《北京化工大学学报（社会科学版）》，2012年第1期；梁文彩：《对"见危不救"犯罪化的合理性质疑》，载《甘肃政法学院学报》2013年第2期；桑本谦：《利他主义救助的法律干预》，载《中国社会科学》2012年第10期；刘洋：《给"见危不救"犯罪化一记响亮的耳光——走一条完整的道德入法路径》，载《厦门大学法律评论》（总第28辑），厦门大学出版社2016年版。

出来的关注、愤怒、无奈便奔涌而出、尽现无遗。①

见危不救应否入刑,既是对每个人心中道德的拷问,也是对国家社会治理智慧的考验。一方面,在当今所谓"人心不古、世风日下"的转型时代,每个人都担心自己在遭遇不测时无人出手相助,因而对他人的不幸遭遇表现出人性当中最为温暖、光辉的一面,对见危不救行为强烈谴责,并主张将其入刑;但另一方面,却又担心一旦入刑之后,包括自己在内的每个人从此之后便随时随地可能因为偶然的"邂逅"而成为罪犯,给自己的行动自由造成不便。因此,很多人在提到见危不救时义愤填膺,但在讲到对其如何处理时便闪烁其词、支支吾吾。这种犹豫不决和摇摆不定,使得有关机关左右为难。因为绝大多数人的反对,立法机关对见危不救入刑的问题十分慎重,虽然曾有人大代表提议"见危不救入刑"②,但迄今为止的十一个"刑法修正案"中,均未涉及这个问题。而司法机关在这个问题上却表现积极。他们在所谓不真正不作为犯理论的指导之下,以行为人和被害人之间具有某种身份、职责或者事实关系为由,广泛地以刑法中处罚最为严厉的故意杀人罪对见危不救行为进行惩处。③ 这种相互矛盾的局面表明,见危不救是否入刑、如何入刑,仍有进一步讨论的价值。

本文认为,将所有的见危不救行为一律入刑,确实有违反人性、额外增加公民负担之嫌。但是,从保护人的生命的角度而言,将不会过分增加公民负担的见危不救行为在一定条件下入刑,不仅不违反人性,反而可以增加社会

---

① 远的就不说了,最近的一个例子就是发生在日本的江歌案。2016 年 11 月 3 日,就读于日本东京法政大学的中国留学生江歌被闺蜜刘某前男友陈某某用匕首杀害。2017 年 12 月 20 日,日本东京法院以故意杀人罪和恐吓罪判处被告人陈某某有期徒刑 20 年。因为在江歌被害时,其闺蜜刘某就躲在宿舍门里面,有打电话报警,但没有见义勇为、开门制止陈某某的暴行,因此,许多人强烈要求,对见死不救,危急时刻抛弃救了自己一命的刘某应当追究其刑事责任。参见《江歌遇害案进展,若刘鑫见死不救属实,应当受到法律惩罚》,载金投网(http://news.cngold.org/c/2017-11-14/c5468575.html),访问日期:2018 年 2 月 15 日。

② 据说,在 2001 年就有 32 位全国人大代表提出过将"见危不救"入刑。另外,在广东,著名的"小悦悦事件"(2011 年 10 月 13 日,2 岁的小悦悦,本名王悦,在广东省佛山市广佛五金城相继被两车碾压,7 分钟内,18 名路人路过但都视而不见,漠然而去,最后一名拾荒阿姨陈贤妹上前施以援手,引发网友广泛热议。2011 年 10 月 21 日,小悦悦经医院全力抢救无效,在零时 32 分离世。2011 年 10 月 23 日,佛山当地 280 名市民聚集在事发地点悼念"小悦悦",宣誓"不做冷漠佛山人"。2011 年 10 月 29 日,小悦悦遗体在广州市殡仪馆火化,骨灰将被带回山东老家。2012 年 9 月 5 日,肇事司机胡军被判犯过失致人死亡罪,判处有期徒刑 3 年 6 个月)发生之后,广东省委政法委发布官方微博消息,征求民众对救济、奖惩机制方面的意见与建议,或考虑通过立法来惩罚见死不救。参见张素圈:《小悦悦之殇:佛山如何"震后重建"?》,载《南方日报》2012 年 8 月 15 日,第 fc03 版。

③ 其中,以"宋福祥故意杀人案"为代表,参见中国高级法官培训中心、中国人民大学法学院编:《中国审判案例要览》(1996 年刑事审判卷),中国人民大学出版社 1997 年版,第 34—37 页。

总体利益,维持人们社会生活的秩序底线,还会消除见危不救行为在司法处理当中的尴尬。因此,符合一定条件的见危不救应当入刑。以下详细分析。

一、何谓"见危不救"

在我国,人们对见危不救是否应当入刑的态度之所以如此纠结,很大程度上是因为对所讨论的对象没有形成共识,都在自说自话。

很多人在提及见危不救时,均引用学者范忠信的说法,认为见危不救,泛指一切在他人处于危难时漠然处之,不予救助的态度或者行为。① 应当说,正是这种对见危不救的宽泛理解,误导了我国学界有关见危不救问题的讨论。实际上,广义上的见危不救,至少包括以下两种情形:一是有特定关系的人之间的见危不救,如父母子女、夫妻、恋人之间的见危不救,以及由于自己的行为而使他人处于危险状态下的见危不救,就是此类;二是没有特定关系的人之间的见危不救,即陌生人之间的见危不救,就是此类。上述两种类型当中,前者属于刑法理论上所谓"不作为犯"的范畴,尽管在处罚根据和范围上还存在很大争议,但理论和实务都没有争议地认为其构成犯罪(确切地说,构成故意杀人罪),并不存在入刑问题。而存在争议的是后者,即陌生人之间的见危不救。②

实际上,陌生人之间的见危不救之中,还可再分为"见义不为"型的见危不救和"举手不劳"型的"见危不救"。前者是指不与犯罪行为或者自然灾害奋力搏斗,就难以为遭遇犯罪、自然灾害、意外事故侵害的人提供帮助的见危不救行为。这种场合,要求行为人有比较大的付出,如奋不顾身、赴汤蹈火;后者是指不需要太费力气就能为遭遇犯罪、自然灾害、意外事故侵害的受害人提供救助而不为的见危不救行为。这种场合,并不要求行为人有太大付出,如对落水者扔一个救生圈或者向救生员打报警电话之类,对于行为人来说是举手之劳。

从本文的立场来讲,"见义不为"型的见危不救难以入刑。因为,其中所体现的道德要求超越了刑法的底线,有强人所难之嫌。众所周知,刑法是且也只能是最低限度的道德,而见义勇为并非最低限度的道德,其中所体现的是近乎宗教要求的"毫不利己、专门利人"的利他道德观,不仅超越了刑法的

---

① 参见范忠信:《"见死必救"立法是在"责众"吗》,载《长江日报》2005年2月3日,第011版。
② 参见刘泉:《增设见危不救罪的冷思考》,载《北京化工大学学报(社会科学版)》,2012年版第1期,第11页;梁文彩:《对"见危不救"犯罪化的合理性质疑》,载《甘肃政法学院学报》2013年第2期,第125页。

道德底线,也背离了最基本的人性。虽说在我们这个社会当中,政府一直在提倡、很多人也一直在追求"先人后己、无私奉献"的道德观,而且这种"善待他人"的道德观也能激发人们成为英雄和圣徒的至善热诚。但只要我们不否认持有利己主义价值观的人的存在,也不否认"成功基因的一个突出特性就是其无情的自私性,这种基因的自私性通常会导致个体行为的自私性"①的结论,就应当意识到,不能将"善待他人"作为构成刑法基本内容的最低限度的道德对待,也不能悖逆人与生俱来的"自私性"而强人所难。毕竟,我们生活的现实社会是由骨子里带有"基因的自私性"的人所组成,是由各种不同价值观、道德观的人所组成,因此作为对所有社会成员都适用的最大公约数的刑法规定即道德底线,原则上只能是"勿害他人",而不是"毫不利己、专门利人"。

但是,"举手不劳"型的见危不救,则可以考虑入刑。首先,即便说人生来自私(因为"自私基因"在作祟),"然而我们也会看到,基因为了更有效地达到其自私的目的,在某些情况下,也会滋长一种有限的利他主义"②。换言之,即便是迫不得已,但"有限的利他主义"即一定条件下的"善待他人"还是可能的。其次,人尽管在本质上是自私的,但人要生存下来,就必须"以群的联合力量和集体力量来弥补个体自卫能力的不足"③,和其他人结成一定的共同体。换言之,个人只有和他人结为共同体,才能保证自己的生存和发展,实现自己利益的最大化,而这种和他人结成共同体的举动,实际上就能成就某种意义上的"利他"。从此意义上看,只要我们不是像鲁滨逊一样生活在孤岛上,就只能选择主观上尽管是为自己,但客观上却有利于他人的相互合作的生活方式。最后,从人性和道义的角度看,倘若要入刑的话,也只能是"不费吹灰之力""举手之劳"程度的、不给自己增加额外负担的见危不救。将这种程度的救助入刑的话,会有以下益处:因为不会给自己增加过多负担和麻烦,因而不会和人类骨子里自带的自私本性冲突,相反地,还能满足救助人的自私愿望——自己在将来万一遭遇不测时,他人也不得不出手相助。因此,该种意义上的见危相救是一种己他两利的选择,是一种给个人利益极多而损害极少的选择,从道义的角度来看,当然也是一种最佳的道德。④ 如果说法律是"社会工程"或者"社会控制"手段,有效的法律控制,必须得到道

---

① 〔英〕理查德·道金斯:《自私的基因》,卢允中、张岱云、陈复加、罗小舟、叶盛译,中信出版社2019年版,第3页。
② 同上注。
③ 《马克思恩格斯选集》(第四卷),人民出版社2012年版,第42页。
④ 关于"己他两利"的道德观之论述,参见王海明:《道德的优劣之辨——国民总体道德培养方法(3)》,《玉溪师范学院学报》2010年第9期,第5页;杨卉:《利己? 利他? ——作为纯粹利己与纯粹利他交集的己他两利主义》,载《理论月刊》2010年第8期,第84页。

德、教育等的充分支持①,国家可以选择某种道德并将其上升为法律规定的话,笔者认为,这种己他两利型的道德观值得提倡,而违反这种观念和超越这种程度的"见危不救"可以入刑。

这一点,从国外的相关讨论中也能看出。如在英美法中,《圣经》中所述的"好心的撒玛利亚人"往往被作为"见义勇为者""乐善好施的人""好心人"的代名词。理论上,依据施救者救助方式和救助对象的不同,"撒玛利亚人"通常被分为两种:一种是"好(积极的)撒玛利亚人",即《圣经》故事中为陌生人包扎伤口、把他弄到一家旅店、帮陌生人预付账单,并向其提供其他帮助和照顾的那个人。这种类型的"撒玛利亚人"大致相当于我国通常所称的"见义勇为者";二是"坏(消极的)撒玛利亚人",即像《圣经》故事里的那个祭司和利未人一样,对落入险境的陌生人视而不见,从其旁边走过而不提供任何帮助的人。② 美国学者范伯格对"坏撒玛利亚人"作了进一步的描述,说其具有以下五个特征:(1)属于与遇险者无任何"特殊关系"的陌生人;(2)未对遇险者所面临的潜在危险提出警告、实施救助、寻求帮助、通知警察,以防止进一步的伤害;(3)上述行为的实施不会对其本人或者其他人造成不合理的损失和风险;(4)导致遇险者遭受损害,或者加重损害的结果;(5)综上原因,不作为者即"坏人"(道义上可责)。③ 但是,范伯格在上述两种分类之外,还提出了第三种分类,"基本正派的撒玛利亚人",即向遇险者提供最低限度帮助的陌生人。他以举例的方式对所谓"基本正派的撒玛利亚人"进行说明。如看见孩子在泳池边挣扎,便放下手中的水杯,从躺椅上起身(或者孩子距离自己很近,行为人甚至不用从椅子上站起来,就可以一只手完成这些动作)将孩子拉上岸的在泳池边晒太阳的人。他说,在《圣经》故事中,假如撒玛利亚人只是安慰了伤者,并将其伤情向有关机关报告,有这个举动就足够了。在我们这个时代,报警、叫救护车、为保护他人设置安全装置、向他人警示潜在的危险,或通过举手之劳救他人于危难,都属于这类行为。④ 范伯格认为,助人不要求达到"好撒马利人"的程度,只要达到"基本正派的撒玛利亚人"的程度就可以了。因为,正义仅仅要求达到"基本正派"的程度即

---

① 参见〔美〕罗斯科·庞德:《通过法律的社会控制》,沈宗灵译,商务印书馆2017年版,第11页。
② 参见杨立新、王毅纯:《我国善意救助者法的立法与司法》,载《求是学刊》2013年第3期,第76页;唐嫣:《以"撒玛利亚人法"视角探讨解除公民"施救顾虑"》,载《池州学院学报》2013年第5期,第54页;李昊:《论英美法上的好撒玛利亚人》,载《华东政法大学学报》2014年第4期,第58页。
③ 参见〔美〕乔尔·范伯格:《刑法的道德界限 对他人的损害》(第一卷),方泉译,商务印书馆2013年版,第138—139页。
④ 同上注,第148、182页。

可,应当入刑的仅限于极小的一部分,即"坏撒玛利亚人",而《圣经》中的撒玛利亚人实际上是一个绝佳的撒玛利亚人。①

弄清这一点非常重要。在我国,人们在讨论见危不救是否应当入刑时,反对意见通常会提到,社会之所以缺少见危相助,是因为很多时候施救者要对其行为支付高昂的成本。如因为救助而受伤却得不到适当的补偿,"流血又流泪",让大家普遍觉得"救人有风险,出手需谨慎"。② 但是,这种需要行为人流血流泪的救助行为并非本文主张入刑的"见危不救"。本文所讨论的"见危不救"以"救助行为并不会影响到救助者本人或者其他第三人的权益"为前提,简单地说,就是轻而易举的"见危相救",而要求施救者"流血流泪"的"见义勇为"显然不在其中。

二、"见危不救"可以入刑

但是,即便是上述意义上的"见危不救",多数人还是认为其不应当入刑。主要理由为:一是这种做法本质上是将"道德义务刑法化",会使该规定成为披着刑法外衣的道德强制和道德暴力,难以得到社会的普遍认同;二是存在主体难以确定、认定标准模糊、取证困难等实际问题,不具有可操作性;三是不符合刑法的谦抑性;四是有风险。③ 这些反对意见都值得商榷。

(一)见危不救入刑是"道德义务刑法化"吗?

有人认为,刑法的道德底线是"损他"即"损害他人",而见危不救入刑意味着必须"利他"。不损己的"利他"虽然不是最为高尚的道德要求,却也同样不是道德底线,因而不能被刑法化。④

应当说,上述见解虽有一定道理,但并非绝对没有商量余地。一方面,不"损害他人"的行为被刑法化的场合,在现代各国刑法中已不鲜见。如当今各国刑法当中所广泛存在的有关赌博与博彩的犯罪、有关礼拜场所与坟墓的犯罪、有关组织和协助组织卖淫的犯罪,实际上都是没有"被害人的犯

---

① 参见〔美〕乔尔·范伯格:《刑法的道德界限 对他人的损害》(第一卷),方泉译,商务印书馆2013年版,第147页。
② 参见刘泉:《增设见危不救罪的冷思考》,载《北京化工大学学报(社会科学版)》,2012年第1期,第11页;唐嫣:《以"撒玛利亚人法"视角探讨解除公民"施救顾虑"》,载《池州学院学报》2013年第5期,第54页。
③ 参见梁文彩:《对"见危不救"犯罪化的合理性质疑》,载《甘肃政法学院学报》2013年第2期,第126页;蔡英:《见危不救犯罪化之合理性质疑》,载《贵州警官职业学院学报》2008年第3期,第51页。
④ 参见上注梁文彩文,第127页。

罪",刑法之所以将其规定为犯罪,实际上是为了维持性生活、经济生活以及宗教生活中的社会风俗、习惯,其中均具有强制维持一定社会伦理与道德的一面。① 从比较法的角度来看,虽然大陆法系的国家多规定有见危不救罪,而英美法系则奉行"少管闲事"、不将见危不救入刑,但近年来,这种情况也在发生变化。在美国,截止到2009年,至少有10个州制定了法律,要求在一定条件下,若某人处于危险境地时,人们负有通知执法机关或者寻求帮助的义务,违反该义务的,会受到刑事处罚。②

另一方面,不少主张"损害他人"是刑法的道德底线的人,在"见危不救"的问题上相当犹豫,甚至前后矛盾。如强烈主张刑法的道德底线是"损害他人"③的英国功利主义哲学家密尔就认为,不去防止祸害的行为,例外的场合下,也要责成行为人对此负责。所谓例外的场合,就是"假如出力去拯救一个人的生命,挺身保护一个遭受虐待而无力自卫的人,等等"④。美国法理学者博登海默虽然同意"在那些已经成为法律一部分的道德原则与那些仍处于法律范围之外的道德原则之间有一条不易确定的分界线",但他也认为,"也许在将来的某个时候随着其他国家的发展,帮助处于严重危难中的人的义务,会在某些适当的限制范围内从普通的道德领域转入强制性的法律领域"⑤。而美国当代自由主义的法学家范伯格则更明白地支持见危不救入刑。他说:

> 毋庸置疑,作为严格的道义,且这道义此时此地要求我们应当同甘共苦,那么,如果遇险者正处于失去生命或者遭受严重身体创伤的极度险境下;如果因对危险者承担先在责任或者义务的人不愿且不能实施救助,或者即使做了也帮不上什么忙;如果这撒玛利亚人知道,自己有能力也有合理可能这样做,且这样做不会给自己或者他人带来不合理的风险,则道义上就要求一个基本正派的撒玛利亚人上前向对方提供帮助。此外,对应于这一"要求"的正是遇险者或者撒玛利亚人救助的完全权利。这个权利意味着,如果撒玛利亚人不提供帮助,遇险者提出责难是可以理解的。因此,如果所有这些条件都具备,而撒玛利亚人什么都没做,那么就是对救助行为的不作为,它既具有损害性,也具有不法性。当我们考虑正当地将导致损害的不法行为予以犯罪化的损害原则时,如果找不到进一步的反驳理

---

① 参见〔日〕西田典之:《日本刑法各论(第6版)》,王昭武、刘明详译,法律出版社2013年版,第405页。
② 参见李昊:《论英美法上的好撒玛利亚人》,载《华东政法大学学报》2014年第4期,第61页。
③ 参见〔英〕约翰·密尔:《论自由》,许宝骙译,商务印书馆2019年版,第10页。
④ 同上注,第11页。
⑤ 〔美〕E.博登海默:《法理学——法律哲学与法律方法》,邓正来译,中国政法大学出版社2017年版,第395页。

由,那么,坏撒玛利亚人法律在道德上就具有合法性。①

笔者之所以在此不厌其烦地大段引用以上西方学者的见解,无非是想说明,被我国学者奉为圭臬,用来证明"见危不救"不能入刑的西方学者当中,见解也并不一致。特别是,提倡刑法干涉的道德界限是"损害他人"的密尔还是一个功利主义者,其将是否"增进最大多数人的最大幸福"作为衡量道德优劣高下的标准。按照功利主义的理解,保障经济、文化产业、人际交往、法、政治的存在发展,增进全社会和每个人的利益总量——亦即道德给予每个人的利与害之比值——便是评价一切道德优劣之标准。② 在不给自己增添太多负担的场合下,救助他人,于人于己,都有好处,即可以增加多数人的幸福。从此意义上讲,见危施救是道德行为;相反地,不给自己任何减损的见危不救,因为不符合"增进最大多数人的最大幸福"的判断标准,所以是不道德。从此意义上讲,就提倡"侵害原则"的密尔而言,在"见危不救"是否入刑的问题上,其立场是前后矛盾的,甚至可以说,从其功利主义的立场来看,入刑更为合理。

从本文的立场来看,从道德角度来谈见危不救应否入刑,可能存在方法论上的问题。正如我国学者苏力所言,现实中的绝大多数人都是不带贬义的机会主义者。他们在某些社会环境下的行为似乎符合某些道德原则或者信条,但这并不意味着这一刻他们道德水平高,或是他们头脑中有什么坚定的道德信念或准则,而仅仅是因为这种行为方式对他们的生存更为有利、有效。③ 此言不虚。只要我们看看现实生活以及有关文学作品就能明白。一些德行高尚的人也有道义上难以启齿的时候;相反地,一些恶贯满盈的恶棍也有良心发现的时候。如此说来,以道义为标准来探讨见危不救行为是否应当入刑,并没有道理。

(二)见危不救入刑"不具有可操作性"吗?

反对见危不救入刑的一个更具说服力的理由是,即便见危不救入刑,也存在"主体确定难、定罪标准含糊、取证难"等问题,不具有可操作性。④ 这也

---

① 〔美〕乔尔·范伯格:《刑法的道德界限 对他人的损害》(第一卷),方泉译,商务印书馆2013年版,第181页。
② 参见王海明:《道德的优劣之辨——国民总体品德培养方法》,载《玉溪师范学院学报》2010年第9期,第2页。
③ 参见苏力:《制度是如何形成的》(修订版),北京大学出版社2007年版,第61页。
④ 参见郭晓楠:《见危不救罪的立法分析与可行性研究》,载《法制与社会》2013年第7期,第232页;刘洋:《给"见危不救"犯罪化一记响亮的耳光——走一条完整的道德入法路径》,载《厦门大学法律评论》(总第28辑),厦门大学出版社2016年版,第125页。

是美国很多州没有设立本罪的重要理由。波斯纳法官在解释拒绝救助者的行为尽管不道德,但却没有受到惩罚时也是这样认为的。他说:

> 不惩罚他(不救助者——作者注)有各种实际的原因:这种案件很罕见。非专业救助者常常会把事情弄得更糟。惩罚不救助者会使人们躲避本来他有可能救助的场景。很难辨识在什么情况下救人不会给救助者本人带来危险。把救人定为法律责任会不利于利他主义的救助,因为它使救助者更难被人们承认是利他主义者(人们会认为他救人是为了避免法律责任);而获得这种承认,是利他行为的一个重要动机。无论好坏,这些不把不救人视为犯罪的理由都不触及行为是否道德的问题。①

从波斯纳法官的描述来看,见危不救与其说是一个道德问题,倒不如说是一个现实问题。就现实问题而言,中美之间尽管在若干细节上存在差异,但有一点是相同的,即见危不救即便入刑,在实践当中也很难操作。这一点,似乎也能找到材料加以证明。据说,美国佛蒙特州和明尼苏达州制定的《善行法》很少适用,它们通常为公民和立法者所忽略。②

但是,从本文的立场来看,以"定罪标准模糊、不具有可操作性"为由来否定一个尚未出世的犯罪,有强词夺理、本末倒置的嫌疑。因为,见危不救罪的条文尚未制定出来,何来"定罪标准含糊"的问题呢?更为严重的是,照此标准,且不说我国刑法中以"情节严重""情节恶劣"为构成要件的犯罪存在此类问题,连刑法中最为常见的故意杀人罪(《刑法》第232条)也难以幸免。因为,其中作为犯罪对象的"人"从何时起算(出生的标准)、作为犯罪行为的"杀"的形态如何认定(是否包括不作为)、作为既遂要件的"死亡"标准为何(是否包括脑死亡在内),都存在非常不同的理解。按照反对意见所谓的"定罪标准模糊",会导致"不具有可操作性"的标准,则故意杀人罪首先就要从刑法典当中加以剔除。因此,即便说定罪标准模糊是理由,但也只是一个美国式的理由而已③,但在我国却不一定如此。我国不仅没有"法条规定不明确,就违宪无效"的判例,而且,我国还有专门用以解决此类问题的司法解释制度以及指导案例制度。

---

① 〔美〕理查德·A.波斯纳:《道德和法律理论的疑问》,苏力译,中国政法大学出版社2001年版,第145—146页。
② 李昊:《论英美法上的好撒玛利亚人》,载《华东政法大学学报》2014年第4期,第61页。但是,在德国,情况恰好相反,根据《德国刑法典》第323c条审理的案件则不少。据有关资料介绍,德国近十年来每年根据该法条审判的刑事案件在220—280件之间。其中,2010年德国全年度根据该法条审判的案件有250件,其中有69件被作有罪判决。参见王钰:《论德国刑法典中的"不实施救助"罪》,载《贵州警官职业学院学报》2012年第3期,第38页。
③ 因为,在美国,法条规定的明确性是判定某一法律规定是否因违宪而无效的重要标准。

其实,就见危不救案件而言,成为争议问题的,必然是"见危不救"的行为人已经大致确定、见危不救的事实已经被固定之后的场合。有人遇到天灾人祸而倒地死亡,事后没有证据显示旁边有人经过而未伸出援手,或者摄像头显示有人经过,但图像模糊,无法固定具体行为人的时候,这种"见危不救"行为无论如何是不能进入刑事诉讼程序中来的。何来犯罪主体难以确定之类的问题呢?因此,那种以"惩罚见危不救,首要的障碍是很难发现违法者。绝大多数见危不救者都能成功逃脱法律制裁,而不会留下任何蛛丝马迹"①为由反对见危不救入刑的见解,实际上是论者的臆想,并非一个真实的问题。

同样,以"取证难"为由而否定"见危不救"入刑的观点也很让人惊讶。"取证难"是几乎所有刑事案件(不仅仅是见危不救案件)都面临的难题。如在交通肇事罪的场合,由于具有事故过程一次发生、取证时间紧迫、取证现场开放车流量大、环境恶劣等特点,并且发生事故的车辆因为碰撞、刮擦、侧翻、爆炸、起火以及在施救过程难以避免的破坏等因素,使得交通事故案件的取证具有一定难度,但立法者并没有因为这种原因而不在刑法当中设立"交通肇事罪"。同样,在贿赂犯罪的场合,由于双方当事人都有可能受到刑法追究,因此难以取得口供;同时,该种犯罪发生时往往只有双方当事人在场,场所还隐蔽,一般不会留下影像资料,因此其取证难度也可想而知,但从未见有人因此而提出要废除贿赂犯罪。因此,在刑法中的众多犯罪都存在取证难问题的情况下,独以其为反对将"见危不救"入刑的理由,有些让人感到莫名其妙。

在将"不具有可操作性"作为反对见危不救入刑理由的场合,以下两点值得倾听:

一是不救者众多的场合,该如何处理?这是个很有中国特色的问题,因为我国的司法习惯是"法不责众"。一个人闯红灯横穿马路的场合,若不巧被交警抓住的话,可能要被处罚;但凑足了一群人,大摇大摆地集体闯红灯过马路的场合,即便被交警发现,基本上也不会有什么事情。背后支持这种"中国式过马路"的逻辑的,就是所谓法不责众的心理。这种情形在刑法当中也有体现。一两个人强取他人财物的场合,每个人都构成抢夺罪(《刑法》第267条);但三人以上因为偶然事件聚集在一起,公然夺取数额较大的财物归各自占有的场合,法律只处罚其中的首要分子和积极参加者(《刑法》第268条),而其他的人则无关其事。一两个国家工作人员利用职务之便,盗窃、侵吞、骗取公共财物时,每个人都构成贪污罪(《刑法》第382条);三人以上换

---

① 桑本谦:《利他主义救助的法律干预》,载《中国社会科学》2012年第10期,第128页。

个形式以单位名义集体私分国有资产的场合,则只对其中直接负责的主管人员和其他直接责任人员追责(《刑法》第 396 条)。但在国外刑法中则不太可能存在此类问题。如前所述,波斯纳法官在讲述见危不救在美国的司法实务中可能遇到的问题时,并没有提到这一点——尽管在美国也不能排除类似问题的存在。

但是,"法不责众"的做法尽管现实存在,但并不合理。法律对所有的人一视同仁,只是人在法律适用过程中,进行了选择性区分。"法不责众"并不是法律本身的原则规定,而是人在适用法律时的执行问题,其实是"人不责众"。既然如此,如何解决"不救助者众"的问题不是一个立法问题,而是一个司法问题,因此,将其作为反对见危不救入刑的理由,没有道理。在刑法理论上,行为人人数的多寡并不影响行为是否违法,也不影响行为人责任的大小。人数众多的见危不救,只要符合具体犯罪的构成要件,就应当毫无例外地构成该罪。如在德国埃森市就发生过这样一起案件。一家银行的自助取款机前,一名 80 多岁的老人在提款时突然休克,昏倒在地。前后有 4 名顾客经过该老人身边,但都没有施救。有的甚至从倒地的老者身上跨过,到自助取款机前提款。20 分钟后,终于等来了第 5 位顾客的报警求助。但由于耽误太久,老人最终不治身亡。该市警方认为事态严重,性质恶劣,决定立即追捕这 4 名见死不救的旁观者,起诉他们违反《德国刑法典》第 323c 条(见危不救罪)。①

其实,对于不救助者众的场合,最终也不一定要追究众人的刑事责任。因为,构成犯罪除要求行为违法之外,还要求行为人对自己的不救助行为具有可谴责性即主观责任。如就在我国经常被作为不救者众、难以逐一追究责任的例子而列举的"小悦悦事件"来说,有人提出,如果从小悦悦身边经过的 18 个人中的某个人或者某些人说,当他们经过车祸现场时,误以为孩子已经死了,怎么办?② 笔者认为,如果行为人所描述的事实能够确实让人产生这种认识的话,就只能认定不救者因为没有故意而不构成犯罪。因为,见危不救罪成立的条件是被害人还活着,只是面临生命或者身体的紧迫危险而已

---

① 参见李忠东:《扬善惩恶的"好撒玛利亚人法"》,载《检察风云》2017 年第 7 期,第 54 页。实际上,在我国,对于人数众多的案件,一律都加以处理的情形也不少,只是新闻报道不多而已。如甘肃省兰州市榆中县曾发生一起集体哄抢案。一辆满载着橘子的大卡车转弯时不幸侧翻,散落的数万斤橘子遭附近村民哄抢。案发后,当地警方通过辨认网上流传的照片、视频,走访当地居民等方式,确定徐某等 34 名村民参与了聚众哄抢,均已违反治安管理处罚法。之后,警方分别视其情节和悔改表现,全部进行处理。参见赵志峰:《甘肃榆中村抢橘子处理 34 人》,载《法制日报》2014 年 1 月 13 日,第 8 版。

② 因为从录像上看,小悦悦遭两次碾压之后,身体一动未动,因此不排除行为当时,具有这种可能性。

(如果被害人已死或者必死无疑,则救助也没有意义)。行为人产生"被害人已经死亡"的错误,属于刑法理论上的事实认识错误,排除行为人的故意。还有,如果有人说,案发当时,正在下雨,天色阴沉,自己路过时没有看见被害人,怎么办? 在这种情况下,如果确有证据证明,行为人在路过时情况确实如此的话,也只能免除行为人的责任。因为,行为人对有人躺在地上需要救助的事实没有认识时,缺乏故意。或许还有人说,由于事故发生在闹市,旁边有很多人,自己以为他们当中有人是被害人的亲戚或者肇事者,相信他们会出手相救,因而自己匆匆而过,没有伸出援手。① 笔者认为,如果当时的情况确实能够让人产生这样的合理推测的话,从期待可能性的角度来看,行为人也可能被免责。② 当然,也许还有人会说,事发当时,自己尽管有心救助,但没有救助能力,亲自动手的话,只会使孩子的情况更为糟糕。笔者认为,在有些极端的场合,这或许是一个很好的辩护理由。因为,见危不救罪是真正不作为犯,其成立的前提是行为人"有能力救助而不救"。但就小悦悦事件而言,这种辩护理由不能成立。因为,此时的救助并不要求行为人亲自动手,只要其向有关机关报告或者拦住过往车辆就足够了。总之,就违法不救助者人数众多的案件而言,经过责任层次的过滤之后,最终被作为有罪处理的恐怕不一定有想象的那么多。

二是危险事实的偶然性以及践行救助义务的有限性。有人认为,成立见危不救罪的前提是"不相关的他人陷入紧急危险事态"。但这种情形的发生次数极少、地域极为分散、频率极低,将其作为认定犯罪的前提,具有追究行为人偶然责任之嫌。③ 不仅如此,因为担心被追究法律责任,潜在的救助者可能会躲避其原本可以施救的某个场景(如身体健壮的游泳者会远离拥挤的海滩)④,导致被害人陷入更加孤立无援的境地。

但是,从本文的角度来看,作为本罪成立前提的"不相关的他人陷入紧急危险事态"的发生尽管具有偶然性,但其也难以成为反对见危不救入刑的理由。在我国的刑事法律当中,因为偶然的原因而承担某种义务,不履行该种义务就要承担某种不利后果的规定,并非绝无仅有。如我国《刑事诉讼法》第48条规定,"凡是知道案件情况的人,都有作证的义务"。《刑事诉讼法》第188条规定:"证人没有正当理由拒绝出庭或者出庭后拒绝作证的,予以训

---

① 参见刘洋:《给"见危不救"犯罪化一记响亮的耳光——走一条完整的道德入法路径》,载《厦门大学法律评论》(总第28辑),厦门大学出版社2016年版,第116页。
② 但从网上公布的"小悦悦事件"经过的视频资料来看,这种可能性不大。
③ 参见上注①,第116页。
④ 参见桑本谦:《利他主义救助的法律干预》,载《中国社会科学》2012年第10期,第130页。

诚,情节严重的,经院长批准,处以十日以下的拘留"。这就意味着,证人,即便是因非常偶然的原因而知道案件情况的人(如恰好经过案发现场而亲眼看见犯罪过程,或者碰巧听人说起过与案件相关的情况,甚至能够作为犯罪证据的书证经过某种途径碰巧辗转到了自己的手中),也有义务到法庭上作证;若拒不履行该义务,会遭受剥夺人身自由的不利后果。证人拒不作证的场合尚且如此,见危不救的场合为何不能受到一定的惩罚呢?因此,以危险事实的偶然性为由,反对见危不救入刑,从现有的法律制度的规定来看,理由并不充分。

实际上,每个人来到这世界上,在享受社会给自己提供的便利的同时,也必须承担一定的义务和责任。证人,即便是很不情愿地不幸成为该角色的人,其之所以被要求出庭作证,并不是因为其和案件当事人之间存在某种身份、职责关系,也不是其引起了刑事案件,而是因为其恰好就是这样的社会的一个成员。按照易延友的见解,证人作证义务的理论基础,是社会契约论。社会契约论要求每一个人基于自身的安全而为他人利益作出牺牲,唯此,才能保证司法为了每一个人的利益而良好运转。① 确实如此。因为,刑事诉讼的结果直接关系到公民个人的生命、自由、财产等切身利益。证人拒不作证,会导致误判,难以发现犯罪的真实过程,可能导致无罪的人被判有罪、有罪的人被判无罪,或者轻罪重判、重罪轻判的结果,从而直接侵害公民的生命、自由、财产等切身利益。因此,从保护公民的生命、自由、财产等切身利益的角度出发,即便是因为偶然因素而成为证人的人,也赋予其作证义务,如此才能保证社会共同体的正常运行,保证公民个人的切身利益。由此类推,既然偶然了解案件事实的人,都有为保护他人的生命、自由、财产等利益免受不当侵害的危险而为素不相识的人作证的义务,则同样由于偶然原因而见到他人生命处于紧迫的危险之中的人,为何就不能有义务救人一把呢?

至于说人们因为害怕承担责任而远离事故现场,让被害人陷入更加不利地位的见解,则更是一种没有根据的揣测。这一点,从现实生活当中罕见有人因为害怕不幸成为某个刑事案件的证人而回避正常生活的情形——如待在家里不出门,或者有意不去或者绕开一些所谓容易发生是非的场所——就能看出。实际上,我们每个人会因为害怕成为刑事案件中的证人而不上学、不去商场购物、不去电影院看电影、不去运动场看比赛吗?这些事实,只要稍微换位思考一下,把别人观点中的那个人换为自己,就会明白。

---

① 参见易延友:《公众有权获得任何人的证言》,载《法律科学(西北政法大学学报)》2015年第5期,第164—165页。

(三)见危不救入刑"违反刑法谦抑性"吗?

反对见危不救入刑的人认为,对现实生活中的危害行为,应先使用民法等进行调整,只有当民法等都已竭尽所能、穷尽一切措施仍无效时才应动用刑法,这是刑法谦抑性的要求。见危不救入刑,违反了刑法谦抑性原则的要求。①

这种过于抽象的说理也同样难以服人。因为,谦抑性原则本身的伸缩性很大,何种行为入刑违反谦抑性原则,何种行为入刑符合谦抑性原则,仅凭理念难以说清,只能依据入刑前后的效果对比来显示。入刑后形势明显好转的话,可以说原有的手段已不足以应付该危害行为,入刑不违反谦抑性原则;反之,则有违反谦抑性原则之嫌。对此,我们可以醉驾入刑为例进行说明。醉驾行为,在入刑之初存在巨大争议。不少人认为,刑法具有谦抑性,对于任何违法行为,如果行政手段能够产生应有效果,就没有必要将其规定在刑法之中。我国已经有完整的惩治醉驾的行政处罚体系,没有必要将其规定为犯罪,反对将醉驾入刑。② 但是,有关资料显示,"醉驾入刑"5 年来(迄至 2016 年),全国因酒驾、醉驾导致的交通事故起数、死亡人数与法律实施前 5 年相比分别下降了 18%、18.3%。③ 换言之,醉驾入刑之后,形势明显好转。这不正表明原有的行政处罚手段对醉驾已经无能为力了吗? 在这种情形下,再批评醉驾入刑违反刑法谦抑性原则恐怕就不合适了。

依据上述标准,我们可以对我国现有的有关见危不救的民法、行政法规定进行考察,并据此对见危不救入刑是否违反谦抑性原则的问题进行推断。

首先,可以肯定的是,各地的《见义勇为人员奖励和保护条例》对于抑制本文所说的见危不救现象力不从心。因为,从各个省、自治区、直辖市的相关地方性法规的内容来看,其所针对的都是见义勇为,而不是见危不救。所谓见义勇为,与"见危相助"不是一个概念,其是"指为保护国家、集体利益或者他人的人身、财产安全,不顾个人安危,与正在发生的违法犯罪作斗争或者抢

---

① 参见梁文彩:《对"见危不救"犯罪化的合理性质疑》,载《甘肃政法学院学报》2013 年第 2 期,第 128 页;蔡英:《见危不救犯罪化之合理性质疑》,载《贵州警官职业学院学报》2008 年第 3 期,第 52—53 页。

② 参见王政勋:《危险驾驶罪的理论错误与现实危险》,载《法学论坛》2011 年第 3 期,第 31—32 页;邓崇专:《"醉驾入刑"之必要性再审视——基于实证分析的初步回应》,载《河北学刊》2011 年第 5 期,第 154 页;李波:《醉驾入刑的实践困境阐释》,载《河南师范大学学报(哲学社会科学版)》2012 年第 5 期,第 112 页。

③ 参见微博 https://weibo.com/ttarticle/p/show? id = 2309403980868636044152,访问日期:2018 年 2 月 20 日。

险救灾的行为"(《北京市见义勇为人员奖励和保护条例》第 2 条)。① 对一般人而言,见义勇为是需要付出一定代价的行为,是一种超出常人要求的美德,而非作为社会共同体的一员应尽的义务。一般人为或者不为悉听尊便。为的话,就是需要宣传的英雄,可以得到条例中所规定的各种奖励;不为的话,也无关紧要,并不会给自己带来任何不利。这种缺乏强制性要求的地方行政法规,当然不会对见危不救现象有任何实质性影响了。

其次,民法规定的效果也相当有限。我国迄今为止的民事法律中,涉及陌生人之间的帮助的民事责任问题,主要有以下几方面:一是行为人有权请求受益人偿还支出费用。这主要规定在《民法通则》(1987 年 1 月 1 日生效)第 93 条、《民法总则》(2017 年 10 月 1 日生效)第 121 条、《民法典》(2021 年 1 月 1 日生效)第 979 条之中。按照这些规定,提供帮助人有权请求受益人支付帮助行为产生的必要费用。二是行为人有权请求受益人补偿因为帮助他人所造成的损失。其规定在《民法通则》第 109 条、《民法总则》第 183 条、《侵权责任法》第 23 条、《民法典》第 183 条之中。按照这些规定,为他人提供帮助而受损的,该损失由侵权人承担,受益人可以给予适当补偿。三是帮助行为造成受助人损害的,救助人不承担民事责任。其规定在《民法总则》第 184 条、《民法典》第 184 条之中。从上述规定来看,可以说民法都是针对帮助人弥补损失而进行的规定,其实质内容就是不让救助者在经济上受损。但是,经济上受损的帮助行为也多半是见义勇为,而不是本文所说的见危不救。换言之,民法的上述规定均为事后平衡责任、填补损失的规定,并不具有要求他人见危相助的效果。

最后,治安管理处罚法中的处罚难以对本文所说的"见危不救"行为进行妥当评价。刘仁文也主张对见危不救行为应当加以处罚,但他认为应通过完善《治安管理处罚法》等途径来加以解决。② 如果说,仅仅对"见危不救"行为进行处罚的话,这种见解或许有其道理。因为,我国《治安管理处罚法》中予以罚款、拘留等行政处罚的,基本上仅限于危害社会的行为,而不要求有具

---

① 如北京市在 2000 年 4 月就颁布了《北京市见义勇为人员奖励和保护条例》,其中规定,对见义勇为人员应当保护奖励。具体来说,对见义勇为人员的事迹要宣传;对事迹突出者,要给予荣誉称号;对被授予荣誉称号的见义勇为人员,给予物质奖励;救治见义勇为负伤人员的费用,由所在工作单位或者见义勇为基金暂付;紧急情况下,由医疗机构垫付;因见义勇为而致残或者牺牲的,其伤残待遇或者抚恤按照国家有关因公(工)死亡规定办理;见义勇为人员及其家属因见义勇为受到打击报复,人身、财产安全受到威胁,公安机关应当采取有效措施予以保护。上海市 2016 年 7 月 29 日通过的《上海市急救医疗服务条例》第 42 条规定,市民发现需要急救的患者,应当立即拨打"120"专线电话进行急救呼叫;也可以自行展开急救;紧急现场救护行为受法律保护,对患者造成损害的,依法不承担法律责任。

② 参见刘仁文:《对"见危不救"要否入罪的思考》,载《法学杂志》2013 年第 4 期,第 26 页以下。

体的危害结果。但本文主张入刑的"见危不救",如后所述,以"造成他人死亡结果"为成立要件,换言之,本文所述的不是一般的见危不救,而是引起了"死亡"后果的见危不救。这种见危不救显然超出了《治安管理处罚法》的处罚范围。这一点,只要看看《治安管理处罚法》第42—45条中有关危害人身的违法行为的描述及其处罚,就能清楚。

在上述情况下,以违反刑法谦抑性为由,主张使用民法、行政法的手段来抑制或者处罚见危不救,是否能够有效,值得怀疑。这或许就是见危不救的现象屡见不鲜,时常见诸报端,而提倡见危不救入刑的声音不绝于耳、随处可见的原因。

笔者认为,提倡见危不救入刑不仅不违反刑法的谦抑性原则,而且可能还能形成一种更加有效的奖惩机制。即见危不救的话,就要受到刑法的处罚;相反地,见危相助的话,不仅不会受到刑法处罚,还有可能被作为见义勇为而受到奖励。这种"奖罚结合"的双重机制,或许比民法、行政法规中单纯的鼓励、奖励政策更为有效。

(四)见危不救入刑"有风险"吗?

反对意见还认为,由于社会保障制度的缺失,见危不救行为存在诸多风险:如救助者被救助对象拖住不放、加以讹诈,或者,报警者事后遭到报复,其人身安全难以保障。这些都是风险。这些风险不消除,却以刑事手段要求人们见危救助,是强人所难。①

确实,此言不虚。上述所言都是在现实生活中出现过的事实,其多少会让一般人在见危相助时三思而行。毕竟,现实生活中的多数人并不是英雄或者圣徒,从具体生活经验当中,大家都熟稔"多一事不如少一事""事不关己、高高挂起"的生存法则中的含义。但是,总体上讲,上述"有风险"的情形都是比较极端和罕见的情形(否则不会被作为新闻出现在媒体上),而且在现行《民法典》中规定"因自愿实施紧急救助行为造成受助人损害的、救助人不承担民事责任",从源头上强化了对见义勇为者的保护;审判实践也开始秉承这种意旨,在具体判决当中善待见义勇为者②的大背景之下,"正能胜邪、邪

---

① 参见何向东:《见危相救有风险,见死不救慎入刑》,载《检察日报》2007年4月25日,第006版。
② 2017年1月9日,唐山居民朱振彪驾车追赶肇事逃逸的骑摩托车男子,逃逸者逃到路边一个村庄之后弃车,进入一户人家并手提菜刀出来,继续徒步逃跑至一铁轨边徘徊。此时,从远处驶来一列火车,撞上站在两轨之间的逃逸者,致其身亡。随后其家属索赔60余万元。该案2018年2月12日在河北省唐山市滦南县人民法院公开审理。法院一审判决驳回死者家属的诉求,认定朱振彪的追赶行为与死者撞上火车的结果不具有法律上的因果关系。朱振彪(转下页)

不压正"的社会氛围开始形成,行善者被被救助者"反咬一口"的可能性应当越来越小了。而且,在设立本罪之后,还可以形成一种倒逼机制,迫使有关机关和医疗机构一道参与到见危相救或者见义勇为的事业中来。既然连普通公民都有义务救人于水火之中,以救死扶伤为天职的医疗机构和以为百姓服务为职责的国家机关工作人员就更有义务匡扶正义、弘扬正气。如此说来,见危不救入刑或许就是改变我国当前"各人自扫门前雪,莫管他人瓦上霜"的冷漠世态的一个良好契机。

当然,如果就危险发生当时的各种情形来看,一般人确实有强烈的恐惧感,害怕被讹诈、被报复,想救而不敢救助,最终引起了结果的话,可以依据期待可能性的原则,减轻或者免除见危不救者的刑事责任。

三、"见危不救"如何入刑?

如前所述,近代刑法处罚的道德底线是损害他人,因此,近代刑法中所规定的犯罪基本上是作为犯,而不作为犯即不损害他人也要受罚的只限于例外的情形。见危相救,作为不作为犯之一,尽管是维持人类社会秩序底线、保护他人生命法益的必要行为,但总归是给一般人增添额外负担的行为,因此,其入刑的条件必须非常严格。按照笔者的设想,见危不救罪的罪状及法定刑如下:

> 能够救助他人避免或者减轻正在发生的生命危险,且这种救助对行为人自身或者第三人没有现实危险而不提供,造成他人死亡结果的,处拘役或者管制;
>
> 具有身份、职务要求而不救助,或者因为自己的原因致使被害人处于危险状态而不救助的,处五年以下有期徒刑。

以下,对上述条文的内容进行简要说明:

(接上页)的行为不具有违法性,且属于见义勇为行为。媒体认为,这一判决"让见义勇为更有底气"。参见史洪举:《追逃逸者致死案 让见义勇为更有底气》,载《北京青年报》2018年2月14日,第A02版。另外,2017年5月,河南省郑州市的杨帆因在电梯内劝阻一老人吸烟,双方发生争论。争执后数分钟,老人突发心脏病,经抢救无效去世。老人家属随后将杨帆告上法庭。一审判决认为杨帆的行为与老人死亡间并无必然因果关系,但根据损害发生的实际情况和公平原则,向老人家属补偿1.5万元。但该案二审撤销了原一审判决,并驳回原告的诉讼请求,认为劝阻吸烟者无过错,无需承担侵权责任。法院还认为,杨帆在电梯里劝阻吸烟合法正当,是自觉维护社会公共秩序和公共利益的行为,一审判令杨帆分担损失,让正当行使劝阻吸烟权利的公民承担补偿责任,将会挫伤公民依法维护社会公共利益的积极性,既是对社会公共利益的损害,也与民法的立法宗旨相悖,不利于促进社会文明建设,不利于引导公众共同创造良好的公共环境。因此,法院纠正了一审判决杨帆补偿1.5万元的错误。参见史洪举:《"电梯劝烟猝死案"改判 让仗义执言者更有底气说"不"》,载《人民法院报》2018年1月25日,第002版。

一是保护法益。关于见危不救罪的保护法益,从比较法的角度来看,代表性见解有两种:一是公共安全说。以德国为代表。《德国刑法典》将见危不救罪规定在分则第 28 章"危害公共安全的犯罪"(第 323c 条)之中,并且将发生"意外事件、公共危险、紧急状态"作为本罪的成立前提。因此,所有特定陷入紧急状态中的法益,包括生命、身体、自由和财产,甚至一定条件下的公共法益,都成为本罪保护的具体对象。① 二是人身权利说。以法国为代表。《法国刑法典》在第 223-6 条和第 223-7 条中分别规定有,不阻止针对他人人身犯罪的"不阻止犯罪罪",对处于危难中的人不提供帮助的"见危不救罪",不阻止能够对他人人身安全带来危险的灾害的"不抗灾罪",它们均是保护他人人身安全的犯罪。②

从本文的角度来看,法国的做法值得我们借鉴。因为,公共安全属于超越个人利益的抽象法益,将其作为本罪保护法益的话,则会正中批判意见所谓见危不救罪是将道德义务刑法化的下怀,甚至还会不当扩大本罪的认定范围。相反地,生命是公民最基本的保护利益,是行使其他一切权利的客观基础和前提。现代刑法尽管认可社会秩序、公共安全等系统的存在价值,但该系统本身不能独自发展。系统,说到底还是为了具体个人的生存、向上而存在的,离开了个人,其没有独立存在的社会价值。当个人利益为人造的系统所湮灭的时候,作为近代国家支撑的人权和民主主义的理念就会大幅后退,国家、社会也就失却了其存在的意义。因此,本文所设想的见危不救罪的保护法益,是并且也只能是公民的人身权利,更具体地说,是公民的生命。这样,本罪的存在位置,只能是在我国《刑法》分则第四章"侵犯公民人身权利、民主权利罪"一章之中,最好放在第 235 条和第 236 条之间。

二是存在前提。按照本文的设想,本罪的存在前提是他人面临"正在发生的生命危险"。之所以作如此限定,是基于两方面的理由:一是还是强调见危不救罪的保护法益是刑法中最为重要的法益即人的生命(包括危及生命的身体安全)。之所以加上"正在发生的危险"的要件,主要是强调必须救助的紧迫性,从而加重生命法益的要保护性的分量;二是基于例外性的考虑。因为见危不救罪总的来说是给一般人增加了一个额外负担(尽管是必要的),属于例外规定,因此在其成立范围上,必须加以适当限定。在作限定时,可以参照刑法中作为例外规定的"正当防卫"和"紧急避险"的相关内容。

---

① 参见王钰:《论德国刑法典中的"不实施救助"罪》,载《贵州警官职业学院学报》2012 年第 3 期,第 34 页。但也有人认为,德国刑法中的见危不救罪的保护法益是"相互救助以保全群体"的制度性期待。参见贾健:《法益还是规范:见危不助究竟侵害了什么?——以德国刑法典第 323 条 C 为基点》,载《安徽师范大学学报(人文社会科学版)》2012 年第 2 期,第 208 页以下。

② 参见叶名怡:《法国法上的见义勇为》,载《华东政法大学学报》2014 年第 4 期,第 23 页。

"正当防卫"和"紧急避险"尽管是法律赋予公民的权利,但毕竟还是有违反"现代社会不准也没有必要让公民个人自力解决冲突和纠纷"的刑罚权国家独占原则之嫌,因此,其只能作为一种例外,有限度地允许。允许的限度,按照刑法规定,就是行为人面临"正在进行的不法侵害"(正当防卫)、"正在发生的危险"(紧急避险)。见危不救入刑的场合,也必须强调他人正面临危及生命的危险,本人无力自救,相关国家机关也来不及甚至不可能救助。这样,就出现了例外地只能依靠距离其最近的其他人的情形。

关于本罪前提的具体内容,也有必要说明:首先,面临危险的必须是活人(自然人)。胎儿或者动物面临危险,不受本条保护。但是,即将出生的胎儿,可以作为人看待。在孕妇临产而行为人拒不提供接生、报警、叫救护车或者寻求医生帮助等时,可以考虑成立本罪。其次,危险来源不限,可以是天灾,也可以是人祸。在属于人祸的场合,常见的是被害人自己或者第三人所导致。如被害人不小心掉进池塘溺水、驾车时因为走神而翻车、遭遇犯罪侵害等,都属于此类情形。可能有争议的是,在被害人自杀的场合,其他人见危不救的,是否构成本罪。本文认为,也要构成。因为,虽说"同意无侵害",个人有权处分自己的个人利益,但生命并不在同意或者说个人可以处分的个人利益的范围之内。[①] 同样,在危险来自施救者自身的场合,如过失伤人之后,见危不救的,是否构成本罪?笔者个人认为,不能构成。过失轻伤他人之后不救助,导致他人死亡的,构成过失致人死亡罪(《刑法》第 233 条);导致他人重伤的,构成过失致人重伤罪(《刑法》第 235 条)。过失轻伤他人之后,拒不救助,被害人被其他人救助而止于轻伤场合的,行为人不构成犯罪。最后,危险必须达到正在发生的程度。所谓正在发生,包括危险即将发生、正在发生并且尚未结束的情形在内。如盲人即将掉入马路边的水塘、小孩正在水中挣扎、被害人因为车祸而倒在地上等,都是如此。危险正在发生,意味着救助人必须立即介入救助。如果救助过程中,被害人死亡,则意味着紧迫危险消失,行为人可以放弃救助。

三是实行行为和结果。按照本文的设想,应当是"不提供救助"。首先,所谓救助,就是让法益向好的方向发展,或者阻止法益向更坏的方向发展。既包括如对处于险境中的被害人进行人工呼吸、包扎、搬离危险地带之类的自己亲自动手帮助被害人脱险的行为,也包括向有职责的机关电话报告、寻求帮助,向被害人投放救生器材或者指示救生方法,还包括如在公交车上发现有人携带管制刀具等凶器扒窃时,高喊"注意小偷"之类警告潜在行

[①] 这样也能顺理成章地说明,为何有人要跳楼时,下方总有很多警察铺设防护气垫等救生设备了。

为人的行为在内。对处于险境中的人进行鼓励或者指导,强化其生存下去的意志或者信念,最终让其依靠自己的努力渡过难关的,也能认定为帮助。因此,就本文而言,见危不救罪中的"救助"范围极为广泛。这主要是考虑到,"救助"本身就是一种额外要求,如果再提出过高要求(如亲自动手实施人工呼吸或者下水打捞),则会让人望而生畏、退而止步、绕道而行,真的使本罪沦为一个空设条款;同时,本罪针对的对象是一般人,不宜对其提出过高要求。因为,现实生活中,"危险"的表现形式多样,很多场合下的危险,非专业人士难以处理,因此对一般人而言,只能提出最低限度的要求,只要行举手之劳,向有关机关或者人士求助即可。其次,见危不救必须造成他人伤亡的结果。这主要是考虑到,现实生活中能够发现并且引起大家关注的见危不救行为,基本上都是造成了"死亡结果"的场合;同时,也是基于刑罚处罚比例性要求的考虑。见危不救的场合,他人的死亡结果并非行为人的见危不救行为所引起的,而是先前存在的其他原因所引起的。不施救者只是没有阻止该因果发展进程而已。而阻止已经现实存在的因果进程,是对一般人提出的一种额外要求(义务),其根据是维持人类生活秩序的最低限度,其期待可能性比较低,因此,对其处罚也不能过于广泛。从此意义上讲,这里的"造成他人死亡结果"具有客观处罚条件的性质,目的是限定本罪的处罚范围。按照这种理解,尽管行为人没有提供帮助,但最后也没有"造成他人死亡结果"的话,行为人还是不能成立本罪。

四是主体,是一般主体,即年满16周岁、达到刑事责任年龄,具有正常的认识和理解能力的自然人。具有特定义务职责的人,当然能够构成本罪的主体,这是不用说的了。

五是主观要件,是故意,即对于有人正面临危及生命的紧迫危险,自己能够提供帮助,且这种帮助对其自身或者第三人没有危险的事实有认识,却拒绝提供帮助。因此,在行为人对上述任何一种事实存在误认,如误以为不存在危及生命的紧迫危险,或者以为被害人已经死亡,自己提供施救也无济于事时,可以说行为人存在事实认识错误,排除其故意的存在。在以为对方是艾滋病人,施救会给自己带来很大麻烦的场合,不能排除行为人的故意。因为在这种场合,行为人完全可以向有关机关打电话报警或者求助。"造成他人伤亡"因为是限定本罪处罚范围的客观处罚条件,因此,不在行为人的故意认识范围之内。

六是免责条件,即"能够救助"且"这种救助对其自身或者第三人没有现实危险"。因为本罪是对一般人所施加的额外负担,是一般人难免会从心理上抗拒、排斥的行为,为了将这种负担降低至对一般人生活没有太大影响的程度,同时也为了本罪不至于因为要求过高而成为空设条款,因此,依循各国惯例,本文也提出了上述免责条件。按照这种理解,在行为人不能提供帮助,或者尽管能够提供帮助,但"这种帮助能够对其自身或者第三人造成危险"的场合,可以免责。

在上述免责条件中,"能够救助"比较好理解。如亲自下水搭救落水者的场合,首先要求行为人自己水性要好,擅长游泳;在赤手空拳制止手持凶器的罪犯以帮助受害人的场合,首先行为人必须自己有足够的能力和勇气。这些都是自然而然的要求。远在3000公里之外,听说自己的朋友正被困在起火的房间的时候,除打电话报警之外,再提其他要求,便是"强人所难"。在妻子和母亲同时落水,但只能救助其中一人的场合,即便由于救助妻子而没有能够救助母亲,最终导致了母亲的溺亡,行为人也不构成本罪。因为,对一般人而言,同时救助两位落水者,也是"强人所难"。

困难的是"这种救助对其自身或者第三人没有现实危险"的判断。首先,这种判断到底是客观的事实判断还是行为人自己的主观判断,恐怕会引起争议。如果说是施救者的主观判断的话,则任何没有提供救助的人最终都会找到为自己开脱的理由。如在被告妇女明知自己的情夫在谋杀自己的丈夫,却没有阻止的案件中,妇女辩称是因为害怕情夫因此而离开自己。在被告本人看来,这是自己不敢施救的充分理由。但是,法国的法院否定了这项辩护。因为,该理由过于单薄,本案中显然不存在针对行为人人身的现实危险。[①] 由此可见,提供救助对其自身或者第三人有无"现实危险",应当是一种客观的事实判断。[②] 其次,危险必须达到"现实"的程度。理论上讲,不排除这样的情形存在:行为人见危施救,将被害人送往医院之后,又被被害人反咬一口讹诈勒索,或被医院要求垫付住院费用,从而滋生了莫名的麻烦或者危险;或者行为人在救人之后,申请见义勇为奖励金的时候,因为无法提供目击者的姓名或者提供其他有力证据,给自己增添了极大烦恼。漠然地讲,这些或许都是对行为人的现实不利,但正如通常认为,精神痛苦难以成为故意伤害罪中的"伤害"一样,上述烦恼以及不利都难以说是此处的"现实危险"。能够成为此处的"现实危险"的,只限于对自己或者和自己有关的第三人的生命、身体、财产、自由、名誉等方面的客观不利后果。

七是处罚。按照本文的设想,见危不救罪有两个法定刑幅度:一般情节的见危不救,造成他人死亡结果的,"处拘役或者管制";二是特殊情节的见

---

① 参见叶名怡:《法国法上的见义勇为》,载《华东政法大学学报》2014年第4期,第25页。
② 这种判断,虽说在一定程度上有强人所难之嫌,但也是迫不得已。正如疏忽大意的过失的场合,尽管行为人确实因为自己的能力问题而对"自己的行为会发生危害社会的结果"没有认识,但仍然要追究其过失犯罪的刑事责任一样,现代刑法当中,尽管要求严格遵循责任原则,但仍然保留有一些没有符合这一要求的结果责任的遗风。

危不救,"处五年以下有期徒刑"。

之所以将"拘役或者管制"作为本罪的法定刑,主要是考虑到,一方面,他人的"死亡结果"不是由行为人的行为所引起的,同时,对一般人而言,见危施救的期待可能性比较低;另一方面,与本罪类似的"遗弃罪"(《刑法》第 261 条)中法定刑的下限为"拘役或者管制"。遗弃罪的成立条件是行为人与被害人之间具有法定抚养义务。具有法定抚养义务关系的人的处罚下限尚且如此,对于没有这种关系的人的场合,就更不能太高了。

但是,行为人和被害人之间具有"身份、职务"关系或者具有"因为自己的原因致使被害人处于危险状态"关系的场合,"处五年以下有期徒刑"。其中,所谓具有"身份、职务要求",是指行为人与被害人之间具有夫妻、父母子女、恋人或者同居关系等;所谓"因为自己的原因致使被害人处于危险状态"的场合,是指理论上所谓的先行行为,即因行为人自己的原因开启或者制造了某种可能损害他人的危险时,行为人便有义务阻止该危险变为现实结果,或者将其控制在最小限度之内。如卖淫嫖娼或者组团探险过程中,二人一旦进入偏僻之处,便形成一种互助共同体。发生危险时,一方失去另一方的救助,获救的可能性就极为渺茫,因此,一方就有义务对另一方提供救助。这些情形下的不救助行为,在导致了他人死亡结果的场合,我国传统学说多以不真正不作为犯理论,将其直接认定为故意杀人罪。之所以如此,一是因为不救助者和被害人之间所存在的身份、职责关系和先行行为关系,使得他们之间的关系比陌生人更加紧密和稳定;和陌生人相比,具有这种关系的人更容易发现和制止被害人所面临的法益侵害;同时,社会一般人也认可这种关系,并且对该种关系形成的依赖关系予以认可,因而他人之间的不救助行为,要受到更加强烈的谴责;二是因为我国刑法中没有"见危不救罪"。详言之,在我国,对见危不救行为的处理,呈现两个极端:一端是无罪,另一端是故意杀人罪。由此而导致的结果是,尽管原则上刑法中没有规定见危不救罪,对见危不救的行为不处罚;但实际上,却依据我国刑法之中并不存在的不作为犯的理论,极力扩张故意杀人罪的处罚范围。

但是,将具有身份、职责或者事实关系者之间的见危不救行为一概论以故意杀人罪,则有过分的嫌疑。故意杀人罪是结果犯,要求行为和结果之间必须具有引起和被引起的关系,而在夫妻之间因为吵架,妻子上吊,丈夫不予制止的场合,导致妻子死亡结果的原因,不是丈夫的不救助,而是妻子自己的上吊行为,丈夫的不救助只是为妻子之死提供了一个条件而已,这种情形和设定或者引起妻子自杀的因果关系的场合,存在巨大差别。如果说在这种场合下,丈夫构成故意杀人罪,那么,警察见到小偷而不制止就是盗窃、丈夫见到女儿面临性侵而不制止就是强奸、国家工作人员看到他人贪污而不制止就是贪污了。但这种观点显然是不符合我国刑法的相关规定的。因此,以故意杀人罪评价丈夫的不救助行为,只能说是没有"见危不救罪"情形下的无可奈何的选择,而不是一个妥当的选择。为了回避这种不妥,笔者便将上述情形下的见危不救也归在"见危不救罪"之内。① 至于"五年以下有期徒刑"的设计,主要是为了和《刑法》第 261 条所规定的"遗弃罪"平衡。按照《刑法》第 261 条的规定,在遗弃罪的场合,行为人和被害人之间具有抚养义务而拒绝抚养,且情节恶劣的,才"处五年以下有期徒刑、拘役或者管制",那么,不具有特定义务关系的人(如同居情侣、处于同一房间之内的嫖客和妓女)之间的拒绝救助行为,如何能判处比"五年有期徒刑"更高的刑罚呢?之所以没有像遗弃罪一样,将"管制、拘役"也列入法定刑当中,主要是考虑到在"情节特别恶劣"的见危不救当中,还包括造成他人死亡的结果的情形在内,其显然要比"情节恶劣"的遗弃罪更为严重,因此不能评价过低。

一旦见危不救罪的成立范围扩张到了传统观点中被作为不真正不作为犯而处罚的故意杀人罪、故意伤害罪的程度,则故意杀人罪、故意伤害罪中还存在不真正不作为犯的形态吗?人们自然会提出这种疑问。笔者的答案是,当然存在,只是其成立范围有限,具体来说,就是在行为人主动设定了对法益的排他性支配,消除了不作为和作为之间的结构性差异时,才能按照作为犯的条款处罚。这种对法益排他性支配的设定,既可以通过行为人的中途介入面向结果的因果进程的方式,也可以表现为行为人制造并支配面向结果的潜在危险的方式。② 按照这种理解,夫妻之间、恋人之间、父母子女之间的见危不救行为,不能适用不真正不作为犯原理,认定其构成故意杀人罪,而只有在他人生命处于危险状态的时候,阻止他人救助,以致他人身亡的场合;或者在他人面临人身侵害而向行为人求助,行为人不仅不提供帮助,反而让被害人的处境更加不利的场合,才有可能构成故意杀人罪。同样,在医生单纯不履行"救死扶伤"义务致使病人死亡的场合,导致病人死亡的主要原因还是病人自身的疾病,而不是医生的不作为,因此,医生的不作为可以构成见危不救罪,却不能构成故意杀人罪。但是,在医生已经开始接手救治病人的场合,就意味着排除了其他人救助病人的可能性,病人的生死已经现实地依赖于具体施救的医生了。医生治疗中间放弃或者中止的行为,在排除了病人获

---

① 国外刑法当中,也有类似的规定方式。如《西班牙刑法典》第 195 条、第 196 条,《法国刑法典》第 223—226 条就是如此。其均将所有的见危不救行为归入一个单独的犯罪类型,并设置幅度比较宽广的法定刑。

② 参见黎宏:《刑法学总论》(第二版),法律出版社 2016 年版,第 65 页。

得他人救助的可能性的具体条件下,比医生单纯的不接手治疗行为的危害性更大,足以被评价为剥夺病人生命的杀人行为。同样,行为人在交通肇事之后,仅仅是逃逸的场合,即便因逃逸致人死亡的,也不能构成故意杀人罪①,而只有在采取其他行为,使得被害人的处境更加危险,如将被害人带离事故现场隐藏或者遗弃,致使被害人无法得到救助而死亡的场合,才能以故意杀人罪定罪处罚。②

四、结　语

伟大的社会法学家庞德在他那本著名的小册子《通过法律的社会控制》当中写道:"一种文明的理想、一种把人类力量尽可能扩张到最高程度的思想、一种为了人类目的的对外在自然界和内在本性进行最大限度控制的理想,必须承认两个因素来达到那种控制:一方面是自由的个人主动精神、个人自发的自我主张;另一方面是合作的、有秩序的、(如果你愿意这样说的话)组织起来的活动。"③在17至19世纪的田园牧歌时代,前者占支配地位,法律的目的就是"最充分地和最自由地"放任这种竞争性的活动,并以"最低限度的干涉来管理这种竞争"④;但是,进入20世纪之后,"合作的观念远比我们用以衡量事物的竞争性的自由自我主张的观念,更接近于今天的城市生活的现实情况"⑤。并指出,如果我们想要保持对自然和本性的控制,使之前进,并流传下去,那么对这二者就都不应该加以忽视。近代思潮的一个伟大成就就是使我们摆脱了 unum necessarium(唯一必要)的观念。我们不再相信,在人类生活的图景中,我们只能在个人行动自由和有组织合作中考虑其一。我们可以接受一个既容许有竞争也容许有合作的理想。⑥

在刑法领域当中,又何尝不是如此呢?尽管人们基于自由主义的理念,将"损害他人"作为刑法处罚的底线——这是近代社会的一大重要成就,但在人类已经跨入竞争与合作并重的现代文明社会,在将"友善"作为社

---

① 我国《刑法》第133条对这种情形仍然规定为交通肇事罪,只是加重其处罚而已。
② 参见2000年11月10日最高人民法院《关于审理交通肇事刑事案件具体应用法律若干问题的解释》第6条。
③ 〔美〕罗斯科·庞德:《通过法律的社会控制》,沈宗灵译,商务印书馆2017年版,第78—79页。
④ 同上注,第73页。
⑤ 同上注,第78页。
⑥ 同上注,第78—79页。

会主义核心价值观①的我国当今,理应基于合作的需要②,在不损害自己或者第三人利益的最小限度之内,对处于紧迫的致命危险之中的他人伸出援手,从而以最小的牺牲,换取对被救助者个人以及社会共同体的最大利益。如果说刑法规定的是最低限度的道德,则这种于人于己都有利的己他两利的道德应当成为竞争与合作并重时代的最低道德,应当入刑,其既是个人自身存在和发展的需要,也符合现代社会的道德要求。

---

① 2012年11月,中共十八大报告明确提出"三个倡导",即"倡导富强、民主、文明、和谐,倡导自由、平等、公正、法治,倡导爱国、敬业、诚信、友善,积极培育社会主义核心价值观",这是对社会主义核心价值观的最新概括。其中,"友善"强调公民之间应互相尊重、互相关心、互相帮助,和睦友好,努力形成社会主义的新型人际关系。

② 本质上是基于自己利益的考虑。这一点,正如道金斯所说:"如果你和我一样希望为了共同的利益,建立一个人与人之间慷慨大度、相互无私合作的社会……就让我们设法通过教育把慷慨大度和利他主义灌输到人们的头脑中去吧!因为我们生来是自私的,让我们懂得我们自私的基因居心何在。因为这样至少可以有机会去打乱它们的计划,而这是其他物种所从来未能希望做到的"。参见〔英〕理查德·道金斯:《自私的基因》,卢允中、张岱云、陈复加、罗小舟、叶盛译,中信出版社2019年版,第4页。